JN249030

司法書士試験

松本の新教科書　5ヶ月合格法

リアリスティック⑤

不動産登記法Ⅱ

第4版

辰已専任講師
松本雅典
Masanori Matsumoto

辰已法律研究所

初版はしがき

不動産登記法は，体系書がほとんどありません。民法は，研究している学者も多く，体系書が多数あるため，体系がほとんど確立しています。しかし，不動産登記法は確立しているとはいえません。1つ確立しているといえるのは，不動産登記法の条文ですが，不動産登記法の知識が相当なければ，条文順で学習するのは困難です。また，不動産登記法に欠かせない先例・通達・登記研究の質疑応答は，必ずしも条文単位で出るわけではなく，見方によってはバラバラに出ます。

つまり，不動産登記法の説明順序は固まっていないのです。

そこで，このテキストでは，私が体系を作成しました。不動産登記法を初めて学習する方でも無理なく学習できるような体系にしました。これがどれだけ成功しているかが，このテキストが「受験界で最もわかりやすいテキスト」となれるかの大きな要素となります。不安と期待を併せつつ，私の頭の中にある不動産登記法の体系を「テキスト」という形で受験界に送り出します。

なお，以下のすべてを実現しようとしたのは，『司法書士試験　リアリスティック民法』と同様です。

多すぎず少なすぎない情報量
体系的な学習
わかりやすい表現
基本的に「結論」→「理由」の順で記載
理由付けを多く記載する
思い出し方を記載する
図を多めに掲載する
表は適宜掲載する

『司法書士試験 リアリスティック民法Ⅰ［総則］』のはしがきにも記載しましたが，私が辰已法律研究所で担当しているリアリスティック一発合格松本基礎講座を受講していただいたすべての方に改めて感謝の意を表したいと思います。受講生の方が私に寄せてくださった数千件のご質問や本気で人生をかけて合格を目指し闘っている姿を見せてくださるおかげで，私はこれまで講師を続けることができましたし，このテキストが完成しました。

平成 29 年 7 月
辰已法律研究所 専任講師
松本 雅典

第2版はしがき

本書を世に出してからこの２年間の間に，「ずっと理解できなかった不動産登記法がやっと理解できた」「不動産登記法には，こんなに理由や考え方があったんですね」など多くのお声を頂きました。不動産登記法は，司法書士試験において第一の大きな山です。その山を超えやすくするために，「不動産登記法のテキストの新しい形を受験界に打ち立てる」という目標は，幾ばくかは実現できたのではないかと安堵いたしました。

また，本書をお使いいただいた方から多数の合格報告を頂きました。本書は私が担当しているリアリスティック一発合格松本基礎講座の指定テキストにもしていますが，本書を指定テキストにしてからも堅調に合格者が出ています。

書籍の執筆は，正直筆が進まない日もありますが，上記のようなお声や頂く合格報告が筆を進める何よりの原動力になります。

この度，平成29年の民法の債権法改正および平成30年の民法の相続法改正を受け，『リアリスティック不動産登記法Ⅰ・Ⅱ』の改訂を行いました。これらは民法の改正ですが，不動産登記法は民法を前提としており，不動産登記法も内容が変わる箇所があります。今回の改訂は，民法の改正を受けての変更をメインに行いました。改正による変更点も，山を超えやすくなるようなテキストとなったと思います。

本書が今後も多数の方の合格の助けになることを祈念しております。

令和元年６月
辰已法律研究所 専任講師
松本 雅典

第３版はしがき

本書を多くの方にお使いいただいたおかげで，初版発売から３年で第３版と版を重ねることができました。お使いいただいたすべての方に，感謝申し上げます。

本シリーズは，司法書士試験の全科目の網羅まであと少しのところまできましたが，お使いいただいた方から頂くお声や合格報告が執筆の原動力になっています。

今回の改訂では，令和２年３月の不動産登記規則の改正（法人の印鑑証明書の提供・登記事項証明書の作成期限についての改正），配偶者居住権・債権法改正についての通達を反映させるとともに，最新の出題傾向に合わせてパワーアップを図りました。

本書が今後も多数の方の合格の助けになることを祈念しております。

令和３年１月

辰已法律研究所 専任講師

松本 雅典

第４版はしがき

令和３年４月，民法の物権法，相続法および不動産登記法の改正がされました。この改正は，以下の２つの社会問題に対応するためのものです。

１．所有者が不明の不動産が増えている
→　所有者が不明の不動産を増やさないようにする必要があるとともに，不動産の所有者を探索する負担を軽減する必要がある

平成 29 年に行われた調査によって，所有者が不明の土地が九州の土地の面積に相当するという推計がされています。

２．所有者が不明または管理不全の不動産が増えている
→　所有者が不明または管理不全の不動産の利用や管理をしやすくする必要がある

所有者が不明であると，不動産の管理がされず，隣の土地に木が倒れてきたり土砂が流れ込んできたりするといった事態が生じます。また，所有者が判明していても，所有者が離れた都会に住んでおり，相続した地方にある不動産に関心がなく，まともに管理がされていないといった不動産もあります。さらに，共有者の一部が不明であり，他の共有者だけではできることが限られるといった問題もあります。

民法の物権法，相続法の改正が主に上記２.に対応するためのもので（相続法の改正は上記１.に対応するためのものもあります），不動産登記法の改正が主に上記１.に対応するためのものです。

今回の改訂で，これらの改正を反映させました。

令和４年６月
辰已法律研究所 専任講師
松本 雅典

目　次

第3編　担保物権の登記（各論②）……1

第2章　根抵当権の登記……2

第1節　根抵当権とは？……2

1 抵当権の一種……2
2 抵当権との違いの本質……3
3 根抵当権の制度趣旨……4
4 根抵当権は「枠」である……4
5 根抵当権は「確定」の前後で別の顔になる……5

第2節　根抵当権の設定……6

1 実体（民法）……6
2 申請情報の記載事項……12
申請例65　根抵当権の設定の登記……12
3 共有根抵当権……15
申請例66　共有根抵当権の設定の登記……15
4 共同根抵当権……17
申請例67　純粋共同根抵当権の設定の登記……22
5 共同根抵当権の追加設定……25
申請例68　共同根抵当権の追加設定の登記……26

第3節　根抵当権の移転（確定前）……31

1 全部譲渡・一部譲渡……31
申請例69　譲渡を原因とする根抵当権の移転の登記……34
申請例70　一部譲渡を原因とする根抵当権の一部移転の登記……34
2 分割譲渡……38
申請例71　根抵当権の分割譲渡の登記……41
3 共有根抵当権の移転……46
4 共有者の権利の移転……47
申請例72　譲渡を原因とする根抵当権の共有者の権利の移転の登記……49
申請例73　放棄を原因とする根抵当権の共有者の権利の移転の登記……50
5 純粋共同根抵当権の移転……53
申請例74　譲渡を原因とする共同根抵当権の移転の登記……55

第4節　根抵当権の処分……56

1 実体（民法）……56
2 申請情報の記載事項……57

申請例75 根抵当権を目的とする転抵当権の設定の登記……57
cf. 根抵当権付債権の質入れの登記……58
第5節 根抵当権の変更……59
1 根抵当権の変更に共通するハナシ……59
2 極度額の変更（変更契約）……59
申請例76 変更を原因とする根抵当権の極度額の増額の変更の登記……60
3 債権の範囲の変更……64
申請例77 根抵当権の債権の範囲の変更の登記……65
4 債務者の変更（変更契約）……69
申請例78 変更を原因とする根抵当権の債務者の変更の登記……71
申請例79 変更を原因とする根抵当権の債権の範囲および債務者の変更の登記……75
5 確定期日の新設・変更（繰下げ・繰上げ・廃止）……76
申請例80 根抵当権の確定期日の変更の登記（繰上げ）……77
6 優先の定め……80
申請例81 根抵当権の優先の定めの登記……81
7 純粋共同根抵当権の変更……84
申請例82 変更を原因とする共同根抵当権の債務者の変更の登記……87
第6節 根抵当権者または債務者の相続・合併・会社分割（確定前）……88
1 考え方……88
2 相続（自然人）……89
申請例83 相続を原因とする根抵当権の移転の登記
指定根抵当権者の合意の登記
指定根抵当権者の合意後の共同根抵当権の追加設定の登記……91
申請例84 相続を原因とする根抵当権の債務者の変更の登記
指定債務者の合意の登記
指定債務者の合意後の共同根抵当権の追加設定の登記……100
3 合併（法人）……106
申請例85 合併を原因とする根抵当権の移転の登記……108
申請例86 合併を原因とする根抵当権の債務者の変更の登記……111
4 会社分割（法人）……113
申請例87 会社分割を原因とする根抵当権の一部移転の登記……115
申請例88 会社分割を原因とする根抵当権の債務者の変更の登記……119
第7節 元本の確定……123
1 元本の確定とは？……123
2 確定事由と確定時期……123
3 確定登記の要否……132

4 申請情報の記載事項……136
申請例89 第三者の申立てに基づく競売手続の開始による根抵当権の元本確定の登記……136
第8節 確定前根抵当権と確定後根抵当権……140
第9節 確定後根抵当権……142
1 債権譲渡・代位弁済……142
申請例90 債権一部譲渡を原因とする根抵当権の一部移転の登記……143
2 根抵当権の一部移転の登記の後に根抵当権の共有者の１人の債権が消滅した場合……145
申請例91 根抵当権の一部移転の登記の後に原根抵当権者の債権が弁済された場合の根抵当権の変更の登記……147
3 極度額の減額請求……149
申請例92 減額請求を原因とする根抵当権の極度額の減額の変更の登記……150
4 根抵当権の消滅請求……151
申請例93 消滅請求を原因とする根抵当権の抹消の登記……153
第3章 先取特権の登記……156
1 登記される先取特権……156
2 申請情報の記載事項……156
3 不動産の工事の先取特権（新築）……160
第4章 不動産質権の登記……163
1 実体（民法）→登記……163
2 申請情報の記載事項……163
第5章 乙区の担保物権の登記のまとめ……166
1 設定（保存）の登記の登記原因及びその日付の書き方……166
2 登記事項……166

第4編 利用権の登記（各論③）……169
第1章 地上権の登記……170
1 地上権の設定の登記……170
申請例94 地上権の設定の登記……170
申請例95 区分地上権の設定の登記……175
2 地上権の移転の登記……178
3 地上権の変更の登記・更正の登記……179
4 地上権の抹消の登記……181

第2章　永小作権の登記……183
1　実体（民法）→登記……183
2　申請情報の記載事項……183
第3章　地役権の登記……184
1　地役権の設定の登記……184
申請例96　地役権の設定の登記……184
2　地役権の移転の登記……190
3　地役権の変更の登記・更正の登記……190
4　地役権の抹消の登記……192
第4章　賃借権の登記……196
1　賃借権の設定の登記……196
申請例97　賃借権の設定の登記……196
2　賃借権の移転の登記・賃借物の転貸の登記……200
3　賃借権の変更の登記……203
4　賃借権の抹消の登記……204
5　賃借権の抵当権に優先する同意の登記……204
申請例98　賃借権の抵当権に優先する同意の登記……205
第5章　借地借家法を根拠とする登記……208
1　借地借家法に貸し手を保護する規定がある……208
2　借地……208
申請例99　借地借家法23条1項の事業用定期借地権（賃借権）の設定の登記……211
申請例100　借地借家法23条2項の事業用定期借地権（賃借権）の設定の登記……211
3　借家……214
第6章　配偶者居住権の登記……216
1　配偶者居住権の設定の登記……216
申請例101　配偶者居住権の設定の登記……217
2　配偶者居住権の移転の登記……220
3　配偶者居住権の変更の登記……221
4　配偶者居住権の抹消の登記……221
申請例102　配偶者居住権の抹消の登記……221
第7章　利用権の登記事項のまとめ……222
第8章　利用権者が所有権を取得した場合……224

第5編　全登記に関係する登記（総論②）……225
第1章　信託の登記……226
第1節　信託とは？……226
1　意義……226
2　信託の主要な登場人物……226
3　信託財産……227
4　信託の方法……227
第2節　信託の登記……230
1　信託の登記の方法……230
2　申請情報の記載事項……230
申請例103　信託を原因とする所有権の移転の登記および信託の登記……230
3　持分の信託後に持分放棄がされた場合……236
4　所有権の保存の登記と信託の登記……236
第3節　受託者の変更……237
1　受託者の任務の終了……237
2　受託者の変更の登記……237
申請例104　受託者が交代的に変更した場合の登記……238
申請例105　複数いる受託者のうちの１人の任務が終了した場合の登記……239
第4節　信託の変更……241
第5節　信託財産の処分・信託財産の原状回復……242
1　信託財産の処分・信託財産の原状回復……242
2　申請人……243
3　登録免許税……243
第6節　信託の抹消……244
1　信託の抹消の登記の方法……244
2　申請情報の記載事項……244
申請例106　弁済を原因とする抵当権の抹消の登記および信託の抹消の登記……244
第7節　信託における権利の変更の登記の特則……247
第2章　仮登記……249
第1節　仮登記とは？……249
1　意義……249
2　趣旨 —— 仮登記をする目的……250
3　１号仮登記……250
申請例107　１号仮登記……251

4 2号仮登記……255
申請例108 2号仮登記（請求権）……256
5 1号仮登記・2号仮登記の可否……259
第2節 仮登記の処分の登記……263
1 1号仮登記の処分……263
申請例109 1号仮登記（所有権）の移転……263
申請例110 1号仮登記（所有権）の移転請求権……267
2 2号仮登記の処分……269
申請例111 2号仮登記（所有権移転請求権）の移転……270
申請例112 2号仮登記（所有権移転請求権）の移転請求権……274
第3節 仮登記の変更の登記・更正の登記……278
1 実体（民法）→登記……278
2 申請人……279
第4節 仮登記に基づく本登記……280
1 所有権に関する仮登記に基づく本登記……280
申請例113 仮登記に基づく本登記……280
2 所有権以外の権利の仮登記に基づく本登記……293
第5節 仮登記の抹消の登記……296
1 実体（民法）→登記……296
2 申請情報の記載事項……296
申請例114 仮登記の抹消の登記……296
第6節 仮登記担保の登記……301
1 仮登記担保とは？……301
2 仮登記担保の設定契約……304
3 所有権の移転……304
4 登記上の利害関係を有する第三者の権利の抹消……305
5 申請情報の記載事項……307
申請例115 担保仮登記に基づく本登記……307
6 受戻し……308
第3章 名変登記……309
1 名変登記とは？……309
申請例116 抵当権の債務者の変更の登記（住所の変更の登記）……311
2 申請情報の記載事項……313
申請例117 名変登記（住所の変更の登記）……313
3 前提としての名変登記……318

4 前登記名義人の名変……324
第4章 判決による登記……325
1 判決による登記とは？……325
2 申請情報の記載事項……328
申請例118 判決による登記……328
3 判決と中間省略登記……335
4 当事者が死亡している場合の判決の当事者……337
5 執行文の要否……338
第5章 仮処分の登記……345
1 処分制限の登記……345
2 処分禁止の仮処分の種類……347
3 処分禁止の仮処分の登記の可否……349
4 処分禁止の仮処分の登記の前提としての相続登記の要否……350
5 仮処分の登記に後れる登記の抹消……350
6 申請情報の記載事項……355
申請例119 仮処分による失効の登記
判決による登記……356
申請例120 仮処分による一部失効の登記
判決による登記……359
7 処分禁止の仮処分の登記の職権抹消……361
8 保全仮登記の更正の登記……362
第6章 代位による登記……364
1 実体（民法）→登記……364
2 申請情報の記載事項……364
申請例121 代位による登記……364
3 代位による登記の可否……369
第7章 区分建物の登記……376
1 区分建物とは？……376
2 敷地権付き区分建物と敷地権の登記のない区分建物……376
3 分離処分の禁止の「処分」とは？……380
4 建物のみに関する旨の付記登記（いわゆる「のみ付記」）……387
5 敷地権付き区分建物の登記の登録免許税……390
6 敷地権付き区分建物の登記の不動産の表示……394

第8章　抹消の登記……395
1　共同して登記の抹消の申請をすべき者の所在が知れない場合の抹消の登記……395
申請例122　休眠担保権の単独抹消……401
2　死亡または解散による抹消の登記……404
3　詐害行為取消しに基づく抹消の登記……406
申請例123　詐害行為取消判決を原因とする所有権の移転の登記の抹消の登記……406
第9章　抹消回復の登記……410
1　意義……410
2　申請情報の記載事項……410
申請例124　錯誤を原因とする抵当権の設定の登記の抹消回復の登記……410
第10章　一般承継人による申請……418
1　一般承継人による申請とは？……418
2　申請情報の記載事項……420
申請例125　一般承継人による登記（登記権利者の死亡）……420
申請例126　一般承継人による登記（登記義務者の死亡）……420
申請例127　一般承継人による登記（登記権利者の合併）……424
申請例128　一般承継人による登記（登記義務者の合併）……425
第11章　一の申請情報による申請……426
1　登記申請の件数……426
2　要件……426
3　不動産の表示……437
4　不動産ごとに順位番号・登記原因及びその日付が異なる場合の申請情報の記載方法……437
第12章　法定相続情報証明制度……439
1　法定相続情報証明制度とは？……439
2　趣旨……440
3　手続……440
4　不動産登記での使用……443

第6編　純粋な総論手続（総論③）……445
第1章　取下げ・却下・審査請求……446
1　取下げ……446
2　却下……448

3 審査請求……454
第2章 再使用証明……461
1 再使用証明とは？……461
2 再使用証明を受けた領収書・印紙を使える申請……462
3 期間制限……462
4 再使用証明を受けた後に還付請求をする場合の代理人の授権の要否……462
第3章 嘱託による登記……463
1 国または地方公共団体が登記権利者となる登記……463
2 国または地方公共団体が登記義務者となる登記……465
3 公売処分による登記……467
第4章 職権抹消・職権更正……468
1 職権抹消……468
2 職権更正……471

実際の書面を見てみよう
法定相続情報一覧図の写し……442

コラム
Realistic 1 「申請情報の記載事項の意味」を再確認……36
Realistic 2 視点を固定する……179
Realistic 3 考え方を思い出せないと解けない……207
Realistic 4 家族信託……227
Realistic 5 立法ミス？……295
Realistic 6 他人の住所証明情報を取れる？……331
索引
事項索引……474
条文索引……481
判例索引……501
先例索引……503
登記研究索引……510

本テキストご利用にあたっての注意

1．略称

・不登法　→　不動産登記法
・不登令　→　不動産登記令
・不登規　→　不動産登記規則
・不登準則　→　不動産登記事務取扱手続準則
・登免法　→　登録免許税法
・登免法施行規　→　登録免許税法施行規則
・民訴法　→　民事訴訟法
・民執法　→　民事執行法
・民保法　→　民事保全法
・民保規　→　民事保全規則
・仮登記担保法　→　仮登記担保契約に関する法律
・区分所有法　→　建物の区分所有等に関する法律
・供託規　→　供託規則
・行服法　→　行政不服審査法
・行訴法　→　行政事件訴訟法
・最判平 20.6.10　→　最高裁判所判決平成20年6月10日
・昭 46.10.4 民事甲 3230　→　昭和46年10月4日法務省民事甲第3230号
・登研 325P72　→　「登記研究」誌325号72ページ
・記録例　→　平成28年6月8日民二第386号不動産登記記録例

2．民法，不動産登記法，会社法・商法・商業登記法，民事訴訟法・民事執行法・民事保全法のテキストの参照箇所

「── 民法Ⅰのテキスト第2編第2章第1節2②」などと，民法，不動産登記法，会社法・商法・商業登記法，民事訴訟法・民事執行法・民事保全法のテキストの参照箇所を示している場合があります。これらは，以下のテキストです。

・『司法書士試験リアリスティック１　民法Ⅰ［総則］』（辰已法律研究所）
・『司法書士試験リアリスティック２　民法Ⅱ［物権］』（辰已法律研究所）
・『司法書士試験リアリスティック３　民法Ⅲ［債権・親族・相続］』（辰已法律研究所）
・『司法書士試験リアリスティック６　会社法・商法・商業登記法Ⅰ』（辰已法律研究所）

・『司法書士試験リアリスティック７　会社法・商法・商業登記法Ⅱ』（辰巳法律研究所）
・『司法書士試験リアリスティック８　民事訴訟法・民事執行法・民事保全法』（辰巳法律研究所）

３．説明順序

不動産登記法は，大きく「総論」「各論」に分かれます。「総論」とは，基本的にすべての登記に関係する分野です。「各論」とは，所有権，抵当権など権利ごとの登記の分野です。不動産登記法の最も一般的な説明順序は，「総論」→「各論」です。

しかし，このテキストは以下の説明順序にしています。

・「(各論に入る前に必要な）総論」（Ⅰのテキスト第１編）
・「各論」（Ⅰのテキスト第２編～Ⅱのテキスト第４編）
・「(残りの）総論」（Ⅱのテキスト第５編～第６編）

総論はすべての登記に関係する分野であるため，抽象的なハナシが中心となります。具体的なハナシ（各論）を知らないまま，ずっと抽象的なハナシばかりを学習していても，理解できません。よって，このテキストでは，まず各論に入る前に必要な総論のみを説明し，早めに各論に入る手法を採っています。

なお，以下のような注をつけている箇所があります。

＊この※は，第５編第２章（P249～308）で仮登記を学習した後にお読みください。

注で示した順番でお読みいただく前提で説明を記載していますので，最初にお読みになる際は，必ず上記のような注に従ってお読みください。

４．登記法の知識の整理のポイント

登記法は，民法に比べると，趣旨は少なくなります。しかし，登記法は実際の手続のルールです。それに従って，司法書士，土地家屋調査士，登記官などは仕事をしています。１つ１つのルールをすべて暗記しないといけないとしたら，実際に使っている人からすると困ります。よって，「一貫した考え方」があります。この一貫した考え方から知識を整理できるか，言い換えると，できる限り１つ１つの知識ごとに記憶することを避けられるかが，登記法の知識を整理するポイントになります。

このテキストでは，この知識の整理を目的として，一貫した考え方を記載したページに戻っていただけるよう，以下のように参照箇所をつけています。

「（Ｉのテキスト第１編第６章第３節3 1.「登記識別情報の提供の要否の基本的な判断基準」）」

このように，Ｉのテキストに戻っていただくことも多いです。よく戻っていただくＩのテキストは以下の箇所ですので，Ｉのテキストの以下の箇所は，あらかじめページをメモしておいてください。

・Ｉのテキスト第１編第６章第２節4「登記原因証明情報の提供が不要となる場合」
・Ｉのテキスト第１編第６章第３節3 1.「登記識別情報の提供の要否の基本的な判断基準」
・Ｉのテキスト第１編第６章第４節3 2.「『認印でよいか』『実印で押印し印鑑証明書の提供が要求されるか』の判断基準」
・Ｉのテキスト第１編第６章第５節3「住所証明情報の提供が要求される場合①～③」

５．申請件数と申請順序

近年の記述の出題の中心は，「申請件数と申請順序」を問うことにあります。試験後に発表される「記述の出題の趣旨」には最低限のことしか書かれませんが，そこに申請順序を問うていることが明記されています。

そこで，このテキストでは，以下のように，申請件数と申請順序を意識した形式を採っています。

1/2　設定を原因とする共有根抵当権の設定の登記
2/2　合意を原因とする根抵当権の優先の定めの登記

上記のような箇所は，記述で出題されることを意識して，「なぜ，このような申請件数と申請順序になるのか？」を理解したうえで記憶してください。

６．表

このテキストで出てくる表は，一貫して，「当たる」「認められる」などその事項に該当するもの（積極事項）は表の左に，「当たらない」「認められない」などその事項に該当しないもの（消極事項）は表の右に配置する方針で作成しています。これは，試験で理由付けから知識を思い出せなかったとしても，「この知識はテキストの表の左に書いてあったな。だから，『当たる』だ。」といったことをできるようにするためです。

7．登記記録・申請情報の住所の記載について

実際の登記記録には，登記名義人や担保権の債務者の住所が記録されますが，このテキストでは，原則として住所を省略しています。

また，実際の申請情報にも住所を記載しますが，試験では住所の記載を求められないことが多いので，申請情報についても原則として住所を省略しています。

8．「表示に関する登記（表題部）」と「権利に関する登記（権利部）」

不動産登記には，「表示に関する登記（表題部）」と「権利に関する登記（権利部）」がありますが，司法書士の業務は，権利に関する登記（権利部）についてのものです。このテキストも，ほとんどは権利に関する登記（権利部）の説明です。よって，特に断りのない限りは，権利に関する登記（権利部）の説明をしています。

9．参照ページ

このテキストでは，できる限り参照ページをつけています。これは，「記載されているページを必ず参照してください」という意味ではありません。すべてを参照していると，読むペースが遅くなってしまいます。わかっているページは参照する必要はありません。内容を確認したい場合のみ参照してください。その便宜のために，参照ページを多めにつけています。

また，ページの余白に表示している参照ページの記号の意味は，以下のとおりです。

P50＝　：　内容が同じ

P50≒　：　内容が似ている

P50　┌　P50　┐　：　内容が異なる
└　P50　┘　P50

10．Realistic rule

「Realistic rule」とは，試験的にはそのルールで解答してしまって構わないというルールです。

— 第3編 —

担保物権の登記（各論②）

第２章　根抵当権の登記

民法のテキストでは，根抵当権について概要しか説明していません。── 民法Ⅱのテキスト第４編第６章　根抵当権は以下のような制度であり，不動産登記法の知識を抜きに理解することはできないからです。よって，この不動産登記法のテキストで，実体（民法）の説明も一からしていきます。

根抵当権は登記を前提とした制度

根抵当権は，**初めから登記を念頭に置いて制定された**制度です。「登記をしなければ，その効力を生じない」「登記をしなかったときは，○○しなかったものとみなす」など登記が（事実上の）効力発生要件となっている規定が多くあります。

根抵当権は，民法ができた当初には規定がなく，昭和 46 年に新設された担保物権です（それ以前にも判例では認められていました）。**新しい制度はわかりやすさを追求している（ex. 登記を基準とする）ことが多い**です。── 民法Ⅱのテキスト第４編第５章第７節[2]3.

第１節　根抵当権とは？

1　抵当権の一種

民法 398 条の2（根抵当権）

1　抵当権は，設定行為で定めるところにより，一定の範囲に属する不特定の債権を極度額の限度において担保するためにも設定することができる。

2　前項の規定による抵当権（以下「根抵当権」という。）の担保すべき不特定の債権の範囲は，債務者との特定の継続的取引契約によって生ずるものその他債務者との一定の種類の取引によって生ずるものに限定して，定めなければならない。

民法 398 条の２第１項，第２項にありますとおり，「一定の範囲に属する不特定の債権を極度額の限度において担保するため……設定」した抵当権を，特に「根抵当権」といいます。つまり，根抵当権も抵当権の一種（抵当権のうち特殊なもの）なのです。

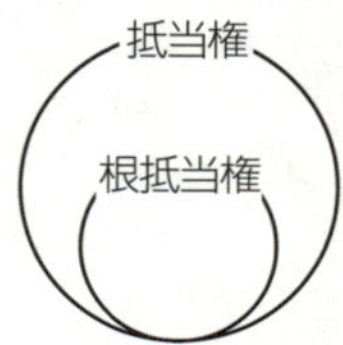

根抵当権に特有の規定を学習していない知識

よって，**根抵当権に特有の規定を学習していない知識については，抵当権の知識で解答**してください。

2 抵当権との違いの本質

根抵当権は抵当権の一種ではありますが，もちろん抵当権と異なる点があるため，別の担保物権として存在するわけです。この第２章で抵当権と異なる点を主に学習していきますが，その出発点（抵当権との違いの本質）は，以下の２点です。

①確定前根抵当権（＊）には**付従性がない**

＊「確定」については，下記5で説明します。

・成立：被担保債権が存在しなくても（0でも），根抵当権は成立します。根抵当権は，枠（下記4）を定めれば，設定することができるのです。

・消滅：被担保債権が存在しなくなっても（ex. 全額弁済され0になっても），根抵当権は消滅しません。

根抵当権は，地球（被担保債権）が存在しなくても宇宙空間で生きていける人間（担保物権）のようなものなのです。

②確定前根抵当権には**随伴性がない**

ex. Ａ銀行が根抵当権の被担保債権をＢ証券会社に売却しても（債権譲渡），それに伴って根抵当権はＢ証券会社に移転しません。

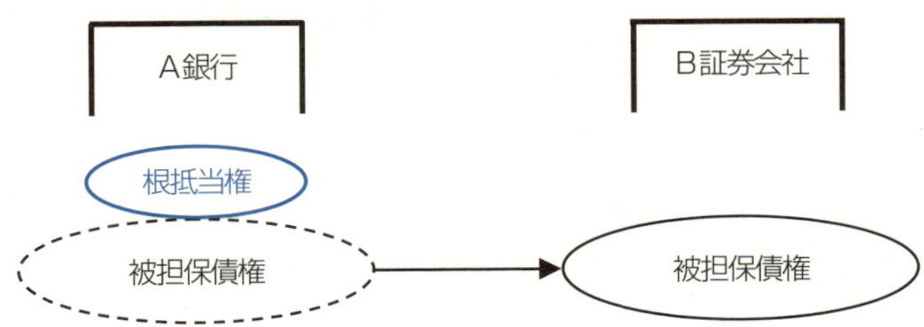

確定前根抵当権は，債権との関連が切れているわけです。

3 根抵当権の制度趣旨

付従性と随伴性がないメリットを，根抵当権が具体的に使われる場面で考えていきましょう。根抵当権は自然人が設定することもありますが，主に企業間の取引で付従性と随伴性がないメリットが生きてきます。

企業間の取引では，頻繁に債権が発生し，消滅します。この場合に，付従性のある抵当権であったならば，その度に抵当権を抹消し，設定しなければならなくなります。企業からすれば非常に煩雑であり，登記費用もばかになりません。

また，根抵当権を使えば，企業が銀行から融資を受けやすくなります。抵当権だと，次の融資を受けた場合には新たに抵当権を設定する必要がありますが，後順位に担保物権が登記されていれば，その担保物権よりも後順位になり，銀行が融資を渋るかもしれません。

このように，被担保債権と運命をともにしない（付従性と随伴性がない）ことによるメリットがあるのです。

4 根抵当権は「枠」である

まだ根抵当権のイメージが湧かないかもしれません。**根抵当権とは，いわば「枠」**なのです。被担保債権があるから根抵当権があるのではなく，まず根抵当権という枠を決め，そこに入る被担保債権が根抵当権によって担保されるという仕組みなのです。

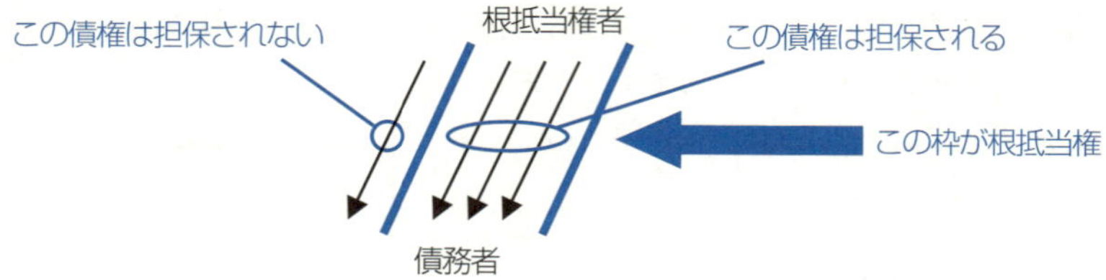

上記の図のように，枠に入る被担保債権は根抵当権によって担保されますが，枠に入らなければ担保されません。この枠を決めるのが，以下の4つの事項です。

①根抵当権者
②債務者
③債権の範囲
④極度額

根抵当権者（①）と債務者（②）の間に生じた債権であり，債権の範囲（③）に属する債権であれば，極度額（④）の限度まで担保されます。これが根抵当権に必ずある**「根抵当権の４大事項」**です。③の債権の範囲と④の極度額がわかりにくいと思いますが，詳しくは第２節1でみていきます。

5 根抵当権は「確定」の前後で別の顔になる

「根抵当権は消滅における付従性がない」と聞いて，「被担保債権が全額弁済されても根抵当権が消えないんだから，根抵当権は永遠に消えないのでは？」と思った方もいるかもしれません。しかし，永遠に消えないわけではありません。

付従性と随伴性がないのは，「確定前根抵当権」に限られます。「確定後根抵当権」には，付従性と随伴性があります。よって，元本確定後であれば，全額弁済されるなどして被担保債権が消滅すれば，付従性で根抵当権は消滅します。

根抵当権には，「元本の確定」という概念があります。確定事由は10個あり，P123〜で説明しますが，確定のイメージは「企業間の取引の停止」（根抵当権者と債務者との間の取引の停止）です。取引が停止するような事由が生じると，新たに債権が発生しなくなりますので，確定した時点で存在する債権が根抵当権で担保される債権ということで確定します。

確定後根抵当権は，極度額を除いて抵当権とほとんど同じ性質となります。

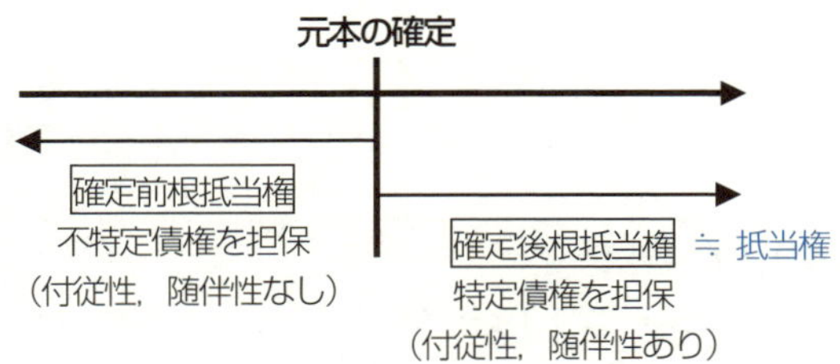

なお，根抵当権者が根抵当権を放棄したり解除したりしたら，確定前根抵当権でも消滅します。これらは，根抵当権（物権）自体の消滅事由だからです。このように，確定前根抵当権でも消滅することはあります。

※元本確定と根抵当権の実行

根抵当権を実行する（ex. 競売の申立てをする）のに，元本が確定しているかは関係ありません。根抵当権の被担保債権の１つにでも不履行があれば，確定前でも確定後でも根抵当権を実行することができます。

第２節　根抵当権の設定

1 実体（民法）

1．当事者

根抵当権の設定契約の当事者は，根抵当権者と設定者（債務者または第三者）です（民法 369 条１項）。設定者に「第三者」とありますとおり，根抵当権にも物上保証があります。根抵当権も抵当権と同じく約定担保物権ですが，基本的に，約定担保物権については物上保証は OK です。── 民法Ⅱのテキスト第４編第５章第２節2「約定担保物権→物上保証」

2．債権の範囲

この「債権の範囲」は，枠（根抵当権）を決める４大事項の１つです（P４③）。

債権の範囲を定める趣旨

債権の範囲を定める必要があるのは，**債権の範囲があまりに広くなる（何でもかんでも担保される）のは設定者に酷**だからです。

よって，根抵当権者と債務者との間に生じるすべての債権を担保する包括根抵当は認められていません。また，以下でみていく債権の範囲の定め方でも，債権の範囲があまりに広くなる定め方は認められません。

債権の範囲の定め方は，下記（1）～（4）の４つがあり，以下の条文に規定されています。下記（1）～（4）の４つは，組み合わせることもできます。

民法 398 条の２（根抵当権）

2　前項の規定による抵当権（以下「根抵当権」という。）の担保すべき不特定の債権の範囲は，(1) 債務者との特定の継続的取引契約によって生ずるものその他 (2) 債務者との一定の種類の取引によって生ずるものに限定して，定めなければならない。

3　(3) 特定の原因に基づいて債務者との間に継続して生ずる債権，(4) 手形上若しくは小切手上の請求権又は電子記録債権（電子記録債権法（平成 19 年法律第 102 号）第２条第１項に規定する電子記録債権をいう。次条第２項において同じ。）は，前項の規定にかかわらず，根抵当権の担保すべき債権とすることができる。

（1）「債務者との特定の継続的取引契約によって生ずる」債権（民法 398 条の2第2項）

これは，根抵当権者と債務者が「これから継続的に取引をするから，その契約を締結しよう」ということで締結した継続的取引契約から生じる債権を被担保債権とする定め方です。たとえば，以下のように定め，登記します。

ex1. 年月日｜自動車継続的売買契約
ex2. 年月日｜特約店販売契約
ex3. 年月日｜貸付契約
ex4. 年月日｜リース取引等契約
ex5. 年月日｜電気製品供給契約
成立年月日｜契約の名称

いずれも，「年月日」と「～契約」となっています。「特定の」「継続的取引契約」ですので，継続的取引契約の「成立年月日」と「契約の名称」を記載する形で債権の範囲を記載します（昭 46.10.4 民事甲 3230）。

（2）「債務者との一定の種類の取引によって生ずる」債権（民法 398 条の2第2項）

これは，根抵当権者と債務者との間の「一定の種類の取引」から生じる債権を被担保債権とする定め方です。「売買取引」などとしか定めないので，上記（1）より抽象的な定め方（広い定め方）です。よって，債権の範囲があまりに広くなってしまうことがあるため，認められないものもあります（上記の「債権の範囲を定める趣旨」）。

基本的な判断基準

1ついえる判断基準は，**民法の典型契約**（民法に規定されている契約）は基本的に認められるということです。民法に規定があるため，範囲が明確といえるからです。

具体的には，以下の表の左の①（②）③～⑨が当たります。

認められるものの例（○）	認められないものの例（×）
①**売買取引**（昭 46.10.4民事甲 3230 など）	①**商社取引**（昭 46.12.27 民事三.960）
②**売買委託取引**（昭 47.4.4民事三.301）	
③**交換取引**（昭 47.8.4民事三.608）	②**商品委託取引**（昭 51.9.8民三.4982）
④**金銭消費貸借取引**（昭 46.10.4民事甲 3230 など）	

<table>
<tr><td>⑤使用貸借取引（昭47.4.4民事三.301など）</td><td rowspan="2">③債務引受取引（昭 47.8.4民三.608）</td></tr>
<tr><td>⑥賃貸借取引（昭47.4.4民事三.301など）</td></tr>
<tr><td>⑦請負取引（昭47.4.4民事三.301など）</td><td rowspan="2">④問屋取引（昭 47.8.4民事三.608）</td></tr>
<tr><td>⑧委任取引（昭47.8.4民事三.608）</td></tr>
<tr><td>⑨寄託取引（昭47.4.4民事三.301など）</td><td rowspan="6">⑤根抵当取引（昭46.12.27民事三.960）</td></tr>
<tr><td>⑩銀行取引（昭46.10.4民事甲3230）</td></tr>
<tr><td>⑪保証取引（昭47.4.4民三.301）</td></tr>
<tr><td>⑫保証委託取引（昭46.10.4民事甲3230など）</td></tr>
<tr><td>⑬立替払委託取引（昭47.4.4民事三.301）</td></tr>
<tr><td>⑭商品供給取引（昭46.10.4民事甲3230）</td></tr>
</table>

（3）「特定の原因に基づいて債務者との間に継続して生ずる債権」（民法398条の2第3項）

上記（1）（2）は取引によって生じる債権ですが，この（3）は取引によらない債権です。

認められるものの例（○）	認められないものの例（×）
①**○○工場の排液による損害賠償債権**（昭46.10.4民事甲3230） ②**○○工場からの清酒（せいしゅ）移出による酒税債権**（昭46.10.4民事甲3230）	①**債務者の不法行為による損害賠償債権**（平2.12.7民三.5648） 左の①と異なり，特定されているとはいえず，あまりに広いからです（上記の「債権の範囲を定める趣旨」）。交通事故から不倫まで不法行為ですから。

（4）「手形上若しくは小切手上の請求権又は電子記録債権」（民法398条の2第3項）

（a）意義

ⅰ　「手形」「小切手」とは？

「手形」「小切手」とは，いずれも振り出すのに基本的には当座預金口座が必要で，通常は企業が取引先などに振り出すものです。手形・小切手を受け取った者は，銀行で，手形・小切手を振り出した企業の当座預金口座から額面の支払を受ける（換金する）ことができます。ここまでは，手形と小切手で変わりはないのですが，違いは以下のとおりです。

・手形　：期日まで換金できない後払い
取引先などに支払を待ってもらう場合に使います。
・小切手：すぐに換金できる
現金を持ち歩くのは危ないため，現金を渡す代わりに小切手を渡します。ドラマやマンガでみたことがないでしょうか。

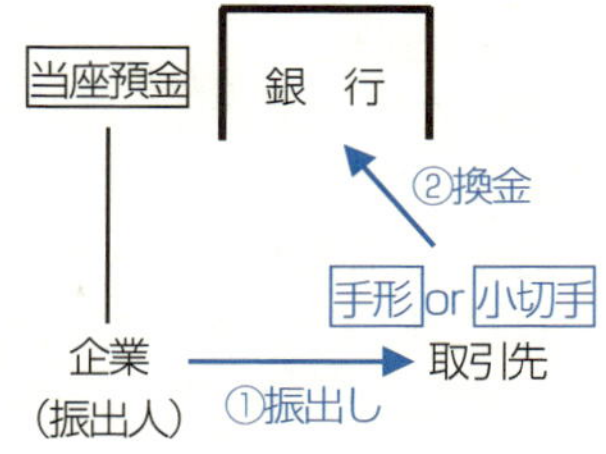

手形・小切手を受け取った取引先は，手形・小切手を裏書（うらがき）によって譲渡することができます。「裏書」と言うのは，手形・小切手の裏面に「○○にこの手形を譲渡した」などと記載するからです。これは，特に手形で意味があります。手形は期日まで換金できませんが，取引先が期日より前に現金が必要となることがあります。その場合には，手形の額面よりは安くなりますが，第三者に手形を譲渡してすぐに現金を手に入れることができるのです。

ii　「電子記録債権」とは？

「電子記録債権」とは，債権の発生または譲渡の効力が電子債権記録機関の電子記録で生じる債権のことです（電子記録債権法２条１項）。要は，債権の発生または譲渡がデータの記録・書換えで行われる債権のことです。2008 年 12 月からスタートした新しい制度です。

（b）根抵当権の被担保債権に

i　原則

根抵当権者と債務者は，債務者が第三者のために振り出したり裏書したりした手形･小切手，または，第三者の債務者に対する電子記録債権を根抵当権者が取得した場合に，その手形･小切手・電子記録債権（いわゆる回り手形・回り小切手・回り電子記録債権）を根抵当権の被担保債権にすることができます。これが，この（4）の債権です。

この場合，債権の範囲を「手形債権」「小切手債権」「電子記録債権」と登記します。

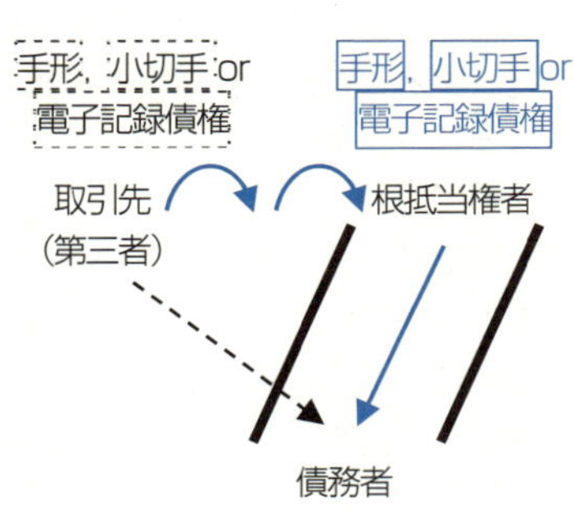

ii　例外

債務者の支払の停止，破産手続開始，競売の申立てなどがされた後に根抵当権者が債務者との取引によらないで取得した手形上もしくは小切手上の債権または電子記録債権は，根抵当権者が善意で取得した場合でなければ，根抵当権によって担保されません（民法398条の３第２項）。

債務者が破産などした場合には，手形・小切手は紙くず同然になります。電子記録債権も回収できない債権となります。払ってもらえない危険が極めて高い手形・小切手・電子記録債権なんて価値がないですよね。根抵当権者が，その価値のない手形・小切手・電子記録債権を激安で買い集めて，根抵当権で担保させ，根抵当権が設定されている不動産の競売代金から額面どおり回収することを許してしまうと，他の債権者をあまりにも害します。よって，このような規定があります。

※特定債権を被担保債権とすることの可否

特定債権とは，「年月日金銭消費貸借契約に基づく債権」など，すでに生じている債権のことです。抵当権は，特定債権を被担保債権とします。

根抵当権においても，上記（1）～（4）の不特定債権と併せて特定債権を被担保債権とすることはできます（昭46.10.4民事甲3230）。しかし，特定債権のみを被担保債権として根抵当権を設定することはできません。不特定債権を担保することが，根抵当権の特徴であり，最も本質的な部分だからです（P３2）。

ただし，根抵当権の設定後に，被担保債権の範囲を特定債権のみとする変更の登記をすることはできます。

特定債権のみを被担保債権とできるかの判断基準

設定時でなければ，特定債権のみを被担保債権とすることはできます。不特定債権を担保することが根抵当権の本質なので，「生まれる時（設定時）から本質から外れることは，さすがにやめてくれ」ということです。

３．極度額

この「極度額」も，枠（根抵当権）を決める４大事項の１つです（P４④）。

極度額とは，根抵当権者が根抵当権から優先弁済を受けられる限度額のことです。

極度額の範囲内ならば，利息や損害金が，抵当権のように後順位抵当権者などとの関係で最後の２年分に制限される（民法 375 条 ―― 民法Ⅱのテキスト第４編第５章第３節2）ことはなく，何年分でも担保されます（民法 398 条の３第１項）。極度額という限度額が登記されているため，後順位抵当権者などが「この根抵当権者はいくら優先して持っていくんだ？」とわからなくなることがないからです。

これは，元本確定後でも同じです。元本が確定すると，元本は確定した時点で存在する債権で特定し，それ以上は増えません（P5 5）。しかし，利息や損害金は生じます。この利息や損害金は，確定後に生じたものも，極度額の限度までであれば何年分でも担保されます。確定するのは元本だけだからです。だから，「"元本"確定」というんです。「元本確定」という言葉から思い出せるようにしてください。

※「確定した時点で存在する債権」とは？

元本債権は，確定した時点で存在している必要がありますが，確定した時点で債権としての法律上の存在に必要な要件が備わっていれば存在するといえます（根抵当権によって担保されます）。

ex. 債権の範囲を保証委託取引として，根抵当権が設定されました。「保証委託取引」とは，主債務者から委託を受け保証人（←が根抵当権者になります）となった者が，主債務者の代わりに弁済した場合に主債務者に対して取得する求償債権を被担保債権とする取引です。―― 民法Ⅱのテキスト第4編第5章第2節 4 2.（2）②　確定後に保証人（根抵当権者）が保証債務を履行した場合，求償債権は確定後に生じます。しかし，債権としての法律上の存在に必要な要件である保証委託契約は確定前にされていますので，この求償債権は根抵当権によって担保されます。

また，履行期は，確定後でも構いません。

4．確定期日

根抵当権者と設定者が合意することにより，元本の確定期日を定めることができます（民法398条の6第1項）。「確定期日」とは，その日が到来したら元本が確定する日のことです。確定期日は，定めても定めなくてもOKです。

確定期日を定める場合，確定期日は定めた日または変更した日から5年以内でなければなりません（民法398条の6第3項）。確定期日を「6年」などと定めた場合は，その確定期日の定めは無効となります。P124（1）とP125（1）で説明しますが，確定期日は根抵当権者と設定者が合意して定めたことなので，確定期日の定めがあると，設定者も根抵当権者も確定請求（「取引を停止しよう」という請求）ができなくなります（民法398条の19第3項）。この確定請求があまりに長くできないのは好ましくないため，5年が限度とされているのです。

2 申請情報の記載事項

根抵当権を設定すると，根抵当権の設定の登記を申請できます。

申請例65 —— 根抵当権の設定の登記

事例：BとAは，令和5年6月28日，債権者B・債務者Aとして，金銭消費貸借取引から生じる不特定債権を極度額1000万円の限度で担保するため，Aが所有している建物（甲区1番でA名義の所有権の保存の登記がされている）を目的として，根抵当権の設定契約を締結した（←「物権契約」）。

登記の目的	根抵当権設定
原　　因	令和5年6月28日設定
極 度 額	金1000万円
債権の範囲	金銭消費貸借取引
債 務 者	A
根抵当権者	B
設 定 者	A
添付情報	登記原因証明情報（根抵当権設定契約書） 登記識別情報（Aの甲区1番の登記識別情報） 印鑑証明書（Aの印鑑証明書） 代理権限証明情報（B及びAの委任状）
課税価格	金1000万円
登録免許税	金4万円

権利部（乙区）（所有権以外の権利に関する事項）			
順位番号	登記の目的	受付年月日・受付番号	権利者その他の事項
1	根抵当権設定	令和5年6月28日 第12457号	原因　令和5年6月28日設定 極度額　金1000万円 債権の範囲　金銭消費貸借取引 債務者　A 根抵当権者　B

この登記された根抵当権を例に，もう1度根抵当権がどのようなものか確認しましょう。

この根抵当権は，Ｂ（根抵当権者）とＡ（債務者）との間の金銭消費貸借取引から生じる債権（債権の範囲）を1000万円の限度（極度額）で担保します（Ｐ４～５[4]）。Ｂと Ａとの間に生じた債権でも，売買取引から生じた債権は担保されませんし，金銭消費貸借取引から生じた債権でも1000万円を超えた部分については担保されません。

１．登記の目的

「根抵当権設定」などと記載します。

登記の目的は，根抵当権の設定の対象により変わりますが，「抵当権」が「根抵当権」になる点を除き，Ⅰのテキスト第３編第１章第１節[2]１.と同じです（Ｐ３の「根抵当権に特有の規定を学習していない知識」）。

２．登記原因及びその日付

登記原因及びその日付は，「年月日設定」と記載します。年月日は，根抵当権の設定契約の成立日を記載します。

抵当権のように「年月日～」が２つあるわけではなく，１つです。この「年月日設定」は，物権契約のみを記載するということです。根抵当権は決まった被担保債権がないため，被担保債権の発生原因（債権契約）は記載しないのです。

３．登記事項

＊乙区の担保物権の登記の登記事項は，P166～167[2]の表で比較しています。「何が登記事項となるか」は，P166～167[2]の表を検索先として，比較しながら記憶してください。

（１）必要的登記事項（必ず記載する必要がある事項）

①極度額（不登法88条２項１号）
②債権の範囲（不登法88条２項１号）
③債務者の氏名または名称および住所（不登法83条１項２号）

必要的登記事項はこの３点ですが，これは根抵当権の４大事項（Ｐ４～５[4]）です。４大事項が枠（根抵当権）を決めるため，必ず存在し，必ず登記する必要もあるのです。「根抵当権者は？」と思われたと思いますが，根抵当権者は申請人となり（下記４.），根抵当権の登記名義人として必ず登記されます。

なお，①の極度額と③の債務者は，乙区の担保物権に共通する必要的登記事項でもあります（Ⅰのテキスト第３編第１章第１節[2]３.（１）「乙区の担保物権の必要的登記事項」）。

（2）任意的登記事項（定めがある場合には記載すべき事項）

①付加一体物に及ばない旨の別段の定め（民法370条ただし書の別段の定め。不登法88条２項２号）

不動産の付加一体物に及ばない旨の別段の定めがある場合に，登記します（民法370条ただし書）。抵当権と同じです。担保の目的物は，抵当権でも根抵当権でも同じなんです（Ｐ３の「根抵当権に特有の規定を学習していない知識」）。

②取扱店の表示（昭36.５.17民事甲1134，昭48.９.19民三.7380，昭57.４.28民三.3238）

金融機関の根抵当権の管理の便宜のため，「取扱店　新宿支店」などと登記できます。これも，抵当権と同じです（Ｐ３の「根抵当権に特有の規定を学習していない知識」）。

③確定期日（不登法88条２項３号）

※利息や損害金は，登記事項となりません。利息や損害金は，最後の２年分に制限されることはなく極度額まで担保されるため（P10～11 の３.），極度額が登記されていれば十分だからです。

４．申請人

以下の者の共同申請です（不登法60条）。

・登記権利者：根抵当権者
・登記義務者：設定者

５．添付情報

以下のとおり，登記原因証明情報の内容が変わる点を除いて，Ⅰのテキスト第３編第１章第１節[2]５.の抵当権の設定の登記の添付情報と同じです（提供するかどうかの理由も同じです）。

・[登記原因証明情報]（不登法61条，不登令別表56添付情報イ）

具体的には，[根抵当権設定契約書]が当たります。この根抵当権設定契約書には，根抵当権の設定契約をしたことだけでなく，Ｐ４～５[4]の４大事項について記載されている必要があります。４大事項によって枠（根抵当権）が決まるからです。

６．登録免許税

極度額の４/1000です（登免法別表第１．１．（５））。

3 共有根抵当権

上記2では，根抵当権者が１人である前提で説明をしましたが，根抵当権者が複数いる根抵当権も当然に認められます（民法398条の14参照）。

抵当権は，債権者を異にする複数の債権を合わせて担保する１個の抵当権を設定することが認められていませんでした（昭35.12.27民事甲3280。Ⅰのテキスト第３編第１章第１節2 2.（2）（a））。抵当権は被担保債権を前提としているため，他人の債権を被担保債権として抵当権を取得する（抵当権者となる）ことがダメだからです。

しかし，根抵当権は，被担保債権ではなく枠を決めれば成立するため，抵当権のような被担保債権の問題がないのです。よって，以下のような根抵当権の設定の登記を申請できます。

申請例66 —— 共有根抵当権の設定の登記

事例：B，CおよびAは，令和５年６月28日，債権者B・債務者Aとする運送取引から生じる不特定債権，および，債権者C・債務者Dとする加工委託取引から生じる不特定債権を極度額1000万円の限度で担保するため，Aが所有している建物（甲区１番でA名義の所有権の保存の登記がされている）を目的として，根抵当権の設定契約を締結した（←「物権契約」）。

登記の目的	根抵当権設定	
原　　因	令和５年６月28日設定	
極 度 額	金1000万円	
債権の範囲	根抵当権者Bにつき	運送取引
	根抵当権者Cにつき	加工委託取引
債 務 者	根抵当権者Bにつき	A
	根抵当権者Cにつき	D
根抵当権者	B	
	C	
設 定 者	A	
添付情報	登記原因証明情報（根抵当権設定契約書）	
	登記識別情報（Aの甲区１番の登記識別情報）	
	印鑑証明書（Aの印鑑証明書）	
	代理権限証明情報（B，C及びAの委任状）	
課税価格	金1000万円	
登録免許税	金４万円	

上記申請例66は，根抵当権者ごとに債権の範囲および債務者が異なる根抵当権です（債権の範囲や債務者が異ならない場合は，P12の申請例65のように記載します）。根抵当権は枠を決めればいいので，このように根抵当権者ごとに債権の範囲や債務者を異なるものとすることができます（昭46.10.4民事甲3230）。

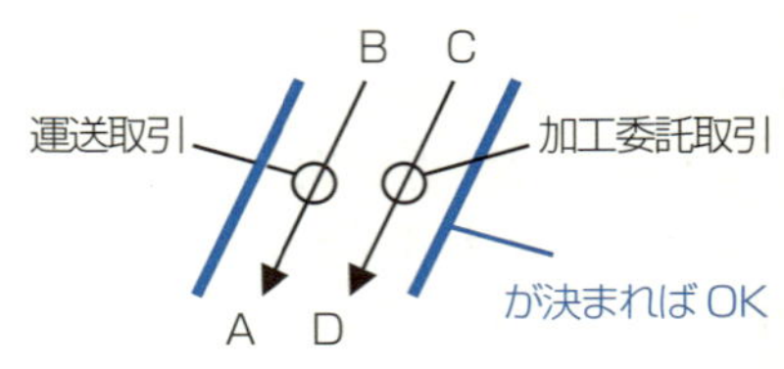

根抵当権者を複数記載することになりますが，持分は記載しません（不登令3条9号かっこ書。昭46.10.4民事甲3230）。

抵当権であれば，被担保債権の持分がありました（Ⅰのテキスト第3編第1章第1節2 4.）。しかし，確定前根抵当権には，決まった債権がないため，持分を決められないのです。

なお，確定後根抵当権については，持分を記載するか争いがあります。確定後根抵当権は，決まった債権があるため持分を記載するという見解もありますが，記載しないという見解もあります。

持分を記載しない権利を記憶する

登記名義人となる者が複数いる場合は，持分を記載するのが原則です（不登令3条9号）。よって，**例外的に持分を記載しない以下の①～⑤の権利を記憶し，それ以外は持分を記載する**としてください。

①確定前根抵当権（不登令3条9号かっこ書。昭46.10.4民事甲3230）
＊確定後根抵当権については争いあり
②確定前根質権（不登令3条9号かっこ書）
③地役権（不登法80条2項参照）
④信託（不登令3条9号かっこ書）
⑤処分制限（差押え，仮差押え，仮処分など。昭35.8.20民事三.842）

上記のふりがなをふった部分を「餅（持分）はね（確定前根抵当権・確定前根質権）ち（地役権）っこいし（信託・処分制限）」というゴロ合わせで記憶してください。正月のお餅を思い出しながら……。

4 共同根抵当権

1．実体（民法）→登記

> **民法398条の16（共同根抵当）**
> 第392条及び第393条の規定〔共同抵当権の配当等の規定〕は，根抵当権については，その設定と同時に同一の債権の担保として数個の不動産につき根抵当権が設定された旨の登記をした場合に限り，適用する。
> **民法398条の18（累積根抵当）**
> 数個の不動産につき根抵当権を有する者は，第398条の16〔純粋共同根抵当権〕の場合を除き，各不動産の代価について，各極度額に至るまで優先権を行使することができる。

（1）2種類の共同根抵当権

抵当権は，同一の債権を担保するために2つ以上の不動産に抵当権を設定すれば，当然に共同抵当権となりました。―― 民法Ⅱのテキスト第4編第5章第10節1，3

しかし，同一の債権を担保する場合でも，共同根抵当権には以下の2種類があります。

①（純粋）共同根抵当権

これは，民法392条・393条（同時配当の場合に不動産の競売価格に応じて配当がされる割付主義，異時配当の場合の後順位抵当権者の代位）の規定が適用される共同根抵当権です（民法398条の16）。つまり，配当については，民法Ⅱのテキスト第4編第5章第10節の共同抵当権と同じ扱いとなる共同根抵当権です。

単に「共同根抵当権」という場合，通常はこの純粋共同根抵当権をいいます。

②累積（共同）根抵当権

これは，民法392条・393条が適用されない，それぞれの不動産に設定された根抵当権がまったく別物として扱われる共同根抵当権です。

たとえば，甲土地と乙土地に，根抵当権者・債務者・債権の範囲が同一である極度額1000万円の1番根抵当権が設定されていても，累積共同根抵当権だと，配当額は以下のようになります（民法398条の18）。

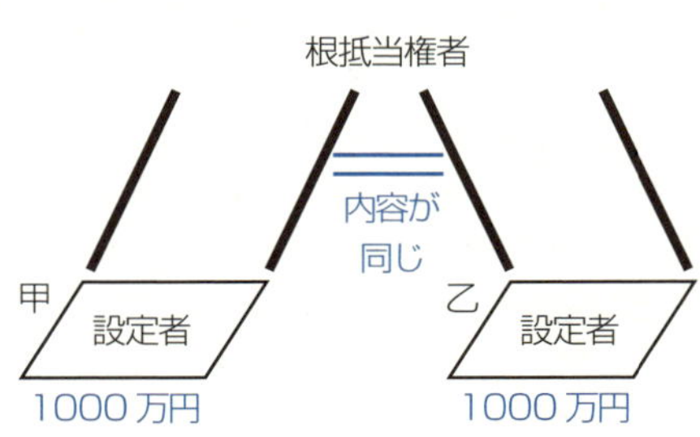

・甲土地：1000 万円
・乙土地：1000 万円
＊甲土地も乙土地も 1000 万円以上で競売された場合です。

（2）純粋共同根抵当権（上記（1）①）

（a）成立要件

以下のⅰおよびⅱの要件を充たすと，純粋共同根抵当権となります（民法 398 条の16）。

ⅰ　同一の債権の担保として数個の不動産に根抵当権を設定する

「同一の債権」とは？

以下の事項が**一字一句完全に同一**であって「同一の債権」となります。
①根抵当権者
②債務者
③債権の範囲
④極度額

つまり，４大事項（枠）が同一である必要があるということです。

なお，同一であることが要求されるのは４大事項だけですから，確定期日など，他の事項は不動産ごとに異なっていても構いません。

ⅱ　設定と同時に共同根抵当権である旨を登記する

この「登記」は，P22～25 の２.の共同根抵当権の設定の登記，または，P26～29 の２.の共同根抵当権の追加設定の登記のことです。この登記は，共同根抵当権の効力発生要件です。

「設定と同時に共同根抵当権である旨を登記する」とは？

２つバラバラに根抵当権の設定の登記をした後に，純粋共同根抵当権とすることはできないということです（仮登記〔P20※〕を除きます）。

たとえていうと，兄（１つ目の根抵当権）の出生届を出した（登記した）後に，兄と別の家の子として弟（２つ目の根抵当権）の出生届を出して（登記して）しまうと，もはや兄弟（共同根抵当権）にすることはできないということです。

よって，２つの不動産にバラバラに根抵当権の設定の登記がされた後は，純粋共同根抵当権とする変更の登記または更正の登記をすることはできません（登研 407P84〔更正の登記について〕）。逆に，純粋共同根抵当権を累積共同根抵当権とする変更の登記をすることもできません（登研 315P75，318P44）。どちらも，たとえ登記上の利害関係を有する第三者が承諾しても，ダメです。

更正の登記さえ許されない，非常にまれな例です（Ⅰのテキスト第２編第６章第４節「更正の登記の可否」）。兄と弟を別の家の子として出生届を出してしまったので，手遅れなのです。

それに対して，２つの不動産の根抵当権の設定の登記を各別に申請することはできます。２つ目の根抵当権の設定の登記の際に，P25～30 5の共同根抵当権の追加設定の登記をすれば，純粋共同根抵当権となります。

P426の「Realistic rule」で説明しますが，管轄が違えば，申請は別にせざるを得ません。兄の出生届を出した後に，弟の出生届を出していますが，弟の出生届を出すときに，「兄と同じ家の子だよ」として出せば（共同根抵当権の追加設定の登記をすれば）OK なのです。

※２つバラバラに根抵当権の設定の登記をした後に，３つ目の根抵当権の設定の登記をする際に純粋共同根抵当権とすることの可否

たとえば，甲土地および乙土地について，バラバラに根抵当権の設定の登記がされました。その後，丙土地に根抵当権の設定の登記をする際に，甲土地，乙土地および丙土地の根抵当権が純粋共同根抵当権であるとして，丙土地にP25～30 5の共同根抵当権の追加設定の登記をすることはできません（昭 46.10.4 民事甲 3230）。

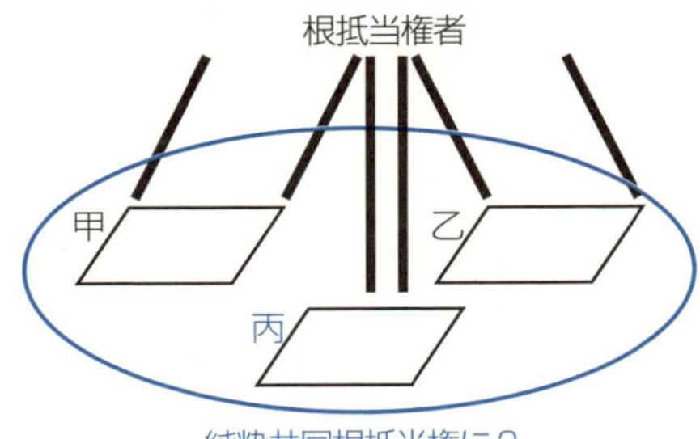

長男と二男を別の家の子として出生届を出してしまったので，三男の出生届の際に「実は長男と二男も同じ家の子だったんです」とすることはできないのです。

なお，「甲土地と丙土地」または「乙土地と丙土地」を純粋共同根抵当権とすることはできます。「甲土地と丙土地」または「乙土地と丙土地」の関係だけをみると，２つバラバラに根抵当権の設定の登記をしていないからです。三男の出生届の際に，「長男と三男は同じ家の子」または「二男と三男は同じ家の子」とすることはできるのです。

※仮登記

＊この※は，第5編第2章（P249～308）で仮登記を学習した後にお読みください。

共同根抵当権の設定の仮登記をすることはできません（昭47.11.25民事甲4945，昭48.12.17民三.9170）。

純粋共同根抵当権は，共同根抵当権である旨の登記が成立要件（効力発生要件）です。登記をするまでは，債権レベルでも何も存在しないため，2号仮登記をする要件さえ充たさないのです。

よって，根抵当権の設定の本登記ができず仮登記しかできないときは，2つの不動産にバラバラに根抵当権の設定の仮登記をしておきます。そして，本登記をする際に，共同根抵当権の設定の登記をします。上記の「2つバラバラに根抵当権の設定の登記をした後に，純粋共同根抵当権とすることはできない」というのは，仮登記は含まないので，バラバラに仮登記をしておき，本登記をする際に共同根抵当権の設定の登記をするのはOKです。

（b）元本の確定

> **民法398条の17（共同根抵当の変更等）**
>
> 2　前条の登記〔純粋共同根抵当権の登記〕がされている根抵当権の担保すべき元本は，1個の不動産についてのみ確定すべき事由が生じた場合においても，確定する。

純粋共同根抵当権の元本は，1つの不動産の根抵当権に確定事由が生じた場合，他の不動産の根抵当権も確定します（民法398条の17第2項）。純粋共同根抵当権は，「同一の債権」を担保するものです（上記（a）ⅰ）。つまり，被担保債権は同じになるので，1つの不動産の根抵当権の被担保債権が特定したら，他の不動産の根抵当権の被担保債権も特定します。「特定債権を担保」と「不特定債権を担保」ということは，あり得ないのです。

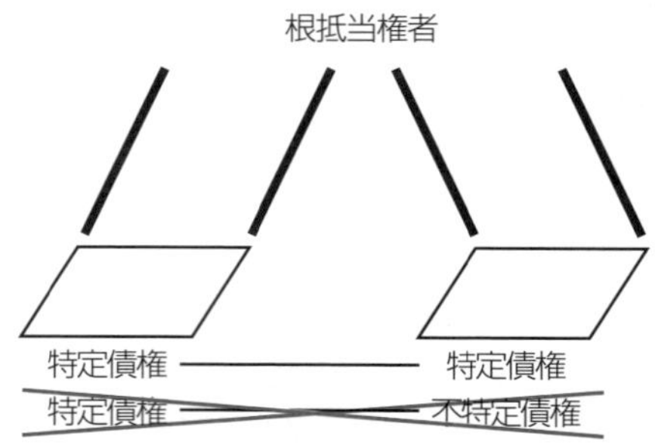

よって，根抵当権の元本が確定した後に，共同根抵当権の追加設定の登記をすることはできません（平元.9.5民三.3486）。

純粋共同根抵当権の被担保債権は同じになるため，追加設定の登記をする根抵当権の被担保債権も特定債権ということになります。そして，設定時から特定債権のみを被担保債権とする根抵当権はダメです（P10の「特定債権のみを被担保債権とできるかの判断基準」）。

（３）累積共同根抵当権（上記（１）②）

上記（2）（a）の純粋共同根抵当権の成立要件を充たさない場合は，この累積共同根抵当権となります。

複数の不動産への累積共同根抵当権の設定の登記を一の申請情報で（１件で）申請することはできません（昭46.10.4民事甲3230）。一の申請情報で（１件で）申請してしまうと，純粋共同根抵当権と紛らわしいからです。

※目的不動産の１つが滅失した場合

これは，純粋共同根抵当権にも累積共同根抵当権にも当てはまるハナシです。

共同根抵当権の目的である不動産の１つが滅失した場合，その滅失した不動産の根抵当権は消滅します。―― 民法Ⅱのテキスト第３編第１章第３節7 1．しかし，それにより他の不動産の優先額が減額されることはありません。

ex. 甲建物と乙建物に，極度額1000万円の根抵当権が設定されており，乙建物が滅失した場合でも，根抵当権者が甲建物から優先弁済を受けることができる額は1000万円です。

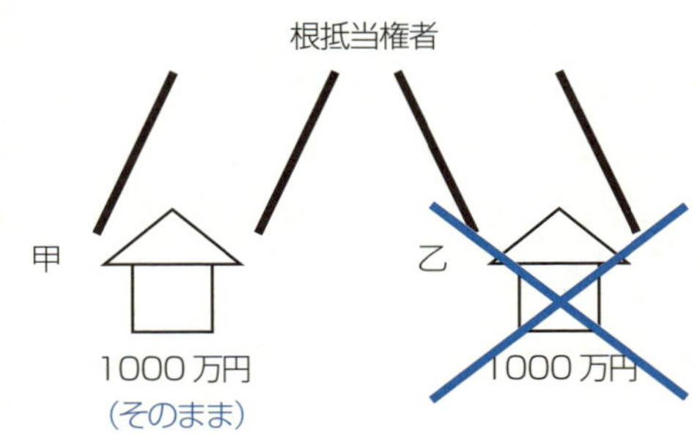

甲建物と乙建物にそれぞれ極度額1000万円の優先枠がありますので，乙建物が滅失しても，甲建物の1000万円の優先枠が減少するわけではないからです。

2．申請情報の記載事項

純粋共同根抵当権の設定をすると，共同根抵当権の設定の登記を申請できます。

申請例67 ―― **純粋共同根抵当権の設定の登記**

事例：B，AおよびCは，令和5年6月28日，債権者B・債務者Aとして，電子記録債権を極度額1000万円の限度で担保するため，Aが所有している甲土地（甲区1番でA名義の所有権の保存の登記がされている）およびCが所有している乙土地（甲区1番でC名義の所有権の保存の登記がされている）を目的として，共同根抵当権の設定契約を締結した（←「物権契約」）。甲土地および乙土地は，同一の登記所の管轄区域内にある。

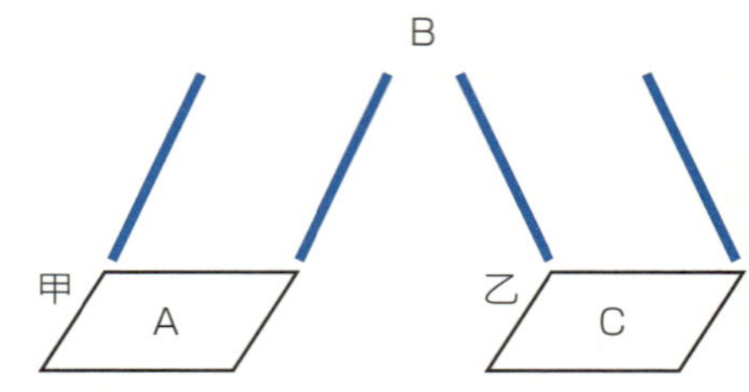

＊このように，同一の登記所の管轄区域内にある不動産を目的とする共同担保の登記は，登記の目的が同一であれば一の申請情報で（1件で）申請できます（不登規35条10号。P434～436の4.）。

登記の目的	共同根抵当権設定
原　　因	令和5年6月28日設定
極 度 額	金1000万円
債権の範囲	電子記録債権
債 務 者	A
根抵当権者	B
設 定 者	A C
添 付 情 報	登記原因証明情報（共同根抵当権設定契約書） 登記識別情報（Aの甲土地甲区1番の登記識別情報，Cの乙土地甲区1番の登記識別情報） 印鑑証明書（A及びCの印鑑証明書） 代理権限証明情報（B，A及びCの委任状）
課 税 価 格	金1000万円
登録免許税	金4万円

【甲土地】

権利部（乙区）（所有権以外の権利に関する事項）			
順位番号	登記の目的	受付年月日・受付番号	権利者その他の事項
1	根抵当権設定	令和5年6月28日 第12457号	原因　令和5年6月28日設定 極度額　金1000万円 債権の範囲　電子記録債権 債務者　A 根抵当権者　B 共同担保　目録(あ)第100号

共同担保目録				
記号及び番号	(あ)第100号		調製	令和5年6月28日
番号	担保の目的である権利の表示	順位番号	予備	
1	新宿区新宿一丁目　1番の土地	1	余白	
2	新宿区新宿二丁目　2番の土地	1	余白	

【乙土地】

権利部（乙区）（所有権以外の権利に関する事項）			
順位番号	登記の目的	受付年月日・受付番号	権利者その他の事項
1	根抵当権設定	令和5年6月28日 第12457号	原因　令和5年6月28日設定 極度額　金1000万円 債権の範囲　電子記録債権 債務者　A 根抵当権者　B 共同担保　目録(あ)第100号

共同担保目録				
記号及び番号	(あ)第100号		調製	令和5年6月28日
番号	担保の目的である権利の表示	順位番号	予備	
1	新宿区新宿一丁目　1番の土地	1	余白	
2	新宿区新宿二丁目　2番の土地	1	余白	

申請情報の記載事項は，共同根抵当権になったからといって，基本的にはP12～14 2の根抵当権の設定の登記と変わりません。P12～14 2の根抵当権の設定の登記と異なる（ことがある）のは，以下の（1）～（5）です。

（1）登記の目的

「共同根抵当権設定」などと記載します（不登令別表56申請情報ハ)。共同抵当権の設定の登記（Ｉのテキスト第３編第１章第１節 4 2．(1)）と異なり，「共同」の文言が入るのは，根抵当権の場合，同一の債権を担保するからといって当然に純粋共同根抵当権になるわけではなく，共同根抵当権である旨の登記をして初めてなるからです（P18ⅱ)。

（2）登記原因及びその日付

基本的には，P13の２.と同じで「年月日設定」と記載します。

ただし，不動産ごとに根抵当権の設定契約（物権契約）をした日付が異なる場合は，登記原因及びその日付を「後記のとおり」として，申請情報の末尾に記載する不動産の表示の箇所に登記原因及びその日付を記載します。この記載例は，後記（5）のex.に示していますので，そちらをご覧ください。このように，根抵当権の設定契約（物権契約）をした時期が異なる場合でも，共同根抵当権の設定の登記を申請できます（不登令４条ただし書，不登規35条10号。昭39.3.7民事甲588)。まだ兄の出生届も弟の出生届も出していないからです（P18の「『設定と同時に共同根抵当権である旨を登記する』とは？」)。

（3）申請人

基本的には，P14の４.と同じで登記権利者は根抵当権者，登記義務者は設定者です。

ただし，登記義務者である設定者が，複数の不動産の所有者になります。上記申請例67でいうと，登記義務者として設定者ＡおよびＣを記載しています。

（4）登録免許税

極度額の4/1000です（登免法別表第１．１．(5))。

一の申請情報で（１件で）申請するのであれば，根抵当権を設定した不動産がいくつであっても（ex.100個であっても）極度額の4/1000で済みます。たとえば，極度額が1000万円であれば，根抵当権を設定した不動産が100個であっても，優先枠が1000万円から増えるわけではないからです（Ｉのテキスト第３編第１章第１節 2 6．「優先枠に課税」)。

（5）不動産の表示

一の申請情報で（１件で）２以上の不動産に共同根抵当権の設定の登記を申請する場合，申請情報の末尾に根抵当権を設定した不動産を記載します（不登法 83 条１項４号，不登令別表 56 申請情報イ）。不動産の表示には，基本的に登記の効力が及ぶ不動産を記載するからです（Ⅰのテキスト第３編第１章第１節[4]２．（5）「不動産の表示の記載の趣旨」）。

ex. 甲土地と乙土地に共同根抵当権を設定し，一の申請情報で（１件で）共同根抵当権の設定の登記を申請する場合，申請情報の末尾に以下のように記載します。

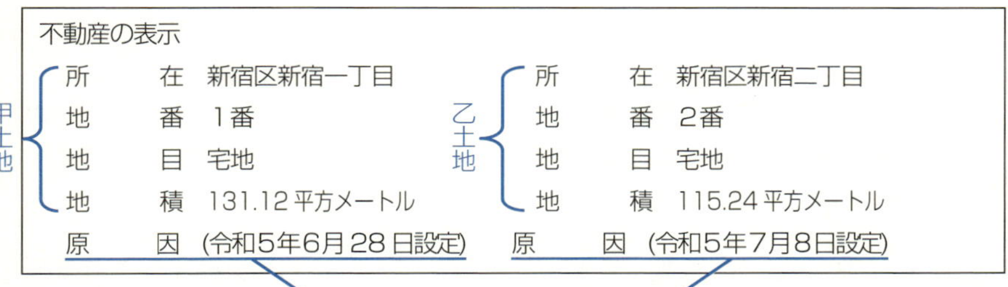

5　共同根抵当権の追加設定

１．実体（民法）

すでに設定された根抵当権と同一の債権を担保するために，他の不動産を目的として根抵当権の追加設定契約を締結した場合，共同根抵当権の追加設定の登記を申請できます。

これは，兄の出生届を出した後に，「兄と同じ家の子だよ」と弟の出生届を出しているパターンですので，純粋共同根抵当権とすることができるのです（P18 の「『設定と同時に共同根抵当権である旨を登記する』とは？」）。

2．申請情報の記載事項

申請例68 ── 共同根抵当権の追加設定の登記

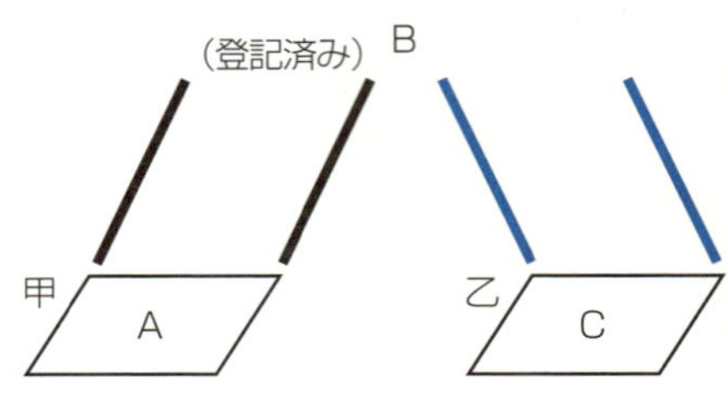

事例：BとAは，令和5年6月28日，債権者B・債務者Aとして，信用金庫取引から生じる不特定債権を極度額1000万円の限度で担保するため，Aが所有している甲土地（甲区1番でA名義の所有権の保存の登記がされている）を目的として，根抵当権の設定契約を締結した（←「物権契約」）。そして，甲土地に根抵当権の設定の登記がされた。その後の令和5年11月28日，BとCは，この債権を担保するため，Cが所有している乙土地（甲区1番でC名義の所有権の保存の登記がされている）を目的として，根抵当権の設定契約を締結した（←「物権契約」）。甲土地および乙土地は，異なる登記所の管轄区域内にある。

登記の目的	共同根抵当権設定（追加）
原　　因	令和5年11月28日設定
極 度 額	金1000万円
債権の範囲	信用金庫取引
債 務 者	A
根抵当権者	B
設 定 者	C
添付情報	登記原因証明情報（共同根抵当権追加設定契約書）
	登記識別情報（Cの甲区1番の登記識別情報）
	印鑑証明書（Cの印鑑証明書）
	代理権限証明情報（B及びCの委任状）
	前登記証明書（甲土地の登記事項証明書）
登録免許税	金1500円（登録免許税法第13条第2項）

【甲土地】

権利部（乙区）（所有権以外の権利に関する事項）			
順位番号	登記の目的	受付年月日・受付番号	権利者その他の事項
1	根抵当権設定	令和5年6月28日 第12457号	原因　令和5年6月28日設定 極度額　金1000万円 債権の範囲　信用金庫取引 債務者　A 根抵当権者　B
付記1号	1番根抵当権担保追加	令和5年11月28日 第19451号	共同担保　目録(あ)第184号

共同担保目録			
記号及び番号	(あ)第184号	調製	令和5年12月5日
番号	担保の目的である権利の表示	順位番号	予備
1	新宿区新宿一丁目　1番の土地	1	余白
2	横浜地方法務局 横浜市中区羽衣二丁目　2番の土地	余白	令和5年11月28日第19451号追加

【乙土地】

権利部（乙区）（所有権以外の権利に関する事項）			
順位番号	登記の目的	受付年月日・受付番号	権利者その他の事項
1	根抵当権設定	令和5年11月28日 第23151号	原因　令和5年11月28日設定 極度額　金1000万円 債権の範囲　信用金庫取引 債務者　A 根抵当権者　B 共同担保　目録(か)第251号

共同担保目録			
記号及び番号	(か)第251号	調製	令和5年11月28日
番号	担保の目的である権利の表示	順位番号	予備
1	横浜市中区羽衣二丁目　2番の土地	1	余白

2	東京法務局新宿出張所 新宿区新宿一丁目　１番の土地	余　白	余　白

申請情報の記載事項は，共同根抵当権の追加設定になったからといって，基本的には P12～14 2 の根抵当権の設定の登記と変わりません。P12～14 2 の根抵当権の設定の登記と異なる（ことがある）のは，以下の（1）～（4）です。

（1）登記の目的

「共同根抵当権設定（追加）」と記載します（不登令別表 56 申請情報ハ)。抵当権の追加設定の登記（Ⅰのテキスト第３編第１章第１節 5 2.申請例 42）と異なり，「共同」「(追加)」の文言が入るのは，根抵当権の場合，同一の債権を担保するからといって当然に純粋共同根抵当権になるわけではなく，共同根抵当権である旨の登記をして初めてなるからです（P18 ii）。

（2）添付情報

基本的には，P14 の５.と同じです。

ただし，それに加えて以下の添付情報を提供する場合があります。

・前登記証明書（不登令別表 56 添付情報ロ，登免法 13 条２項，登免法施行規 11 条）

具体的には，すでに根抵当権の設定の登記がされた不動産の登記事項証明書が当たります（登免法施行規 11 条)。上記申請例 68 では，甲土地の登記事項証明書となります。

これは，すでに設定の登記がされている根抵当権と４大事項（枠）が同一であることを証するために提供します。４大事項が同一でないと純粋共同根抵当権とならないため（P18 の i ），同一であることを証する必要があるのです。

このような理由で提供するため，抵当権の追加設定の登記（Ⅰのテキスト第３編第１章第１節 5 2．(2)）と異なり，「私は減税を受けなくていいから」という理由で，この前登記証明書の提供を省略することはできません。

「
P86
ただし，すでに根抵当権の設定の登記をした不動産と追加設定の登記をする不動産を管轄する登記所が同じ場合は，この前登記証明書の提供を省略することができます。管轄する登記所が同じであれば，登記官が確認することができるからです。

（3）登録免許税

根抵当権の件数１件につき 1500 円です（登免法 13 条２項）。たとえば，極度額が 1000 万円であれば，追加設定の登記をしても優先枠が 1000 万円から増えるわけではないからです（Ⅰのテキスト第３編第１章第１節[2] 6.「優先枠に課税」）。

根抵当権の場合，必ずこの減税を受けることができます。管轄する登記所が異なる場合は，上記（2）のとおり必ず前登記証明書を提供するため追加設定であることがわかりますし，管轄する登記所が同じ場合は，前登記証明書を提供しませんが，登記官のほうで追加設定であることがわかるからです。つまり，必ず追加設定であるとわかるのです。

（4）不動産の表示

共同根抵当権の追加設定の登記をする不動産を記載します。追加設定の登記によって登記の効力が及ぶ不動産だからです（Ⅰのテキスト第３編第１章第１節[4] 2.（5）「不動産の表示の記載の趣旨」）。

それに加えて，共同根抵当権の追加設定の登記においては，すでに根抵当権の設定の登記をした不動産の表示および順位番号を記載します（不登令別表 56 申請情報ニ）。

ex. 甲土地に根抵当権の設定の登記がされた後に，乙土地に共同根抵当権の追加設定の登記を申請する場合，申請情報の末尾に以下のように記載します。

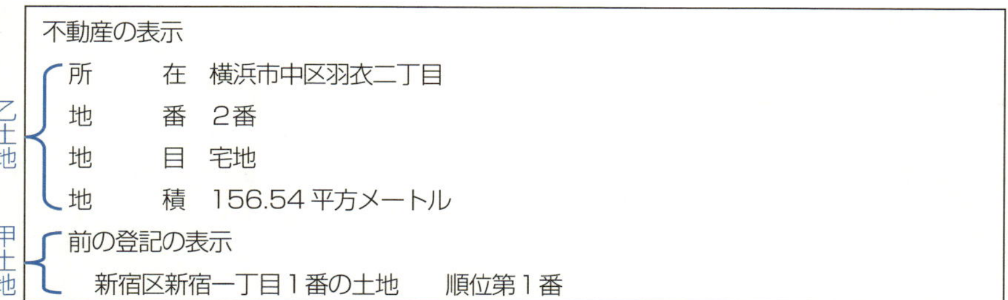

不動産の表示

乙土地
所　　在　横浜市中区羽衣二丁目
地　　番　2番
地　　目　宅地
地　　積　156.54 平方メートル

甲土地
前の登記の表示
新宿区新宿一丁目１番の土地　　順位第１番

なお，申請する登記所にすでに共同担保目録がある場合，つまり，追加設定の登記が３つ目以降の不動産への登記であって申請する登記所で共同担保目録が作成されている場合には，その共同担保目録の記号・番号も記載します（不登令別表 56 申請情報ニ（4），不登規 168 条１項）。

3．「同一の債権の担保」といえるか？

共同根抵当権の追加設定の登記をするには，追加設定した根抵当権が，すでに設定された根抵当権と同一の債権を担保する根抵当権である必要があります（P18 i）。

共同根抵当権の「同一の債権の担保」の要件はキビシイ

共同抵当権（Ⅰのテキスト第3編第1章第1節5 3.）と異なり，**「同一の債権の担保」の要件はキビシイ**です。4大事項（枠）が**一字一句完全に同一**であって「同一の債権」となります（P18の「『同一の債権』とは？」）。

なお，4大事項以外の確定期日や優先の定めなどは，異なっていても構いません。

＊共同根抵当権の追加設定の登記には，"現在の"根抵当権の債務者の住所や極度額などを記載します。過去の債務者の住所や極度額などを記載することはできないからです。以下すべて，その前提でお読みください。

ex1. すでに設定の登記がされた根抵当権の債務者の住所の移転がありました。この場合，債務者の住所の変更の登記をしてからでなければ，共同根抵当権の追加設定の登記をすることができません（登研325P72）。

「 P85

ex2. すでに甲土地および乙土地について，共同根抵当権の設定の登記がされています。極度額が増額され，甲土地についてのみ極度額の増額による変更の登記がされている場合，乙土地についても極度額の増額による変更の登記をしなければ，丙土地について共同根抵当権の追加設定の登記をすることができません（登研318P41）。

4．片面的共同根抵当権

たとえば，甲土地および乙土地について，純粋共同根抵当権の設定の登記がされました。その後，丙土地に根抵当権の設定の登記をする際に，甲土地または乙土地のみについての追加担保として，共同根抵当権の追加設定の登記をすることはできるでしょうか。このような共同根抵当権を「片面的共同根抵当権」といいます。

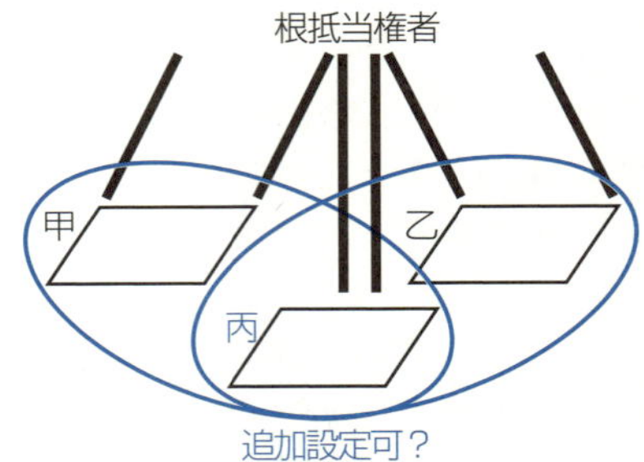

片面的共同根抵当権の設定は，できません（昭46.10.4民事甲3230）。

純粋共同根抵当権となると民法392条・393条が適用されますが，片面的共同根抵当権を認めると，後順位抵当権の代位（民法392条2項後段）などがあまりに複雑になってしまうからです。

第３節　根抵当権の移転（確定前）

この第３節でみる根抵当権の移転は，基本的には確定前根抵当権の移転です（下記4の「共有者の権利の放棄」は確定前だけでなく確定後でもできます〔P141①〕）。

＊「確定前根抵当権においてのみ認められること」「確定後根抵当権においてのみ認められること」「確定前根抵当権でも確定後根抵当権でも認められること」およびその理由は，P140～141 の表でまとめています。

この第３節の根抵当権の移転とは？

確定前根抵当権には随伴性がないため，被担保債権が移転しても，それに伴って根抵当権は移転しません。よって，この第３節での根抵当権の移転とは，**被担保債権を移転することではなく，根抵当権の枠だけを移転すること**です。

1　全部譲渡・一部譲渡

1．実体（民法）

（1）全部譲渡

民法 398 条の 12（根抵当権の譲渡）

1　元本の確定前においては，根抵当権者は，根抵当権設定者の承諾を得て，その根抵当権を譲り渡すことができる。

確定前根抵当権は，以下の①②の要件を充たせば，その全部を譲渡することができます（民法 398 条の 12 第１項）。

①根抵当権者（譲渡人）と譲受人の合意
②設定者の承諾（民法 398 条の 12 第１項）
※登記は，対抗要件です。

ex. Ａが所有している建物に債務者をＡとするＢの根抵当権が設定されています。ＢとＣは，Ａの承諾を得ることで，ＢからＣにこの根抵当権の全部を譲渡できます。

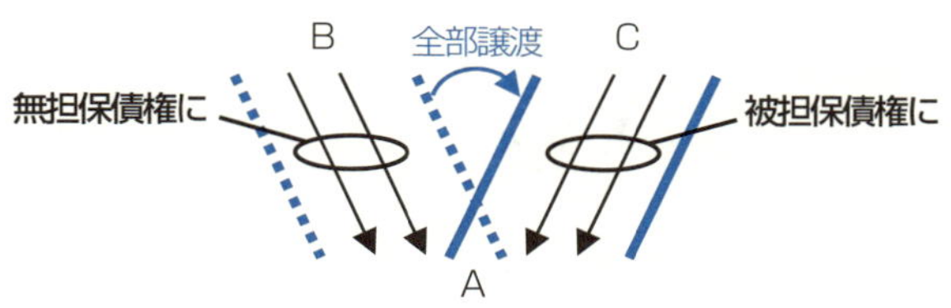

この全部譲渡がされた後の債権の担保は，以下のようになります。

・BのAに対する債権

BのAに対する債権があった場合，全部譲渡がされても，債権はCに移転しません。全部譲渡とは，被担保債権を移転することではないからです（上記の「この第3節の根抵当権の移転とは？」）。BのAに対する債権は，無担保債権となります。Bからすると，「枠が行っちゃった……」ということです。

・CのAに対する債権

CのAに対する債権が，根抵当権で担保されるようになります。全部譲渡がされる前にCがAに対して有していた債権も，根抵当権で担保されます。Cからすると，「枠が来た（やった！）」ということです。

P33=
P40
P65
P70

（2）一部譲渡

> **民法398条の13（根抵当権の一部譲渡）**
> 元本の確定前においては，根抵当権者は，根抵当権設定者の承諾を得て，その根抵当権の一部譲渡（譲渡人が譲受人と根抵当権を共有するため，これを分割しないで譲り渡すことをいう。以下この節において同じ。）をすることができる。

確定前根抵当権は，以下の①②の要件を充たせば，その一部を譲渡することができます（民法398条の13）。要件は，全部譲渡と同じです。

①根抵当権者（譲渡人）と譲受人の合意
②設定者の承諾（民法398条の13）
※登記は，対抗要件です。

ex. Aが所有している建物に債務者をAとするBの根抵当権が設定されています。BとCは，Aの承諾を得ることで，BからCにこの根抵当権の一部を譲渡できます。

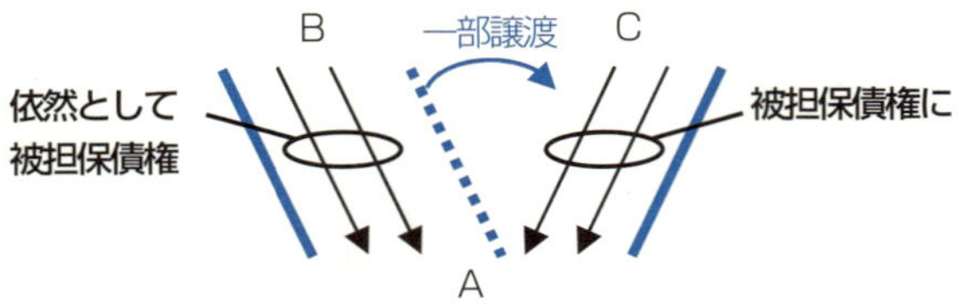

この一部譲渡がされた後の債権の担保は，以下のようになります。

・ＢのＡに対する債権

一部譲渡がされても，ＢのＡに対する債権は根抵当権で担保されます。一部譲渡は，譲渡人と譲受人がともに根抵当権を使うようにすることだからです（民法398条の13かっこ書）。この点が，全部譲渡と異なります。

・ＣのＡに対する債権

ＣのＡに対する債権が，根抵当権で担保されるようになります。一部譲渡がされる前にＣがＡに対して有していた債権も，根抵当権で担保されます。Ｃからすると，「枠が来た（やった！）」ということです。

=P32
P40
P65
P70

※設定者の承諾が必要である理由

抵当権の移転の登記（Ⅰのテキスト第３編第１章第２節）と異なり，全部譲渡・一部譲渡においては，設定者の承諾が必要とされています。抵当権と異なり，根抵当権は設定後にも債権が生じます。よって，たとえば，ほとんど貸付けをしない根抵当権者（譲渡人）から，ガンガン貸付けをする根抵当権者（譲受人）に変わったら・加わったら，設定者の負担が重くなります。このように，根抵当権者の変更は設定者にも影響があるのです。

※根抵当権を目的とする権利を有する者の承諾の要否

全部譲渡・一部譲渡がされる根抵当権を目的とする権利を有する者（ex. 根抵当権を目的とする転抵当権者）の承諾は不要です。これらの権利は，全部譲渡・一部譲渡がされても，根抵当権全体を目的とする権利として存続し，特に影響がないからです。

２．申請情報の記載事項

根抵当権の全部譲渡をすると譲受人への根抵当権の移転の登記を，根抵当権の一部譲渡をすると譲受人への根抵当権の一部移転の登記を申請できます。

申請例69 ―― 譲渡を原因とする根抵当権の移転の登記

＊事例は，上記1．(1) のex.に合わせています。

事例：Aが所有している建物に，乙区1番で極度額を1000万円とするBの根抵当権の設定の登記がされている。BとCは，令和5年11月20日，この根抵当権をBがCに譲渡する契約を締結した。そして，令和5年11月28日，Aがこの根抵当権の譲渡について承諾をした（＊）。

＊択一でも記述でも，この事例のように，根抵当権が確定している旨の情報が記載されていなければ，確定前根抵当権であると考えてください。

登記の目的	1番根抵当権移転
原　　因	令和5年11月28日譲渡
権 利 者	C
義 務 者	B
添付情報	登記原因証明情報（根抵当権全部譲渡契約書） 登記識別情報（Bの乙区1番の登記識別情報） 代理権限証明情報（C及びBの委任状） 承諾証明情報（Aの承諾書）
課税価格	金1000万円
登録免許税	金2万円

権利部（乙区）（所有権以外の権利に関する事項）

順位番号	登記の目的	受付年月日・受付番号	権利者その他の事項
1	根抵当権設定	令和5年6月28日 第12457号	原因　令和5年6月28日設定 極度額　金1000万円 債権の範囲　信用組合取引 債務者　A 根抵当権者　B
付記1号	1番根抵当権移転	令和5年11月28日 第19451号	原因　令和5年11月28日譲渡 根抵当権者　C

申請例70 ―― 一部譲渡を原因とする根抵当権の一部移転の登記

＊事例は，上記1．(2) のex.に合わせています。

事例：Aが所有している建物に，乙区1番で極度額を1000万円とするBの根抵当権の設定の登記がされている。BとCは，令和5年11月20日，この根抵当権をBがCに一部譲渡する契約を締結した。そして，令和5年11月28日，Aがこの根抵当権の一部譲渡について承諾をした。

登記の目的	１番根抵当権一部移転
原　　因	令和５年 11 月 28 日一部譲渡
権 利 者	C
義 務 者	B
添付情報	登記原因証明情報（根抵当権一部譲渡契約書） 登記識別情報（Bの乙区１番の登記識別情報） 代理権限証明情報（C及びBの委任状） 承諾証明情報（Aの承諾書）
課税価格	金 500 万円
登録免許税	金１万円

権利部（乙区）（所有権以外の権利に関する事項）			
順位番号	登記の目的	受付年月日・受付番号	権利者その他の事項
1	根抵当権設定	令和５年６月28日 第12457号	原因　令和５年６月28日設定 極度額　金1000万円 債権の範囲　信託取引 債務者　A 根抵当権者　B
付記１号	１番根抵当権一部移転	令和５年11月28日 第19451号	原因　令和５年11月28日一部譲渡 根抵当権者　C

（1）登記の目的

【全部譲渡】

「○番根抵当権移転」と記載します。

【一部譲渡】

「○番根抵当権一部移転」と記載します。

（2）登記原因及びその日付

【全部譲渡】

「年月日譲渡」と記載します。

【一部譲渡】

「年月日一部譲渡」と記載します。

年月日は，全部譲渡でも一部譲渡でも，「根抵当権者（譲渡人）と譲受人の合意があった日と設定者の承諾があった日のうち遅い日（合意と承諾が揃った日）」を記載します。設定者の承諾も効力発生要件であるため（民法398条の12第1項，398条の13。P31②，P32②），合意と承諾が揃って初めて全部譲渡・一部譲渡の効力が生じるからです。よって，上記申請例69，申請例70の登記原因日付は，令和5年11月20日ではなく，「令和5年11月28日」となります。

― Realistic 1　「申請情報の記載事項の意味」を再確認 ―

上記のとおり，登記の目的には「移転」「一部移転」と記載しますが，原因は「譲渡」「一部譲渡」と記載します。本試験の答案を拝見していると，逆に書いてしまっている方が多数いらっしゃいます。ここで，Ⅰのテキスト第2編第2章第2節1 2.で説明した「申請情報の記載事項の意味」を再度考えてみましょう。大事なので。

登記の目的は「権利が　こう変動しました」，原因は「権利変動の効力発生日　これが権利変動が発生した原因です」という意味で記載します。ここでは，「移転」「一部移転」（原因）したから「譲渡」「一部譲渡」（変動）したのではなく，「譲渡」「一部譲渡」（原因）したから「移転」「一部移転」（変動）したのです。

このように，原点から思考するクセがついていると，ケアレスミスも減りますし，記憶の負担も減少します。

（3）申請人

以下の者の共同申請です（不登法60条）。

・登記権利者：根抵当権の譲受人

・登記義務者：根抵当権の譲渡人

※設定者は，申請人にはなりません。たしかに，設定者にも影響があります（P33※）。しかし，直接に不利益を受ける（不登法2条13号）のは，根抵当権を失うまたは一部失う根抵当権の譲渡人です。

（4）添付情報

①登記原因証明情報（不登法61条）

Ⅰのテキスト第1編第6章第2節4の「登記原因証明情報の提供が不要となる場合」に当たりませんので，登記原因証明情報を提供する必要があります。

【全部譲渡】

具体的には，根抵当権全部譲渡契約書が当たります。

【一部譲渡】

具体的には，根抵当権一部譲渡契約書が当たります。

②登記識別情報（不登法 22 条本文）

登記義務者である根抵当権の譲渡人の登記識別情報を提供します。共同申請だからです（Ⅰのテキスト第１編第６章第３節 3 1.「登記識別情報の提供の要否の基本的な判断基準」）。

③代理権限証明情報（不登令７条１項２号）

④会社法人等番号（不登令７条１項１号イ）

⑤承諾証明情報（不登令７条１項５号ハ）

設定者の承諾は効力発生要件であるため（民法 398 条の 12 第１項，398 条の 13。P31②，P32②），必ず設定者が作成した承諾を証する情報などを提供する必要があります。

この承諾の日は，異なっていても構いません。承諾の日が異なるとは，以下の ex. のような場合です。

ex. ＢＤが共有する確定前根抵当権がＣに譲渡された場合，設定者はＢとＤに対して承諾しますが，ＢとＤに対する承諾の日が異なっていても構いません。

※印鑑証明書は，提供しません。所有権の登記名義人が登記義務者とならないからです（Ⅰのテキスト第１編第６章第４節 3 2.「『認印でよいか』『実印で押印し印鑑証明書の提供が要求されるか』の判断基準」）。

※住所証明情報は，提供しません。Ⅰのテキスト第１編第６章第５節 3 「住所証明情報の提供が要求される場合①～③」のいずれにも当たらないからです。

（5）登録免許税

【全部譲渡】

極度額の２/1000 です（登免法別表第１.１.（６）ロ）。

【一部譲渡】

・原則 ―― 一部譲渡を受けた者が１人

極度額を一部譲渡後の共有者の数で割った額の２/1000 です（登免法別表第１.１.（７））。

ex. 上記申請例 70 は，この原則どおりです。極度額 1000 万円のＢの根抵当権をＣに一部譲渡しています。極度額（1000 万円）を一部譲渡後の共有者の数（ＢＣの２名）で割った額（500 万円）の２/1000，つまり，１万円となります。

・例外 ―― 一部譲渡を受けた者が複数

極度額を一部譲渡後の共有者の数で割った額に，一部譲渡を受けた者の数をかけた額の2/1000です（登研533P157）。

ex. 極度額1000万円のBの根抵当権をC，D，Eの3名に一部譲渡したとします。この場合，極度額（1000万円）を一部譲渡後の共有者の数（B，C，D，Eの4名）で割った額（1000万円÷4＝250万円）に，一部譲渡を受けた者の数（C，D，Eの3名）をかけた額（250万円×3＝750万円）の2/1000，つまり，1万5000円となります。

一部譲渡を受けた者が複数の場合にも，上記の原則と同じく一部譲渡後の共有者の数で割るだけだと，1000万円÷4＝250万円が課税価格になってしまい，おかしいことになるからです。

要は

文章にすると頭が痛くなりますが……，要は**「何人中，何人分動いたか」**ということです。これが感覚的にわかっていれば，計算は間違いません。

・上記の原則のex.は2人中1人分動いている
　→　1000万円×1/2＝500万円が課税価格

・上記の例外のex.は4人中3人分動いている
　→　1000万円×3/4＝750万円が課税価格

2　分割譲渡

1．実体（民法）

民法398条の12（根抵当権の譲渡）

1　元本の確定前においては，根抵当権者は，根抵当権設定者の承諾を得て，その根抵当権を譲り渡すことができる。

2　根抵当権者は，その根抵当権を2個の根抵当権に分割して，その一方を前項の規定〔全部譲渡の規定〕により譲り渡すことができる。この場合において，その根抵当権を目的とする権利は，譲り渡した根抵当権について消滅する。

3　前項の規定による譲渡〔分割譲渡〕をするには，その根抵当権を目的とする権利を有する者の承諾を得なければならない。

確定前根抵当権は，以下の①〜③の要件を充たせば，分割譲渡をすることができます（民法398条の12第2項前段）。

①根抵当権者（譲渡人）と譲受人の合意
②設定者の承諾（民法 398 条の 12 第 2 項前段，1 項）
③根抵当権を目的とする権利を有する者の承諾（民法 398 条の 12 第 3 項）
　分割譲渡される根抵当権を目的とする権利を有する者（ex. 根抵当権を目的とする転抵当権の転抵当権者）の承諾が必要です。
※登記は，対抗要件です。
ex. Aが所有している建物に，債務者をA・極度額を 1000 万円とするBの根抵当権が設定され，Bの根抵当権を目的としてDの転抵当権が設定されています。BとCは，AおよびDの承諾を得ることで，たとえば，この根抵当権を極度額 700 万円と 300 万円の根抵当権に分割し，300 万円の根抵当権をCに譲渡することができます。

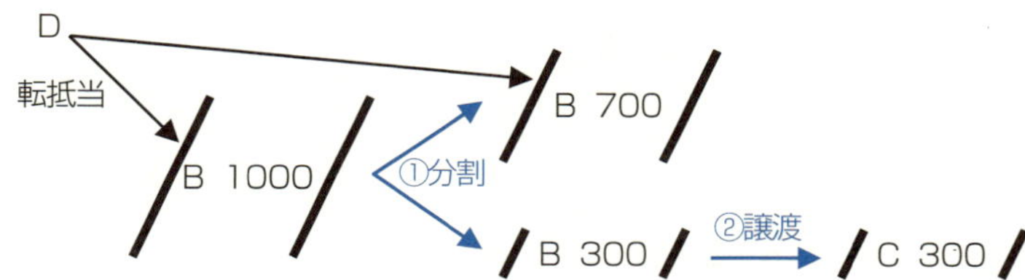

「分割譲渡」とは，上記の図のように，根抵当権を2個の根抵当権に「分割」して（上記の図の①）その1つを「譲渡」すること（上記の図の②）です（民法 398 条の 12 第2項前段）。
　2個に分割できるだけであり，3個に分割することはできません。条文（民法 398 条の 12 第2項前段）に「2個」とあるからです。3個に分割したければ，P45（1）の方法（分割譲渡を2回行う方法）によるしかありません。
　「分割」だけして譲渡しないということは，できません。「譲渡」するために「分割」することが認められているのであって，譲渡しないのならば分割する意味がないからです。

　分割譲渡は，「全部譲渡」「一部譲渡」と言葉は似ていますが，まったく違います。全部譲渡・一部譲渡は，根抵当権を分割しません。この違いは，以下の「(　　)」の部分を補って考えてください。
・「全部（を）譲渡」
・「一部（を）譲渡」
・「分割（して）譲渡」

分割して譲渡しましたので，Bの極度額700万円の根抵当権とCの極度額300万円の根抵当権は，別物（別の人生）となり，同順位の根抵当権となります。

P32＝P33 P65 P70

CのAに対する債権は，分割譲渡がされる前にCがAに対して有していたものも，根抵当権で担保されます。Cからすると，「枠が来た（やった！）」ということです。

※設定者の承諾が必要である理由

全部譲渡・一部譲渡（P33※）と同じ理由です。ガンガン貸付けをする根抵当権者（譲受人）が加わったら，設定者の負担が重くなります。

※根抵当権を目的とする権利を有する者の承諾が必要である理由

根抵当権を目的とするDの転抵当権などは，譲渡されたCの根抵当権については消滅してしまうからです（民法398条の12第2項後段）。

※共有根抵当権の分割譲渡

たとえば，BCが共有している根抵当権（P15～16 3）がある場合に，分割譲渡によってすぐに「B単有の根抵当権」と「C単有の根抵当権」にすることはできません（昭46.12.27民事三.960）。分割譲渡は，根抵当権を2個の根抵当権に「分割」してその1つを「譲渡」することです（民法398条の12第2項前段）。以下の図の①のとおり，分割した際に「BC共有の根抵当権」と「BC共有の根抵当権」になります。共有という概念は，権利を物理的に半分ずつ有しているわけではないため，分割しても単有にはならないのです。── **民法Ⅱのテキスト第3編第3章第4節 3 2.「『30/90 ㎡』ではない」**　そして，条文（民法398条の12第2項前段）にあるとおり，譲渡できるのは一方だけですから（以下の図の②），分割譲渡によってすぐに「B単有の根抵当権」と「C単有の根抵当権」にすることはできないのです。

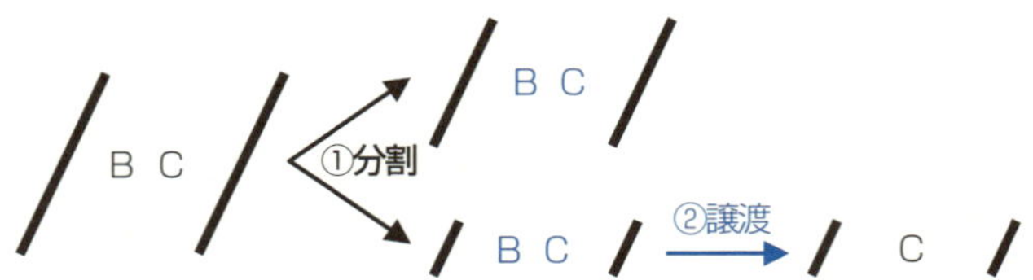

２．申請情報の記載事項

根抵当権の分割譲渡をすると，譲受人への根抵当権の分割譲渡の登記を申請できます。

申請例71 —— **根抵当権の分割譲渡の登記**

＊事例は，Ｄの転抵当権が設定されていない点を除き，上記1.のex.に合わせています。

事例：Ａが所有している建物に，乙区１番でＢの根抵当権（令和５年６月 28 日受付第 12457 号・原因：令和５年６月 28 日設定・極度額：1000 万円・債権の範囲：石油類販売取引・債務者：Ａ）の設定の登記がされている。ＢとＣは，令和５年11月20日，この根抵当権を極度額700万円と300万円の根抵当権に分割し，300 万円の根抵当権をＣに譲渡する契約を締結した。そして，令和５年 11 月 28 日，Ａがこの根抵当権の分割譲渡について承諾をした。

登記の目的	１番根抵当権分割譲渡
原　　因	令和５年 11 月 28 日分割譲渡
（根抵当権の表示）	
令和５年６月 28 日受付第 12457 号	
原　　因	令和５年６月 28 日設定
極 度 額	金 300 万円（分割後の原根抵当権の極度額　金 700 万円）
債権の範囲	石油類販売取引
債 務 者	Ａ
権 利 者	Ｃ
義 務 者	Ｂ
添付情報	登記原因証明情報（根抵当権分割譲渡契約書） 登記識別情報（Ｂの乙区１番の登記識別情報） 代理権限証明情報（Ｃ及びＢの委任状） 承諾証明情報（Ａの承諾書）
課税価格	金 300 万円
登録免許税	金 6000 円

権利部（乙区）（所有権以外の権利に関する事項）			
順位番号	登記の目的	受付年月日・受付番号	権利者その他の事項
1(あ)	根抵当権設定	令和5年6月28日 第12457号	原因　令和5年6月28日設定 極度額　金1000万円 債権の範囲　石油類販売取引 債務者　A 根抵当権者　B
付記1号	1番(あ)根抵当権変更	余　白	極度額　金700万円 分割譲渡により令和5年11月28日付記
1(い)	1番根抵当権分割譲渡	令和5年11月28日 第19451号	原因　令和5年11月28日分割譲渡 （根抵当権の表示） 令和5年6月28日受付 第12457号 原因　令和5年6月28日設定 極度額　金300万円 債権の範囲　石油類販売取引 債務者　A 根抵当権者　C

※分割譲渡の登記の方法

・原根抵当権（Bの根抵当権）

分割したBの根抵当権は，極度額が700万円に減額されますが，この登記は，上記1番（あ）付記1号のように，登記官の職権によって付記登記で登記されます（不登規165条4項。Ⅰのテキスト第1編第4章第3節 2 3.③ク）。

・分割譲渡された根抵当権（Cの根抵当権）

所有権を目的とする根抵当権の分割譲渡の登記は，上記1番（い）のように，同順位の主登記でされます（不登規165条2項，1項）。Ⅰのテキスト第1編第4章第3節 2 3.①エ（不登規3条5号）の例外です。Bの1番（あ）根抵当権とCの1番（い）根抵当権は，所有権以外の権利の移転の登記ですが，今後は別物（別の人生）となるため，主登記でします。Cの1番（い）根抵当権を付記登記でしてしまうと，今後1つの主登記の中で，別物となった1番（あ）根抵当権と1番（い）根抵当権についての登記が付記登記でされることになり，登記記録が非常に見づらくなってしまいます。

それに対して，所有権以外を目的とする根抵当権の分割譲渡の登記は，付記登記でされます（不登規3条5号，165条1項かっこ書。Ⅰのテキスト第1編第4章第3節 2 3.③エ）。たとえば，乙区の1番地上権を目的とする根抵当権は，乙区1番付記○

号で登記されています。この場合に，この根抵当権が分割譲渡されたからといって，乙区２番で登記されるのはあまりに不自然だからです。

もとの根抵当権自体が主登記でされているか（所有権を目的とする根抵当権か），付記登記でされているか（所有権以外を目的とする根抵当権か）で，分割譲渡の登記の仕方に違いが出るのです。

（1）登記の目的

「○番根抵当権分割譲渡」と記載します。

（2）登記原因及びその日付

年月日は，「根抵当権者（譲渡人）と譲受人の合意があった日，設定者の承諾があった日，根抵当権を目的とする権利を有する者の承諾があった日のうち遅い日（合意と承諾のすべてが揃った日）」を記載します。これらの３つは効力発生要件であるため（民法398条の12第２項前段，１項，３項。P39①～③），３つすべて揃って初めて分割譲渡の効力が生じるからです。よって，上記申請例71の登記原因日付は，令和５年11月20日ではなく，「令和５年11月28日」となります（根抵当権を目的とする権利を有する者はいない事案です）。

原因は，「分割譲渡」と記載します。分割譲渡が，権利変動の原因（法律行為）だからです。

（3）登記事項

「（根抵当権の表示）」として，以下の①～⑨の事項を記載します（⑥～⑨はある場合に記載します。不登令別表60申請情報）。上記申請例71でいうと，この後，Ｂの１番（あ）根抵当権とＣの１番（い）根抵当権は別物（別の人生）となり，１番（い）の根抵当権についてだけ変更の登記をするといったことが起きます。そのため，１番（い）の根抵当権がどのような根抵当権かを登記しておく必要があるので，以下の①～⑨の事項を登記するのです。

以下の事項は「９個もあって大変だな……」と思うかもしれませんが，**③以外は，原根抵当権の登記事項を写しているだけ**です。分割譲渡された時点では，１番（あ）根抵当権（原根抵当権）と１番（い）根抵当権の違いは，根抵当権者と極度額だけだからです。

①原根抵当権の受付年月日・受付番号
②原根抵当権の登記原因及びその日付

③1番（い）の根抵当権の極度額（分割後の1番（あ）の根抵当権の極度額もかっこ書で記載します）

分割後の1番（あ）の根抵当権の極度額も記載するのは，登記官が職権で1番（あ）の根抵当権の極度額の減額の登記をするためです（不登規165条4項）。登記官がする計算を省くために，記載してあげるのです。「1000万円－300万円の計算くらい自分でしてよ……」と思いますが。

④債権の範囲

⑤債務者

⑥確定期日

⑦優先の定め

優先の定めは，根抵当権の設定の登記においては登記することができないため（P83①），P14（2）にはありませんでした。優先の定めについては，P80～83 6 で説明します。

⑧民法370条ただし書の別段の定め

⑨共同担保目録の記号・目録番号（不登規169条1項）

（4）申請人

以下の者の共同申請です（不登法60条）。

・登記権利者：根抵当権の譲受人

・登記義務者：根抵当権の譲渡人

※やはり設定者は，申請人にはなりません。たしかに，設定者にも影響がありますが（P40※），直接に不利益を受ける（不登法2条13号）のは根抵当権を分割して譲渡する譲渡人だからです。

（5）添付情報

以下のとおり，登記原因証明情報と承諾証明情報の内容が変わる点を除いて，P36～37（4）の全部譲渡・一部譲渡の登記と同じです（提供するかどうかの理由も同じです）。

①登記原因証明情報（不登法61条，不登令別表60添付情報）

具体的には，根抵当権分割譲渡契約書が当たります。

②承諾証明情報（不登令7条1項5号ハ）

設定者の承諾は効力発生要件であるため（民法398条の12第2項前段，1項。P39②），必ず設定者が作成した承諾を証する情報などを提供する必要があります。

また，根抵当権を目的とする権利を有する者がいれば，その者の承諾も効力発生要件となるため（民法398条の12第3項。P39③），その者が作成した承諾を証する情報などを提供する必要があります。たとえば，以下の者が根抵当権を目的とする権利を有する者に当たります。

i　転抵当権者

P56の1.で説明しますが，確定前根抵当権は根抵当権の譲渡・放棄・順位の譲渡・順位の放棄はできないため，これらの処分を受けた者は存在しません。

ii　根抵当権を目的とする仮登記権利者

iii　根抵当権付債権を目的とする質権者・差押債権者・仮差押債権者

（6）登録免許税

分割して譲渡された根抵当権（上記申請例71では1番（い））の極度額の2/1000です（登免法別表第1.1.（6）ロ）。発想は，全部譲渡・一部譲渡（P38の「要は」）と同じく，動いた分に課税するということです。

3．分割譲渡後の論点

（1）さらなる分割譲渡

根抵当権の分割譲渡の後に，その一方をさらに分割譲渡することもできます（登研313P21）。たとえば，上記申請例71の登記がされた後，Cの1番（い）根抵当権をDに分割譲渡できます（Dは，1番（う）根抵当権を取得します）。

Bの1番（あ）根抵当権とCの1番（い）根抵当権は，別物（別の人生）となっているため，このようなことも認められます。

（2）極度額の増額をする場合

根抵当権の分割譲渡の後に，極度額の増額（P59～64 2）をする場合，同順位の根抵当権者の承諾が必要となります（P63【増額】i）。上記申請例71の登記がされた後の権利関係を例に説明します。

・Bの1番（あ）根抵当権の極度額を増額する（ex. 700万円→1000万円）

1番（い）根抵当権の根抵当権者Cの承諾が必要です。

この登記の登記の目的は，「1番（あ）根抵当権変更」となります。分割譲渡の登記をしたことにより，名前が「1番（あ）根抵当権」に変わっているからです。

・Cの1番（い）根抵当権の極度額を増額する（ex. 300万円→500万円）

1番（あ）根抵当権の根抵当権者Bの承諾が必要です。

この登記の登記の目的は，「１番（い）根抵当権変更」となります。

１番（あ）根抵当権と１番（い）根抵当権は同順位となりますが，同順位の根抵当権者は，競売時に，極度額に応じて配当額を按分します。よって，同順位の根抵当権の極度額が増額されると，配当額が減少してしまう可能性があるのです。

3　共有根抵当権の移転

全部譲渡・一部譲渡・分割譲渡とみてきましたが，共有根抵当権（P15～16 3）の場合，これらを「共有者全員でしなければならないのか？」，それとも「共有者の一部の者のみでもすることができるのか？」という問題があります。

		可否	譲渡後の根抵当権者
事例		以下のいずれも，ＢＣが根抵当権を共有しており，Ｄに根抵当権を譲渡するという事例です	
全部譲渡	ＢＣがＤに譲渡	○	Ｄ単有の根抵当権
	ＢがＤに譲渡	○ これが，下記 4 の「共有者の権利の譲渡」です。	ＤＣ共有の根抵当権
一部譲渡	ＢＣがＤに譲渡	○	ＢＣＤ共有の根抵当権
	ＢがＤに譲渡	×	
分割譲渡	ＢＣがＤに譲渡	○	ＢＣ共有の根抵当権 Ｄ単有の根抵当権
	ＢがＤに譲渡	×	

この表は，以下のことをいっています。

・共有者全員でする　→　すべて可

ＢＣ２人ですれば，権利関係が複雑にならないため，すべて認められます。

・共有者の一部の者のみでする　→　全部譲渡のみ可

全部譲渡であれば，「ＢＣの共有」が「ＤＣの共有」に変わるだけなので，権利関係が複雑になりません。

それに対して，一部譲渡・分割譲渡だと，Ｂのみがすると権利関係が複雑になります。確定前根抵当権には持分がないため，Ｂが有している持分というものがなく，何の一部を譲渡したのか・何を分割して譲渡したのかがわからなくなってしまうのです。

4 共有者の権利の移転

1．実体（民法）

（1）共有者の権利の譲渡

> **民法 398 条の 14（根抵当権の共有）**
> 2　根抵当権の共有者は，他の共有者の同意を得て，第 398 条の 12 第１項の規定によりその権利を譲り渡すことができる。
>
> **民法 398 条の 12（根抵当権の譲渡）**
> 1　元本の確定前においては，根抵当権者は，根抵当権設定者の承諾を得て，その根抵当権を譲り渡すことができる。

確定前根抵当権の共有者は，以下の①～③の要件を充たせば，その権利を譲渡することができます（民法 398 条の 14 第２項）。

①根抵当権者（譲渡人）と譲受人の合意
②設定者の承諾（民法 398 条の 14 第２項，398 条の 12 第１項）
③他の共有者の同意（民法 398 条の 14 第２項）
※登記は，対抗要件です。
ex. Ａが所有している建物にＢＣ共有の根抵当権が設定されています。ＢとＤは，Ａの承諾とＣの同意を得ることで，ＢからＤにこの根抵当権のＢの権利を譲渡できます。

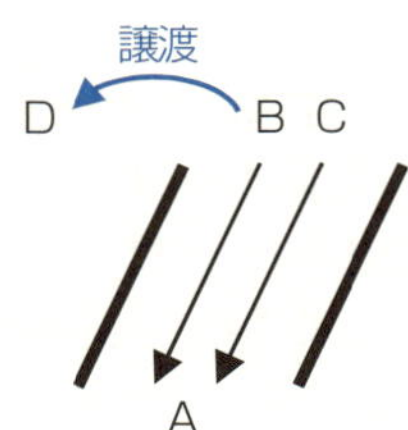

※設定者の承諾が必要である理由

全部譲渡・一部譲渡（P33※）と同じ理由です。ガンガン貸付けをする根抵当権者（譲受人）に変わったら，設定者の負担が重くなります。

※他の共有者の同意が必要である理由

根抵当権の共有者は，原則として，債権額の割合に応じて優先弁済を受けます（民法 398 条の 14 第１項本文）。よって，共有者が変わると，自分の配当額が変わります。上記 ex.で，もしＢの債権額が０円であれば，Ｃは極度額まで根抵当権の優先枠を使えますが，Ｄの債権額が高ければ，それに応じてＣの優先枠は減少します。このように，誰が共有者であるかは大問題なのです。

（2）共有者の権利の放棄

> **民法255条（持分の放棄及び共有者の死亡）**
> 共有者の一人が，その持分を放棄したとき，又は死亡して相続人がないときは，その持分は，他の共有者に帰属する。

確定前根抵当権も確定後根抵当権も，根抵当権の共有者の１人が権利を放棄すれば，その権利は他の共有者に帰属します（民法255条）。これは，Ｉのテキスト第２編第２章第２節4で説明した「持分放棄」と同じ民法255条が根拠です。所有権以外の権利の共有（準共有）には，原則として所有権の共有の規定が準用されるため（民法264条本文），民法255条も根抵当権に適用されるのです。── 民法Ⅱのテキスト第３編第３章第４節6

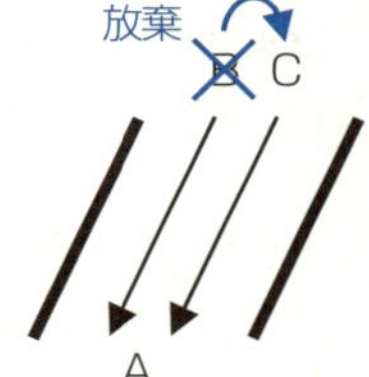

※登記は，対抗要件です。

ex. Ａが所有している建物にＢＣ共有の根抵当権が設定されています。Ｂが根抵当権を放棄すると，Ｂの根抵当権の権利はＣに帰属します。

※設定者の承諾や他の共有者の同意が不要である理由

共有者の権利の放棄の要件は，根抵当権の共有者の１人が権利を放棄する意思表示をすることだけであり，設定者の承諾や他の共有者の同意は不要です。放棄は，単独行為であり，一方的な意思表示でできます。── 民法Ｉのテキスト第2編第４章3 1.②　そして，その効果は民法255条により当然に生じるため，設定者の承諾や他の共有者の同意なく生じるのです。

※根抵当権を目的とする権利を有する者の承諾の要否

共有者の権利の譲渡・共有者の権利の放棄がされる根抵当権を目的とする権利を有する者（ex. 根抵当権を目的とする転抵当権者）の承諾は不要です。これらの権利は，共有者の権利の譲渡・共有者の権利の放棄がされても，根抵当権全体を目的とする権利として存続し，特に影響がないからです。

2．申請情報の記載事項

根抵当権の共有者が権利を譲渡または放棄すると，譲受人または他の共有者への根抵当権の共有者の権利の移転の登記を申請できます。

放棄の場合にも移転の登記を申請するのは，Ⅰのテキスト第２編第２章第２節4 1．と同じ理由によります。

申請例72 —— 譲渡を原因とする根抵当権の共有者の権利の移転の登記

＊事例は，上記1．(1）のex.に合わせています。

事例：Ａが所有している建物に，乙区１番で極度額を 1000 万円とするＢＣ共有の根抵当権の設定の登記がされている。ＢとＤは，令和５年 11 月 20 日，この根抵当権のＢの権利をＤに譲渡する契約を締結した。そして，令和５年 11 月 22 日，Ａがこの権利の譲渡について承諾し，令和５年 11 月 28 日，Ｃがこの権利の譲渡について同意した。

登記の目的	１番根抵当権共有者Ｂの権利移転
原　　因	令和５年 11 月 28 日譲渡
権 利 者	Ｄ
義 務 者	Ｂ
添付情報	登記原因証明情報（根抵当権の権利の譲渡契約書） 登記識別情報（Ｂの乙区１番の登記識別情報） 代理権限証明情報（Ｄ及びＢの委任状） 承諾証明情報（Ａの承諾書） 同意証明情報（Ｃの同意書）
課税価格	金500万円
登録免許税	金１万円

権利部（乙区）（所有権以外の権利に関する事項）

順位番号	登記の目的	受付年月日・受付番号	権利者その他の事項
1	根抵当権設定	令和５年６月 28 日 第 12457 号	原因　令和５年６月 28 日設定 極度額　金 1000 万円 債権の範囲　石油供給取引 債務者　Ａ 根抵当権者　Ｂ Ｃ
付記１号	１番根抵当権共有者Ｂの権利移転	令和５年 11 月 28 日 第 19451 号	原因　令和５年 11 月 28 日譲渡 根抵当権者　Ｄ

申請例73 ―― 放棄を原因とする根抵当権の共有者の権利の移転の登記

＊事例は，上記1.（2）のex.に合わせています。

事例：Aが所有している建物に，乙区1番で極度額を1000万円とするBC共有の根抵当権の設定の登記がされている。令和5年11月28日，Bが根抵当権を放棄した。そして，その意思表示が，令和5年11月29日にCに到達した。

登記の目的	1番根抵当権共有者Bの権利移転
原　　因	令和5年11月28日放棄
権 利 者	C
義 務 者	B
添 付 情 報	登記原因証明情報（根抵当権の権利の放棄証書） 登記識別情報（Bの乙区1番の登記識別情報） 代理権限証明情報（C及びBの委任状）
課 税 価 格	金500万円
登録免許税	金1万円

権 利 部（乙 区）（所 有 権 以 外 の 権 利 に 関 す る 事 項）

順位番号	登記の目的	受付年月日・受付番号	権利者その他の事項
1	根抵当権設定	令和5年6月28日 第12457号	原因　令和5年6月28日設定 極度額　金1000万円 債権の範囲　相互銀行取引 債務者　A 根抵当権者　B C
付記1号	1番根抵当権共有者Bの権利移転	令和5年11月30日 第19512号	原因　令和5年11月28日放棄 根抵当権者　C

（1）登記の目的

「○番根抵当権共有者○○の権利移転」と記載します（登研467P104）。「○○」には，移転する権利の権利者（上記申請例72，73ではB）の氏名または名称を記載します。

「○番根抵当権一部移転」としないのは，誰の権利が移転したかをわかるようにするためです。また，「○○の持分移転」としないのは，確定前根抵当権には持分がないからです（P16①）。

（2）登記原因及びその日付

【共有者の権利の譲渡】

年月日は，「根抵当権者（譲渡人）と譲受人の合意があった日，設定者の承諾があった日，他の共有者の同意があった日のうち遅い日（合意，承諾，同意のすべてが揃った日）」を記載します。これらの3つは効力発生要件であるため（民法398条の14第2項，398条の12第1項。P47①～③），3つすべて揃って初めて共有者の権利の譲渡の効力が生じるからです。よって，上記申請例72の登記原因日付は，令和5年11月20日でも令和5年11月22日でもなく，「令和5年11月28日」となります。

原因は，「譲渡」と記載します。譲渡が，権利変動の原因（法律行為）だからです。

【共有者の権利の放棄】

年月日は，「権利放棄の意思表示（単独行為）をした日」を記載します。意思表示をした日であって，その意思表示が到達した日ではない点にご注意ください。権利放棄の意思表示をすることによって当然に効果が生じるからです。よって，上記申請例73の登記原因日付は，令和5年11月29日ではなく，「令和5年11月28日」となります。

原因は，「放棄」と記載します（登研467P104）。放棄が，権利変動の原因（法律行為）だからです。

（3）申請人

【共有者の権利の譲渡】

以下の者の共同申請です（不登法60条）。

・登記権利者：根抵当権の権利の譲受人

・登記義務者：根抵当権の権利の譲渡人

【共有者の権利の放棄】

以下の者の共同申請です（不登法60条）。

・登記権利者：他の共有者

・登記義務者：根抵当権の権利を放棄した共有者

（4）添付情報

以下のとおり，登記原因証明情報の内容が変わる点，承諾証明情報・同意証明情報の提供の有無が変わる点を除いて，P36～37（4）の全部譲渡・一部譲渡の登記と同じです（提供するかどうかの理由も同じです）。

①登記原因証明情報（不登法61条）

【共有者の権利の譲渡】

具体的には，根抵当権の権利の譲渡契約書が当たります。

【共有者の権利の放棄】

具体的には，根抵当権の権利の放棄証書が当たります。

②承諾証明情報（不登令7条1項5号ハ）

【共有者の権利の譲渡】

設定者の承諾は効力発生要件であるため（民法398条の14第2項，398条の12第1項。P47②），必ず設定者が作成した承諾を証する情報などを提供する必要があります。

【共有者の権利の放棄】

※設定者の承諾は不要であるため（P48※），設定者が作成した承諾を証する情報などを提供する必要はありません。

③同意証明情報（不登令7条1項5号ハ）

【共有者の権利の譲渡】

他の共有者の同意は効力発生要件であるため（民法398条の14第2項。P47③），必ず他の共有者が作成した同意を証する情報などを提供する必要があります。

【共有者の権利の放棄】

※他の共有者の同意は不要であるため（P48※），他の共有者が作成した同意を証する情報などを提供する必要はありません。

（5）登録免許税

極度額を譲渡または放棄前の共有者の数で割った額の2/1000です（登免法別表第1.1.（6）ロ）。発想は，全部譲渡・一部譲渡（P38の「要は」）と同じく，動いた分に課税するということです。

上記申請例72，73では，いずれも2人中1人分動いていますので，「1000万円×1/2＝500万円」が課税価格となります。

【根抵当権の移転（確定前）のまとめ】

これで確定前根抵当権の移転が出揃いましたので，譲渡人と譲受人以外の者の承諾・同意の要否をまとめておきます。

＊共有者の権利の放棄は，確定後でもできます。

	設定者の承諾	根抵当権を目的とする権利を有する者の承諾	他の共有者の同意
全部譲渡	要（P31②）	不要（P33※）	
一部譲渡	要（P32②）	不要（P33※）	
分割譲渡	要（P39②）	要（P39③）	
共有者の権利の譲渡	要（P47②）	不要（P48※）	要（P47③）
共有者の権利の放棄	不要（P48※）	不要（P48※）	不要（P48※）

5　純粋共同根抵当権の移転

4までで確定前根抵当権の移転の種類はすべてみたのですが，純粋共同根抵当権の移転となると1つ効力発生要件が加わるため，本節の最後にそれをみます。

1．純粋共同根抵当権の場合に追加される要件

民法398条の17（共同根抵当の変更等）

1　前条の登記〔共同根抵当権の登記〕がされている根抵当権の担保すべき債権の範囲，債務者若しくは極度額の変更又はその譲渡若しくは一部譲渡は，その根抵当権が設定されているすべての不動産について登記をしなければ，その効力を生じない。

共同根抵当権の登記がされている根抵当権の「全部譲渡」「一部譲渡」「分割譲渡」「共有者の権利の譲渡」は，その根抵当権が設定されているすべての不動産について移転の登記をしなければ，効力を生じません（民法398条の17第1項）。

根抵当権の移転の登記は，根抵当権者の変更に当たります。共同根抵当権は4大事項が一字一句完全に同一である必要があるため（P18の「『同一の債権』とは？」），すべての不動産の根抵当権の根抵当権者が同一でなければ効力が生じないのです。

すべての不動産について移転の登記をしなければ効力が生じないだけで，登記の申請は別々にしてもOKです（不動産の管轄登記所が同じ場合でもです）。

2. 申請情報の記載事項

基本的には，1，2，4でみた申請情報の記載事項と同じです。

異なる（ことがある）のは，以下の（1）～（3）です。

（1）登記の目的

「○番共同根抵当権移転」など，「共同」を入れます。

共同根抵当権の登記の登記の目的に「共同」を入れるかの基本的な判断基準

＊以下の ex.の登記には，まだ説明していない登記もあります。

・共同根抵当権が設定されている**すべての不動産について登記をしなければ効力が生じない**登記　→　**「共同」を入れます**

ex. 共同根抵当権の設定，共同根抵当権の4大事項の変更（根抵当権者の変更のみ移転の登記となり，それ以外は変更の登記となります）

・共同根抵当権が設定されている**すべての不動産について登記をしなくても効力が生じる**登記　→　**「共同」を入れません**

ex. 確定期日の新設・変更，優先の定め，相続・合併・会社分割を原因とする根抵当権の移転，相続・合併・会社分割を原因とする根抵当権の債務者の変更，指定根抵当権者の合意，指定債務者の合意，元本確定，抹消，名変

（2）登記原因及びその日付

P434～436 の4.で説明しますが，この登記は，管轄が同じであれば一の申請情報で（1件で）申請できます（不登規 35 条 10 号）。その場合，不動産ごとに合意，承諾（同意）が揃った日が異なるときは，登記原因及びその日付は，P438 の2.の書き方で書きます。

（3）添付情報

①登記識別情報（不登法 22 条本文）

一の申請情報で（1件で）申請する場合，根抵当権の譲渡人の登記識別情報は，複数の不動産のものを提供する必要があります。

②承諾証明情報（不登令7条1項5号ハ）

一の申請情報で（1件で）申請する場合に，不動産ごとに設定者が異なるときは，複数の設定者が作成した承諾を証する情報などを提供する必要があります。

上記（2）以外の違いが現れた事例を1つみてみましょう。全部譲渡の事例です。P34の申請例69と異なる箇所を青字にしました。

申請例74 —— 譲渡を原因とする共同根抵当権の移転の登記

事例：Aが所有している甲土地およびDが所有している乙土地に，乙区1番で極度額を1000万円とするBの共同根抵当権の設定の登記がされている。BとCは，令和5年11月20日，この根抵当権をBがCに譲渡する契約を締結した。そして，令和5年11月28日，AとDがこの根抵当権の譲渡について承諾をした。甲土地および乙土地は，同一の登記所の管轄区域内にある（＊）。

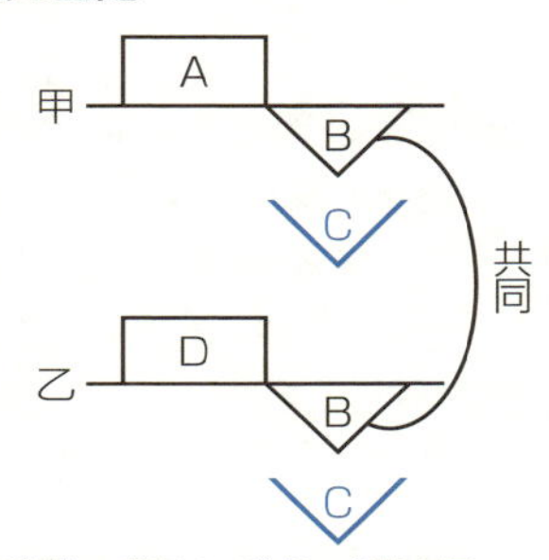

＊このように，同一の登記所の管轄区域内にある不動産を目的とする共同担保の登記は，登記の目的が同一であれば一の申請情報で（1件で）申請できます（不登規35条10号。P434～436の4.）。

登記の目的	1番共同根抵当権移転
原　　因	令和5年11月28日譲渡
権 利 者	C
義 務 者	B
添付情報	登記原因証明情報（根抵当権全部譲渡契約書） 登記識別情報（Bの甲土地乙区1番及び乙土地乙区1番の登記識別情報） 代理権限証明情報（C及びBの委任状） 承諾証明情報（A及びDの承諾書）
課税価格	金1000万円
登録免許税	金2万円

このように，一の申請情報で（1件で）申請する場合の課税価格は，極度額1000万円であり，2つの不動産について登記をするからといって2000万円とはなりません。優先枠が1000万円から増えるわけではないからです（Ⅰのテキスト第3編第1章第1節[2]6.「優先枠に課税」）。

第４節　根抵当権の処分

1　実体（民法）

1．根抵当権についてできる処分

> **民法398条の11（根抵当権の処分）**
> 1　元本の確定前においては，根抵当権者は，第376条第１項の規定による根抵当権の処分〔根抵当権の譲渡・根抵当権の放棄・根抵当権の順位の譲渡・根抵当権の順位の放棄〕をすることができない。ただし，その根抵当権を他の債権の担保とすること〔転抵当〕を妨げない。

抵当権の処分は５つありますが，確定前根抵当権についてできるのは，「転抵当」のみで，根抵当権の譲渡・根抵当権の放棄・根抵当権の順位の譲渡・根抵当権の順位の放棄の４つをすることはできません（民法398条の11第１項）。

確定前根抵当権は決まった債権が存在しないので，根抵当権の優先枠を他の債権者と一緒に使ったりするこれら４つを認めると，優先関係があまりに複雑になってしまうからです。よって，これら４つは，債権が特定した確定後根抵当権についてしかできません。

それに対して，転抵当は，根抵当権自体を担保に入れることですので，優先関係が複雑になる問題は生じません。

2．転抵当

ということで，確定前根抵当権についてできる処分は「転抵当」のみです。

ただ，抵当権とちょっと違うところがあります。それは，「転抵当をしたことについて債務者などに対する対抗要件（民法377条１項）が備えられた後に，債務者が転抵当権者の承諾を得ないで抵当権者に弁済しても，転抵当権者に対抗できない」という民法377条２項の規定が適用されない点です（民法398条の11第２項）。―― 民法Ⅱのテキスト第４編第５章第９節6 1.

転抵当権が設定されても，債務者は転抵当権者の承諾なく弁済できます。確定前根抵当権は，債権が消えても消滅しません。よって，根抵当権を担保に取っている転抵当権者からすると，根抵当権の債権が消えても問題ないのです。

2 申請情報の記載事項

以下の申請例 75 の青字にした箇所を除き，申請情報の記載は，抵当権を目的とした転抵当権（Ｉのテキスト第３編第１章第３節[2] 2.申請例 49）と同じです。

申請例75 ―― 根抵当権を目的とする転抵当権の設定の登記

事例：Ａが所有している建物に，乙区１番でＢの根抵当権の設定の登記がされている。ＢとＣは，令和５年 11 月 28 日，債権者Ｃ・債務者Ｂとして，800 万円を利息年４%，損害金年 14%，違約金 200 万円，弁済期を毎月末日の 50 回払いで貸し付ける金銭消費貸借契約を締結し，800 万円がＢに交付された（←これが「債権契約」）。そして，ＢとＣは，同時に，この 800 万円の債権を担保するため，Ｂがこの建物に有している乙区１番の根抵当権を目的として，転抵当権の設定契約を締結した（←これが「物権契約」）。

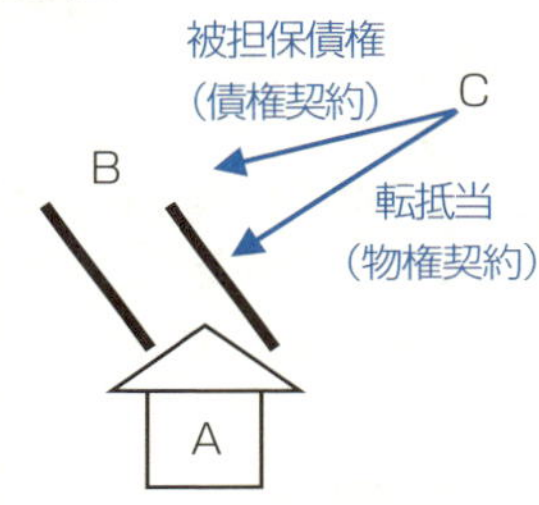

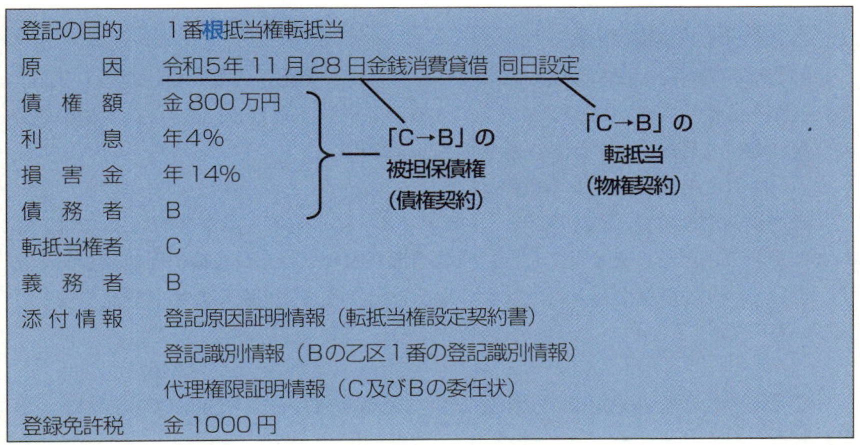

登記の目的	１番根抵当権転抵当
原　　因	令和５年 11 月 28 日金銭消費貸借 同日設定
債 権 額	金 800 万円
利　　息	年 4%
損 害 金	年 14%
債 務 者	B
転抵当権者	C
義 務 者	B
添 付 情 報	登記原因証明情報（転抵当権設定契約書） 登記識別情報（Bの乙区１番の登記識別情報） 代理権限証明情報（C及びBの委任状）
登録免許税	金 1000 円

cf. 転根抵当権

「転根抵当権」とは，抵当権または根抵当権を目的とした根抵当権のことです。転根抵当権を設定することもできると解されています（昭 49.4.3 民三.1753）。

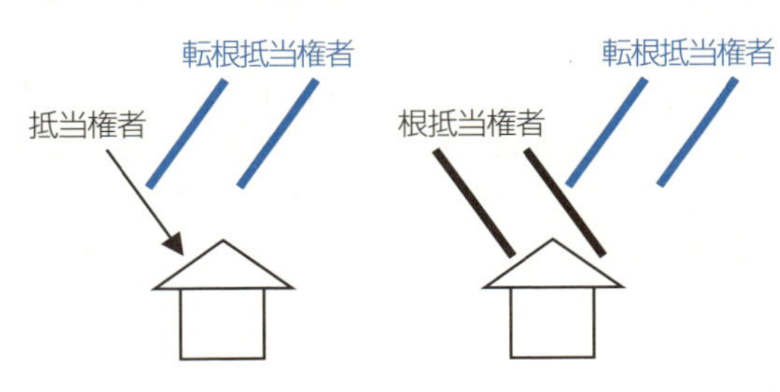

cf. 根抵当権付債権の質入れの登記

「抵当権付債権の質入れの登記」（Ⅰのテキスト第３編第１章第３節 cf.）があったように，「根抵当権付債権の質入れの登記」があります。

確定前根抵当権でも確定後根抵当権でも，根抵当権の被担保債権に質権を設定した場合，根抵当権について債権の質入れの登記を申請することができます。

ex. Aが所有している建物に，乙区１番で債務者をAとするBの根抵当権の設定の登記がされています。BがCから借金をし，この根抵当権の被担保債権に質権を設定した場合には，根抵当権付債権の質入れの登記を申請できます。

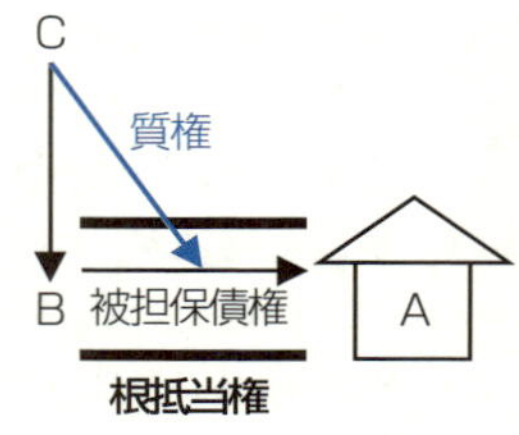

この登記は，登記の目的を「１番根抵当権の債権質入」とし，以下の２点を登記事項とします（昭 55.12.24 民三.7176）。

①CのBに対する債権の内容

Cの債権の内容を登記事項とするのは，Cの債権が登記されていないため，登記する必要があるからです（Ⅰのテキスト第３編第１章第３節 2 ２.（３）「抵当権の処分の登記における登記事項の記載の有無の判断基準」）。

②質入れされたBのAに対する債権

「抵当権付債権の質入れの登記」（Ⅰのテキスト第３編第１章第３節 cf.）では，この②は登記事項となりませんでした。根抵当権の場合，いくつも被担保債権があります。よって，どの債権が質入れされたのかを特定する必要があるため，登記事項とされているのです。

「なぜ随伴性がない確定前根抵当権でも，"債権"の質入れの登記ができるの？」と思われたかもしれません。以下の２つが，理由としていわれています。

①債権譲渡（民法 398 条の７第１項），債務引受（民法 398 条の７第２項，３項），更改（民法 398 条の７第４項）と異なり，禁止規定がない（形式的な理由）
②根抵当権者（上記 ex.ではB）が質入れされた債権の不履行を理由に根抵当権を実行できないことを公示する必要がある（実質的な理由）

第５節　根抵当権の変更

1 根抵当権の変更に共通するハナシ

根抵当権の設定の登記事項は，P13～14の3.でみましたが，そのうち，必要的登記事項である極度額（下記2），債権の範囲（下記3），債務者（下記4）の変更，任意的登記事項である確定期日の新設・変更（下記5），そして，根抵当権の設定時には定めることができない優先の定め（下記6）を取り上げてみていきます。

その前にこの1で，根抵当権の変更に共通するハナシをみます。

1．民法上の利害関係人

民法上の利害関係人は，2の極度額の変更のみ存在します（他の変更には存在しません）。

2．登記の方法

すべて付記登記でされます。

3．登記の目的

優先の定めの登記（「○番根抵当権優先の定」）以外，「○番根抵当権変更」と記載します。

4．登録免許税

極度額の増額の変更の登記（増額した極度額の4/1000〔登免法12条1項，登免法別表第1.1.（5）〕）以外，不動産1個につき1000円です（登免法別表第1.1.(14)）。

2 極度額の変更（変更契約）

1．実体（民法）

民法398条の5（根抵当権の極度額の変更）

根抵当権の極度額の変更は，利害関係を有する者の承諾を得なければ，することができない。

確定前根抵当権でも確定後根抵当権でも，以下の①②の要件を充たせば，極度額を変更できます（民法 398 条の5）。この変更契約により，極度額を増額することも減額することもできます。

①根抵当権者と設定者の合意
②利害関係人の承諾（民法 398 条の5）

この利害関係人の承諾は効力発生要件なので，承諾がないと極度額の変更の効力が生じず（民法 398 条の5），変更の登記をすることもできません。極度額の変更の効力自体が生じないため，「承諾がなければ主登記によってする」（Ⅰのテキスト第1編第4章第3節3）といったこともできません。

具体的に誰が利害関係人に当たるかは，P63⑥で説明します。

2．申請情報の記載事項

極度額を変更すると，根抵当権の極度額の変更の登記を申請できます。

申請例76 —— **変更を原因とする根抵当権の極度額の増額の変更の登記**

事例：Aが所有している建物（甲区1番でA名義の所有権の保存の登記がされている）に，乙区1番で極度額を 1000 万円とするBの根抵当権の設定の登記がされている。BとAは，令和5年 11 月 20 日，この根抵当権の極度額を 2000 万円に変更する契約を締結した。この建物には乙区2番でCの抵当権の設定の登記がされているが，Cは令和5年 11 月 28 日に承諾した。

登記の目的	1番根抵当権変更
原　　因	令和5年 11 月 28 日変更
変更後の事項	極度額　金 2000 万円
権 利 者	B
義 務 者	A
添 付 情 報	登記原因証明情報（根抵当権変更契約書）
	登記識別情報（Aの甲区1番の登記識別情報）
	印鑑証明書（Aの印鑑証明書）
	代理権限証明情報（B及びAの委任状）
	承諾証明情報（Cの承諾書）
課 税 価 格	金 1000 万円
登録免許税	金4万円

権利部（乙区）（所有権以外の権利に関する事項）			
順位番号	登記の目的	受付年月日・受付番号	権利者その他の事項
1	根抵当権設定	令和５年６月28日 第12457号	原因　令和５年６月28日設定 極度額　金1000万円 債権の範囲　著作権使用許諾取引 債務者　A 根抵当権者　B
付記１号	１番根抵当権変更	令和５年11月28日 第19451号	原因　令和５年11月28日変更 極度額　金2000万円
2	抵当権設定	令和５年７月８日 第12987号	原因　令和５年７月８日金銭消費貸借同日設定 債権額　金800万円 債務者　A 抵当権者　C

（1）登記の目的

「〇番根抵当権変更」と記載します。

（2）登記原因及びその日付

年月日は，「根抵当権者と設定者の合意と利害関係人の承諾があった日のうち遅い日（合意と承諾が揃った日）」を記載します。利害関係人の承諾も効力発生要件であるため（民法398条の５。P60②），合意と承諾が揃って初めて極度額の変更の効力が生じるからです。よって，上記申請例76の登記原因日付は，令和５年11月20日ではなく，「令和５年11月28日」となります。

原因は，「変更」と記載します。変更（契約）が，極度額が変更された原因（法律行為）だからです。

（3）登記事項

変更後の事項として，変更後の極度額を記載します。

（4）申請人

【増額】

以下の者の共同申請です（不登法60条）。

・登記権利者：根抵当権者
・登記義務者：設定者

極度額の増額により，根抵当権者の優先枠が増え，設定者の負担が増加するからです。

【減額】

以下の者の共同申請です（不登法60条）。

・登記権利者：設定者

・登記義務者：根抵当権者

極度額の減額により，設定者の負担が減少し，根抵当権者の優先枠が減少するからです。

（5）添付情報

①登記原因証明情報（不登法61条，不登令別表25添付情報イ）

Ｉのテキスト第１編第６章第２節4の「登記原因証明情報の提供が不要となる場合」に当たりませんので，登記原因証明情報を提供する必要があります。

具体的には，根抵当権変更契約書が当たります。

②登記識別情報（不登法22条本文）

登記義務者の登記識別情報を提供します。共同申請だからです（Ｉのテキスト第１編第６章第３節3 1.「登記識別情報の提供の要否の基本的な判断基準」）。登記義務者は，増額か減額かによって変わります（上記（4））。

【増額】

設定者の登記識別情報を提供します。

【減額】

根抵当権者の登記識別情報を提供します。

③印鑑証明書（不登令16条２項，18条２項）

【増額】

所有権を目的として設定された根抵当権の極度額の増額の変更の登記の場合，登記義務者である設定者の印鑑証明書を提供します。この場合，上記（4）のとおり，所有権の登記名義人である設定者が登記義務者となるからです（Ｉのテキスト第１編第６章第４節3 2.「『認印でよいか』『実印で押印し印鑑証明書の提供が要求されるか』の判断基準」）。

【減額】

※印鑑証明書は，提供しません。この場合，上記（4）のとおり，所有権の登記名義人が登記義務者とならないからです（Ｉのテキスト第１編第６章第４節3 2.「『認印でよいか』『実印で押印し印鑑証明書の提供が要求されるか』の判断基準」）。

上記②の登記識別情報・上記③の印鑑証明書について，提供するか，提供する場合に誰のものを提供するかは記憶していなくても大丈夫です。上記（4）の申請人がわかっていれば，登記識別情報・印鑑証明書の「判断基準」から判断できます（Ⅰのテキスト第３編第１章第５節1 1.（2）（e）「Realistic 18　記憶の省略」）。

④代理権限証明情報（不登令７条１項２号）

⑤会社法人等番号（不登令７条１項１号イ）

⑥承諾証明情報（不登令７条１項５号ハ）

利害関係人の承諾は効力発生要件であるため（民法 398 条の５。P60②），利害関係人がいれば，必ず利害関係人が作成した承諾を証する情報などを提供する必要があります。

たとえば，以下の者が利害関係人に当たります。

【増額】

根抵当権の優先枠が増えることにより不利益を受ける者が当たります。Ⅰのテキスト第３編第１章第５節1 1.（2）（e）⑥の抵当権の債権額の【増額の変更の登記・更正の登記】と同じ者が当たり，理由も考え方も同じです。

i　同順位・後順位の担保権者
ii　後順位の所有権の仮登記権利者
iii　後順位の所有権の差押債権者・仮差押債権者
iv　極度額が増額される根抵当権に順位の譲渡をした先順位の担保権者

※利用権者は，後順位であっても利害関係人になりません。

【減額】

根抵当権の価値が下がりますので，**減額される根抵当権を目的として権利を有している者**が当たります。Ⅰのテキスト第３編第１章第５節1 1.（2）（e）⑥の抵当権の債権額の【減額の変更の登記・更正の登記】と同じ者が当たり，理由も考え方も同じです。

i　根抵当権の処分を受けている者
ii　根抵当権の被担保債権の質権者
iii　根抵当権を目的とする仮登記権利者
iv　根抵当権付債権を目的とする差押債権者・仮差押債権者

※住所証明情報は，提供しません。Ⅰのテキスト第1編第6章第5節[3]「住所証明情報の提供が要求される場合①～③」のいずれにも当たらないからです。

（6）登録免許税

【増額】

増額した極度額の4/1000です（登免法別表第1.1.（5））。

変更の登記ですが，増額する部分については新たな設定の登記とみなされるからです（登免法12条1項）。これも，Ⅰのテキスト第3編第1章第5節[1]1.（2）（f）の【増額の変更の登記・更正の登記】と同じ考え方です。

【減額】

変更の登記として，不動産1個につき1000円です（登免法別表第1.1.（14））。

3　債権の範囲の変更

1．実体（民法）

> **民法398条の4（根抵当権の被担保債権の範囲及び債務者の変更）**
> 1　元本の確定前においては，根抵当権の担保すべき債権の範囲の変更をすることができる。債務者の変更についても，同様とする。
> 2　前項の変更をするには，後順位の抵当権者その他の第三者の承諾を得ることを要しない。
> 3　第1項の変更について元本の確定前に登記をしなかったときは，その変更をしなかったものとみなす。

確定前根抵当権においては，根抵当権者と設定者の合意で，債権の範囲を変更できます（民法398条の4第1項前段）。利害関係人の承諾は不要です（民法398条の4第2項。P59[1]1.）。

ex. Aが所有している建物に，債務者をA・債権の範囲を金銭消費貸借取引とするBの根抵当権が設定されています。BとAは，債権の範囲を売買取引に変更する契約をすることができます。

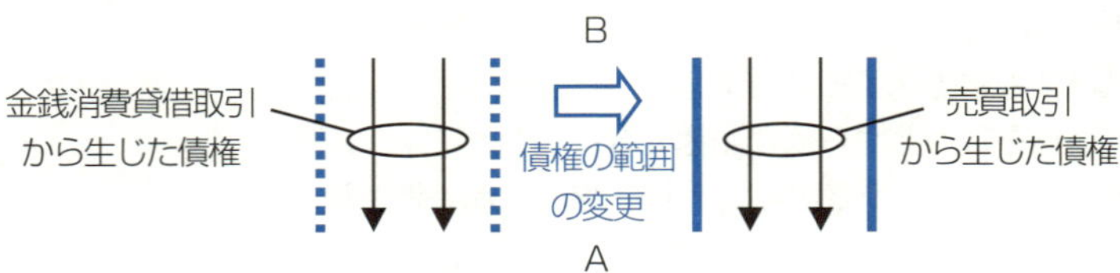

この債権の範囲の変更がされた後の債権の担保は，以下のようになります。

・ＢのＡに対する金銭消費貸借取引から生じた債権

ＢのＡに対する金銭消費貸借取引から生じた債権があった場合，無担保債権となります。金銭消費貸借取引から生じた債権は，枠から外れたからです。

・ＢのＡに対する売買取引から生じた債権

ＢのＡに対する売買取引から生じた債権は，債権の範囲の変更がされる前に生じたものも，根抵当権で担保されます。売買取引から生じた債権のところに，枠が来たからです。

=P32
P33
P40
P70

※債務者の承諾の要否

設定者が物上保証人である場合のように設定者が債務者でないとき，この債権の範囲の変更契約をするのに，債務者の承諾は必要でしょうか。

不要です。

この変更契約は，根抵当権の内容（枠）を変える物権契約です。物権契約ですので，その当事者は根抵当権者と設定者です。よって，根抵当権者と設定者のみで行うことができるのです（Ｉのテキスト第３編第１章第１節2 4.「不動産登記は物権レベルのハナシ」）。

2．申請情報の記載事項

債権の範囲を変更すると，根抵当権の債権の範囲の変更の登記を申請できます。

申請例77 ―― 根抵当権の債権の範囲の変更の登記

＊事例は，上記1.のex.に合わせています。

事例：Ａが所有している建物（甲区１番でＡ名義の所有権の保存の登記がされている）に，乙区１番で債権の範囲を金銭消費貸借取引とするＢの根抵当権の設定の登記がされている。ＢとＡは，令和５年 11 月 28 日，この根抵当権の債権の範囲を売買取引に変更する契約を締結した。

登記の目的	1番根抵当権変更
原　　因	令和5年11月28日変更
変更後の事項	債権の範囲　売買取引
権 利 者	B
義 務 者	A
添付情報	登記原因証明情報（根抵当権変更契約書） 登記識別情報（Aの甲区1番の登記識別情報） 印鑑証明書（Aの印鑑証明書） 代理権限証明情報（B及びAの委任状）
登録免許税	金1000円

権利部（乙区）（所有権以外の権利に関する事項）			
順位番号	登記の目的	受付年月日・受付番号	権利者その他の事項
1	根抵当権設定	令和5年6月28日 第12457号	原因　令和5年6月28日設定 極度額　金1000万円 債権の範囲　金銭消費貸借取引 債務者　A 根抵当権者　B
付記1号	1番根抵当権変更	令和5年11月28日 第19451号	原因　令和5年11月28日変更 債権の範囲　売買取引

（1）登記の目的

「○番根抵当権変更」と記載します。

（2）登記原因及びその日付

年月日は，「変更契約の成立日」を記載します。

原因は，「変更」と記載します。変更（契約）が，債権の範囲が変更された原因（法律行為）だからです。

（3）登記事項

変更後の事項として，変更後の債権の範囲を記載します。

（4）申請人

【原則】

以下の者の共同申請です（不登法60条。昭46.10.4民事甲3230）。

・登記権利者：根抵当権者
・登記義務者：設定者

下記の「債権の範囲が縮減することが明らかな場合」以外の場合，つまり，「債権の範囲が拡大することが明らかな場合」と「どちらともいえない場合」は，この申請構造となります。どちらともいえない場合もこの申請構造となるのは，登記権利者が担保権者・登記義務者が設定者となるのが，担保物権の原則的な申請構造だからです（Ⅰのテキスト第３編第１章第５節2 1．（1）「どっちにも有利といえない場合は？」）。 =P72

【債権の範囲が縮減することが明らかな場合】

以下の者の共同申請です（不登法60条。昭46.10.4民事甲3230）。

・登記権利者：設定者
・登記義務者：根抵当権者

債権の範囲の縮減により，債権が発生する機会が減り，設定者の負担が減少するからです。

「債権の範囲が縮減することが明らかな場合」とは，以下のような場合です。

変更前 ──→	変更後
①「金銭消費貸借取引，手形債権，小切手債権」	「金銭消費貸借取引」
②「銀行取引，手形債権，小切手債権」	「銀行取引」
③「銀行取引」	「手形貸付取引」
④「売買取引」	「電気製品売買取引」
⑤「売買取引 令和５年６月28日手形貸付取引に基づく債権」	「令和５年６月28日手形貸付取引に基づく債権」
この⑤のように，被担保債権を特定債権のみとする変更もできます（登研481P134）。設定時ではないからです（P10の「特定債権のみを被担保債権とできるかの判断基準」）。	

※共有根抵当権において一方の根抵当権者についてのみ債権の範囲を変更する場合

たとえば，Ａが所有している建物に債権の範囲を金銭消費貸借取引とするＢＣの共有根抵当権（P15～16 3）の設定の登記がされています。この場合に，Ｃの債権の範囲を売買取引に変更するときは，変更後の事項を以下のように記載します。

「変更後の事項　債権の範囲　根抵当権者Bにつき金銭消費貸借取引
根抵当権者Cにつき売買取引　　　　」

P72＝ 変更のないBについても記載する必要があるのは，債権の範囲で1つの登記事項だからです。

また，申請人は以下のようになります（登研524P167）。

「申請人　　　：登記権利者　B
C
登記義務者　A」

債権の範囲が変わらないBも登記権利者となるのは，この変更の登記は共有物の変更行為（民法251条1項）と考えられるからです。── 民法Ⅱのテキスト第3編第3章第4節3 2.（4）（a）　被担保債権の一部が変わるからです。よって，債権の範囲の変更契約も，CAだけでなくBもする必要があります（昭46.11.11民事甲3400）。

（5）添付情報

①登記原因証明情報（不登法61条，不登令別表25添付情報イ）

Ⅰのテキスト第1編第6章第2節4の「登記原因証明情報の提供が不要となる場合」に当たりませんので，登記原因証明情報を提供する必要があります。

具体的には，根抵当権変更契約書が当たります。

②登記識別情報（不登法22条本文）

登記義務者の登記識別情報を提供します。共同申請だからです（Ⅰのテキスト第1編第6章第3節3 1.「登記識別情報の提供の要否の基本的な判断基準」）。登記義務者は，債権の範囲が縮減することが明らかかどうかによって変わります（上記（4））。

【原則】

設定者の登記識別情報を提供します。

【債権の範囲が縮減することが明らかな場合】

根抵当権者の登記識別情報を提供します。

③印鑑証明書（不登令16条2項，18条2項）

【原則】

所有権を目的として設定された根抵当権の債権の範囲の変更の登記の場合，登記義務者である設定者の印鑑証明書を提供します。この場合，上記（4）のとおり，所有権の登記名義人である設定者が登記義務者となるからです（Ⅰのテキスト第1編第6章第4節3 2.「『認印でよいか』『実印で押印し印鑑証明書の提供が要求されるか』の判断基準」）。

【債権の範囲が縮減することが明らかな場合】

※印鑑証明書は，提供しません。この場合，上記（4）のとおり，所有権の登記名義人が登記義務者とならないからです（Ｉのテキスト第１編第６章第４節3 2.「『認印でよいか』『実印で押印し印鑑証明書の提供が要求されるか』の判断基準」)。

上記②の登記識別情報・上記③の印鑑証明書についても，提供するか，提供する場合に誰のものを提供するかは記憶していなくても大丈夫です。上記（4）の申請人がわかっていれば，登記識別情報・印鑑証明書の「判断基準」から判断できます（Ｉのテキスト第３編第１章第５節1 1.（2）（e）「Realistic 18　記憶の省略」)。

④代理権限証明情報（不登令７条１項２号）

⑤会社法人等番号（不登令７条１項１号イ）

※住所証明情報は，提供しません。Ｉのテキスト第１編第６章第５節3「住所証明情報の提供が要求される場合①～③」のいずれにも当たらないからです。

（6）登録免許税

変更の登記として，不動産１個につき1000円です（登免法別表第１．１．(14))。

4　債務者の変更（変更契約）

1．実体（民法）

民法398条の4（根抵当権の被担保債権の範囲及び債務者の変更）

1　元本の確定前においては，根抵当権の担保すべき債権の範囲の変更をすることができる。債務者の変更についても，同様とする。

2　前項の変更をするには，後順位の抵当権者その他の第三者の承諾を得ることを要しない。

3　第１項の変更について元本の確定前に登記をしなかったときは，その変更をしなかったものとみなす。

確定前根抵当権においては，根抵当権者と設定者の合意で，債務者を変更できます(民法398条の４第１項後段)。利害関係人の承諾は不要です（民法398条の４第２項。P59 1 1.)。

ex. Ａが所有している建物に，債務者をＡとするＢの根抵当権が設定されています。
　ＢとＡは，債務者をＣに変更する契約をすることができます。

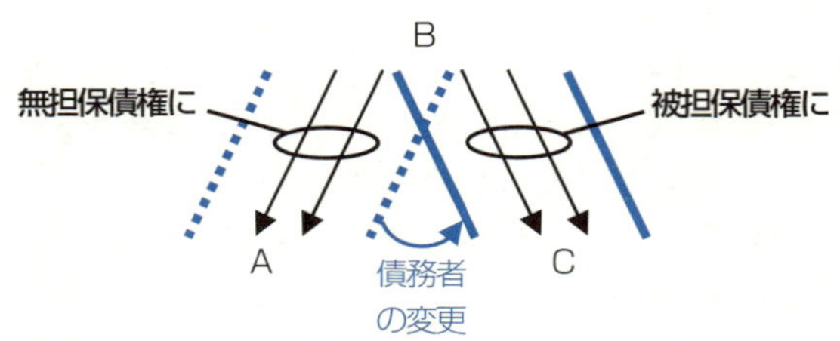

この債務者の変更がされた後の債権の担保は，以下のようになります。

・BのAに対する債権

BのAに対する債権があった場合，無担保債権となります。Aからすると，「枠が行っちゃった……」ということです。

・BのCに対する債権

P32＝P33 P40 P65 BのCに対する債権は，債務者の変更がされる前に生じたものも，根抵当権で担保されます。Cからすると，「枠が来た（やった！）」ということです。

※債務者の承諾の要否

設定者が物上保証人である場合のように設定者が債務者でないとき，この債務者の変更契約をするのに，旧債務者と新債務者の承諾は必要でしょうか。

いずれも不要です。

この変更契約は，根抵当権の内容（枠）を変える物権契約です。物権契約ですので，その当事者は根抵当権者と設定者です。よって，根抵当権者と設定者のみで行うことができるのです（Ｉのテキスト第３編第１章第１節2 4.「不動産登記は物権レベルのハナシ」）。

なお，通常は，債務者は物上保証人に物上保証を委託しています。よって，旧債務者の承諾がなかった場合は，その契約違反ということで，旧債務者は物上保証人に債務不履行による損害賠償を請求することができる場合はあります（民法415条）。

２．申請情報の記載事項

債務者を変更すると，根抵当権の債務者の変更の登記を申請できます。

申請例78 ―― 変更を原因とする根抵当権の債務者の変更の登記

＊事例は，上記1.のex.に合わせています。

事例：Aが所有している建物（甲区１番でA名義の所有権の保存の登記がされている）に，乙区１番で債務者をAとするBの根抵当権の設定の登記がされている。BとAは，令和５年11月28日，この根抵当権の債務者をCに変更する契約を締結した。

登記の目的	１番根抵当権変更
原　　因	令和５年11月28日変更
変更後の事項	債務者　C
権 利 者	B
義 務 者	A
添 付 情 報	登記原因証明情報（根抵当権変更契約書）
	登記識別情報（Aの甲区１番の登記識別情報）
	印鑑証明書（Aの印鑑証明書）
	代理権限証明情報（B及びAの委任状）
登録免許税	金1000円

権利部（乙区）（所有権以外の権利に関する事項）			
順位番号	登記の目的	受付年月日・受付番号	権利者その他の事項
1	根抵当権設定	令和５年６月28日 第12457号	原因　令和５年６月28日設定 極度額　金1000万円 債権の範囲　手形割引取引 債務者　A 根抵当権者　B
付記１号	１番根抵当権変更	令和５年11月28日 第19451号	原因　令和５年11月28日変更 債務者　C

（1）登記の目的

「○番根抵当権変更」と記載します。

（2）登記原因及びその日付

年月日は，「変更契約の成立日」を記載します。

原因は，「変更」と記載します。変更（契約）が，債務者が変更された原因（法律行為）だからです。

（3）登記事項

変更後の事項として，変更後の債務者の氏名（名称）・住所を記載します。

（4）申請人

【原則】

以下の者の共同申請です（不登法60条。昭46.10.4民事甲3230）。

・登記権利者：根抵当権者
・登記義務者：設定者

P67の【原則】と同じ理由から，下記の「債務者が縮減することが明らかな場合」以外の場合は，この申請構造となります。

P67＝

【債務者が縮減することが明らかな場合】

以下の者の共同申請です（不登法60条。登研405P91）。

・登記権利者：設定者
・登記義務者：根抵当権者

債務者の縮減により，債権が発生する機会が減り，設定者の負担が減少するからです。

「債務者が縮減することが明らかな場合」とは，たとえば，「債務者ＡＣ」を「債務者Ｃ」と変更する場合が当たります。

※共有根抵当権において一方の根抵当権者についてのみ債務者を変更する場合

たとえば，Ａが所有している建物に債務者をＡとするＢＣの共有根抵当権の設定の登記がされています。この場合に，Ｃの債務者をＤに変更するときは，変更後の事項を以下のように記載します。

「変更後の事項　債務者　根抵当権者ＢにつきＡ
　　　　　　　　　　　　根抵当権者ＣにつきＤ」

P68＝

変更のないＢについても記載する必要があるのは，債務者で１つの登記事項だからです。

また，申請人は以下のようになります。

「申請人　　：登記権利者　B
　　　　　　　　　　　　　C
　　　　　　登記義務者　A」

債務者が変わらないBも登記権利者となるのは，この変更の登記は共有物の変更行為（民法 251 条１項）と考えられるからです。── 民法Ⅱのテキスト第３編第３章第４節3 2.（4）（a）　被担保債権の一部が変わるからです。よって，債務者の変更契約も，C Aだけでなく Bもする必要があります。

（5）添付情報

①登記原因証明情報（不登法 61 条，不登令別表 25 添付情報イ）

Ｉのテキスト第１編第６章第２節4の「登記原因証明情報の提供が不要となる場合」に当たりませんので，登記原因証明情報を提供する必要があります。

具体的には，根抵当権変更契約書が当たります。

②登記識別情報（不登法 22 条本文）

登記義務者の登記識別情報を提供します。共同申請だからです（Ｉのテキスト第１編第６章第３節3 1.「登記識別情報の提供の要否の基本的な判断基準」)。登記義務者は，債務者が縮減することが明らかかどうかによって変わります（上記（4））。

【原則】

設定者の登記識別情報を提供します。

【債務者が縮減することが明らかな場合】

根抵当権者の登記識別情報を提供します。

③印鑑証明書（不登令 16 条２項，18 条２項）

【原則】

所有権を目的として設定された根抵当権の債務者の変更の登記の場合，登記義務者である設定者の印鑑証明書を提供します(昭 46.10.4 民事甲 3230)。この場合，上記（4）のとおり，所有権の登記名義人である設定者が登記義務者となるからです（Ｉのテキスト第１編第６章第４節3 2.「『認印でよいか』『実印で押印し印鑑証明書の提供が要求されるか』の判断基準」)。

なお，抵当権の債務者の変更の登記においては，所有権の登記名義人が登記義務者となる場合でも，印鑑証明書を提供する必要がないという例外的な扱いでした（Ｉのテキスト第３編第１章第５節2 1.（2）（a））。それに対して，根抵当権の債務者の変更の登記は，原則どおりの考え方です。根抵当権の債務者は，枠を決める４大事項の１つであるため，重要な登記事項だからです。

【債務者が縮減することが明らかな場合】
※印鑑証明書は，提供しません。この場合，上記（4）のとおり，所有権の登記名義人が登記義務者とならないからです（Ｉのテキスト第１編第６章第４節3 2.「『認印でよいか』『実印で押印し印鑑証明書の提供が要求されるか』の判断基準」）。
④代理権限証明情報（不登令７条１項２号）
⑤会社法人等番号（不登令７条１項１号イ）
※住所証明情報は，提供しません。Ｉのテキスト第１編第６章第５節3「住所証明情報の提供が要求される場合①～③」のいずれにも当たらないからです。

（6）登録免許税

変更の登記として，不動産１個につき1000円です（登免法別表第１．１．(14)）。

※一の申請情報（１件）による申請

極度額・債権の範囲・債務者の変更を１つ１つみてきましたが，同一の契約によってされた，極度額の変更の登記・債権の範囲の変更の登記・債務者の変更の登記の申請は，一の申請情報で（１件で）申請できます（昭46.10.4民事甲3230。登研451P126）。これら３つの変更でも構いませんし，３つのうちの２つの変更でも構いません。たとえば，以下のような事情があり，同一の契約で変更をすることがあります。

ex. Ａが所有している建物に，債務者をＡ・債権の範囲を金銭消費貸借取引とするＢの根抵当権が設定されています。

①この確定前根抵当権で担保されていたＡの債務を，令和５年11月20日，Ｃが免責的に引き受けました。Ｃが引き受けたこの債務は，根抵当権（枠）から抜け出るだけであり（民法398条の７第２項），Ｃが根抵当権の債務者になるわけでもなく，何の登記事項も発生しません。確定前根抵当権には，随伴性がないからです。

しかし，Ｂ，Ａ，Ｃは，今後はＣを根抵当権の債務者とし，根抵当権（枠）から抜け出たこの債務も根抵当権で担保させたいと考えました。それには，以下の２つの変更をする必要があるため，令和５年11月28日，その変更を同一の契約でしました。

②債務者をＣにする変更
③Ｃが引き受けた債務を債権の範囲に加える変更
②だけではなく③も必要なのは，Ｃが引き受けた債務は，ＢとＣとの間の金銭消費

貸借取引から生じた債務ではないため（BとAとの間の金銭消費貸借取引から生じた債務です），Cを債務者に変更しただけでは，根抵当権で担保されないからです。この根抵当権は，「BとCとの間の金銭消費貸借取引から生じる債権を極度額の限度で担保する根抵当権」なのです。

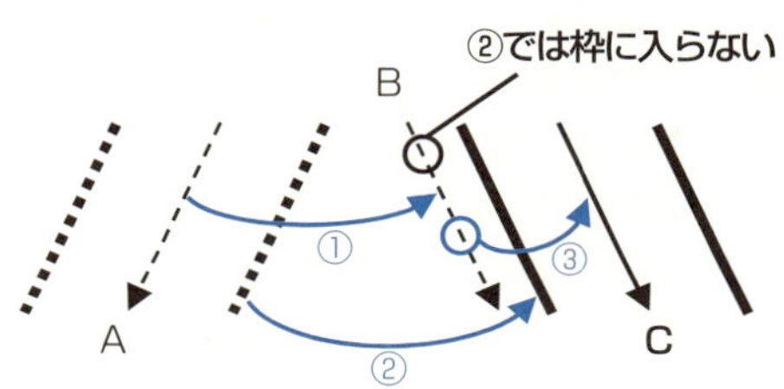

この場合の申請情報は，以下のように記載します。

申請例79 ―― **変更を原因とする根抵当権の債権の範囲および債務者の変更の登記**

登記の目的	1番根抵当権変更
原　　因	令和5年11月28日変更
変更後の事項	債権の範囲　金銭消費貸借取引 令和5年11月20日債務引受（旧債務者A）に係る債権 ①　③ 債務者　C ――②
権 利 者	B
義 務 者	A
添 付 情 報	登記原因証明情報（根抵当権変更契約書） 登記識別情報（Aの甲区1番の登記識別情報） 印鑑証明書（Aの印鑑証明書） 代理権限証明情報（B及びAの委任状）
登録免許税	金1000円

cf. 債権譲渡により根抵当権者が取得した債権を根抵当権により担保させる場合

上記の債権の範囲の変更は，債務者の特定の債務を債権の範囲に加える登記です。

関連する登記として，根抵当権者の特定の債権を債権の範囲に加える登記もあります。

ex. Aが所有している建物に，債務者をA・債権の範囲を金銭消費貸借取引とするBの根抵当権が設定されています。

①ＤがＡに対して有している金銭消費貸借取引から生じた債権を，令和５年11月20日，ＤがＢに譲渡しました。

しかし，これだけでは，根抵当権で担保されません。この債権は，ＢとＡとの間の金銭消費貸借取引から生じた債権ではないからです。よって，この債権を担保させるには，以下の契約をする必要があります。

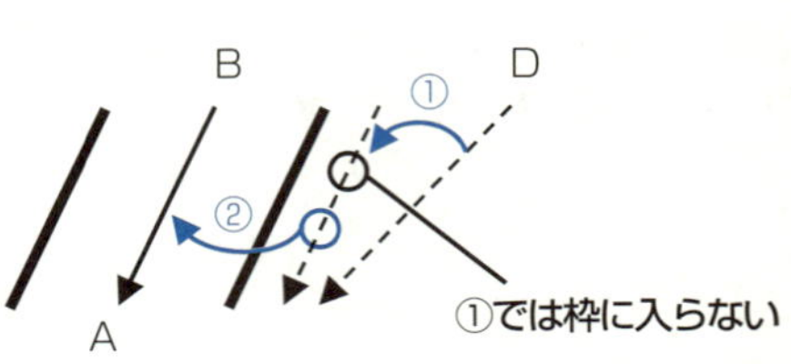

②Ｂが譲渡を受けた債権を債権の範囲に加える変更

この登記の変更後の事項は，以下のように記載します。

「変更後の事項　債権の範囲　金銭消費貸借取引
令和５年11月20日債権譲渡（譲渡人Ｄ）に係る債権」

5 確定期日の新設・変更（繰下げ・繰上げ・廃止）

1．実体（民法）

民法398条の6（根抵当権の元本確定期日の定め）

1　根抵当権の担保すべき元本については，その確定すべき期日を定め又は変更することができる。

2　第398条の4第2項の規定〔債権の範囲及び債務者の変更について，第三者の承諾が不要である規定〕は，前項の場合について準用する。

4　第1項の期日の変更についてその変更前の期日より前に登記をしなかったときは，担保すべき元本は，その変更前の期日に確定する。

確定前根抵当権においては，根抵当権者と設定者で，確定期日（P11の4.）について以下のいずれかの合意をすることができます（民法398条の6第1項）。利害関係人の承諾は不要です（民法398条の6第2項，398条の4第2項。P59 1 1.）。

・新設　：確定期日が定められていない場合に，新たに確定期日を定めること
・繰下げ：すでに定められている確定期日を繰り下げる（遅らせる）こと
・繰上げ：すでに定められている確定期日を繰り上げる（早める）こと
・廃止　：すでに定められている確定期日を廃止すること

なお，確定期日を変更したが，変更前の確定期日より前に変更の登記をしなかったとします。この場合，当事者の間での債権的な効力は生じますが（契約は成立しますが），物権的効力としては変更前の確定期日で確定してしまいます（民法 398 条の６第４項）。

２．申請情報の記載事項

確定期日を新設・変更すると，根抵当権の確定期日の新設・変更の登記を申請できます。

申請例80 ―― **根抵当権の確定期日の変更の登記（繰上げ）**

事例：Ａが所有している建物に，乙区１番で確定期日を令和８年６月 28 日とするＢの根抵当権の設定の登記がされている。ＢとＡは，令和５年７月 28 日，この確定期日を令和５年８月 28 日に変更する契約を締結した。

登記の目的	１番根抵当権変更
原　　因	令和５年７月 28 日変更
変更後の事項	確定期日　令和５年８月 28 日
権 利 者	Ａ
義 務 者	Ｂ
添 付 情 報	登記原因証明情報（根抵当権変更契約書） 登記識別情報（Ｂの乙区１番の登記識別情報） 代理権限証明情報（Ａ及びＢの委任状）
登録免許税	金 1000 円

権利部（乙区）（所有権以外の権利に関する事項）

順位番号	登記の目的	受付年月日・受付番号	権利者その他の事項
1	根抵当権設定	令和５年６月 28 日 第 12457 号	原因　令和５年６月 28 日設定 極度額　金 1000 万円 債権の範囲　当座貸越取引 債務者　Ａ 確定期日　令和８年６月 28 日 根抵当権者　Ｂ
付記１号	１番根抵当権変更	令和５年７月 28 日 第 14152 号	原因　令和５年７月 28 日変更 確定期日　令和５年８月 28 日

（1）登記の目的

「○番根抵当権変更」と記載します。

（2）登記原因及びその日付

年月日は，新設・繰下げ・繰上げ・廃止のいずれでも，「変更契約の成立日」を記載します。

【新設】

原因は，「新設」と記載します。新設（契約）が，確定期日が新設された原因（法律行為）だからです。

【繰下げ・繰上げ・廃止】

原因は，「変更」と記載します（登研404P134）。変更（契約）が，確定期日が繰下げ・繰上げ・廃止された原因（法律行為）だからです。

（3）登記事項

【新設・繰下げ・繰上げ】

変更後の事項として，変更後の確定期日を記載します。

【廃止】

変更後の事項として，「確定期日の定め廃止」と記載します。

（4）申請人

【新設・繰下げ・廃止】

以下の者の共同申請です（不登法60条）。

・登記権利者：根抵当権者

・登記義務者：設定者

【繰上げ】

以下の者の共同申請です（不登法60条）。

・登記権利者：設定者

・登記義務者：根抵当権者

確定の基本的な考え方

確定については，**早く確定したほうが設定者に有利であり根抵当権者に不利である**という考え方です。確定後は，設定者からすると，新しい元本債権は生じなくなるため，負担が減少します。たとえば，極度額１億円でも，生じている元本債権100万円の時点で確定すれば，設定者は嬉しいですよね。それに対して，根抵当権者からすると，新たに融資などをしても，その債権は根抵当権で担保されなくなってしまいます。極度額１億円でも，生じている元本債権100万円の時点で確定すると，9900万円の優先枠がムダになってしまいます（利息や損害金を除きます）。

「新設」ですが，確定期日の定めがあると，設定者も根抵当権者も確定請求ができなくなってしまいます（民法398条の19第３項）。これは，P124（１）とP125（１）で説明します。

「繰下げ」は，確定期日を遅らせることです。

「廃止」ですが，「明日が確定期日だったのに，前日に廃止しちゃった……」ということがあり得ます。

よって，明らかに設定者に有利といえるのは，確定期日を早める「繰上げ」のみなのです。そのため，繰上げのみ，登記権利者が設定者・登記義務者が根抵当権者となります。

（５）添付情報

①登記原因証明情報（不登法61条，不登令別表25添付情報イ）

Ｉのテキスト第１編第６章第２節４の「登記原因証明情報の提供が不要となる場合」に当たりませんので，登記原因証明情報を提供する必要があります。

具体的には，根抵当権変更契約書が当たります。

②登記識別情報（不登法22条本文）

登記義務者の登記識別情報を提供します。共同申請だからです（Ｉのテキスト第１編第６章第３節３１.「登記識別情報の提供の要否の基本的な判断基準」）。登記義務者は，上記（４）の申請構造によって変わります。

【新設・繰下げ・廃止】

設定者の登記識別情報を提供します。

【繰上げ】

根抵当権者の登記識別情報を提供します。

③印鑑証明書（不登令16条2項，18条2項）
【新設・繰下げ・廃止】
所有権を目的として設定された根抵当権の確定期日の新設・繰下げ・廃止の登記の場合，登記義務者である設定者の印鑑証明書を提供します（昭46.10.4民事甲3230）。この場合，上記（4）のとおり，所有権の登記名義人である設定者が登記義務者となるからです（Ⅰのテキスト第1編第6章第4節3 2.「『認印でよいか』『実印で押印し印鑑証明書の提供が要求されるか』の判断基準」）。
【繰上げ】
※印鑑証明書は，提供しません。この場合，上記（4）のとおり，所有権の登記名義人が登記義務者とならないからです（Ⅰのテキスト第1編第6章第4節3 2.「『認印でよいか』『実印で押印し印鑑証明書の提供が要求されるか』の判断基準」）。
上記②の登記識別情報・上記③の印鑑証明書についても，提供するか，提供する場合に誰のものを提供するかは記憶していなくても大丈夫です。上記（4）の申請人がわかっていれば，登記識別情報・印鑑証明書の「判断基準」から判断できます（Ⅰのテキスト第3編第1章第5節1 1.（2）（e）「Realistic 18　記憶の省略」）。
④代理権限証明情報（不登令7条1項2号）
⑤会社法人等番号（不登令7条1項1号イ）
※住所証明情報は，提供しません。Ⅰのテキスト第1編第6章第5節3「住所証明情報の提供が要求される場合①〜③」のいずれにも当たらないからです。

（6）登録免許税

変更の登記として，不動産1個につき1000円です（登免法別表第1.1.（14））。

6 優先の定め

1．実体（民法）

民法398条の14（根抵当権の共有）
1　根抵当権の共有者は，それぞれその債権額の割合に応じて弁済を受ける。ただし，元本の確定前に，これと異なる割合を定め，又はある者が他の者に先立って弁済を受けるべきことを定めたときは，その定めに従う。

共有根抵当権（P15〜16 3）においては，各根抵当権者は，債権額の割合に応じて優先弁済を受けます（民法398条の14第1項本文）。

しかし，確定前根抵当権においては，共有根抵当権の根抵当権者の間で，以下の①または②の定めをすることができます。以下の①または②の定めを設けた場合は，その定めに従って優先弁済を受けることになります(民法398条の14第1項ただし書)。

①異なる割合で弁済を受ける旨の定め
ex.「Ｂが７・Ｃが３の割合で弁済を受ける」
②ある者が他の者に先立って弁済を受ける旨の定め
ex.「ＢはＣに優先する」

※一部の共有者間で定めることの可否

優先の定めは，根抵当権を３人で共有している場合にそのうちの２人で定めるなど，一部の共有者ですることはできず，共有者全員でしなければなりません（登研433P134)。

優先関係は担保物権にとって大問題ですので，優先の定めは共有物の変更行為（民法251条1項）と考えられるからです。── **民法Ⅱのテキスト第３編第３章第４節3 2.(4)(a)**

２．申請情報の記載事項

優先の定めをすると，根抵当権の優先の定めの登記を申請できます。

申請例81 ── **根抵当権の優先の定めの登記**

事例：Ａが所有している建物に，乙区１番でＢＣ共有の根抵当権の設定の登記がされている。ＢとＣは，令和５年11月28日，ＢがＣに優先して弁済を受ける旨を定めた。

登記の目的	１番根抵当権優先の定
原　　因	令和５年11月28日合意
優先の定	ＢはＣに優先
申 請 人	Ｂ
	Ｃ
添付情報	登記原因証明情報（根抵当権優先の定合意書）
	登記識別情報（Ｂ及びＣの乙区１番の登記識別情報）
	代理権限証明情報（Ｂ及びＣの委任状）
登録免許税	金1000円

権　利　部　（乙区）　（所　有　権　以　外　の　権　利　に　関　す　る　事　項）			
順位番号	登記の目的	受付年月日・受付番号	権　利　者　そ　の　他　の　事　項
1	根抵当権設定	令和５年６月28日 第12457号	原因　令和５年６月28日設定 極度額　金1000万円 債権の範囲　物品加工委託取引 債務者　A 根抵当権者　B C
付記１号	１番根抵当権優先の定	令和５年11月28日 第19451号	原因　令和５年11月28日合意 優先の定　BはCに優先

（1）登記の目的

「○番根抵当権優先の定」と記載します。

（2）登記原因及びその日付

年月日は，「優先の定めの合意の成立日」を記載します。

原因は，「合意」と記載します。合意が，優先の定めがされた原因（法律行為）だからです。

（3）登記事項

優先の定めとして，「Ｂ７・Ｃ３の割合」「ＢはＣに優先」などと記載します。

（4）申請人

根抵当権の共有者全員が共同して申請する合同申請です（不登法 89 条２項。Ⅰのテキスト第１編第５章第２節2２.（２）③)。

上記申請例 81 であれば，Ｂが利益を受けＣが不利益を受けるのが明らかです。しかし，優先の定めとして「Ｂ５・Ｃ５の割合」（債権額に関係なく平等に優先弁済を受ける趣旨）と定めた場合や，共有者が３人以上いる場合など，利益を受ける者と不利益を受ける者を明確に区別できない場合があるため，合同申請とされています。

（5）添付情報

①登記原因証明情報（不登法61条，不登令別表25添付情報イ）

Ⅰのテキスト第１編第６章第２節4の「登記原因証明情報の提供が不要となる場合」に当たりませんので，登記原因証明情報を提供する必要があります。

具体的には，根抵当権優先の定合意書が当たります。

②登記識別情報（不登法 22 条本文，不登令８条１項７号）

申請人全員（根抵当権の共有者全員）の登記識別情報を提供します。合同申請の場合，申請人全員が登記義務者でもあるからです（Ⅰのテキスト第１編第６章第３節３ １.「登記識別情報の提供の要否の基本的な判断基準」）。

③代理権限証明情報（不登令７条１項２号）

④会社法人等番号（不登令７条１項１号イ）

※印鑑証明書は，提供しません。所有権の登記名義人が登記義務者とならないからです（Ⅰのテキスト第１編第６章第４節３ ２.「『認印でよいか』『実印で押印し印鑑証明書の提供が要求されるか』の判断基準」）。

※住所証明情報は，提供しません。Ⅰのテキスト第１編第６章第５節３「住所証明情報の提供が要求される場合①～③」のいずれにも当たらないからです。

（６）登録免許税

付記登記として，不動産１個につき 1000 円です（登免法別表第１．１．（14））。

３．他の登記と同時に申請することの可否

上記２.の優先の定めの登記を，以下の①や②の登記と一の申請情報で（１件で）申請できるかが問題となります。

①共有根抵当権の設定の登記（P15 の申請例 66）

できません（昭 46.10.4 民事甲 3230。登研 757P165）。

共有根抵当権の設定契約と同時に優先の定めをした場合でも，以下の登記を申請する必要があります。

1／2　設定を原因とする共有根抵当権の設定の登記

2／2　合意を原因とする根抵当権の優先の定めの登記

この１／２の登記と２／２の登記は，登記の目的・登記原因・申請構造のすべてが異なるからです（P15 の申請例 66 と P81 の申請例 81 を見比べてください）。

②根抵当権の一部譲渡による一部移転の登記（P34～35 の申請例 70）

できません（登研 315P54）。

この場合，以下の登記を申請する必要があります。

1／2　一部譲渡を原因とする根抵当権の一部移転の登記

2／2　合意を原因とする根抵当権の優先の定めの登記

この１／２の登記と２／２の登記も，登記の目的・登記原因・申請構造のすべてが異なるからです（P34～35 の申請例 70 と P81 の申請例 81 を見比べてください）。

7 純粋共同根抵当権の変更

6までで根抵当権の変更をみてきました。根抵当権の移転（P53 の 1.）と同じく，純粋共同根抵当権の変更となると１つ効力発生要件が加わることがあります。本節の最後にそれをみます。

1．純粋共同根抵当権の場合に追加される要件

民法 398 条の 17（共同根抵当の変更等）

1　前条の登記〔共同根抵当権の登記〕がされている根抵当権の担保すべき債権の範囲，債務者若しくは極度額の変更又はその譲渡若しくは一部譲渡は，その根抵当権が設定されているすべての不動産について登記をしなければ，その効力を生じない。

共同根抵当権の登記がされている根抵当権の場合，すべての不動産について登記をしなければ効力を生じない事項があります。本節では，根抵当権の変更を扱ってきましたが，以下の表では，根抵当権の処分なども併せてみます。P53 の 1.と以下の表を併せてご覧いただければ，「共同根抵当権の登記がされている根抵当権について，すべての不動産について登記をしなければ効力を生じない事項」のまとめとなります。

要は

すべての不動産について登記をしなければ効力を生じないのは，要は，４大事項の変更です。純粋共同根抵当権は，４大事項が一字一句完全に同一であることが要求されるからです（P18 の「『同一の債権』とは？」）。

P53 の 1.

すべての不動産について登記をしなければ効力が生じない事項	すべての不動産について登記をしなくても効力が生じる事項
①**極度額**（民法 398 条の 17 第1項）	①**確定期日**
②**債権の範囲**（民法 398 条の 17 第1項）	②**優先の定め**
③**債務者**（民法 398 条の 17 第1項）	③**根抵当権の処分**
	④**抵当権の処分を受けること**
	⑤**根抵当権の抹消**（登研 318P46〔解除について〕）

上記の表の左にある事項についても，すべての不動産について変更の登記をしなければ効力が生じないだけで，登記の申請は別々にしてもOKです（不動産の管轄登記所が同じ場合でもです）。

※「すべての不動産について登記をしなければ効力を生じない」とは？

「すべての不動産について登記をしなければ効力を生じない」とは，その文言どおり，効力が生じないだけで，４大事項が一致していないからといって，その他の登記ができないわけではありません。何をいっているかわかりにくいと思いますので，具体例で説明します。

ex. 甲土地と乙土地に共同根抵当権の設定の登記がされました。その後，債権の範囲と債務者が変更され，甲土地についてはそれらの変更の登記をしましたが，乙土地についてはそれらの変更の登記をまだしていません。甲土地の根抵当権と乙土地の根抵当権で，４大事項の一部（債権の範囲と債務者）が異なる状況です。よって，債権の範囲と債務者の変更の効力は，まだ生じていません。しかし，この場合に，極度額の変更をしたときは，甲土地と乙土地について極度額の変更の登記を申請できます（登研502P157）。 P30」

２．申請情報の記載事項

共同根抵当権の登記がされている根抵当権について，上記１.の表の左にある事項の変更の登記をする場合の申請情報の記載事項をみていきます。

基本的には，2～4でみた申請情報の記載事項と同じです。

異なる（ことがある）のは，以下の（1）～（4）です。

（1）登記の目的

「○番共同根抵当権変更」など，「共同」を入れます（登研528P183。P54の「共同根抵当権の登記の登記の目的に『共同』を入れるかの基本的な判断基準」）。

（2）登記原因及びその日付

P434～436の４.で説明しますが，この登記は，管轄が同じであれば一の申請情報で（１件で）申請できます（不登規35条10号）。その場合，不動産ごとに合意（極度額の変更の場合は承諾も）があった日が異なるときは，登記原因及びその日付は，P438の２.の書き方で書きます。

（３）添付情報

①登記識別情報（不登法 22 条本文）

一の申請情報で（１件で）申請する場合，設定者または根抵当権者の登記識別情報は，複数の不動産のものを提供する必要があります。

②前登記証明書（登免法 13 条２項，登免法施行規 11 条）

P28 管轄が異なる場合に，１つの不動産について変更の登記をした後，他の不動産について変更の登記をするとき，前登記証明書は基本的には提供する必要はありません（登研 391P111）。上記１.※で説明したとおり，すべての不動産について４大事項が一致していなくても，変更の登記をすることができるからです。よって，共同根抵当権の追加設定の登記（P28（２））のように，４大事項（枠）が同一であることを証する必要がないのです。

ただし，極度額の増額の変更の登記において，下記（４）で説明する減税を受けたい場合は，管轄が異なるときは前登記証明書（具体的にはすでに極度額の増額の変更の登記がされた不動産の登記事項証明書。登免法施行規 11 条）を提供する必要があります（登研 391P111，402P93）。

※一方の不動産について極度額の変更をする前に後順位抵当権者が現れた場合の承諾証明情報の要否

たとえば，甲土地と乙土地に共同根抵当権の設定の登記がされています。この根抵当権の極度額を増額する契約がされ，甲土地についてはその変更の登記がされました。しかし，乙土地について変更の登記をする前に，乙土地に後順位で抵当権の設定の登記がされました。この場合，乙土地について極度額の増額の変更の登記をするのに，乙土地の後順位抵当権者が作成した承諾を証する情報などを提供する必要があるでしょうか。

提供する必要があります（登研 438P95）。

利害関係人に当たるかは，乙土地について登記をする時点で判断するんです。

（４）登録免許税

【極度額の減額の変更・債権の範囲の変更・債務者の変更】

変更の登記として，不動産１個につき 1000 円です（登免法別表第１．１．（14））。

不動産１個につき 1000 円ですので，たとえば，同じ管轄の２つの不動産の共同根抵当権の変更の登記を一の申請情報で（１件で）申請する場合は，2000 円となります。

【極度額の増額の変更】

増額した極度額の４/1000 です（登免法別表第１.１.（５））。

ただし，１つの不動産について増額の変更の登記をした後，他の不動産について増額の変更の登記をする場合に，管轄する登記所が異なり上記（３）の前登記証明書を提供したとき，または，管轄する登記所が同じとき，つまり，２件目以降であることがわかるときは，根抵当権の件数１件につき1500円で済みます（登免法13条２項）。１つ目の不動産の登記において，すでに極度額の増加額の４/1000の納付をしているからです。

では，事例を１つみてみましょう。債務者の変更の事例です。P71の申請例78と異なる箇所を青字にしました。

申請例82 ―― **変更を原因とする共同根抵当権の債務者の変更の登記**

事例：Aが所有している甲土地（甲区１番でA名義の所有権の保存の登記がされている）およびDが所有している乙土地（甲区１番でD名義の所有権の保存の登記がされている）に，乙区１番で債務者をAとするBの共同根抵当権の設定の登記がされている。B，AおよびDは，令和５年11月28日，この根抵当権の債務者をCに変更する契約を締結した。甲土地および乙土地は，同一の登記所の管轄区域内にある（＊）。

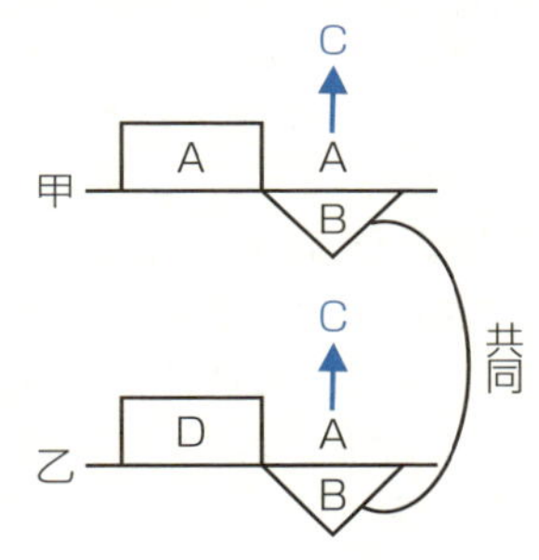

＊このように，同一の登記所の管轄区域内にある不動産を目的とする共同担保の登記は，登記の目的が同一であれば一の申請情報で（１件で）申請できます（不登規35条10号。P434～436の4.）。

登記の目的	１番共同根抵当権変更
原　　因	令和５年11月28日変更
変更後の事項	債務者　C
権 利 者	B
義 務 者	A D
添 付 情 報	登記原因証明情報（根抵当権変更契約書） 登記識別情報（Aの甲土地甲区１番及びDの乙土地甲区１番の登記識別情報） 印鑑証明書（A及びDの印鑑証明書） 代理権限証明情報（B，A及びDの委任状）
登録免許税	金2000円

第6節　根抵当権者または債務者の相続・合併・会社分割（確定前）

1 考え方

この第6節では，確定前根抵当権の根抵当権者または債務者に，相続・合併・会社分割が生じた場合のハナシをみていきます。

相続・合併・会社分割が生じた場合の問題は，「相続人や存続会社・承継会社・設立会社と相手方との間の取引（＊）によって生じた債権を，依然として根抵当権が担保するのか？」，つまり，「元本は確定するのか？」ということです。相続・合併・会社分割によって確定すれば担保しませんが（取引停止），確定しなければ担保します（取引継続）。

＊根抵当権で担保される債権は，取引で生じたものに限られませんが（P８（３），P８～10（４）），本節では，取引によって生じた債権が被担保債権である例で説明します。

「相続」（自然人）と「合併・会社分割」（法人）で考え方が変わります。

①相続（自然人。下記2）

根抵当権者・債務者のどちらの相続であっても，相続人と相手方との取引によって生じた債権は根抵当権によって担保されない，つまり，**元本が確定すること（取引停止）が原則**です。本節の相続は，以下の例を基本事例として説明します。

基本事例

ある親子がいます。父は九州で小さな事業を行っており根抵当権を利用した取引を行っていますが，息子は東京の大企業で会社員をしています。この場合に父が亡くなったとしても，今の時代，普通は息子が九州に帰ってきて父の事業を継ぎませんよね。自然人の場合，相続人が事業を承継するのは例外的なのです。

よって，元本が確定すること（取引停止）が原則とされているのです。

②合併・会社分割（法人。下記3，4）

根抵当権者・債務者のどちらの合併・会社分割であっても，存続会社・承継会社・設立会社と相手方との取引によって生じた債権は根抵当権によって担保される，つまり，**元本が確定しないこと（取引継続）が原則**です。

普通は，合併・会社分割によって他の法人の権利義務を承継した法人は，その他の法人の取引をそのまま行いますよね。他の法人の事業がほしくて合併・会社分割をするのが通常ですから。

よって，元本が確定しないこと（取引継続）が原則とされているのです。

本節に共通するハナシ

①**利害関係人は，存在しません**（民法398条の８第３項，398条の４第２項）。
②元本が確定する場合の確定時は，「６か月経過時」や「請求時」などではなく，**「相続・合併・会社分割の効力発生時」**です。

2 相続（自然人）

1．根抵当権者の相続

（1）実体（民法）

民法398条の8（根抵当権者又は債務者の相続）
1　元本の確定前に根抵当権者について相続が開始したときは，根抵当権は，相続開始の時に存する債権のほか，相続人と根抵当権設定者との合意により定めた相続人が相続の開始後に取得する債権を担保する。
4　第１項及び第２項の合意について相続の開始後６箇月以内に登記をしないときは，担保すべき元本は，相続開始の時に確定したものとみなす。

たとえば，Ａが所有している建物に債務者をＡとするＢの根抵当権の設定の登記がされています。Ｂは，九州で小さな個人事業を行っています。この場合に，根抵当権者Ｂが死亡し，東京の大企業で会社員をしている子ＣがＢを相続しました。

（a）原則

このとき，何もしない場合，または，下記（b）の合意をしても相続開始から6か月以内に指定根抵当権者の合意の登記がされない場合には，元本が確定したもの（取引停止）とみなされます（P88①。民法398条の８第４項）。元本の確定時は，相続開始時です（民法398条の８第４項。上記の「本節に共通するハナシ②」）。

この場合には，以下の登記を申請することになります。

<u>1/1　ＢからＣへの相続を原因とする根抵当権の移転の登記</u>

この根抵当権は，下記（b）の図でいうと，（ⅰ）の債権しか担保しません。

（b）例外

しかし，子Ｃが九州に帰ってきて取引を継続することもできます。そのためには，根抵当権者の相続人Ｃと設定者Ａとの間で「指定根抵当権者の合意」というものをし（民法398条の８第１項），相続開始から６か月以内に指定根抵当権者の合意の登記をする必要があります（民法398条の8第4項）。

この場合には，以下の登記を申請することになります。

1/2　BからCへの相続を原因とする根抵当権の移転の登記

2/2　合意を原因とするCを指定根抵当権者とする合意の登記

2/2の登記をするには，1/2の登記を先にする必要があります（不登法92条）。

1/2の登記と2/2の登記は，一の申請情報で（1件で）申請することはできません（登研 312P45）。P426～436 2の一の申請情報で（1件で）申請することができる場合の例外のいずれにも当たらないからです。

相続開始から6か月以内に2/2の登記までされると，この根抵当権は，下記の図の（i）の債権だけでなく，（ii）の債権まで担保することになります（民法398条の8第1項）。

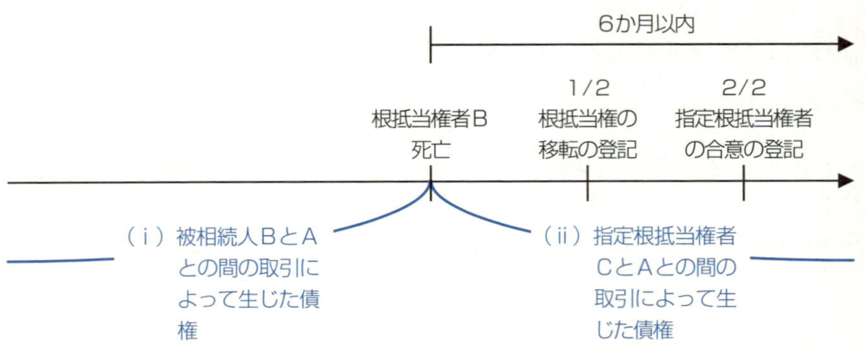

本節の基本事例でいうと，この2/2の指定根抵当権者の合意の登記は，いわば「子が九州に帰ってくるよ登記」なのです。

よって，相続人が1人の場合でも，相続開始から6か月以内に，この2/2の指定根抵当権者の合意の登記をしないと，元本が確定したもの（取引停止）とみなされます（民法398条の8第4項。登研 369P81）。「子が九州に帰ってくるよ」という意味の登記なので，この登記をしないと，子は東京で会社員を続けることになるからです。

なお，Bを相続したCが死亡し，Cの子DがCを相続したとします。この場合でも，“Bの”相続開始から6か月以内に2/2の指定根抵当権者の合意の登記をしないと，元本が確定したもの（取引停止）とみなされます（登研 312P47）。

※他の事由で元本が確定した場合

上記の１/２の登記を申請した後，２/２の登記を申請する前に，他の事由（ex. 確定期日の到来）で元本が確定した場合，元本確定前に指定根抵当権者の合意をしており相続開始から６か月以内であれば，２/２の登記をすることができるでしょうか。

できます（登研 312P47）。 =P99

２/２の登記をすれば，指定根抵当権者Ｃが「相続開始から元本確定まで」に取得する債権（下記の図の（ⅱ）の債権）も担保する根抵当権となるため，実益があるからです。2/2の登記をしなければ，下記の図の（ⅰ）の債権しか担保されません。

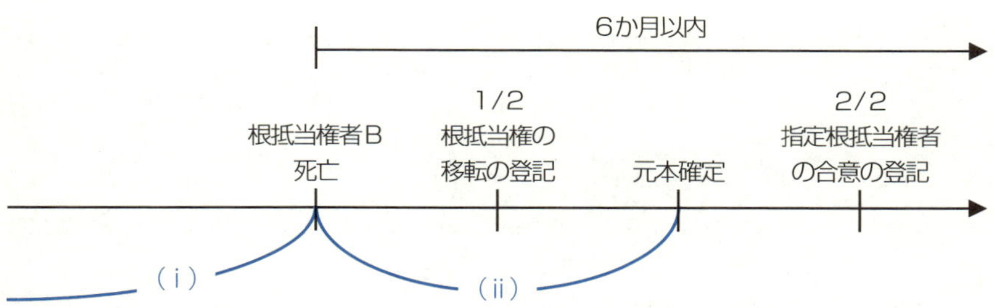

（2）申請情報の記載事項

上記（1）（b）の場合の申請例をみていきます。

上記（1）（b）では，確定するか（取引を継続するか）についての２件の登記の説明しかしませんでした。試験では，３件目として「共同根抵当権の追加設定の登記」が問われることがあります。これは，指定根抵当権者の合意後に，その根抵当権と同一の債権を担保するために，他の不動産に根抵当権の追加設定契約を締結した場合に申請する登記です。その登記も併せてみていきます。

申請例83 ―― **相続を原因とする根抵当権の移転の登記**
指定根抵当権者の合意の登記
指定根抵当権者の合意後の共同根抵当権の追加設定の登記

事例：Ａが所有している甲土地（甲区１番でＡ名義の所有権の保存の登記がされている）に，乙区１番で極度額を 1000 万円・債権の範囲を金銭消費貸借取引・債務者をＡとするＢの根抵当権の設定の登記がされている。Ｂは，令和５年 11 月 28 日，死亡した。Ｂの相続人は，子ＣＤのみである。Ａ，ＣおよびＤとの間で，令和６年５月 10 日，この根抵当権の指定根抵当権者をＣとする旨の合意がされた。これらの登記は，令和６年５月 20 日に申請された（＊）。また，

C，DおよびEは，令和6年5月 30 日，これらの債権を担保するため，Eが所有している乙土地（甲区1番でE名義の所有権の保存の登記がされている）を目的として，根抵当権の設定契約を締結した。甲土地および乙土地は，異なる登記所の管轄区域内にある。

＊記述では，指定根抵当権者の合意の登記が相続開始から6か月以内に申請されているかを必ずチェックしてください。本事例はギリギリ6か月以内ですが，6か月を経過している場合には，以下の2/3の指定根抵当権者の合意の登記はもちろん，3/3の共同根抵当権の追加設定の登記も申請できません。共同根抵当権の追加設定の登記は，元本確定前しかできないからです（平元.9.5民三3486。P20～21（b））。相続開始から6か月以内に指定根抵当権者の合意の登記がされなければ，元本が確定します（P89（a））。

1/3

登記の目的	1番根抵当権移転
原　　因	令和5年 11 月 28 日相続
根抵当権者	（被相続人B）C
	D
添付情報	登記原因証明情報（Bの戸籍全部事項証明書等，C及びDの戸籍一部事項証明書等）
	代理権限証明情報（C及びDの委任状）
課税価格	金 1000 万円
登録免許税	金1万円

2/3

登記の目的	1番根抵当権変更
原　　因	令和6年5月 10 日合意
指定根抵当権者	C
権利者	C
	D
義務者	A
添付情報	登記原因証明情報（根抵当権者指定合意証書）
	登記識別情報（Aの甲土地甲区1番の登記識別情報）
	印鑑証明書（Aの印鑑証明書）
	代理権限証明情報（C，D及びAの委任状）
登録免許税	金 1000 円

3/3

登記の目的　　共同根抵当権設定（追加）
原　　因　　令和6年5月30日設定
極 度 額　　金1000万円
債権の範囲　　金銭消費貸借取引
債 務 者　　A
根抵当権者　　（B（令和5年11月28日死亡）の相続人）C
　　　　　　　　　　　　　　　　　　　　　　D
指定根抵当権者　（令和6年5月10日合意）C
設 定 者　　E
添 付 情 報　　登記原因証明情報（共同根抵当権追加設定契約書）
　　　　　　　登記識別情報（Eの乙土地甲区1番の登記識別情報）
　　　　　　　印鑑証明書（Eの印鑑証明書）
　　　　　　　代理権限証明情報（C，D及びEの委任状）
　　　　　　　前登記証明書（甲土地の登記事項証明書）
登録免許税　　金1500円（登録免許税法第13条第2項）

【甲土地】

権利部（乙区）（所有権以外の権利に関する事項）			
順位番号	登記の目的	受付年月日・受付番号	権利者その他の事項
1	根抵当権設定	令和5年6月28日 第12457号	原因　令和5年6月28日設定 極度額　金1000万円 債権の範囲　金銭消費貸借取引 債務者　A 根抵当権者　B
付記1号	1番根抵当権移転	令和6年5月20日 第12591号	原因　令和5年11月28日相続 根抵当権者　C 　　　　　　D
付記2号	1番根抵当権変更	令和6年5月20日 第12592号	原因　令和6年5月10日合意 指定根抵当権者　C
付記3号	1番根抵当権担保追加	令和6年5月30日 第12620号	共同担保　目録(あ)第257号

共同担保目録			
記号及び番号	(あ)第257号	調製	令和6年6月2日
番号	担保の目的である権利の表示	順位番号	予備
1	新宿区新宿一丁目　1番の土地	1	余白
2	横浜地方法務局 横浜市中区羽衣二丁目　2番の土地	余白	令和6年5月30日第12620号追加

【乙土地】

権利部（乙区）（所有権以外の権利に関する事項）			
順位番号	登記の目的	受付年月日・受付番号	権利者その他の事項
1	根抵当権設定	令和6年5月30日 第14812号	原因　令和6年5月30日設定 極度額　金1000万円 債権の範囲　金銭消費貸借取引 債務者　A 根抵当権者　（B（令和5年11月28日死亡）の相続人） C D 指定根抵当権者　（令和6年5月10日合意）C 共同担保　目録(か)第292号

共同担保目録			
記号及び番号	(か)第292号	調製	令和6年5月30日
番号	担保の目的である権利の表示	順位番号	予備
1	横浜市中区羽衣二丁目　2番の土地	1	余白
2	東京法務局新宿出張所 新宿区新宿一丁目　1番の土地	余白	余白

(a) 相続を原因とする根抵当権の移転の登記（上記1/3の登記）

以下で説明する申請人を除いて，基本的にⅠのテキスト第3編第1章第2節3 1.（2）の相続を原因とする抵当権の移転の登記と同じです。ただし，根抵当権ですので，登記の目的が「○番根抵当権移転」など，課税価格が「移転した極度額の1/1000」となります（登免法別表第1.1.（6）イ）。

・申請人

相続人の単独申請です（不登法63条2項）。

上記申請例83のように相続人が複数いる場合でも，根抵当権ですので，持分は記載しません（P16①。不登令3条9号かっこ書。昭46.10.4民事甲3230）。

なお，指定根抵当権者とならない者も，以下のⅰまたはⅱの者を除き，申請人となり，根抵当権者として登記されます。上記申請例83では，Dは指定根抵当権者とはなりませんが，申請人となっています。Dも，被相続人Bの債権（P90（ⅰ）の債権）は相続するため，根抵当権を使用する（ex. 競売を申し立てる）ことができるからです。

ⅰ　特別受益証明書や遺産分割協議書などで，「被相続人の既発生の債権を相続しない旨」および「指定根抵当権者の指定を受ける意思のない旨」（※）が明らかにされている者（昭46.12.27民事三.960）

ⅱ　相続放棄をした者（昭46.10.4民事甲3230）

上記ⅰまたはⅱの者は，根抵当権とまったく関係なくなるため，申請人になりません。

上記ⅰの者は，P90（ⅰ）の債権を相続せず，P90（ⅱ）の債権を取得することがないということです。

上記ⅱの者ですが，相続放棄の効果は絶対的ですので（── 民法Ⅱのテキスト第3編第1章第3節4 4.（3）（e）），相続放棄をした者は，P90（ⅰ）の債権ともP90（ⅱ）の債権とも関係なくなります。

※特別受益・遺産分割により単に被相続人の既発生の債権を相続しないとされた者

特別受益・遺産分割により，単に被相続人の既発生の債権（P90（ⅰ）の債権）を相続しないとされただけの者は，申請人となります。

特別受益・遺産分割によりP90（ⅰ）の債権を相続できない者も，相続人ではあるので，指定根抵当権者になることはできます。指定根抵当権者は根抵当権の登記名義人となっている者である必要があるので（昭46.10.4民事甲3230），指定根抵当権者になる前提として，この相続を原因とする根抵当権の移転の登記の申請人となることができるのです。

（b）指定根抵当権者の合意の登記（上記2/3の登記）

i　登記の目的

「○番根抵当権変更」と記載します。

ii　登記原因及びその日付

年月日は，「指定根抵当権者の合意をした日」を記載します。根抵当権者（被相続人）の死亡日ではありませんので，ご注意ください。

原因は，「合意」と記載します。合意が，指定根抵当権者の指定がされた原因（法律行為）だからです。

iii　登記事項

「指定根抵当権者　C」などと，指定根抵当権者の氏名・住所を記載します。

iv　申請人

以下の者の共同申請です（不登法60条）。

・登記権利者：根抵当権者

指定根抵当権者だけでなく，上記（a）の登記により根抵当権の登記名義人となった者全員が登記権利者となる必要があります。

この登記は元本が確定するかどうかを決める重大な登記ですので，共有物の変更行為（民法251条1項）と考えられるからです。―― 民法Ⅱのテキスト第3編第3章第4節3 2.（4）（a）　また，指定根抵当権者は，根抵当権者全員と設定者の合意で定めるからでもあります。

・登記義務者：設定者

v　添付情報

①登記原因証明情報（不登法61条，不登令別表25添付情報イ）

Ⅰのテキスト第1編第6章第2節4の「登記原因証明情報の提供が不要となる場合」に当たりませんので，登記原因証明情報を提供する必要があります。

具体的には，根抵当権者指定合意証書が当たります。

②登記識別情報（不登法22条本文）

登記義務者である設定者の登記識別情報を提供します。共同申請だからです（Ⅰのテキスト第1編第6章第3節3 1.「登記識別情報の提供の要否の基本的な判断基準」）。

③印鑑証明書（不登令16条2項，18条2項）

所有権を目的として設定された根抵当権の場合，登記義務者である設定者の印鑑証明書を提供します（Ⅰのテキスト第1編第6章第4節3 2.「『認印でよいか』『実印で押印し印鑑証明書の提供が要求されるか』の判断基準」)。
④代理権限証明情報（不登令７条１項２号）
⑤会社法人等番号（不登令７条１項１号イ）
※住所証明情報は，提供しません。Ⅰのテキスト第１編第６章第５節３「住所証明情報の提供が要求される場合①～③」のいずれにも当たらないからです。

vi　登録免許税

変更の登記として，不動産１個につき1000円です（登免法別表第１．１．(14)）。

（c）指定根抵当権者の合意後の共同根抵当権の追加設定の登記（上記3/3の登記）

基本的には，P26～29の２.の共同根抵当権の追加設定の登記の申請情報の記載事項です。しかし，上記申請例83のとおり，根抵当権者の書き方が複雑になります。以下の２つの債権を担保する根抵当権であることを表すために，こういった面倒な書き方になるのです（昭62.3.10民三.1083）。

「根抵当権者　　（B（令和５年11月28日死亡）の相続人）C
　　　　　　　　　　　　　　　　　　　　　　　　　　D　} P90（ｉ）の債権
指定根抵当権者　（令和６年５月10日合意）C　　　　　　」} P90（ⅱ）の債権

2．債務者の相続

考え方は上記１.の根抵当権者の相続と同じです。

（1）実体（民法）

民法398条の8（根抵当権者又は債務者の相続）

2　元本の確定前にその債務者について相続が開始したときは，根抵当権は，相続開始の時に存する債務のほか，根抵当権者と根抵当権設定者との合意により定めた相続人が相続の開始後に負担する債務を担保する。
4　第１項及び第２項の合意について相続の開始後６箇月以内に登記をしないときは，担保すべき元本は，相続開始の時に確定したものとみなす。

たとえば，Aが所有している建物に債務者をCとするBの根抵当権の設定の登記がされています。Cは，九州で小さな個人事業を行っています。この場合に，債務者Cが死亡し，東京の大企業で会社員をしている子DがCを相続しました。

（a）原則

このとき，何もしない場合，または，下記（b）の合意をしても相続開始から6か月以内に指定債務者の合意の登記がされない場合には，元本が確定したもの（取引停止）とみなされます（P88①。民法398条の8第4項）。元本の確定時は，相続開始時です（民法398条の8第4項。P89の「本節に共通するハナシ②」）。

この場合には，以下の登記を申請することになります。

1/1　Dを債務者とする相続を原因とする根抵当権の債務者の変更の登記

この根抵当権は，下記（b）の図でいうと，（i）の債務しか担保しません。

（b）例外

しかし，子Dが九州に帰ってきて取引を継続することもできます。そのためには，根抵当権者Bと設定者Aとの間で「指定債務者の合意」というものをし（民法398条の8第2項），相続開始から6か月以内に指定債務者の合意の登記をする必要があります（民法398条の8第4項）。

この場合には，以下の登記を申請することになります。

1/2　Dを債務者とする相続を原因とする根抵当権の債務者の変更の登記

2/2　合意を原因とするDを指定債務者とする合意の登記

2/2の登記をするには，1/2の登記を先にする必要があります（不登法92条）。

1/2の登記と2/2の登記は，一の申請情報で（1件で）申請することはできません（登研 327P31）。P426～436 2 の一の申請情報で（1件で）申請することができる場合の例外のいずれにも当たらないからです。

相続開始から6か月以内に2/2の登記までされると，この根抵当権は，下記の図の（i）の債務だけでなく，（ii）の債務まで担保することになります（民法398条の8第2項）。

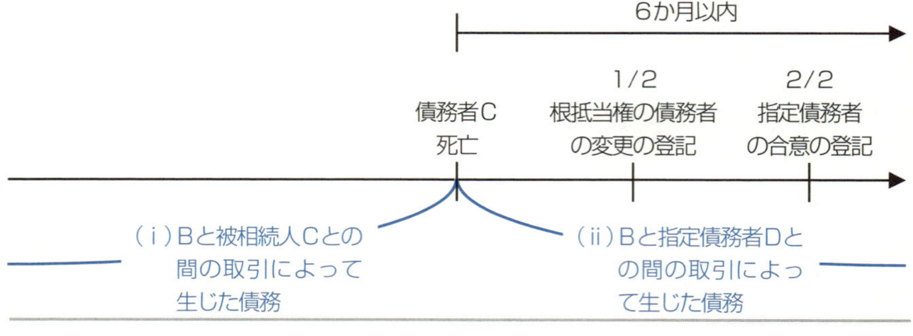

本節の基本事例でいうと，この２/２の指定債務者の合意の登記は，いわば「子が九州に帰ってくるよ登記」なのです。

よって，相続人が１人の場合でも，相続開始から６か月以内に，この２/２の指定債務者の合意の登記をしないと，元本が確定したもの（取引停止）とみなされます（民法 398 条の８第４項。登研 369P81)。「子が九州に帰ってくるよ」という意味の登記なので，この登記をしないと，子は東京で会社員を続けることになるからです。

なお，Ｃを相続したＤが死亡し，Ｄの子ＥがＤを相続したとします。この場合でも，"Ｃの"相続開始から６か月以内に２/２の指定債務者の合意の登記をしないと，元本が確定したもの（取引停止）とみなされます（登研 312P47)。

※他の事由で元本が確定した場合

上記の１/２の登記を申請した後，２/２の登記を申請する前に，他の事由（ex. 確定期日の到来）で元本が確定した場合，元本確定前に指定債務者の合意をしており相続開始から６か月以内であれば，２/２の登記をすることができるでしょうか。

できます（登研 312P47)。 =P91

２/２の登記をすれば，指定債務者Ｄが「相続開始から元本確定まで」に負担する債務（下記の図の（ⅱ）の債務）も担保する根抵当権となるため，実益があるからです。２/２の登記をしなければ，下記の図の（ⅰ）の債務しか担保されません。

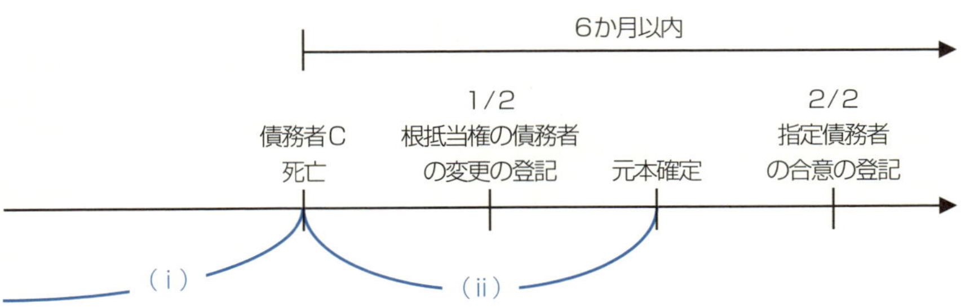

※相続人に行方不明の者がいる場合

相続人に行方不明の者がいる場合であっても，上記の２/２の指定債務者の合意の登記を申請することができます。

指定債務者の合意は，物権契約です。物権契約ですので，根抵当権者と設定者のみで行うことができるのです（Ⅰのテキスト第３編第１章第１節２ ４.「不動産登記は物権レベルのハナシ」)。

(2) 申請情報の記載事項

上記（1）（b）の場合の申請例をみていきます。

上記（1）（b）では，確定するか（取引を継続するか）についての2件の登記の説明しかしませんでした。試験では，根抵当権者の相続と同じく，3件目として「共同根抵当権の追加設定の登記」が問われることがあります。これは，指定債務者の合意後に，その根抵当権と同一の債権を担保するために，他の不動産に根抵当権の追加設定契約を締結した場合に申請する登記です。その登記も併せてみていきます。

申請例84 ―― **相続を原因とする根抵当権の債務者の変更の登記**
指定債務者の合意の登記
指定債務者の合意後の共同根抵当権の追加設定の登記

事例：Aが所有している甲土地（甲区1番でA名義の所有権の保存の登記がされている）に，乙区1番で極度額を 1000 万円・債権の範囲を金銭消費貸借取引・債務者をCとするBの根抵当権の設定の登記がされている。Cは，令和5年11月28日，死亡した。Cの相続人は，子DEのみである。BとAとの間で，令和6年5月10日，この根抵当権の指定債務者をDとする旨の合意がされた。これらの登記は，令和6年5月20日に申請された（*）。また，BとFは，令和6年5月30日，これらの債権を担保するため，Fが所有している乙土地（甲区1番でF名義の所有権の保存の登記がされている）を目的として，根抵当権の設定契約を締結した。甲土地および乙土地は，異なる登記所の管轄区域内にある。

*記述では，P92*の根抵当権者の相続と同じく，指定債務者の合意の登記が相続開始から6か月以内に申請されているかを必ずチェックしてください。本事例はギリギリ6か月以内ですが，6か月を経過している場合には，以下の2/3の指定債務者の合意の登記はもちろん，3/3の共同根抵当権の追加設定の登記も申請できません。理由も，P92*の根抵当権者の相続と同じです。

1/3

登記の目的	1番根抵当権変更
原　　因	令和5年11月28日相続
変更後の事項	債務者（被相続人C）D E
権 利 者	B
義 務 者	A
添 付 情 報	登記原因証明情報（Cの戸籍全部事項証明書等，D及びEの戸籍一部事項証明書等） 登記識別情報（Aの甲土地甲区1番の登記識別情報） 印鑑証明書（Aの印鑑証明書） 代理権限証明情報（B及びAの委任状）
登録免許税	金1000円

2/3

登記の目的	1番根抵当権変更
原　　因	令和6年5月10日合意
指定債務者	D
権 利 者	B
義 務 者	A
添 付 情 報	登記原因証明情報（根抵当権債務者指定合意証書） 登記識別情報（Aの甲土地甲区1番の登記識別情報） 印鑑証明書（Aの印鑑証明書） 代理権限証明情報（B及びAの委任状）
登録免許税	金1000円

3/3

登記の目的	共同根抵当権設定（追加）
原　　因	令和6年5月30日設定
極 度 額	金1000万円
債権の範囲	金銭消費貸借取引
債 務 者	（C（令和5年11月28日死亡）の相続人）D E
指定債務者	（令和6年5月10日合意）D
根抵当権者	B
設 定 者	F
添 付 情 報	登記原因証明情報（共同根抵当権追加設定契約書） 登記識別情報（Fの乙土地甲区1番の登記識別情報） 印鑑証明書（Fの印鑑証明書） 代理権限証明情報（B及びFの委任状） 前登記証明書（甲土地の登記事項証明書）
登録免許税	金1500円（登録免許税法第13条第2項）

【甲土地】

権利部（乙区）（所有権以外の権利に関する事項）			
順位番号	登記の目的	受付年月日・受付番号	権利者その他の事項
1	根抵当権設定	令和5年6月28日 第12457号	原因　令和5年6月28日設定 極度額　金1000万円 債権の範囲　金銭消費貸借取引 債務者　C 根抵当権者　B
付記1号	1番根抵当権変更	令和6年5月20日 第12591号	原因　令和5年11月28日相続 債務者　D E
付記2号	1番根抵当権変更	令和6年5月20日 第12592号	原因　令和6年5月10日合意 指定債務者　D
付記3号	1番根抵当権担保追加	令和6年5月30日 第12620号	共同担保　目録(あ)第257号

共　同　担　保　目　録			
記号及び番号	(あ)第257号	調製	令和6年6月7日
番　号	担保の目的である権利の表示	順位番号	予　　備
1	新宿区新宿一丁目　1番の土地	1	余　白
2	横浜地方法務局 横浜市中区羽衣二丁目　2番の土地	余　白	令和6年5月30日第12620号追加

【乙土地】

権　利　部　（乙区）　（所　有　権　以　外　の　権　利　に　関　す　る　事　項）			
順位番号	登記の目的	受付年月日・受付番号	権　利　者　そ　の　他　の　事　項
1	根抵当権設定	令和6年5月30日 第14812号	原因　令和6年5月30日設定 極度額　金1000万円 債権の範囲　金銭消費貸借取引 債務者　（C（令和5年11月28日死亡）の相続人） D E 指定債務者　（令和6年5月10日合意）D 根抵当権者　B 共同担保　目録(か)第292号

共　同　担　保　目　録			
記号及び番号	(か)第292号	調製	令和6年5月30日
番　号	担保の目的である権利の表示	順位番号	予　　備
1	横浜市中区羽衣二丁目　2番の土地	1	余　白
2	東京法務局新宿出張所 新宿区新宿一丁目　1番の土地	余　白	余　白

（a）相続を原因とする根抵当権の債務者の変更の登記（上記1/3の登記）

以下で説明する印鑑証明書の提供の要否を除いて，基本的にⅠのテキスト第3編第1章第5節2 3.（2）の相続を原因とする抵当権の債務者の変更の登記と同じです。ただし，根抵当権ですので，登記の目的が「○番根抵当権変更」となります

・印鑑証明書（不登令16条2項，18条2項）

所有権を目的として設定された根抵当権の場合，登記義務者である設定者の印鑑証明書を提供します（Ｉのテキスト第１編第６章第４節[3]２.「『認印でよいか』『実印で押印し印鑑証明書の提供が要求されるか』の判断基準」）。

抵当権の債務者の変更の登記と異なり，根抵当権の債務者の変更の登記は，原則どおりの考え方です。根抵当権の債務者は，枠を決める４大事項の１つであるため，重要な登記事項だからです。

（ｂ）指定債務者の合意の登記（上記２/３の登記）

基本的にＰ96～97（ｂ）の指定根抵当権者の合意の登記と同じです。ただし，指定債務者ですので，「指定根抵当権者」の文言は「指定債務者」となり，登記原因証明情報の内容は[根抵当権債務者指定合意証書]となります。

（ｃ）指定債務者の合意後の共同根抵当権の追加設定の登記（上記３/３の登記）

基本的には，Ｐ26～29の２.の共同根抵当権の追加設定の登記の申請情報の記載事項です。しかし，上記申請例84のとおり，債務者の書き方が複雑になります。以下の２つの債務を担保する根抵当権であることを表すために，こういった面倒な書き方になるのです（昭62.３.10民三.1083）。

「債　務　者　　（Ｃ（令和５年11月28日死亡）の相続人）Ｄ
　　　　　　　　　　　　　　　　　　　　　　　　　　Ｅ　} Ｐ98（ｉ）の債務
　指定債務者　　（令和６年５月10日合意）Ｄ
　　　　　　　　　　　　　　　　　　　　　　　　　　」} Ｐ98（ii）の債務

（３）債務者が複数いる場合

上記（１）（２）では，債務者が１人であり，その債務者について相続が開始した事案を前提にみてきました。しかし，債務者が２人以上いて，そのうちの１人について相続が開始する場合もあります。

（ａ）指定債務者の合意の登記の可否

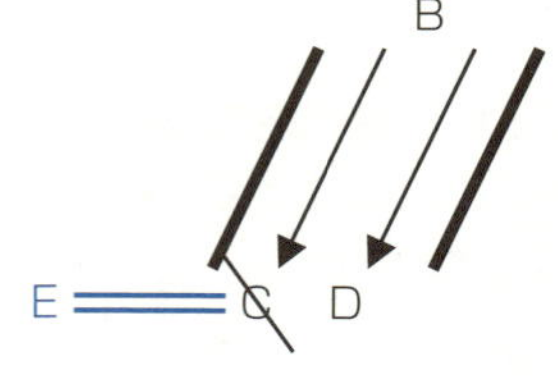

たとえば，Ａが所有している建物に債務者をＣＤとするＢの根抵当権の設定の登記がされています。Ｃが死亡し，子ＥがＣを相続しました。この場合，Ｃの死亡後６か月以内であれば，以下の登記を申請することができます（登研515Ｐ254）。

<u>１/２　Ｅを債務者とする相続を原因とする根抵当権の債務者の変更の登記</u>

2/2　合意を原因とするEを指定債務者とする合意の登記

2/2の登記をすれば，債務者Cの債務についても債権が特定しません。

（b）指定債務者の合意の登記をしなかった場合に元本が確定するか？

上記（a）の2/2の登記をしなくても，P98（a）の場合（債務者が1人の場合）と異なり，元本は確定しません。この場合，Cの債務については債権が特定します。しかし，Dは死亡していないため，Dの債務については債権が特定しないので，根抵当権の元本が確定したとはいえないのです。

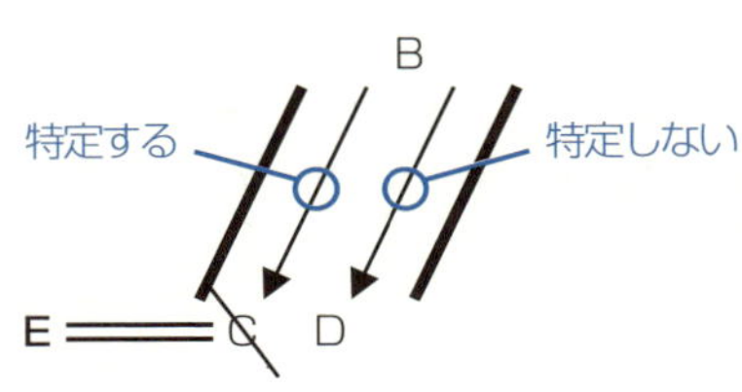

このように，1人の債務者についての債権が特定しただけでは，根抵当権は確定しません（登研515P254）。

よって，この状態であれば，確定前しかできない登記（P140），たとえば，債権の範囲の変更の登記をすることができます。

3．浮動期間

相続については，いわゆる「浮動期間」といわれる問題があります。

根抵当権者の相続でも債務者の相続でも，根抵当権は以下の①または②の運命となります。

①相続開始から6か月以内に指定根抵当権者・指定債務者の合意の登記をしなかった
　→　元本が確定します（P89（a），P98（a））。

②相続開始から6か月以内に指定根抵当権者・指定債務者の合意の登記をした
　→　元本は確定しません（P89～90（b），P98～99（b））。

「相続開始から6か月間は，指定根抵当権者・指定債務者の合意の登記がされていなければ，上記①または②のどちらの運命となるかわからない」という状態になります。この状態のことを俗に「浮動期間」といいます。

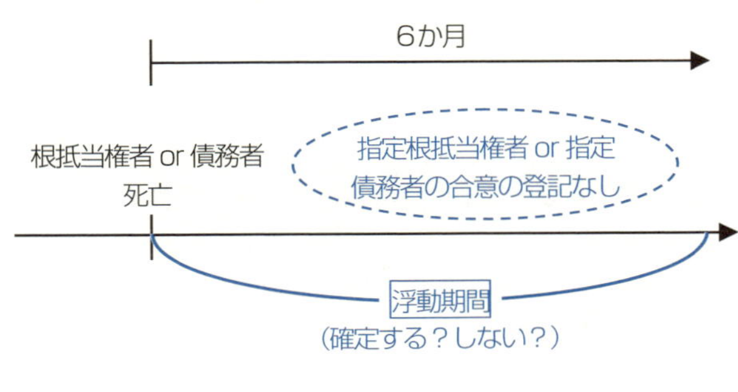

この浮動期間の間は，根抵当権について，できる登記とできない登記が生じます。

浮動期間の間にできる登記（○）	浮動期間の間にできない登記（×）
・確定前根抵当権でも確定後根抵当権でも認められること（P141） 確定「する」「しない」，どちらになる可能性もありますが，この登記は確定してもしなくても否定されませんので，問題ありません。	**・確定前根抵当権においてのみ認められること（P140）**※1 **・確定後根抵当権においてのみ認められること（P140）**※2 確定「する」「しない」，どちらにもなる可能性があるので，これらの登記は後に否定される可能性があります。そんな不安定な登記を公示すべきではありません。

※1　確定前根抵当権においてのみ認められることが登記できるようになるには？

指定根抵当権者・指定債務者の合意の登記がされれば，登記できるようになります。

※2　確定後根抵当権においてのみ認められることが登記できるようになるには？

指定根抵当権者・指定債務者の合意の登記がされずに相続開始から６か月が経過すれば，登記できるようになります。

3　合併（法人）

1．根抵当権者の合併

（1）実体（民法）

たとえば，Ａが所有している建物に債務者をＡとする株式会社Ｂの根抵当権の設定の登記がされています。株式会社Ｂが合併により消滅し，存続会社（吸収合併の場合）または設立会社（新設合併の場合）である株式会社Ｃが株式会社Ｂの権利義務を承継しました。

（a）原則

民法398条の9（根抵当権者又は債務者の合併）

1　元本の確定前に根抵当権者について合併があったときは，根抵当権は，合併の時に存する債権のほか，合併後存続する法人又は合併によって設立された法人が合併後に取得する債権を担保する。

このとき，原則として，元本は確定しません（取引継続。民法398条の9第1項）。特に何もしなければ確定しないため（P88②），合併には指定根抵当権者の合意というものはありません。この場合には，以下の登記を申請するだけです。

1/1　株式会社Bから株式会社Cへの合併を原因とする根抵当権の移転の登記

この根抵当権は，下記の図の（i）の債権だけでなく，（ii）の債権まで担保することになります（民法398条の9第1項）。

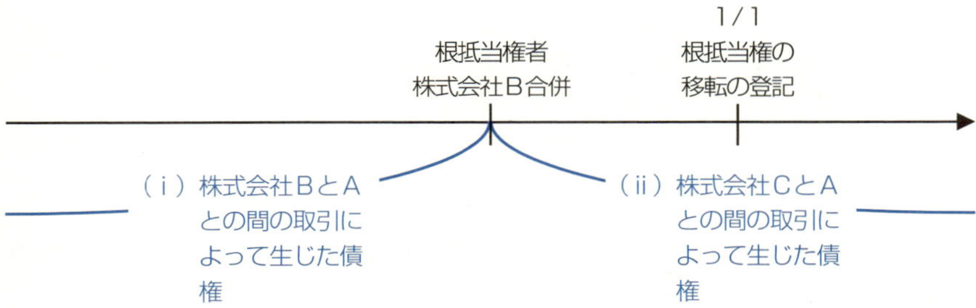

（b）例外

上記（a）のとおり確定しないのが原則ですが，設定者Aは，確定を望むのであれば，根抵当権者である株式会社Cに対して，元本の確定請求をすることができます（民法398条の9第3項本文）。これによって元本が確定します。Aからすると，株式会社Cが根抵当権者になることを想定していませんでした。たとえば，株式会社Bがほとんど貸付けをしなかったが，株式会社Cはガンガン貸付けをする場合，Aの負担は重くなります。よって，確定させる（取引を停止させる）チャンスが与えられているのです。元本の確定時は，合併の効力発生時です（民法398条の9第4項。P89の「本節に共通するハナシ②」）。

ただし，この確定請求は，急いでする必要があります。Aが合併を知った日から2週間が経過，または，合併を知らなくても合併の日から1か月が経過すると，できなくなってしまいます（民法398条の9第5項）。早めに根抵当権の運命（確定しないかするか）を決めるべきだからです。Aからすると，期間が短く，酷ですが……。

この期間内に確定請求がされると，以下の登記を申請することになります。

1/2　株式会社Bから株式会社Cへの合併を原因とする根抵当権の移転の登記

2/2　確定を原因とする根抵当権の元本確定の登記（P136～139 4）

(2) 申請情報の記載事項

上記（1）（a）の場合の申請例をみていきます。

申請例85 —— **合併を原因とする根抵当権の移転の登記**

＊事例は，上記（1）（a）の例に合わせています。

事例：Aが所有している建物に，乙区1番で極度額を1000万円とする株式会社Bの根抵当権の設定の登記がされている。株式会社Bと株式会社C（会社法人等番号3456-01-901232，代表取締役E）は，令和5年9月28日，株式会社Cが株式会社Bを合併して存続し，株式会社Bが解散する旨の吸収合併契約を締結した。この吸収合併契約で，吸収合併の効力発生日が令和5年11月28日とされた。その他の吸収合併の手続も令和5年11月28日までに適法にされたため，令和5年12月5日，吸収合併の商業登記がされた。

登記の目的	1番根抵当権移転
原　　因	令和5年11月28日合併
根抵当権者	（被合併会社　株式会社B）株式会社C （会社法人等番号　3456−01−901232） 代表取締役　E
添付情報	登記原因証明情報（株式会社Cの登記事項証明書） 代理権限証明情報（株式会社Cの代表取締役Eの委任状） 会社法人等番号（株式会社Cの会社法人等番号）
課税価格	金1000万円
登録免許税	金1万円

権利部（乙区）（所有権以外の権利に関する事項）			
順位番号	登記の目的	受付年月日・受付番号	権利者その他の事項
1	根抵当権設定	令和5年6月28日 第12457号	原因　令和5年6月28日設定 極度額　金1000万円 債権の範囲　前受業務保証金供託委託取引 債務者　A 根抵当権者　株式会社B
付記1号	1番根抵当権移転	令和5年12月21日 第19987号	原因　令和5年11月28日合併 根抵当権者　株式会社C

基本的にⅠのテキスト第３編第１章第２節3 1.（２）の合併を原因とする抵当権の移転の登記と同じです。ただし，根抵当権ですので，登記の目的が「○番根抵当権移転」など，申請人が「根抵当権者」，課税価格が「移転した極度額の１/1000」となります（登免法別表第1.1.（６）イ）。

２．債務者の合併

（１）実体（民法）

たとえば，Ａが所有している建物に債務者を株式会社Ｃとする Ｂの根抵当権の設定の登記がされています。株式会社Ｃが合併により消滅し，存続会社（吸収合併の場合）または設立会社（新設合併の場合）である株式会社Ｄが株式会社Ｃの権利義務を承継しました。

（a）原則

> **民法 398 条の９（根抵当権者又は債務者の合併）**
> ２　元本の確定前にその債務者について合併があったときは，根抵当権は，合併の時に存する債務のほか，合併後存続する法人又は合併によって設立された法人が合併後に負担する債務を担保する。

このとき，原則として，元本は確定しません（取引継続。民法 398 条の９第２項）。特に何もしなければ確定しないため（P88②），合併には指定債務者の合意というものはありません。この場合には，以下の登記を申請するだけです。

1/1　株式会社Ｄを債務者とする合併を原因とする根抵当権の債務者の変更の登記

この根抵当権は，下記の図の（ⅰ）の債務だけでなく，（ⅱ）の債務まで担保することになります（民法 398 条の９第２項）。

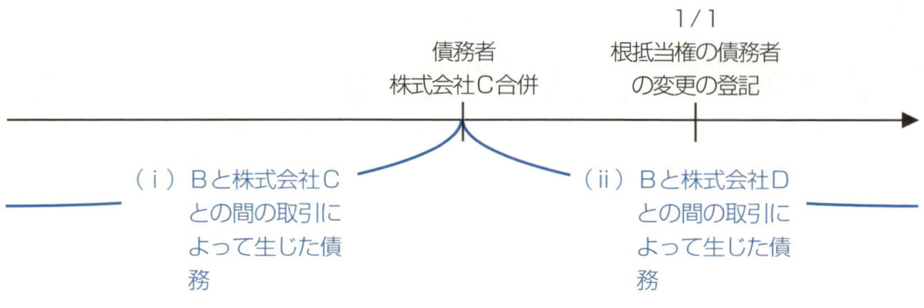

（b）例外

上記（a）のとおり確定しないのが原則ですが，設定者Aは，確定を望むのであれば，根抵当権者Bに対して，元本の確定請求をすることができます（民法398条の9第3項本文）。これによって元本が確定します。Aからすると，株式会社Dが債務者になることを想定していませんでした。たとえば，株式会社Cがほとんど貸付けを受けなかったが，株式会社Dはガンガン貸付けを受ける場合，Aの負担は重くなります。よって，確定させる（取引を停止させる）チャンスが与えられているのです。元本の確定時は，合併の効力発生時です（民法398条の9第4項。P89の「本節に共通するハナシ②」）。

ただし，この確定請求も，急いでする必要があります。Aが合併を知った日から2週間が経過，または，合併を知らなくても合併の日から1か月が経過すると，できなくなってしまいます（民法398条の9第5項）。早めに根抵当権の運命（確定しないかするか）を決めるべきだからです。Aからすると，期間が短く，酷ですが……。

この期間内に確定請求がされると，以下の登記を申請することになります。

1/2　株式会社Dを債務者とする合併を原因とする根抵当権の債務者の変更の登記

2/2　確定を原因とする根抵当権の元本確定の登記（P136～139 4）

※確定請求ができない場合

債務者兼設定者である場合は，設定者は上記の確定請求ができません（民法398条の9第3項ただし書）。

ex. 上記の例を少し変えて，設定者がAではなく，債務者である株式会社Cであったとします。この場合に，合併により株式会社Dが株式会社Cの権利義務を承継しても，所有者である株式会社D（合併により所有者も株式会社Dになっています）はBに確定請求をすることができません。

債務者兼設定者の場合，合併をしたのは設定者自身であるため，「株式会社Dが債務者になることを想定していませんでした」という理由が当たらないからです。

本節において設定者が確定請求ができるかどうかの判断基準

「自ら合併・会社分割をした会社」は，確定請求をすることができません。自らしているので，「想定していませんでした」とならないからです。

（2）申請情報の記載事項

上記（1）（a）の場合の申請例をみていきます。

申請例86 ―― **合併を原因とする根抵当権の債務者の変更の登記**

＊事例は，上記（1）（a）の例に合わせています。

事例：Aが所有している建物（甲区1番でA名義の所有権の保存の登記がされている）に，乙区1番で債務者を株式会社CとするBの根抵当権の設定の登記がされている。株式会社Cと株式会社Dは，令和5年9月28日，株式会社Dが株式会社Cを合併して存続し，株式会社Cが解散する旨の吸収合併契約を締結した。この吸収合併契約で，吸収合併の効力発生日が令和5年11月28日とされた。その他の吸収合併の手続も令和5年11月28日までに適法にされたため，令和5年12月5日，吸収合併の商業登記がされた。

登記の目的	1番根抵当権変更
原　　因	令和5年11月28日合併
変更後の事項	債務者（被合併会社　株式会社C）株式会社D　＊
権 利 者	B
義 務 者	A
添 付 情 報	登記原因証明情報（株式会社Dの登記事項証明書） 登記識別情報（Aの甲区1番の登記識別情報） 印鑑証明書（Aの印鑑証明書） 代理権限証明情報（B及びAの委任状）
登録免許税	金1000円

＊株式会社Dは法人ですが，会社法人等番号を提供する（申請情報に記載する）必要もありませんし，代表者を記載する必要もありません。株式会社Dは，債務者であって，申請人となっている法人ではないからです（Iのテキスト第1編第6章第7節2「会社法人等番号（代表者の資格を証する情報）の提供の要否の判断基準」，3「代表者の記載の判断基準」）。

権利部（乙区）（所有権以外の権利に関する事項）			
順位番号	登記の目的	受付年月日・受付番号	権利者その他の事項
1	根抵当権設定	令和5年6月28日 第12457号	原因　令和5年6月28日設定 極度額　金1000万円 債権の範囲　輸出入業務委託取引 債務者　株式会社C 根抵当権者　B

付記１号	１番根抵当権変更	令和５年12月21日 第19987号	原因　令和５年11月28日合併 債務者　株式会社D

（a）登記の目的

「○番根抵当権変更」と記載します。

（b）登記原因及びその日付

年月日は，以下の日を記載します（Ｉのテキスト第２編第２章第３節9２.（１）「吸収型・新設型の効力発生日」）。

・吸収合併　→　吸収合併契約で定めた効力発生日（上記申請例86はこちらです）
・新設合併　→　会社成立の日（商業登記の申請日）

原因は，吸収合併であっても新設合併であっても「合併」と記載します。合併が，債務者が変更された原因（法律行為）だからです。

（c）登記事項

変更後の事項として，存続会社・設立会社の名称・住所を記載します。

（d）申請人

以下の者の共同申請です（不登法60条）。

・登記権利者：根抵当権者
・登記義務者：設定者

合併を原因とする登記ですが，共同申請です。債務者は，権利の主体ではなく，登記事項の１つにすぎません。極度額や債権の範囲と同じレベルなのです。また，登記権利者（根抵当権者）と登記義務者（設定者）が存在しますので，共同申請の申請構造を採れます。

（e）添付情報

①登記原因証明情報（不登法61条，不登令別表25添付情報イ）

Ｉのテキスト第１編第６章第２節4の「登記原因証明情報の提供が不要となる場合」に当たりませんので，登記原因証明情報を提供する必要があります。

具体的には，Ｉのテキスト第２編第２章第３節9２.（３）①の情報（存続会社・設立会社の登記事項証明書または会社法人等番号）が登記原因証明情報となります。提供する理由や考え方も同じです。

②登記識別情報（不登法22条本文）

登記義務者である設定者の登記識別情報を提供します。共同申請だからです（Ⅰのテキスト第1編第6章第3節3 1.「登記識別情報の提供の要否の基本的な判断基準」）。

③印鑑証明書（不登令16条2項，18条2項）

所有権を目的として設定された根抵当権の場合，登記義務者である設定者の印鑑証明書を提供します（Ⅰのテキスト第1編第6章第4節3 2.「『認印でよいか』『実印で押印し印鑑証明書の提供が要求されるか』の判断基準」）。

抵当権の債務者の変更の登記と異なり，根抵当権の債務者の変更の登記は，原則どおりの考え方です。根抵当権の債務者は，枠を決める4大事項の1つであるため，重要な登記事項だからです。

④代理権限証明情報（不登令7条1項2号）

⑤会社法人等番号（不登令7条1項1号イ）

※住所証明情報は，提供しません。Ⅰのテキスト第1編第6章第5節3「住所証明情報の提供が要求される場合①～③」のいずれにも当たらないからです。

（f）登録免許税

変更の登記として，不動産1個につき1000円です（登免法別表第1．1．(14)）。

4 会社分割（法人）

1．根抵当権者の会社分割

（1）実体（民法）

たとえば，Aが所有している建物に債務者をAとする株式会社Bの根抵当権の設定の登記がされています。株式会社Bが会社分割により，承継会社（吸収分割の場合）または設立会社（新設分割の場合）である株式会社Cに権利義務を承継させました。

（a）原則

民法398条の10（根抵当権者又は債務者の会社分割）

1　元本の確定前に根抵当権者を分割をする会社とする分割があったときは，根抵当権は，分割の時に存する債権のほか，分割をした会社及び分割により設立された会社又は当該分割をした会社がその事業に関して有する権利義務の全部又は一部を当該会社から承継した会社が分割後に取得する債権を担保する。

このとき，原則として，元本は確定しません（取引継続。民法 398 条の 10 第１項）。特に何もしなければ確定しないため（P88②），会社分割にも指定根抵当権者の合意というものはありません。この場合には，以下の登記を申請するだけです（平 13.3.30 民二.867）。

1／1　株式会社Ｂから株式会社Ｃへの会社分割を原因とする根抵当権の一部移転の登記

合併（P106～107（ａ））と異なり，根抵当権の“一部移転”の登記となるのは，権利義務を承継させた株式会社Ｂは消滅しないからです。株式会社Ｂは消滅しないため，会社分割後も，株式会社Ｃだけでなく，株式会社ＢもＡと取引を継続します。この根抵当権は，下記の図の（ｉ）の債権だけでなく，（ii）の債権まで担保することになります（民法 398 条の 10 第１項）。（ii）に「株式会社Ｂ」がいるのが，合併（P106～107（ａ））との違いです。

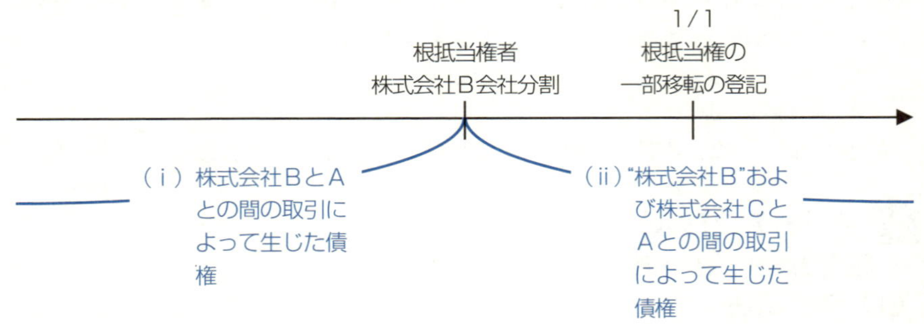

（ii）についてですが，吸収分割契約書・新設分割計画書の内容に関係なく，**法律上当然に**株式会社Ｂと株式会社Ｃの債権を担保する根抵当権となります（平 13.3.30 民二.867）。所有権や抵当権の場合，承継会社・設立会社に移転するのは，吸収分割契約書・新設分割計画書に「所有権や抵当権の被担保債権が承継される」と記載されている場合だけでした（Ｉのテキスト第２編第２章第３節 10 1.，第３編第１章第２節 3 2.（1））。

しかし，根抵当権の場合，会社分割後に株式会社Ｂと株式会社Ｃが融資をするなどということがあります。よって，根抵当権者が「無担保で融資をしてしまった」といったことが起こらないように，画一的にわかりやすくされているのです。

＊記述では，吸収分割契約書・新設分割計画書に「根抵当権は株式会社Ｃに移転しない」と記載される，または，根抵当権について何も記載されておらず，上記１／１の登記を申請することを判断できるかという出題（ひっかけ）が考えられます。あらかじめ，このような出題に備えておいてください。

（b）例外

この（b）の例外は，考え方も理由も，すべてP107（b）の合併と同じです。

上記（a）のとおり確定しないのが原則ですが，設定者Aは，確定を望むのであれば，元本の確定請求をすることができます（民法398条の10第3項，398条の9第3項本文）。これによって元本が確定します。Aからすると，株式会社Cが根抵当権者になることを想定していなかったからです。元本の確定時は，会社分割の効力発生時です（民法398条の10第3項，398条の9第4項。P89の「本節に共通するハナシ②」）。

ただし，この確定請求は，Aが会社分割を知った日から2週間が経過，または，会社分割を知らなくても会社分割の日から1か月が経過すると，できなくなってしまいます（民法398条の10第3項，398条の9第5項）。

この期間内に確定請求がされると，以下の登記を申請することになります。

1/2　株式会社Bから株式会社Cへの会社分割を原因とする根抵当権の一部移転の登記

2/2　確定を原因とする根抵当権の元本確定の登記（P136～139 4）

（2）申請情報の記載事項

上記（1）（a）の場合の申請例をみていきます。

申請例87 ―― 会社分割を原因とする根抵当権の一部移転の登記

＊事例は，上記（1）（a）の例に合わせています。

事例：Aが所有している建物に，乙区1番で極度額を1000万円とする株式会社Bの根抵当権の設定の登記がされている。株式会社B（会社法人等番号2345-01-890123，代表取締役D）は，令和5年9月28日，株式会社C（会社法人等番号3456-01-901232，代表取締役E）を設立する新設分割を計画した。この新設分割計画書には，この根抵当権は株式会社Cに移転しない旨が記載されている（＊）。その他の新設分割の手続も適法にされたため，令和5年12月5日，新設分割の商業登記がされた。

＊上記（1）（a）のとおり，このように「移転しない」と記載されていても，法律上当然に株式会社Cに根抵当権の一部が移転します。

登記の目的　1番根抵当権一部移転
原　　因　令和5年12月5日会社分割
権 利 者　株式会社C
　（会社法人等番号　3456－01－901232）
　代表取締役　E
義 務 者　株式会社B
　（会社法人等番号　2345－01－890123）
　代表取締役　D
添付情報　登記原因証明情報（株式会社Cの登記事項証明書）
　登記識別情報（株式会社Bの乙区1番の登記識別情報）
　代理権限証明情報（株式会社Cの代表取締役E及び株式会社Bの代表取締役Dの委任状）
　会社法人等番号（株式会社C及び株式会社Bの会社法人等番号）
課税価格　金500万円
登録免許税　金1万円

権利部（乙区）（所有権以外の権利に関する事項）			
順位番号	登記の目的	受付年月日・受付番号	権利者その他の事項
1	根抵当権設定	令和5年6月28日 第12457号	原因　令和5年6月28日設定 極度額　金1000万円 債権の範囲　金銭消費貸借取引 債務者　A 根抵当権者　株式会社B
付記1号	1番根抵当権一部移転	令和5年12月21日 第19987号	原因　令和5年12月5日会社分割 根抵当権者　株式会社C

以下で説明する登記の目的，登記原因証明情報の内容および登録免許税を除いて，基本的にIのテキスト第3編第1章第2節3 2.（2）の会社分割を原因とする抵当権の移転の登記と同じです。

（a）登記の目的

「○番根抵当権一部移転」と記載します。

P113～114（a）で説明したとおり，必ず分割会社と承継会社・設立会社の共有となりますので，登記の目的は「一部移転」となります。

（b）添付情報

・登記原因証明情報（不登法61条）

Ｉのテキスト第１編第６章第２節4の「登記原因証明情報の提供が不要となる場合」に当たりませんので，登記原因証明情報を提供する必要があります。

具体的には，承継会社・設立会社の登記事項証明書または会社法人等番号が当たります。

※吸収分割契約書・新設分割計画書は，会社分割を原因とする抵当権の移転の登記（Ｉのテキスト第３編第１章第２節3 2.（2）（d）①）と異なり，提供しません。吸収分割契約書・新設分割計画書の内容に関係なく，分割会社と承継会社・設立会社の共有となるからです（P113～114（a））。

（c）登録免許税

極度額を分割後の共有者の数で割った額の２/1000です（登免法別表第１.１.（７））。

上記申請例87でいうと，極度額（1000万円）を分割後の共有者の数（株式会社Ｂと株式会社Ｃの２社）で割った額（500万円）の２/1000，つまり，１万円となります。

2．債務者の会社分割

（1）実体（民法）

たとえば，Ａが所有している建物に債務者を株式会社ＣとするＢの根抵当権の設定の登記がされています。株式会社Ｃが会社分割により，承継会社（吸収分割の場合）または設立会社（新設分割の場合）である株式会社Ｄに権利義務を承継させました。

（a）原則

民法398条の10（根抵当権者又は債務者の会社分割）

2　元本の確定前にその債務者を分割をする会社とする分割があったときは，根抵当権は，分割の時に存する債務のほか，分割をした会社及び分割により設立された会社又は当該分割をした会社がその事業に関して有する権利義務の全部又は一部を当該会社から承継した会社が分割後に負担する債務を担保する。

このとき，原則として，元本は確定しません（取引継続。民法398条の10第２項）。特に何もしなければ確定しないため（P88②），会社分割にも指定債務者の合意というものはありません。この場合には，以下の登記を申請するだけです（平 13.3.30 民二.867）。

1/1　株式会社Dを債務者に加える会社分割を原因とする根抵当権の債務者の変更の登記

合併（P109（a））と異なり株式会社Dを債務者に“加える”登記となるのは，権利義務を承継させた株式会社Cは消滅しないからです。株式会社Cは消滅しないため，会社分割後も，株式会社Dだけでなく，株式会社CもBと取引を継続します。この根抵当権は，下記の図の（i）の債務だけでなく，（ii）の債務まで担保することになります（民法 398 条の 10 第2項）。（ii）に「株式会社C」がいるのが，合併（P109（a））との違いです。

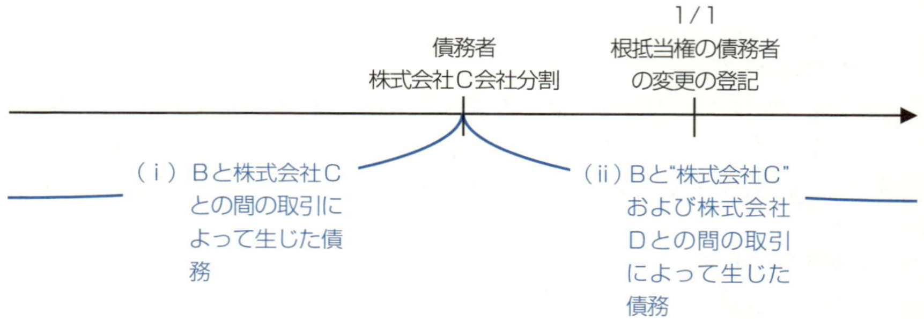

（ii）についてですが，吸収分割契約書・新設分割計画書の内容に関係なく，**法律上当然に**株式会社Cと株式会社Dの債務を担保する根抵当権となります（平 13.3.30 民二.867）。

根抵当権の場合，会社分割後に株式会社Cと株式会社Dが融資を受けるなどということがあります。よって，根抵当権者が「無担保で融資をしてしまった」といったことが起こらないように，画一的にわかりやすくされているのです。

＊記述では，吸収分割契約書・新設分割計画書に「根抵当権によって担保される債務は株式会社Dに移転しない」と記載される（平成 16 年度），または，根抵当権について何も記載されておらず（令和3年度），上記1/1の登記を申請することを判断できるかという出題（ひっかけ）が考えられます。あらかじめ，このような出題に備えておいてください。

（b）例外

この（b）の例外は，考え方も理由も，すべてP110（b）の合併と同じです。

上記（a）のとおり確定しないのが原則ですが，設定者Aは，確定を望むのであれば，根抵当権者Bに対して，元本の確定請求をすることができます（民法398条の10第3項，398条の9第3項本文）。これによって元本が確定します。Aからすると，株式会社Dが債務者になることを想定していなかったからです。元本の確定時は，会社分割の効力発生時です（民法398条の10第3項，398条の9第4項。P89の「本節に共通するハナシ②」）。

ただし，この確定請求は，Aが会社分割を知った日から2週間が経過，または，会社分割を知らなくても会社分割の日から1か月が経過すると，できなくなってしまいます（民法398条の10第3項，398条の9第5項）。

この期間内に確定請求がされると，以下の登記を申請することになります。

1/2　株式会社Dを債務者に加える会社分割を原因とする根抵当権の債務者の変更の登記

2/2　確定を原因とする根抵当権の元本確定の登記（P136～139 4）

※確定請求ができない場合

債務者兼設定者である場合は，設定者は上記の確定請求ができません（民法398条の10第3項，398条の9第3項ただし書）。

ex. 上記の例を少し変えて，設定者がAではなく，債務者である株式会社Cであったとします。この場合に，株式会社Cが会社分割により株式会社Dに権利義務を承継させても，設定者はBに確定請求をすることができません。

債務者兼設定者の場合，会社分割をしたのは設定者自身であるため，「株式会社Dが債務者になることを想定していませんでした」という理由が当たらないからです（P110の「本節において設定者が確定請求ができるかどうかの判断基準」）。

（2）申請情報の記載事項

上記（1）（a）の場合の申請例をみていきます。

申請例88 ―― **会社分割を原因とする根抵当権の債務者の変更の登記**

＊事例は，上記（1）（a）の例に合わせています。

事例：Aが所有している建物（甲区1番でA名義の所有権の保存の登記がされている）に，乙区1番で債務者を株式会社CとするBの根抵当権の設定の登記がされている。株式会社Cは，令和5年9月28日，株式会社Dを設立する新設分割を計画した。この新設分割計画書には，この根抵当権によって担保される債務は株式会社Dに移転しない旨が記載されている（＊）。その他の新設分割の手続も適法にされたため，令和5年12月5日，新設分割の商業登記がされた。

＊上記（1）（a）のとおり，このように「移転しない」と記載されていても，法律上当然に株式会社Cと株式会社Dの債務を担保する根抵当権となります。

登記の目的	1番根抵当権変更
原　　　因	令和5年12月5日会社分割
変更後の事項	債務者　株式会社C 　　　　株式会社D　＊
権 利 者	B
義 務 者	A
添 付 情 報	登記原因証明情報（株式会社Dの登記事項証明書） 登記識別情報（Aの甲区1番の登記識別情報） 印鑑証明書（Aの印鑑証明書） 代理権限証明情報（B及びAの委任状）
登録免許税	金1000円

＊株式会社C・株式会社Dは法人ですが，会社法人等番号を提供する（申請情報に記載する）必要もありませんし，代表者を記載する必要もありません。株式会社C・株式会社Dは，債務者であり，申請人となっている法人ではないからです（Iのテキスト第1編第6章第7節2「会社法人等番号（代表者の資格を証する情報）の提供の要否の判断基準」，3「代表者の記載の判断基準」）。

権利部（乙区）（所有権以外の権利に関する事項）			
順位番号	登記の目的	受付年月日・受付番号	権利者その他の事項
1	根抵当権設定	令和5年6月28日 第12457号	原因　令和5年6月28日設定 極度額　金1000万円 債権の範囲　液体供給取引 債務者　株式会社C 根抵当権者　B
付記1号	1番根抵当権変更	令和5年12月21日 第19987号	原因　令和5年12月5日会社分割 債務者　株式会社C 　　　　株式会社D

（a）登記の目的

「○番根抵当権変更」と記載します。

（b）登記原因及びその日付

年月日は，以下の日を記載します（Ｉのテキスト第２編第２章第３節[9]２.（１）「吸収型・新設型の効力発生日」）。

・吸収分割　→　吸収分割契約で定めた効力発生日
・新設分割　→　会社成立の日（商業登記の申請日。上記申請例88はこちらです）

原因は，吸収分割であっても新設分割であっても「会社分割」と記載します。会社分割が，債務者が変更された原因（法律行為）だからです。

（c）登記事項

変更後の事項として，分割会社および承継会社・設立会社の名称・住所を記載します。分割会社も記載するのは，会社分割後は，分割会社および承継会社・設立会社の債務を担保すること（P118（ⅱ））を明らかにするためです。

（d）申請人

以下の者の共同申請です（不登法60条）。

・登記権利者：根抵当権者
・登記義務者：設定者

（e）添付情報

①[登記原因証明情報]（不登法61条，不登令別表25添付情報イ）

Ｉのテキスト第１編第６章第２節[4]の「登記原因証明情報の提供が不要となる場合」に当たりませんので，登記原因証明情報を提供する必要があります。

具体的には，承継会社・設立会社の[登記事項証明書]または[会社法人等番号]が当たります。

※吸収分割契約書・新設分割計画書は，提供しません。吸収分割契約書・新設分割計画書の内容に関係なく，分割会社と承継会社・設立会社の債務を担保する根抵当権となるからです（P117～118（ａ））。

②[登記識別情報]（不登法22条本文）

登記義務者である設定者の登記識別情報を提供します。共同申請だからです（Ｉのテキスト第１編第６章第３節[3]１.「登記識別情報の提供の要否の基本的な判断基準」）。

③印鑑証明書（不登令16条２項，18条２項）

所有権を目的として設定された根抵当権の場合，登記義務者である設定者の印鑑証明書を提供します（Ⅰのテキスト第１編第６章第４節3 2.「『認印でよいか』『実印で押印し印鑑証明書の提供が要求されるか』の判断基準」）。

抵当権の債務者の変更の登記と異なり，根抵当権の債務者の変更の登記は，原則どおりの考え方です。根抵当権の債務者は，枠を決める４大事項の１つであるため，重要な登記事項だからです。

④代理権限証明情報（不登令７条１項２号）

⑤会社法人等番号（不登令７条１項１号イ）

※住所証明情報は，提供しません。Ⅰのテキスト第１編第６章第５節3「住所証明情報の提供が要求される場合①～③」のいずれにも当たらないからです。

（ｆ）登録免許税

変更の登記として，不動産１個につき1000円です（登免法別表第１．１．(14)）。

【根抵当権者または債務者の相続・合併・会社分割（確定前）の確定のまとめ】

		原則	例外	確定時
相続	根抵当権者	確定する	確定しない （指定根抵当権者・指定債務者の合意） ＊指定根抵当権者・指定債務者の合意の登記を相続開始から６か月以内にする必要あり	相続の効力発生時
	債務者			
合併	根抵当権者	確定しない	確定する （設定者の確定請求） ＊債務者である会社が合併または会社分割をしたときは確定請求不可	合併の効力発生時
	債務者			
会社分割	根抵当権者			会社分割の効力発生時
	債務者			

第７節　元本の確定

1　元本の確定とは？

元本の確定：根抵当権によって担保される被担保債権が最終的に特定されること

確定のイメージは「企業間の取引の停止」（根抵当権者と債務者との間の取引の停止）です。確定後の根抵当権は，極度額を除いて抵当権とほとんど同じ性質となります（P５5）。

2　確定事由と確定時期

1．10個の確定事由

元本の確定事由は以下の10個です。まず，以下の確定事由10個は，ソラで言えるレベルにする必要があります。

確定事由	確定時期
1．確定期日の到来（P11の4.，P76～805）	確定期日
2．設定者からの確定請求	確定請求が到達した時から２週間が経過した日
3．根抵当権者からの確定請求	確定請求が到達した日
4．根抵当権者自身の申立てに基づく競売・担保不動産収益執行・物上代位による差押え	申立てをした日
5．根抵当権者自身が滞納処分による差押えをした	差押えがされた日
6．第三者の申立てに基づく競売手続の開始または第三者による滞納処分の差押え	根抵当権者が，第三者の申立てに基づく競売手続の開始または第三者による滞納処分の差押えを知った日から２週間を経過した日
7．債務者または設定者の破産手続開始の決定	破産手続開始の決定を受けた日
8．根抵当権者または債務者に相続が開始した場合に，６か月以内に指定根抵当権者または指定債務者の合意の登記がされなかった（P89（a），P98（a））	相続が開始した日（P89の「本節に共通するハナシ②」）
9．根抵当権者が合併または会社分割をした場合に，設定者から確定請求がされた（P107（b），P115（b））	合併または会社分割の効力が発生した日（P89の「本節に共通するハナシ②」）

10. 債務者が合併または会社分割をした場合に，設定者から確定請求がされた（P110（b），P119（b））	合併または会社分割の効力が発生した日（P89の「本節に共通するハナシ②」）

※民法に規定されている確定事由は，上記の 10 個です。よって，たとえば，単に根抵当権者と債務者との取引が終了しただけでは確定しません。しかし，上記の 10 個以外の場合に絶対に確定しないかというと，争いがあります。たとえば，以下のような場合にも確定するかは争いがあります。

・根抵当権者と設定者が，被担保債権の範囲を特定債権のみとする変更をした場合
・根抵当権者と設定者が，元本を確定させる契約をした場合

＊なお，上記 1.と 8.～10.はすでに学習しましたので，以下では，それ以外について説明をしていきます。

2．設定者からの確定請求

民法 398 条の 19（根抵当権の元本の確定請求）

1　根抵当権設定者は，根抵当権の設定の時から３年を経過したときは，担保すべき元本の確定を請求することができる。この場合において，担保すべき元本は，その請求の時から２週間を経過することによって確定する。

（1）要件

この 2.の確定は，設定者が確定を望んでいる場合です。

設定者は，以下の①および②の要件を充たせば，根抵当権者に対して確定請求をすることができます（民法 398 条の 19 第 1 項前段）。

①確定期日の合意をしていない（民法 398 条の 19 第 3 項）

確定期日の合意があれば，「確定期日までは確定しない」と設定者も納得しているため，できないのです。確定期日の合意は，根抵当権者と設定者でします（P11 の 4.）。

②根抵当権の設定から 3 年を経過している（民法 398 条の 19 第 1 項前段）

早く確定したほうが設定者に有利であり根抵当権者に不利である，というのが基本的な考え方でした（P79 の「確定の基本的な考え方」）。よって，設定後すぐに確定請求ができてしまうと，設定者がすぐに確定請求をする可能性が考えられます。極端なハナシ，「根抵当権者が最初の融資などをする前に確定請求をしちゃおう」と考える設定者も現れかねません。そのため，「3 年を経過」という要件があるのです。

（2）確定時期

上記（1）の要件を充たしたうえで，設定者が根抵当権者に確定請求をすると，その請求の意思表示が根抵当権者に到達してから2週間が経過した日に確定します（民法398条の19第1項後段）。

到達の時点で確定しないのは，根抵当権者が確定請求に気づかず「無担保で融資をしてしまった」などという事態が起こらないようにするためです。大きな銀行だと内部で文書を回すのも時間がかかるので，銀行によっては，すぐに融資部門に確定請求が知らされず，「気づかずに融資をしちゃった」ということがあり得るのです。

3．根抵当権者からの確定請求

> **民法398条の19（根抵当権の元本の確定請求）**
> 2　根抵当権者は，いつでも，担保すべき元本の確定を請求することができる。この場合において，担保すべき元本は，その請求の時に確定する。

（1）要件

この3.の確定は，上記2.と逆に，根抵当権者が確定を望んでいる場合です。

根抵当権者は，以下の要件を充たせば，設定者に対して確定請求をすることができます（民法398条の19第2項前段）。

・確定期日の合意をしていない（民法398条の19第3項）

設定者からの確定請求（上記2.（1）①）と同じ理由です。確定期日の合意があれば，「確定期日までは確定しない」と根抵当権者も納得しているため，できないのです。確定期日の合意は，根抵当権者と設定者でします（P11の4.）。

※「根抵当権の設定から3年を経過している」という要件はなく，確定期日の合意をしていないのであれば，根抵当権者はいつでも確定請求ができます。早く確定したほうが設定者に有利である，というのが基本的な考え方です（P79の「確定の基本的な考え方」）。よって，根抵当権者から確定請求をする場合には，相手（設定者）の保護を考える必要はなく，いつでも確定請求ができるのです。

（2）確定時期

上記（1）の要件を充たしたうえで，根抵当権者が設定者に確定請求をすると，その請求の意思表示が設定者に到達した日に確定します（民法398条の19第2項後段）。

到達の時点で確定するのは，根抵当権者から確定請求をするため，設定者からの確定請求の場合（上記2.（2））と異なり，確定請求に気づかず「無担保で融資をしてしまった」などという事態が起こらないからです。

※根抵当権者または設定者が複数いる場合の確定請求

上記2.の設定者からの確定請求，上記3.の根抵当権者からの確定請求について，根抵当権者または設定者が複数いる場合の問題をみていきます。根抵当権者または設定者が複数いる場合に，確定請求を「全員にしないといけないのか」「全員からしないといけないのか」という問題です。

思い出し方

下記③の「設定者からの確定請求」は例外ですが，それ以外は**「全員に」「全員から」**しないといけないということです。

ここは，③の「設定者からの確定請求」の理由が，③の「根抵当権者からの確定請求」には当たらない理由がよくわからない（矛盾があるように思える）ため，この思い出し方で思い出せるようにしてください。

事案		
①共有根抵当権 （根抵当権者が複数） B C A	**設定者からの確定請求**	**根抵当権の共有者全員（BC）に対してしなければなりません。** 確定の効果は，共有者全員のために生じるからです。
②不動産の共有 （設定者が複数） B A C	**設定者からの確定請求**	**設定者全員（AC）からしなければなりません**（登研443P94）。 元本の確定は，共有物の変更行為（民法251条1項）と考えられるからです。 ―― 民法Ⅱのテキスト第3編第3章第4節3 2.（4）（a）
	根抵当権者からの確定請求	**設定者全員（AC）に対してしなければなりません**（登研698P257～261）。

③共同根抵当権 （設定者が複数） B A　C	設定者からの確定請求	**設定者のうち１人（ＡまたはＣ）からすればＯＫです。** １つの不動産の根抵当権に確定事由が生じた場合，他の不動産の根抵当権も確定するからです（民法398条の17第2項。P20～21（b））。
	根抵当権者からの確定請求	**設定者全員（ＡＣ）に対してしなければなりません**（登研698P257～261）。

４．根抵当権者自身の申立てに基づく競売・担保不動産収益執行・物上代位による差押え

民法398条の20（根抵当権の元本の確定事由）

１　次に掲げる場合には，根抵当権の担保すべき元本は，確定する。

一　根抵当権者が抵当不動産について競売若しくは担保不動産収益執行又は第372条において準用する第304条の規定による差押え〔物上代位による差押え〕を申し立てたとき。ただし，競売手続若しくは担保不動産収益執行手続の開始又は差押えがあったときに限る。

（1）要件

この４.の確定は，根抵当権者“自身”が動いた場合であるというのが，下記６.の確定との違いでポイントになります。

根抵当権者が，根抵当権が設定されている不動産について，競売・担保不動産収益執行（＊１）・物上代位による差押え（＊２）を申し立て，これらの手続の開始または差押えがあると，確定します（民法398条の20第１項１号）。

＊１　「担保不動産収益執行」（民執法180条２号）は，民事執行法で学習します。

＊２　「物上代位による差押え」は，根抵当権者が設定者の不動産の賃料債権に対して差押えを申し立てたなどという場合です。―― **民法Ⅱのテキスト第４編第５章第５節[3]3.**

これらの申立てを根抵当権者がしたということは，根抵当権者が強制的な換価の手続をとったということです。よって，取引などを終了させる意思を表したといえるのです。

一度取引などを終了させる意思を表しましたので，これらの手続の開始または差押えがあった後に申立てを取り下げても，確定はひっくり返りません。

P129

（2）確定時期

上記（1）の手続の申立てをした日に確定します（民法 398 条の 20 第1項1号本文）。上記（1）の手続の申立てをした時に，取引などを終了させる意思を表したといえるからです。「P130

5．根抵当権者自身が滞納処分による差押えをした

> **民法 398 条の 20（根抵当権の元本の確定事由）**
> 1　次に掲げる場合には，根抵当権の担保すべき元本は，確定する。
> 　二　根抵当権者が抵当不動産に対して滞納処分による差押えをしたとき。

（1）要件

この5.の確定は，上記4.と同じく根抵当権者“自身”が動いた場合です。

滞納処分による差押えなので，根抵当権者が財務省などの場合のハナシです。財務省が担保権者となるのは，たとえば，相続税の額が高額であるために財務省が相続税の納税を猶予する際，納税者の不動産に財務省の抵当権や根抵当権を設定させることがあります。根抵当権者である財務省などが，根抵当権が設定されている不動産について滞納処分による差押えをすると，確定します（民法 398 条の 20 第1項2号）。

（2）確定時期

上記（1）の差押えをした時に確定します（民法 398 条の 20 第1項2号）。

6．第三者の申立てに基づく競売手続の開始または第三者による滞納処分の差押え

> **民法 398 条の 20（根抵当権の元本の確定事由）**
> 1　次に掲げる場合には，根抵当権の担保すべき元本は，確定する。
> 　三　根抵当権者が抵当不動産に対する競売手続の開始又は滞納処分による差押えがあったことを知った時から2週間を経過したとき。

（1）要件

（a）原則

この6.の確定は，根抵当権者自身ではない“第三者”が動いた場合であるというのが，上記4.の確定との違いでポイントになります。

根抵当権が設定されている不動産について，第三者（ex. 抵当権者，他の根抵当権者，一般債権者）が競売を申し立てたことにより競売手続が開始される，または，第三者が滞納処分による差押えをすると，それを根抵当権者が知ってから2週間が経過することにより確定します（民法398条の20第1項3号）。

競売や滞納処分による差押えがされると，不動産の換価の手続に入るため，根抵当権の被担保債権を特定させ，優先額を確定させる必要があるので，確定するのです。

（b）例外

上記（a）の場合においても，競売手続の開始または差押えの効力が消滅したときは，確定しなかったものとみなされます（民法398条の20第2項本文）。つまり，「やっぱり確定しなかった」とひっくり返るのです。 P127」

この6.は，第三者が競売を申し立てるなどというハナシです。根抵当権者が取引などを終了させる意思を表したわけではありません。よって，換価の手続に入らないのであれば，上記4.（1）と異なり，確定がひっくり返るのです。 =P132

（c）再例外

上記（b）の場合においても，元本が確定したものとして，その根抵当権またはその根抵当権を目的とする権利を取得した者がいるときは，確定します（民法398条の20第2項ただし書）。この場合，もう1回ひっくり返り，確定となります。

その根抵当権またはその根抵当権を目的とする権利を取得した者の権利取得がなかったことにならないようにするため（これらの者を保護するため）に，この再例外があります。

2回もひっくり返り混乱したと思いますので，具体例で確認していきましょう。

ex. Aが所有している建物に債務者をAとするBの根抵当権が設定されています。

（a）→Aの一般債権者Cの申立てにより，競売手続が開始されました。Bは，令和5年11月28日に，そのことを知りました。この場合，令和5年12月13日に確定するのが原則です。

（b）→しかし，Cが，令和5年12月20日に，競売の申立てを取り下げました。この場合，基本的には確定しなかったことになります（ひっくり返ります）。

（c）→もっとも，すでに確定したものとして，BがDにその根抵当権の被担保債権を譲渡し，それにより根抵当権が移転していたら（随伴性で），確定します（もう1回ひっくり返ります）。

権利部（甲区）（所有権に関する事項）			
順位番号	登記の目的	受付年月日・受付番号	権利者その他の事項
1	所有権保存	令和5年6月28日 第12456号	所有者　A
(a) 2	差押	令和5年11月20日 第18794号	原因　令和5年11月18日東京地方裁判所強制競売開始決定 債権者　C
(b) 3	2番差押登記抹消	令和5年12月22日 第19998号	原因　令和5年12月20日取下

権利部（乙区）（所有権以外の権利に関する事項）			
順位番号	登記の目的	受付年月日・受付番号	権利者その他の事項
1	根抵当権設定	令和5年6月28日 第12457号	原因　令和5年6月28日設定 極度額　金1000万円 債権の範囲　買付委託取引 債務者　A 根抵当権者　B
付記1号	1番根抵当権元本確定	令和5年12月16日 第19772号	原因　令和5年12月13日確定
(c) 付記2号	1番根抵当権移転	令和5年12月16日 第19773号	原因　令和5年12月16日債権譲渡 根抵当権者　D

P128 L

（2）確定時期

上記（1）（a）の競売手続の開始または滞納処分による差押えを根抵当権者が知ってから2週間が経過した日に確定します（民法398条の20第1項3号）。

第三者が競売を申し立てるなどというハナシであり，根抵当権者は競売手続の開始などを知っているとは限りません。競売手続が開始された日などに確定してしまうと，確定に気づかず「無担保で融資をしてしまった」などという事態が起こってしまいます。よって，知ってから2週間が経過した日とされているのです。

※上記4.の確定か上記6.の確定かが問題となる事案

上記4.の確定（根抵当権者自身の申立てに基づく競売による確定）に当たるか，上記6.の確定（第三者の申立てに基づく競売による確定）に当たるかが問題となる事案があります。上記4.の確定と上記6.の確定で何が違うかというと，「確定時期」です。

上記４.は競売などの申立てをした日に確定します（確定時期が早いです）が，上記６.は根抵当権者が競売手続の開始などを知った日から２週間を経過した日に確定します（確定時期が遅いです）。

①根抵当権の一部譲渡を受けた者がした競売の申立て

たとえば，根抵当権者Bが，Cに根抵当権の一部を譲渡しました。この場合に，Cが競売を申し立てたとき，上記４.の確定に当たるでしょうか，それとも，上記６.の確定に当たるでしょうか。

上記４.の確定に当たります（平９.７.31 民三.1301）。

Cも根抵当権者ですので，「根抵当権者自身の申立てに基づく競売」といえるのです。

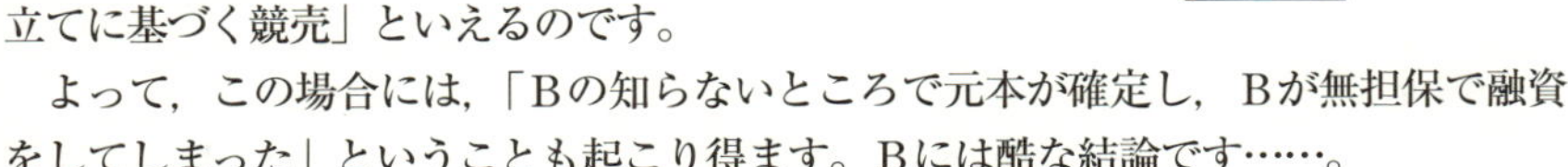

よって，この場合には，「Bの知らないところで元本が確定し，Bが無担保で融資をしてしまった」ということも起こり得ます。Bには酷な結論です……。

②根抵当権の転根抵当権者または根抵当権の被担保債権の質権者がした競売の申立て

たとえば，Bの根抵当権を目的としてCの転根抵当権（P57cf.），または，Bの根抵当権の被担保債権を目的としてDの質権（P58cf.）が設定されています。この場合に，CまたはDが競売を申し立てたとき，上記４.の確定に当たるでしょうか，それとも，上記６.の確定に当たるでしょうか。

上記６.の確定に当たります（平９.７.31 民三.1301）。

CもDも根抵当権者ではありませんので，「第三者の申立てに基づく競売手続の開始」に当たるからです。

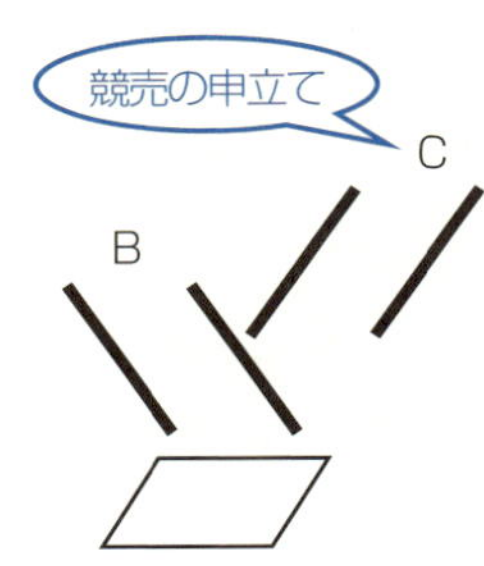

７．債務者または設定者の破産手続開始の決定

民法 398 条の 20（根抵当権の元本の確定事由）

1　次に掲げる場合には，根抵当権の担保すべき元本は，確定する。

四　債務者又は根抵当権設定者が破産手続開始の決定を受けたとき。

(1) 要件

(a) 原則

債務者または設定者が破産手続開始の決定を受けると，確定します（民法398条の20第1項4号）。

債務者が破産すると，取引継続などができません。設定者が破産すると，上記6.と同じく不動産の換価の手続に入るため，根抵当権の被担保債権を特定させ，優先額を確定させる必要があります。よって，これらの場合には確定するのです。

(b) 例外

上記（a）の場合においても，破産手続開始の決定の効力が消滅したときは，確定しなかったものとみなされます（民法398条の20第2項本文）。つまり，「やっぱり確定しなかった」とひっくり返るのです。

P129=

(c) 再例外

上記（b）の場合においても，元本が確定したものとして，その根抵当権またはその根抵当権を目的とする権利を取得した者がいるときは，確定します（民法398条の20第2項ただし書）。この場合，もう1回ひっくり返り，確定となります。

上記（a）～（c）の構造とその理由は，上記6.（1）（a）～（c）とまったく同じです。上記6.とこの7.の確定は，根抵当権者が取引などを終了させる意思を表したわけではない点が共通しているからです。

(2) 確定時期

債務者または設定者が破産手続開始の決定を受けた日に確定します（民法398条の20第1項4号）。根抵当権者が債務者または設定者の破産をすぐに知るとは限りませんので，「根抵当権者の知らないところで元本が確定し，根抵当権者が無担保で融資をしてしまった」ということも起こり得ます。ちょっと早すぎる確定時期です……。

3 確定登記の要否

1. 10個の確定事由ごとの確定登記の要否

10個の確定事由のいずれかが生じると，後記4でみる確定登記を申請することができます。しかし，この確定登記は，省略できる場合もあります。確定登記は，「確定後しかできない登記」との関係で問題となります。

具体的には P140 で説明しますが，確定後しかできない登記があります。確定後しかできない登記は，以下のいずれかの場合しか登記できません（昭46.12.27民事三.960）。

i　登記記録上，確定していることが明らかである

この場合は，確定登記をすることなく，確定後しかできない登記を申請できます。省略できるだけで，確定登記を申請しても構いません（＊）。

＊記述では，「申請件数を最少にして申請する」という注意事項があるのが通常なので，省略するのが正解となります。

ii　元本確定の登記がされている

上記ｉに当たらなければ，確定後しかできない登記をするには，先に確定登記を申請する必要があります。登記官には形式的審査権しかないので，登記記録上確定していることが明らかでなければ，確定しているという判断ができないからです。

10個の確定事由ごとに確定登記が必要か（上記ｉに当たるか）を以下の表でみていきますが，この視点でご覧ください。

確定登記の要否の判断基準

根抵当権が設定された不動産の登記記録だけをみて確定していることがわかるかが判断基準となります。

「根抵当権が設定された不動産の登記記録だけをみて確定していることがわかるか」ですので，その不動産の登記記録に確定事由が記録されるかが判断基準となります。そこで，以下の３点を押さえておく必要があります。

①**確定請求**　→　**登記されません**

確定請求は，根抵当権者と設定者の間で手紙を送ったりするだけだからです。

②**差押え**　→　**登記されます**（物上代位による差押えを除きます）

③**破産手続開始の決定**　→　**自然人である設定者が破産した場合のみ登記されます**

確定事由	確定登記の要否
1．確定期日の到来	**不要** 確定期日は登記されているので，その不動産の登記記録から明らかです。登記所にも，カレンダーはあります……。
2．設定者からの確定請求	**必要** 確定請求がされたことは，登記されないからです（上記①）。
3．根抵当権者からの確定請求	

<table>
<tr><td rowspan="4">4．根抵当権者自身の申立てに基づく競売・担保不動産収益執行・物上代位による差押え</td><td colspan="2">競売・担保不動産収益執行　→　不要</td></tr>
<tr><td colspan="2">その根抵当権者を「債権者」とする差押登記が登記されます（上記②）。</td></tr>
<tr><td colspan="2">物上代位による差押え　→　必要</td></tr>
<tr><td colspan="2">これは賃料債権に対する差押えなどなので（P127の＊2），不動産の登記記録には登記されません。民事執行法で学習しますが，不動産に対する執行ではなく，「債権執行」という債権に対する執行となります（民執法193条1項後段，2項）。</td></tr>
<tr><td rowspan="2">5．根抵当権者自身が滞納処分による差押えをした</td><td colspan="2">不要</td></tr>
<tr><td colspan="2">その根抵当権者を「債権者」とする差押登記（ex.「債権者　財務省」）が登記されます（記録例711。上記②）。</td></tr>
<tr><td rowspan="2">6．第三者の申立てに基づく競売手続の開始または第三者による滞納処分の差押え</td><td colspan="2">必要</td></tr>
<tr><td colspan="2">たしかに，差押登記は登記されます。しかし，根抵当権者がそれらをいつ知ったかは，登記記録からはわからないからです。根抵当権者は，P139のⅱで説明する知らせによって知ることになります。</td></tr>
<tr><td rowspan="4">7．債務者または設定者の破産手続開始の決定</td><td>自然人債務者の破産
→　必要</td><td>法人債務者の破産
→　必要</td></tr>
<tr><td colspan="2">債務者の不動産ではないため，破産手続開始決定の登記がされないからです（上記③）。</td></tr>
<tr><td>自然人設定者の破産
→　不要</td><td>法人設定者の破産
→　必要</td></tr>
<tr><td>破産手続開始決定の登記がされるからです（Ⅰのテキスト第2編第2章第2節8 1．（1）（b）。上記③）。</td><td>法人の登記記録に登記され（Ⅰのテキスト第2編第2章第2節8 1．（1）（b）），不動産の登記記録には登記されないからです（上記③）。</td></tr>
<tr><td rowspan="2">8．根抵当権者または債務者に相続が開始した場合に，6か月以内に指定根抵当権者または指定債務者の合意の登記がされなかった</td><td colspan="2">不要</td></tr>
<tr><td colspan="2">根抵当権者または債務者の相続登記がされていますので，その登記原因日付により，相続が開始してから6か月が経過していることがわかります。登記所にも，カレンダーはあります……。</td></tr>
</table>

9．根抵当権者が合併または会社分割をした場合に，設定者から確定請求がされた	必要 確定請求がされたことは，登記されないからです（上記①）。
10．債務者が合併または会社分割をした場合に，設定者から確定請求がされた	

※仮登記

＊この※は，第５編第２章（P249～308）で仮登記を学習した後にお読みください。

この１.の考え方は，根抵当権が仮登記であっても同じです（登研 623P161 など）。

仮登記であっても，確定事由が生じた場合には，確定登記を申請できます。

登記の形式が仮登記なだけであって，実体上は根抵当権は存在するため，確定することもあるからです。

この確定登記は，仮登記ではなく，本登記（付記登記）によってされます（平 14.5.30 民二.1310）。順位保全のため（仮登記をする目的〔P250 2〕）ではなく，単に確定したという事実を公示する登記なので，仮登記ではしないのです。

２．純粋共同根抵当権

純粋共同根抵当権の場合，１つの不動産の根抵当権に確定事由が生じると，他の不動産の根抵当権も確定します（民法 398 条の 17 第２項。P20～21（b））。

このとき，確定事由が生じた不動産の登記記録から確定が明らかである場合でも，他の不動産について確定後しかできない登記を申請するときは，その前提として確定登記をする必要があります（登研 373P87，559P152）。

ex. Ａが所有している甲土地とＤが所有している乙土地に，Ｂの純粋共同根抵当権が設定されています。Ｂが甲土地の競売を申し立て，Ｂ名義の差押登記が甲土地に嘱託されました。甲土地は，登記記録から確定していることが明らかです（P134 の４.）。その後，この根抵当権の被担保債権がＣに譲渡された場合，乙土地については，以下の登記を申請することになります。

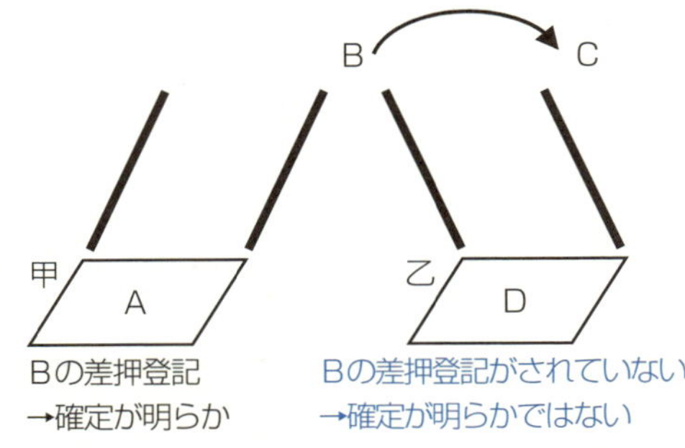

1/2　確定を原因とする根抵当権の元本確定の登記（下記4）
2/2　Cへの債権譲渡を原因とする根抵当権の移転の登記（P143～145の2.）

確定登記が必要かは，その不動産の登記記録だけをみて確定していることがわかるかで判断するからです（P133の「確定登記の要否の判断基準」）。

4　申請情報の記載事項

申請例89 ―― 第三者の申立てに基づく競売手続の開始による根抵当権の元本確定の登記

事例：Aが所有している建物に，乙区1番でBの根抵当権の設定の登記がされている。Aの一般債権者Cの申立てにより，この建物について競売手続が開始された。そして，令和5年11月13日，Bの元へ裁判所から債権届出の催告書が届いた。

登記の目的	1番根抵当権元本確定
原　　因	令和5年11月28日確定
権 利 者	A
義 務 者	B
添付情報	登記原因証明情報（民事執行法の規定による催告を受けたことを証する情報） 登記識別情報（Bの乙区1番の登記識別情報） 代理権限証明情報（A及びBの委任状）
登録免許税	金1000円

権利部（乙区）（所有権以外の権利に関する事項）			
順位番号	登記の目的	受付年月日・受付番号	権利者その他の事項
1	根抵当権設定	令和5年6月28日 第12457号	原因　令和5年6月28日設定 極度額　金1000万円 債権の範囲　貸付有価証券取引 債務者　A 根抵当権者　B
付記1号	1番根抵当権元本確定	令和5年11月28日 第19451号	原因　令和5年11月28日確定

確定登記は，上記のように常に付記登記で登記されます（不登規3条2号。Iのテキスト第1編第4章第3節2 3.②ア）。確定登記には，利害関係人がいないからです。

１．登記の目的

「○番根抵当権元本確定」と記載します。

２．登記原因及びその日付

年月日は，「P123～124 の表の確定時期の日付」を記載します。上記申請例 89 は，P123 の６.に該当しますので，Ｂが，Ｃの申立てに基づく競売手続の開始を知った日（令和５年 11 月 13 日）から２週間を経過した日（令和５年 11 月 28 日）を記載します（＊）。

＊期間の計算方法は，**民法Ⅰのテキスト第２編第９章**をご覧ください。

原因は，「確定」と記載します。確定が，元本が確定した原因（事実）だからです。

３．申請人

【原則（共同申請）】

登記権利者と登記義務者は入れ替わらない

下記の例外のように単独申請になることはありますが，あくまで P79 の「確定の基本的な考え方」によるため，**登記権利者と登記義務者が以下の者から入れ替わることはとにかくありません**（不登法 60 条）。根抵当権者が確定を望むこともあるため（ex. 根抵当権者からの確定請求〔民法 398 条の 19 第２項前段〕），「この場合は根抵当権者が登記権利者になるのかな？」と思わせるひっかけがありますので，ご注意ください。

・**登記権利者：設定者**
・**登記義務者：根抵当権者**

【例外（根抵当権者の単独申請）】

以下の３つの確定登記は，根抵当権者が単独で申請できます（不登法 93 条本文）。

＊なお，以下の場合でも，設定者と共同して申請しても構いません。

ⅰ　根抵当権者からの確定請求に基づく確定登記（民法 398 条の 19 第２項。P133 の３.）

ⅱ　第三者の申立てに基づく競売手続の開始または第三者による滞納処分の差押えを根抵当権者が知った時から２週間を経過したことに基づく確定登記（民法 398 条の 20 第１項３号。P134 の６.）

ⅲ　債務者または設定者の破産手続開始の決定に基づく確定登記（民法 398 条の 20 第１項４号。P134 の７.）

※ⅱとⅲは，その根抵当権またはその根抵当権を目的とする権利の取得の登記を確定登記と連件で申請する必要があります（不登法 93 条ただし書）。つまり，P129（ｃ），

P132（c）の場合でなければならないということです。P129（c），P132（c）の場合であれば，「確定」で決まりですので，P129（b）やP132（b）のようにひっくり返ることはないからです。

ex. 上記申請例89の事例において，すでに確定したものとして，BがDにその根抵当権の被担保債権を譲渡していた場合，以下の２件の登記を連件で申請し，1/2の登記は根抵当権者Bが単独で申請できます（これはP129〜130のex.と同じ事案となります）。

1/2　確定を原因とする根抵当権の元本確定の登記

この場合，申請人欄には，以下のように記載します。

「権利者　　A
義務者　　　（申請人）B」

本来は共同申請による登記なので，申請していない設定者Aも記載します（Ⅰのテキスト第2編第2章第3節8 2.（2）（b）「元が共同申請・合同申請なら申請していない者も記載」）。そして，実際に申請している根抵当権者Bに「（申請人）」と記載します。

2/2　Dへの債権譲渡を原因とする根抵当権の移転の登記（P143〜145の2.）

「1/2の確定がひっくり返ることはないですよ〜」という意味で，2/2の登記を連件で申請しています。

上記ⅰ〜ⅲの場合に根抵当権者が単独で申請できるのは，**設定者が夜逃げしている可能性**があり，設定者の登記申請の協力を得られない場合があるからです。

「他の確定事由の場合も設定者の夜逃げの可能性はあるんじゃ？」と思われたかもしれませんが，設定者の夜逃げを考えないといけないのは上記ⅰ〜ⅲの場合だけです。その理由を，P133〜135の表の確定事由ごとに説明します。

・1・4・5・8　→　そもそも確定登記が不要です（4.は原則としてですが）
・2・9・10　　→　設定者は確定請求をしていますので，夜逃げをしていません

4．添付情報

①登記原因証明情報（不登法61条）

Ⅰのテキスト第1編第6章第2節4の「登記原因証明情報の提供が不要となる場合」に当たりませんので，登記原因証明情報を提供する必要があります。

【原則（共同申請）】

共同申請なので，報告形式の登記原因証明情報で構いません。

【例外（根抵当権者の単独申請）】

単独申請ですので，以下の公的な情報に限定されます。

ⅰ　根抵当権者からの確定請求に基づく確定登記

→　根抵当権者が確定請求をしたことを証する情報（不登令別表 61 添付情報）

この確定請求は，配達証明付き内容証明郵便により行われたものでなければなりません（平 15.12.25 民二.3817）。

ⅱ　第三者の申立てに基づく競売手続の開始または第三者による滞納処分の差押えを根抵当権者が知った時から２週間を経過したことに基づく確定登記

→　民事執行法の規定による催告を受けたことを証する情報または国税徴収法の規定による通知を受けたことを証する情報（不登令別表 62 添付情報）

競売手続が開始されると，裁判所が配当のために債権額などを把握する必要があるため，裁判所書記官は，登記された担保権者などに，「債権額などはいくらですか～？」という債権届出の催告書を送ります（民執法 49 条２項，188 条）。また，滞納処分の差押えがされると，税務署長などが担保権者などに通知をします（国税徴収法 55 条）。これらによって根抵当権者が競売手続の開始または滞納処分の差押えを知ることになりますので，これらの情報が登記原因証明情報となります（平 10.10.23 民三.2069）。

ⅲ　債務者または設定者の破産手続開始の決定に基づく確定登記

→　破産手続開始の決定があったことを証する情報（不登令別表 63 添付情報）

官報が当たります。破産者は，官報に掲載されます（破産法 32 条１項，10 条１項）。

②登記識別情報（不登法 22 条本文）

【原則（共同申請）】

登記義務者である根抵当権者の登記識別情報を提供します。共同申請だからです（Ⅰのテキスト第１編第６章第３節３ １.「登記識別情報の提供の要否の基本的な判断基準」）。

【例外（根抵当権者の単独申請）】

※登記識別情報は，提供しません（不登法 22 条参照）。単独申請だからです（Ⅰのテキスト第１編第６章第３節３ １.「登記識別情報の提供の要否の基本的な判断基準」）。

③代理権限証明情報（不登令７条１項２号）

④会社法人等番号（不登令７条１項１号イ）

※印鑑証明書は，提供しません。共同申請でも，上記３.のとおり，所有権の登記名義人が登記義務者となることはないからです（Ⅰのテキスト第１編第６章第４節３ ２.「『認印でよいか』『実印で押印し印鑑証明書の提供が要求されるか』の判断基準」）。

※住所証明情報は，提供しません。Ⅰのテキスト第１編第６章第５節３「住所証明情報の提供が要求される場合①～③」のいずれにも当たらないからです。

５．登録免許税

付記登記として，不動産１個につき 1000 円です（登免法別表第１．１．(14)）。

第8節　確定前根抵当権と確定後根抵当権

根抵当権は，確定前と確定後で大きく顔が変わります。これまでにも出てきましたが，ここで「確定前根抵当権においてのみ認められること」「確定後根抵当権においてのみ認められること」「いずれでも認められること」をまとめます。

確定前根抵当権においてのみ認められること	確定後根抵当権においてのみ認められること
①**根抵当権の全部譲渡・一部譲渡・分割譲渡，譲渡を原因とする共有者の権利の移転**（民法398条の12第1項，398条の13，398条の12第2項，398条の14第2項）	①**被担保債権の債権譲渡・代位弁済による根抵当権の移転**（民法398条の7第1項）
被担保債権と切り離して根抵当権の枠だけを移転できるのは，随伴性のない確定前だけだからです。	被担保債権の移転に伴い根抵当権が移転するのは，随伴性のある確定後だけだからです。
②**債権の範囲の変更，債務者の変更（変更契約）**（民法398条の4第1項，2項）	②**債務者の変更（債務引受），債権者または債務者の変更（更改）**（民法398条の7第2項，3項，4項後段）
枠を変更する意味があるのは，債権が特定していない確定前だけだからです。	債務の移転に伴い根抵当権に変更が生じるのは，随伴性のある確定後だけだからです。
③**確定期日の新設・変更（繰下げ・繰上げ・廃止）**（民法398条の6第4項）	③**根抵当権の譲渡・放棄・順位の譲渡・順位の放棄**（民法398条の11第1項本文）
確定期日の意味があるのは，確定前だけだからです。	確定前にも認めると，優先関係があまりに複雑になってしまうからです（P56の1.）。
④**優先の定め**（民法398条の14第1項ただし書） ※優先の定めのみ，例外的に，元本確定前に合意すれば，登記は確定後でもできます。上記①～③は，登記も確定前にする必要があります。	④**弁済を原因とする根抵当権の消滅** 弁済によって被担保債権が消滅したことにより根抵当権が消滅するのは，付従性のある確定後だけだからです。
	⑤**減額請求による極度額の減額**（民法398条の21第1項） ⑥**根抵当権の消滅請求による根抵当権の消滅**（民法398条の22第1項前段） これらは，P149～151 3とP151～155 4で説明します。

いずれでも認められること
①放棄を原因とする共有者の権利の移転（民法255条，264条本文） 放棄は法律上当然に効果が生じるからです。
②転抵当（民法398条の11第1項ただし書），**転根抵当，順位変更，債権質入れ** 転抵当，転根抵当，順位変更は，上記の右の③と異なり，優先関係が複雑になる問題が生じないからです。これらは，根抵当権の優先枠を一緒に使ったりするハナシではありません。 債権質入れは，P58①②で説明した理由によります。
③抵当権から順位の譲渡・順位の放棄を受けること（民法398条の15参照） 確定前根抵当権でもできるのは，順位の譲渡・順位の放棄をする抵当権には決まった債権が存在しており（抵当権の優先枠には問題はなく），上記の右の③と異なり，優先関係が複雑になる問題が生じないからです。
④極度額の変更（民法398条の5） 確定後根抵当権でも認められるのは，確定後でも，極度額の意味はあるからです（確定後に生じた利息や損害金でも極度額までは担保されます。P10～11の3.）。
⑤相続・合併・会社分割を原因とする根抵当権の移転・債務者の変更 確定前根抵当権だと第6節（P88～122）の問題となります。しかし，確定後でも，相続・合併・会社分割が生じた場合には，根抵当権の移転・債務者の変更が生じます（会社分割は吸収分割契約書・新設分割計画書に「根抵当権の被担保債権・債務が承継される」と記載されている場合です）。相続・合併・会社分割の効果として，当然に生じるからです。
⑥放棄・解除を原因とする根抵当権の消滅 根抵当権（物権）自体を放棄・解除するというハナシなので，上記の右の④と異なり，付従性とは関係がないため，確定前根抵当権でも根抵当権が消滅します。 このように，放棄・解除が原因なら確定前根抵当権でも消滅するため，担保物権の抹消の登記原因証明情報の内容を放棄証書や解除証書で統一してしまっている金融機関があるのです（Ⅰのテキスト第3編第1章第6節2 2.「Realistic 20」）。

第９節　確定後根抵当権

根抵当権の最後に，本節では，確定後根抵当権に特有のハナシをみていきます。

本節で扱わない確定後根抵当権のハナシ

本節で扱わない確定後根抵当権のハナシは，基本的に抵当権の知識で考えてください。Ｐ３の「根抵当権に特有の規定を学習していない知識」で説明したとおり，根抵当権は抵当権の一種だからです。

ex. 元本の確定後に，根抵当権の被担保債権のすべてが弁済されました。この場合の根抵当権の抹消の登記の申請情報は，Ⅰのテキスト第３編第１章第６節2の申請例64の弁済を原因とする抵当権の抹消の登記を少し変えたものになります。異なる箇所を青字にしました。登記の目的に「根」が加わるだけです。

登記の目的	１番根抵当権抹消
原　　　因	令和５年 11 月 28 日弁済
権　利　者	Ａ
義　務　者	Ｂ
添 付 情 報	登記原因証明情報（弁済証書） 登記識別情報（Ｂの乙区１番の登記識別情報） 代理権限証明情報（Ａ及びＢの委任状）
登録免許税	金 1000 円

1　債権譲渡・代位弁済

１．実体（民法）

民法 398 条の７（根抵当権の被担保債権の譲渡等）

１　元本の確定前に根抵当権者から債権を取得した者は，その債権について根抵当権を行使することができない。元本の確定前に債務者のために又は債務者に代わって弁済をした者も，同様とする。

確定した後に，根抵当権者が根抵当権の被担保債権を譲渡すると（民法 466 条１項本文），根抵当権も債権の譲受人に移転します（民法 398 条の７第１項前段）。

また，債務者以外の第三者が債務者の代わりに根抵当権の被担保債権の弁済をすると，根抵当権者からその第三者に根抵当権が移転します（民法501条1項，2項）。
確定後根抵当権には，随伴性があるからです。── **民法Ⅱのテキスト第4編第1章第3節 2**

2．申請情報の記載事項

確定後に債権譲渡がされると債権（一部）譲渡を原因とする債権の譲受人への根抵当権の（一部）移転の登記を，確定後に代位弁済がされると（一部）代位弁済を原因とする代位弁済をした第三者への根抵当権の（一部）移転の登記を申請できます。

申請例90 ── **債権一部譲渡を原因とする根抵当権の一部移転の登記**

事例：Aが所有している建物に，乙区1番で債務者をA・極度額を1000万円・確定期日を令和5年11月20日とする（＊）Bの根抵当権の設定の登記がされている。この根抵当権の債権の範囲に含まれるBのAに対する債権は2000万円であるが，BとCは，令和5年11月28日，この債権のうち1500万円をBがCに売却する契約を締結した。令和5年11月29日，債権譲渡の事実を記載した内容証明郵便がAに到達した。

＊記述では，確定期日は登記記録にしか記載されていないのが通常です。登記記録の確定期日の記載から，確定期日が到来し元本が確定しているかを判断する必要があります。

登記の目的	1番根抵当権一部移転
原　　因	令和5年11月28日債権一部譲渡
譲 渡 額	金1500万円
権 利 者	C
義 務 者	B
添付情報	登記原因証明情報（根抵当権付債権譲渡契約書） 登記識別情報（Bの乙区1番の登記識別情報） 代理権限証明情報（C及びBの委任状）
課税価格	金1000万円
登録免許税	金2万円

権利部（乙区）（所有権以外の権利に関する事項）			
順位番号	登記の目的	受付年月日・受付番号	権利者その他の事項
1	根抵当権設定	令和5年6月28日 第12457号	原因　令和5年6月28日設定 極度額　金1000万円

			債権の範囲　割賦販売取引 確定期日　令和5年11月20日 債務者　A 根抵当権者　B
付記1号	1番根抵当権一部移転	令和5年11月30日 第19567号	原因　令和5年11月28日債権一部譲渡 譲渡額　金1500万円 根抵当権者　C

以下で説明する課税価格を除いて，基本的にⅠのテキスト第3編第1章第2節2 1.（2）の債権譲渡・代位弁済を原因とする抵当権の移転の登記と同じです。ただし，根抵当権ですので，登記の目的が「○番根抵当権移転」「○番根抵当権一部移転」となります。

・**課税価格**

根抵当権の場合，極度額は限度額であるため，実際に存在する債権額が極度額より高いことも低いこともあります。よって，譲渡額・弁済額が極度額より高いことも低いこともあります。

課税価格は，以下のとおりです。

	債権譲渡・代位弁済 （債権の全部の譲渡・弁済）	債権一部譲渡・一部代位弁済 （債権の一部の譲渡・弁済）
譲渡額・弁済額が極度額より高い場合	①極度額	②極度額
譲渡額・弁済額が極度額より低い場合	③極度額	④譲渡額・弁済額

まず，いずれの場合でも，課税価格が**極度額を超えることはありません**。上記①②の場合も「極度額」が課税価格となります。債権額が極度額より高くても，優先枠は極度額が限度だからです（Ⅰのテキスト第3編第1章第1節2 6.「優先枠に課税」）。

ex. 上記申請例90は，上記②の場合です。譲渡額は「1500万円」ですが，課税価格は「1000万円」となります。なお，2000万の債権のうち1500万円を譲渡している債権一部譲渡ですので，登記の目的は「1番根抵当権一部移転」，登記原因及びその日付は「令和5年11月28日債権一部譲渡」と記載し，譲渡額も記載します。

上記③は，譲渡額・弁済額が極度額より低いにもかかわらず，課税価格が「極度額」となります。債権の全部の譲渡・弁済であれば，債権の譲受人・代位弁済した第三者は根抵当権の優先枠を極度額まで使うことができるからです。確定後に生じたものでも利息や損害金は根抵当権で担保されますので（P10～11 の３.），譲渡額・弁済額が極度額より低くても，債権の譲受人・代位弁済した第三者が，極度額まで優先枠を使う可能性はあります。

上記④は，譲渡額・弁済額が課税価格となります。債権の一部の譲渡・弁済なので，債権の譲受人・代位弁済した第三者が，１人で根抵当権の優先枠を使えるわけではないからです。

2　根抵当権の一部移転の登記の後に根抵当権の共有者の１人の債権が消滅した場合

１．実体（民法）

根抵当権にも，抵当権のⅠのテキスト第３編第１章第５節[1] 4.と同種の問題があります。以下の ex.を基に，この問題を考えていきます。

＊人物関係などは，Ⅰのテキスト第３編第１章第５節[1] 4.の ex.に合わせています。

ex. Ａが所有している建物に，乙区１番で債務者をＡ・極度額を 1000 万円とするＢの根抵当権の設定の登記がされました。確定期日が到来し，この根抵当権の元本が確定しました。その後，ＢからＣにこの根抵当権の債権の範囲に含まれる債権1000万円のうち 700 万円が譲渡され，ＢからＣへの根抵当権の一部移転の登記がされました。乙区１番でＢの根抵当権の設定の登記，乙区１番付記１号でＣへの根抵当権の一部移転の登記がされているという状態です。

（1）Ｂの債権のみが消滅した場合

上記 ex.の場合に，Ｂの債権 300 万円のみがＡの弁済により消滅し，Ｂの根抵当権の権利が消滅したとします。このとき，乙区１番のＢの根抵当権の設定の登記を抹消するかですが，それをしてしまうと，乙区１番に付記１号でくっついているＣへの根抵当権の一部移転の登記も消えてしまいます。

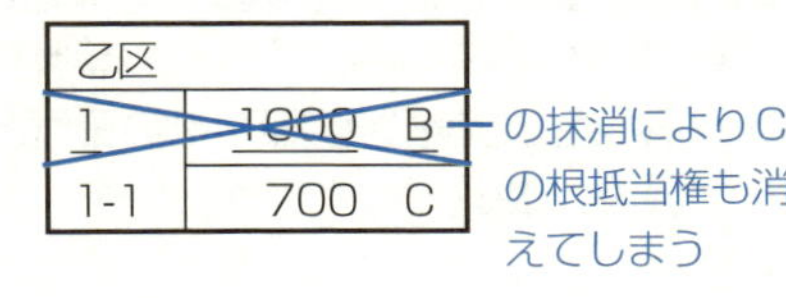

よって，「年月日Ｂの債権弁済」を登記原因及びその日付として，根抵当権者をＣとする変更の登記を申請します（登研 592P185）。

※抵当権の場合（Ⅰのテキスト第３編第１章第５節[1]４.（1）（a））と異なり，極度額の減額の変更の登記はしません。根抵当権の場合，根抵当権者がCのみになっても，債権は極度額まで担保されるからです。

（2）Cの債権のみが消滅した場合

上記 ex.の場合に，Cの債権 700 万円のみがAの弁済により消滅し，Cの根抵当権の権利が消滅したとします。このとき，申請する登記には，以下の２つの見解があります。

①乙区１番付記１号のCへの根抵当権の一部移転の登記の抹消の登記を申請する（昭36.4.22 民事甲 954）

抵当権は，この見解はダメでした（Ⅰのテキスト第３編第１章第５節[1]４.（1）（b））。乙区１番の主登記のみとなり，登記記録上 1000 万円の被担保債権を担保する抵当権のように見えてしまうからでした。

乙区	
1	1000　B
1-1	700　C

―の登記の抹消により 1000 万円の債権を担保する根抵当権のようにみえても OK

しかし，根抵当権は，Cの権利が消えても，極度額（1000 万円）まで担保されるため，この見解を採ることも可能なのです。

②「年月日Cの債権弁済」を登記原因及びその日付として，根抵当権者をBとする変更の登記を申請する（登研 410P83。上記（1）と同様の登記を申請するということです）

一部移転の登記の後に共有者の１人の債権が消滅した場合のまとめ

抵当権でも根抵当権でも，Bの債権の消滅でもCの債権の消滅でも，**「年月日○○の債権弁済」を登記原因及びその日付として変更の登記**を申請します。

※「抵当権は債権額の変更の登記をするが，根抵当権は極度額の変更の登記をしない」という違いはあります。また，登記の目的の記載方法は違います。

※Cの債権が消滅した場合，根抵当権は，根抵当権の一部移転の登記の抹消の登記を申請するという見解も採れます。

２．申請情報の記載事項

上記１.（2）は２つの見解がありますので，上記１.（1）の場合の申請情報の記載事項をみていきます。

申請例91 —— **根抵当権の一部移転の登記の後に原根抵当権者の債権が弁済された場合の根抵当権の変更の登記**

＊事例は，上記1.（1）に合わせています。

事例：Aが所有している建物に，乙区１番で債務者をA・極度額を1000万円・確定期日を令和５年11月20日とするBの根抵当権の設定の登記がされている。令和５年11月28日，BからCに，この根抵当権の債権の範囲に含まれる債権1000万円のうち700万円が譲渡され，根抵当権の一部移転の登記がされた。AはBに，令和５年12月21日，この根抵当権の被担保債権1000万円のうち300万円を弁済した。

登記の目的	１番根抵当権の根抵当権者をCとする変更
原　　因	令和５年12月21日Bの債権弁済
権 利 者	A
義 務 者	B
添付情報	登記原因証明情報（弁済証書） 登記識別情報（Bの乙区１番の登記識別情報） 代理権限証明情報（A及びBの委任状）
登録免許税	金1000円

権利部（乙区）（所有権以外の権利に関する事項）			
順位番号	登記の目的	受付年月日・受付番号	権利者その他の事項
1	根抵当権設定	令和５年６月28日 第12457号	原因　令和５年６月28日設定 極度額　金1000万円 債権の範囲　気体供給取引 確定期日　令和５年11月20日 債務者　A 根抵当権者　B
付記１号	１番根抵当権一部移転	令和５年11月28日 第19451号	原因　令和５年11月28日債権一部譲渡 譲渡額　金700万円 根抵当権者　C
付記２号	１番根抵当権の根抵当権者をCとする変更	令和５年12月21日 第19987号	原因　令和５年12月21日Bの債権弁済

（1）登記の目的

「○番根抵当権の根抵当権者を○○とする変更」と記載します。「○○」には，弁済を受けていない者（根抵当権者として残る者）を記載します。

（2）登記原因及びその日付

年月日は，「弁済された日」を記載します。

原因は，「○○の債権弁済」と記載します。「○○」には，弁済を受けた者を記載します。○○の債権の弁済が，根抵当権者が変更された原因（準法律行為）だからです。

（3）申請人

以下の者の共同申請です（不登法60条）。

・登記権利者：設定者（上記申請例91だとA。登研592P185）＊

＊設定者ではなく，弁済を受けていない根抵当権者（上記申請例91だとC）が登記権利者となれるという見解もあります（昭38.12.27民事甲3346）。この変更の登記により，Cが根抵当権の極度額をすべて使えるようになるからです。

・登記義務者：弁済を受けた根抵当権者（上記申請例91だとB。登研592P185）

Bが根抵当権者でなくなりますので，Bが登記義務者となることに争いはありません。

（4）添付情報

①登記原因証明情報（不登法61条，不登令別表25添付情報イ）

Ｉのテキスト第1編第6章第2節4の「登記原因証明情報の提供が不要となる場合」に当たりませんので，登記原因証明情報を提供する必要があります。

具体的には，弁済証書が当たります。

②登記識別情報（不登法22条本文）

登記義務者である根抵当権者の登記識別情報を提供します。共同申請だからです（Ｉのテキスト第1編第6章第3節3 1.「登記識別情報の提供の要否の基本的な判断基準」）。

③代理権限証明情報（不登令7条1項2号）

④会社法人等番号（不登令7条1項1号イ）

※印鑑証明書は，提供しません。所有権の登記名義人が登記義務者とならないからです（Ｉのテキスト第1編第6章第4節3 2.「『認印でよいか』『実印で押印し印鑑証明書の提供が要求されるか』の判断基準」）。

※住所証明情報は，提供しません。Ｉのテキスト第１編第６章第５節3「住所証明情報の提供が要求される場合①～③」のいずれにも当たらないからです。

（5）登録免許税

変更の登記として，不動産１個につき1000円です（登免法別表第１．１．（14））。

3 極度額の減額請求

1．実体（民法）

> **民法398条の21（根抵当権の極度額の減額請求）**
> 1　元本の確定後においては，根抵当権設定者は，その根抵当権の極度額を，現に存する債務の額と以後２年間に生ずべき利息その他の定期金及び債務の不履行による損害賠償の額とを加えた額に減額することを請求することができる。

（1）意義

確定後根抵当権においては，設定者は，根抵当権者に対して，極度額を現に存する債務の額と以後２年間に生ずべき利息・損害金などを加えた額に減額することを請求できます（民法398条の21第１項）。

これは，設定者の一方的な意思表示により効果が生じる形成権です。 =P152

（2）趣旨

たとえば，被担保債権は100万円しかないが，極度額が１億円の場合，登記記録には「極度額　１億円」と記録されます。この登記記録を見た者は，「根抵当権者が１億円も優先して持っていくんだ……」と考え，この不動産を担保に融資をすることをためらいます。そこで，極度額を実際の債権額とその後の２年分の利息・損害金などに減額させる権利を設定者に与えているのです。これにより，設定者はこの不動産を担保に融資を受けることができるようになります。

根抵当権者としても，確定後は新たに元本債権は生じないため，文句はありません。このように，確定後は新たに元本債権が生じないことを根拠とするため，確定後根抵当権においてのみ認められるのです（P140⑤）。

※純粋共同根抵当権の場合

純粋共同根抵当権の場合，１つの不動産の根抵当権について極度額の減額請求がされると，他の不動産の根抵当権の極度額も減額されます（民法398条の21第２項）。 =P152

純粋共同根抵当権の被担保債権は，「同一の債権」だからです（P18のｉ）。

2．申請情報の記載事項

極度額の減額請求がされると，根抵当権の極度額の減額の変更の登記を申請できます。

申請例92 ―― **減額請求を原因とする根抵当権の極度額の減額の変更の登記**

事例：Aが所有している建物に，乙区１番で極度額を１億円・確定期日を令和５年11月20日とするBの根抵当権の設定の登記がされている。AはBに対して，令和５年11月27日，この根抵当権の極度額を，現に存する債務額および以後２年間に生じる利息・損害金の総額である104万円に減額すべき請求書を発し，令和５年11月28日にBに到達した。

登記の目的　１番根抵当権変更
原　　　因　令和５年11月28日減額請求
変更後の事項　極度額　金104万円
権　利　者　A
義　務　者　B
添 付 情 報　登記原因証明情報（極度額減額請求書等）
　　　　　　登記識別情報（Bの乙区１番の登記識別情報）
　　　　　　代理権限証明情報（A及びBの委任状）
登録免許税　金1000円

権利部（乙区）（所有権以外の権利に関する事項）			
順位番号	登記の目的	受付年月日・受付番号	権利者その他の事項
1	根抵当権設定	令和5年6月28日 第12457号	原因　令和5年6月28日設定 極度額　金1億円 債権の範囲　工業所有権実施許諾取引 確定期日　令和5年11月20日 債務者　A 根抵当権者　B
付記1号	1番根抵当権変更	令和5年11月28日 第19451号	原因　令和5年11月28日減額請求 極度額　金104万円

以下の点を除いて，P60～64の2.の変更を原因とする根抵当権の極度額の変更の登記の【減額】と同じです（昭46.12.27民事三.960）。極度額の減額の変更の登記だからです。

（1）登記原因及びその日付

年月日は，「減額請求の意思表示が根抵当権者に到達した日」を記載します。減額請求は，意思表示が根抵当権者に到達した時に生じる形成権だからです（P149（1））。よって，上記申請例92の登記原因日付は，令和5年11月27日ではなく，「令和5年11月28日」となります。

原因は，「減額請求」と記載します。減額請求が，極度額が減額された原因（法律行為）だからです。

（2）添付情報

以下のとおり，登記原因証明情報の内容が変わる点を除いて，P62～64（5）の【減額】と同じです。

・登記原因証明情報（不登法61条，不登令別表25添付情報イ）
具体的には，極度額減額請求書などが当たります。

4　根抵当権の消滅請求

1．実体（民法）

民法398条の22（根抵当権の消滅請求）

1　元本の確定後において現に存する債務の額が根抵当権の極度額を超えるときは，他人の債務を担保するためその根抵当権を設定した者又は抵当不動産について所有権，地上権，永小作権若しくは第三者に対抗することができる賃借権を取得した第三者は，その極度額に相当する金額を払い渡し又は供託して，その根抵当権の消滅請求をすることができる。この場合において，その払渡し又は供託は，弁済の効力を有する。

（1）意義

確定後根抵当権において残債務の額が極度額を超えるときは，下記（3）の者（物上保証人など）は，根抵当権者に対して，極度額に相当する金額を払い渡しまたは供託（*）して，根抵当権の消滅請求をすることができます（民法398条の22第1項前段）。

＊詳しくは供託法で学習しますが，「供託」とは，債権者が弁済金を受け取らないなどの事情がある場合に，債務者が国（法務省の出先機関の法務局が供託を扱います）に金銭などを預けておくことです。

P149=　これも，物上保証人などの一方的な意思表示により効果が生じる形成権です。

※純粋共同根抵当権の場合

純粋共同根抵当権の場合，1つの不動産の根抵当権について根抵当権の消滅請求が
P149=　されると，他の不動産の根抵当権も消滅します（民法398条の22第2項）。

純粋共同根抵当権の被担保債権は，「同一の債権」だからです（P18のⅰ）。

（2）趣旨

たとえば，被担保債権は2000万円あるが極度額が1000万円の場合，物上保証人などは，1000万円を根抵当権者に払い渡すか供託して，根抵当権の消滅を請求できます。

「2000万円の債権があるのに，極度額の1000万円しかもらえずに根抵当権が消滅してしまうと，根抵当権者がかわいそうでは？」と思われたかもしれません。しかし，たとえ競売しても，物上保証人などの責任は極度額に限られます。根抵当権者が，その不動産から極度額を超えて回収できるわけではありません。物上保証人などは，不動産が競売される以外に「さらに払え！」と言われることはありません。物上保証人などの責任は，有限責任です。また，根抵当権者としても，競売の手間や費用を考えると，極度額に相当する額を得たほうがよいこともあります。

（3）消滅請求ができる者

この消滅請求は，できる者とできない者がいます。

消滅請求ができる者（○）	消滅請求ができない者（×）
①**物上保証人**（民法398条の22第1項前段） ②**根抵当権が設定された不動産の第三取得者**（民法398条の22第1項前段） 上記（2）のとおり，これらの者の責任は極度額に限られるため，消滅請求をすることが認められます。	①**主たる債務者，保証人およびこれらの者の承継人**（民法398条の22第3項，380条） これらの者は債務全額を弁済する責任があるため，「極度額の支払で根抵当権を消して」なんて虫のよいことはできません。
③**根抵当権が設定された不動産について，地上権，永小作権または第三者に対抗することができる賃借権を取得した者**（民法398条の22第1項前段）	②**根抵当権が設定された不動産を停止条件付で取得した者（停止条件の成否が未定である場合**。民法398条の22第3項，381条）

これらの者も，利害関係を有するからです。	まだ所有権を取得していない者が消滅させられるのはおかしいからです。
	③後順位担保権者

2．申請情報の記載事項

根抵当権の消滅請求がされると，根抵当権の抹消の登記を申請できます。

申請例93 ―― 消滅請求を原因とする根抵当権の抹消の登記

事例：Cが所有している建物に，乙区1番でAを債務者・極度額を 1000 万円・確定期日を令和5年11月20日とするBの根抵当権の設定の登記がされている。この根抵当権の債権の範囲に含まれるBのAに対する債権は 2000 万円である。Cは Bに対して，令和5年11月27日，1000万円の支払とともに根抵当権の消滅請求書を発し，令和5年11月28日にBに到達した。

登記の目的	1番根抵当権抹消
原　　因	令和5年11月28日消滅請求
権 利 者	C
義 務 者	B
添付情報	登記原因証明情報（根抵当権消滅請求書等） 登記識別情報（Bの乙区1番の登記識別情報） 代理権限証明情報（C及びBの委任状）
登録免許税	金1000円

権利部（乙区）（所有権以外の権利に関する事項）			
順位番号	登記の目的	受付年月日・受付番号	権利者その他の事項
1	根抵当権設定	令和5年6月28日 第12457号	原因　令和5年6月28日設定 極度額　金1000万円 債権の範囲　消費寄託取引 確定期日　令和5年11月20日 債務者　A 根抵当権者　B
2	1番根抵当権抹消	令和5年11月28日 第19451号	原因　令和5年11月28日消滅請求

（1）登記の目的

「○番根抵当権抹消」と記載します。

（2）登記原因及びその日付

年月日は，「消滅請求の意思表示が根抵当権者に到達した日」を記載します。消滅請求は，意思表示が根抵当権者に到達した時に生じる形成権だからです（P152）。よって，上記申請例93の登記原因日付は，令和5年11月27日ではなく，「令和5年11月28日」となります。

原因は，「消滅請求」と記載します。消滅請求が，根抵当権が消滅した原因（法律行為）だからです。

（3）申請人

以下の者の共同申請です（不登法60条）。

・登記権利者：設定者

・登記義務者：根抵当権者

根抵当権という設定者の負担が消滅する登記だからです。

（4）添付情報

①登記原因証明情報（不登法61条，不登令別表26添付情報ホ）

Ⅰのテキスト第1編第6章第2節4の「登記原因証明情報の提供が不要となる場合」に当たりませんので，登記原因証明情報を提供する必要があります。

具体的には，根抵当権消滅請求書などが当たります。

②登記識別情報（不登法22条本文）

登記義務者である根抵当権者の登記識別情報を提供します。共同申請だからです（Ⅰのテキスト第1編第6章第3節3 1.「登記識別情報の提供の要否の基本的な判断基準」）。

③代理権限証明情報（不登令7条1項2号）

④会社法人等番号（不登令7条1項1号イ）

⑤承諾証明情報（不登法68条，不登令別表26添付情報へ）

登記上の利害関係を有する第三者がいるときは，必ずその第三者が作成した承諾を証する情報などを提供する必要があります。抹消の登記だからです（不登法68条。Ⅰのテキスト第1編第6章第8節2 1.①）。

たとえば，以下のⅰ～ⅳの者が登記上の利害関係を有する第三者に当たります。

以下のⅰ～ⅳの者は，**根抵当権を目的として権利を有している者**です。目的としている根抵当権が抹消されるため，根抵当権を目的とする権利は職権抹消されるからです（Ⅰのテキスト第2編第2章第2節[2]5.「職権抹消の基本的な考え方」）。

ⅰ　根抵当権の処分を受けている者

ⅱ　根抵当権の被担保債権の質権者

ⅲ　根抵当権を目的とする仮登記権利者

ⅳ　根抵当権付債権を目的とする差押債権者・仮差押債権者

※印鑑証明書は，提供しません。所有権の登記名義人が登記義務者とならないからです（Ⅰのテキスト第1編第6章第4節[3]2.「『認印でよいか』『実印で押印し印鑑証明書の提供が要求されるか』の判断基準」）。

※住所証明情報は，提供しません。Ⅰのテキスト第1編第6章第5節[3]「住所証明情報の提供が要求される場合①～③」のいずれにも当たらないからです。

(5) 登録免許税

抹消の登記として，不動産1個につき1000円です（登免法別表第1.1.(15)）。

第3章　先取特権の登記

抵当権と根抵当権以外の担保物権は，記述で出題される確率がかなり低いです。よって，この第３章の先取特権と次の第４章の不動産質権は，択一対策として押さえてください。

1　登記される先取特権

先取特権には，「一般の先取特権」「動産の先取特権」「不動産の先取特権」の３種類がありました。── 民法Ⅱのテキスト第４編第３章第２節1　このうち，不動産登記の対象となるのは，「一般の先取特権」と「不動産の先取特権」です。一般の先取特権も含まれているのは，一般の先取特権は債務者の総財産を目的とするため，不動産にも成立するからです。── 民法Ⅱのテキスト第４編第３章第２節5 3.

これらの先取特権が発生すると，先取特権の保存の登記を申請できます。

なお，一般の先取特権は４種類，不動産の先取特権は３種類に分かれます。── 民法Ⅱのテキスト第４編第３章第２節2 2.，4 2.　不動産登記では，不動産の先取特権は，民法と同じく「不動産の保存の先取特権」「不動産の工事の先取特権」「不動産の売買の先取特権」の３種類に分けて考える必要があります。また，不動産の工事の先取特権はさらに「新築」と「増築」で分けなければなりません。しかし，一般の先取特権は，試験的には分ける必要はありません。

2　申請情報の記載事項

この2では，「不動産の工事の先取特権（新築）」以外の先取特権をみていきます。不動産の工事の先取特権（新築）のみ特殊なので，これは下記3で別の項目として説明します。

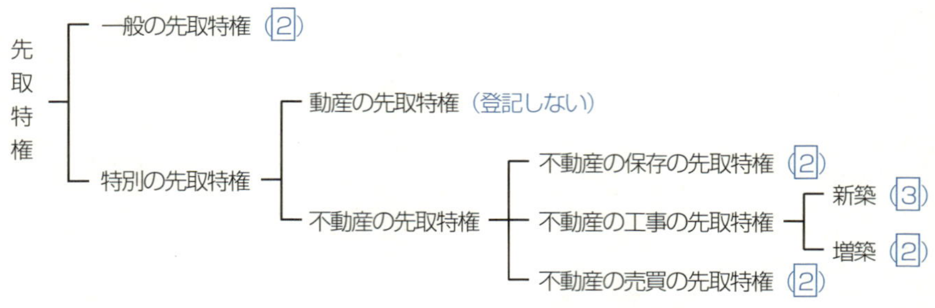

1．登記の目的

先取特権の種類に応じて，以下のように記載します。

先取特権の種類	登記の目的
一般の先取特権	一般の先取特権保存
不動産の保存の先取特権	不動産保存先取特権保存
不動産の工事の先取特権（増築）	不動産工事先取特権保存
不動産の売買の先取特権	不動産売買先取特権保存

先取特権は，上記のように登記の目的に「保存」と記載します（Ⅰのテキスト第2編第1章1「登記の目的に『保存』と記載する権利」)。先取特権は法定担保物権なので，抵当権や根抵当権のように人の行為（設定契約）で作り出す権利ではないからです。

2．登記原因及びその日付

先取特権の種類に応じて，以下のように記載します。

先取特権の種類	登記原因及びその日付
一般の先取特権	「年月日財産管理費用の先取特権発生」（共益の費用），「令和○年○月から令和○年○月までの給料債権の先取特権発生」（雇用関係）など
不動産の保存の先取特権	年月日修繕費の先取特権発生
不動産の工事の先取特権（増築）	年月日増築請負の先取特権発生
不動産の売買の先取特権	年月日売買の先取特権発生

抵当権のように「年月日～」が2つあるわけではなく，1つです。上記の「年月日～」は，被担保債権の発生原因のみを記載するということです。先取特権は，法定担保物権であり，設定契約によって生じるものではないため，物権契約は記載しないのです。

3．登記事項

＊乙区の担保物権の登記の登記事項は，P166～167 2 の表で比較しています。「何が登記事項となるか」は，P166～167 2 の表を検索先として，比較しながら記憶してください。

（1）必要的登記事項（必ず記載する必要がある事項）

先取特権の種類	必要的登記事項	
一般の先取特権 （不登法83条1項1号，2号）	債権額	債務者の氏名または名称および住所
不動産の保存の先取特権 （不登法83条1項1号，2号）	債権額	
不動産の工事の先取特権（増築） （不登法83条1項1号，2号，85条）	工事費用の予算額 ＊	
不動産の売買の先取特権 （不登法83条1項1号，2号）	債権額	

乙区に登記される担保物権は，「債権額（に相当するもの）」「債務者の氏名または名称および住所」が必要的登記事項となります（Ⅰのテキスト第3編第1章第1節 2 3.（1）「乙区の担保物権の必要的登記事項」）

＊不動産の工事の先取特権は，工事を始める前に登記しなければならないため（民法338条1項前段），被担保債権は「工事費用の予算額」となります。―― 民法Ⅱのテキスト第4編第3章第2節 4 2.②

（2）任意的登記事項（定めがある場合には記載すべき事項）

※基本的に，先取特権に任意的登記事項はありません。先取特権は，法定担保物権であり法律上当然に発生しますので，「定めがある」ということがないからです。よって，たとえば，利息は登記事項となりません。「利息の定めをした」ということがないからです。

ただし，不動産の売買の先取特権の保存の登記は，売買代金に利息があれば，それが登記事項となります。条文（民法328条）で「利息」を担保すると規定されているからです。―― 民法Ⅱのテキスト第4編第3章第2節 4 2.

4．申請人

以下の者の共同申請です（不登法60条）。

・登記権利者：先取特権者
・登記義務者：所有権の登記名義人（債務者）

5．添付情報

①登記原因証明情報（不登法61条，不登令別表42添付情報）

Ｉのテキスト第１編第６章第２節4の「登記原因証明情報の提供が不要となる場合」に当たりませんので，登記原因証明情報を提供する必要があります。

②登記識別情報（不登法22条本文）

登記義務者である所有権の登記名義人（債務者）の登記識別情報を提供します。共同申請だからです（Ｉのテキスト第１編第６章第３節3１.「登記識別情報の提供の要否の基本的な判断基準」)。

※ただし，不動産の売買の先取特権の保存の登記は，登記識別情報を提供しません。共同申請ですが，不要です（Ｉのテキスト第１編第６章第３節3１.「登記識別情報の提供の要否の基本的な判断基準」の例外)。不動産の売買の先取特権は，以下の２件の登記を申請します。

1/2　売主から買主への売買を原因とする所有権の移転の登記

2/2　売買の先取特権発生を原因とする売主（先取特権者）を登記権利者・買主を登記義務者とする先取特権の保存の登記

この1/2の登記と2/2の登記は，「1/2」「2/2」としていますが，同時申請による必要があります。── 民法Ⅱのテキスト第４編第３章第２節4 2.③　よって，2/2の登記の時点で，買主にはまだ登記識別情報が通知されていないのです。買戻特約の登記（Ｉのテキスト第２編第６章第１節2 5.※）と同じ考え方です。

③印鑑証明書（不登令16条２項，18条２項）

登記義務者である所有権の登記名義人（債務者）の印鑑証明書を提供します。所有権の登記名義人が登記義務者となるからです（Ｉのテキスト第１編第６章第４節3 2.「『認印でよいか』『実印で押印し印鑑証明書の提供が要求されるか』の判断基準」)。

※ただし，不動産の売買の先取特権の保存の登記は，印鑑証明書を提供しません。これも，上記②※と同じ理由です。同時申請なので，2/2の登記の時点で，買主はまだ所有権の登記名義人となっていません。よって，「所有権の登記名義人が登記義務者となる場合」に該当しないのです。

④代理権限証明情報（不登令７条１項２号）

⑤会社法人等番号（不登令７条１項１号イ）

※住所証明情報は，提供しません。Ｉのテキスト第１編第６章第５節3「住所証明情報の提供が要求される場合①～③」のいずれにも当たらないからです。

※設計書は，提供しません。不動産工事の先取特権の保存の登記であってもです。

6．登録免許税

債権額・工事費用の予算額の4/1000です（登免法別表第1．1．（5））。

cf. 地上権の移転の登記と同時にする売買の先取特権の保存の登記の可否

売買の先取特権の保存の登記は，売買を原因とする地上権の移転の登記と同時にすることもできると解されています。売買の先取特権は，不動産を売買した場合だけでなく，地上権を売買した場合にも成立すると解されているからです。

3　不動産の工事の先取特権（新築）

1．特殊な登記手続

不動産の工事の先取特権は，工事を始める前に登記しなければなりません（民法338条1項前段）。── 民法Ⅱのテキスト第4編第3章第2節4 2.②　これは新築建物の工事でも同じです。新築建物の工事前ということは，建物の甲区はおろか表題部さえできていない段階で，先取特権の保存の登記をするということです。

この不動産の工事の先取特権の保存の登記は，新築する建物の設計書（図面を含む）の内容を証する情報を提供して申請し，表題部と甲区が仮に作られます（不登法86条2項）。これが，Ⅰのテキスト第1編第4章第2節3 4.の例外②です。

設計図を基に仮に作る

表　題　部　（主である建物の表示）		調製	余　白	不動産番号	0111483935938
所在図番号	余　白				
所　　在	新宿区新宿一丁目1番地			余　白	
①　種　類	②　構　造	③　床　面　積　㎡		原因及びその日付［登記の日付］	
居宅	木造かわらぶき 2階建	1階　72　55 2階　60　11		種類，構造及び床面積は設計書による ［令和5年6月28日］	

権　利　部　（甲　区）　（所　有　権　に　関　す　る　事　項）			
順位番号	登記の目的	受付年月日・受付番号	権　利　者　そ　の　他　の　事　項
1	登記義務者表示	余　白	A 不動産工事の先取特権保存の登記により登記

権利部（乙区）（所有権以外の権利に関する事項）			
順位番号	登記の目的	受付年月日・受付番号	権利者その他の事項
1	不動産工事先取特権保存	令和5年6月28日 第12457号	原因　令和5年6月28日新築請負の先取特権発生 工事費用予算額　金1000万円 債務者　A 先取特権者　株式会社B工務店

この後，建物の建築が完了したら，建物の所有者（上記の登記記録ではA）は，遅滞なく，所有権の保存の登記を申請しなければなりません（不登法87条1項）。上記の登記は，仮に作っているだけだからです。

2．申請情報の記載事項

(1) 登記の目的

「不動産工事先取特権保存」と記載します。

(2) 登記原因及びその日付

「年月日新築請負の先取特権発生」と記載します。

これも，被担保債権の発生原因のみを記載するということです。

(3) 登記事項

＊乙区の担保物権の登記の登記事項は，P166～167 2 の表で比較しています。「何が登記事項となるか」は，P166～167 2 の表を検索先として，比較しながら記憶してください。

(a) 必要的登記事項（必ず記載する必要がある事項）

・工事費用の予算額（不登法83条1項1号，85条）

・債務者の氏名または名称および住所（不登法83条1項2号）

乙区に登記される担保物権なので，この2つは必要的登記事項となります（Ⅰのテキスト第3編第1章第1節 2 3．(1)「乙区の担保物権の必要的登記事項」）。

(b) 任意的登記事項（定めがある場合には記載すべき事項）

※任意的登記事項（ex. 利息に関する定め，違約金の定め）はありません。先取特権は，法定担保物権であり法律上当然に発生しますので，「定めがある」ということがないからです。

（4）申請人

以下の者の共同申請です（不登法60条）。

・登記権利者：先取特権者
・登記義務者：所有権の登記名義人となる予定の債務者

債務者は，まだ所有権の登記名義人となっていません。そのため，登記義務者の定義である「登記上，直接に不利益を受ける登記名義人」に当たりません（不登法2条13号。Ⅰのテキスト第1編第5章第2節2 1．（1））。しかし，他に登記義務者としてふさわしい者がいないため，所有権の登記名義人となる予定の債務者を登記義務者とみなすとされています（不登法86条1項前段）。

（5）添付情報

①登記原因証明情報（不登法61条，不登令別表43添付情報イ）

Ⅰのテキスト第1編第6章第2節4の「登記原因証明情報の提供が不要となる場合」に当たりませんので，登記原因証明情報を提供する必要があります。

②新築する建物の設計書（図面を含む）の内容を証する情報（不登令別表43添付情報ロ）

上記1.のとおり，仮に表題部を作るため，そのために必要な情報を提供します。

③代理権限証明情報（不登令7条1項2号）

④会社法人等番号（不登令7条1項1号イ）

※登記識別情報は，提供しません（不登法86条1項後段）。共同申請ですが，不要です（Ⅰのテキスト第1編第6章第3節3 1.「登記識別情報の提供の要否の基本的な判断基準」の例外）。上記（4）のとおり，所有権の登記名義人となる予定の債務者が登記義務者となります。債務者はまだ所有権の登記名義人となっていないため，登記識別情報が通知されていません。よって，提供できないのです。

※印鑑証明書は，提供しません。登記義務者である債務者は，まだ所有権の登記名義人となっていません。よって，「所有権の登記名義人が登記義務者となる場合」に該当しないのです（Ⅰのテキスト第1編第6章第4節3 2.「『認印でよいか』『実印で押印し印鑑証明書の提供が要求されるか』の判断基準」）。

※住所証明情報は，提供しません。Ⅰのテキスト第1編第6章第5節3「住所証明情報の提供が要求される場合①～③」のいずれにも当たらないからです。

（6）登録免許税

工事費用の予算額の4/1000です（登免法別表第1．1．（5））。

第4章 不動産質権の登記

1 実体（民法）→登記

金銭消費貸借契約などにより債権が発生した場合，その債権を担保するために，その債権の債権者（質権者）と不動産の所有者（設定者）が，不動産に質権を設定することができます（不動産質権）。質権の設定契約は要物契約ですので，不動産を質権者に引き渡す必要もあります（民法 344 条）。―― 民法Ⅱのテキスト第４編第４章第３節

この場合，質権の設定の登記を申請できます。

※賃借権を目的とする質権

賃借権の譲渡または賃借物の転貸ができる旨の特約のある賃借権を目的として質権を設定することもできます（昭 30.5.16 民事甲 929）。質権は債権などを目的とすることもできたとおり（―― 民法Ⅱのテキスト第４編第４章第４節），質権の目的は広く認められるのです。よって，賃借権を目的として登記された転借権（P200～203 2）を目的として質権を設定するなんてこともできます（昭 30.5.16 民事甲 929 参照）。

なお，賃借権の譲渡または賃借物の転貸ができる旨の特約がない場合は，賃貸人の賃借権の譲渡についての承諾証明情報を提供する必要があります。賃借権に質権を設定することは，賃借権の譲渡に相当するからです。

2 申請情報の記載事項

1．登記の目的

「質権設定」と記載します。

2．登記原因及びその日付

質権の設定の登記の登記原因及びその日付は，抵当権の設定の登記と同じく，「年月日◯◯年月日設定」となり，「年月日～」が２つあります。

１つ目の「年月日～」は，「年月日金銭消費貸借」など被担保債権の発生原因（債権契約）を記載します。質権には付従性がありますので，被担保債権がまずあるからです。

２つ目の「年月日～」は，「年月日設定」ですが，これは質権の設定契約（物権契約）を記載します。質権は約定担保物権なので，設定契約があるからです。

３．登記事項

＊乙区の担保物権の登記の登記事項は，P166～167[2]の表で比較しています。「何が登記事項となるか」は，P166～167[2]の表を検索先として，比較しながら記憶してください。

（１）必要的登記事項（必ず記載する必要がある事項）

①債権額（不登法 83 条１項１号）

②債務者の氏名または名称および住所（不登法 83 条１項２号）

乙区に登記される担保物権なので，この２つは必要的登記事項となります（Ⅰのテキスト第３編第１章第１節[2]３．（１）「乙区の担保物権の必要的登記事項」）。

（２）任意的登記事項（定めがある場合には記載すべき事項）

①利息に関する定め（不登法 95 条１項２号）

②違約金の定め（不登法 95 条１項３号）

「弁済期に返済しなかった場合は損害賠償として 100 万円を支払う」といった違約金の定めがあれば，登記事項となります。

質権は，抵当権のように，遅延損害金の優先弁済の範囲が最後の２年分に制限される（民法 375 条２項）ということがありません。── 民法Ⅱのテキスト第４編第４章第１節[4]１.（１）　よって，定期金的な性質を有する定め（「年○％」といった定め）に限定されないのです。

③損害賠償額の定め（不登法 95 条１項３号）

④債権に付した条件（不登法 95 条１項４号）

ex. 「債権者Ｂが死亡したときは，債権が消滅する」

⑤付加一体物に及ばない旨の別段の定め（民法 361 条が準用する民法 370 条ただし書の別段の定め。不登法 95 条１項７号）

ex. 「立木には，不動産質権の効力は及ばない」

⑥存続期間の定め（不登法 95 条１項１号）

不動産質権は，存続期間の定めをすることができるため，存続期間の定めがあると登記事項となります。── 民法Ⅱのテキスト第４編第４章第３節[2]３.

⑦被担保債権の範囲の変更の定め（民法346条ただし書の別段の定め。不登法95条1項5号）

これは，質権の設定契約で被担保債権の範囲を変更した場合のその定めのことです。

── 民法Ⅱのテキスト第4編第4章第1節4 1．(1)

⑧使用収益・管理費用についての定め（民法359条の別段の定め〔民法356条または民法357条に規定するものに限る〕。不登法95条1項6号）

不動産質権は，質権者が不動産を使用収益し管理費用を負担するのが原則です。それについて特約ができ，特約がある場合にはそれが登記事項となります。── 民法Ⅱのテキスト第4編第4章第3節3

※弁済期

弁済期は，登記事項とはなりません。

4．申請人

以下の者の共同申請です（不登法60条）。

・登記権利者：不動産質権者
・登記義務者：設定者

設定者が物上保証人である場合には，物上保証人が登記義務者となり，債務者は申請人にはなりません。

5．添付情報

以下のとおり，登記原因証明情報の内容が変わる点を除いて，Ⅰのテキスト第3編第1章第1節2 5.の抵当権の設定の登記の添付情報と同じです（提供するかどうかの理由も同じです）。

・登記原因証明情報（不登法61条，不登令別表46添付情報）
具体的には，不動産質権設定契約書が当たります。

6．登録免許税

債権額の4/1000です（登免法別表第1．1．(5)）。

第5章　乙区の担保物権の登記のまとめ

第４章までで乙区の担保物権の登記はひととおりみましたので，「設定（保存）の登記の登記原因及びその日付の書き方」（下記1）と「登記事項」（下記2）を比較してみます。これらは，比較したほうが記憶しやすいです。

1　設定（保存）の登記の登記原因及びその日付の書き方

	被担保債権の発生原因（債権契約）	設定契約（物権契約）
抵当権	年月日○○	年月日設定
根抵当権		年月日設定
先取特権	年月日○○	
不動産質権	年月日○○	年月日設定

担保物権には付従性があるため，基本的に記載します。しかし，確定前根抵当権は，決まった被担保債権がないため，記載しません。

約定担保物権である抵当権・根抵当権・不動産質権は，設定契約によって生じますので，記載します。法定担保物権である先取特権は，設定契約なく生じるため，記載しません。

2　登記事項

1．必要的登記事項（必ず記載する必要がある事項）

	抵当権	根抵当権	先取特権	不動産質権
債権額	○ 債権額	○ 極度額	○ 債権額 工事費用の予算額	○ 債権額
債務者	○	○	○	○
債権の範囲	×	○	×	×

乙区の担保物権に共通の必要的登記事項（債権額・債務者）

2．任意的登記事項（定めがある場合には記載すべき事項）

	抵当権	根抵当権	先取特権	不動産質権
利息	○	×	× 不動産の売買の先取特権のみ○	○
違約金	×	×	×	○
損害賠償額	○	×	×	○
債権に付した条件	○	×	×	○
付加一体物に及ばない旨の別段の定め	○	○	×	○
抵当証券発行の定め	○	×	×	×
抵当証券発行の定めがあるときの元本または利息の弁済期または支払場所の定め	○	×	×	×
取扱店	○	○	×	×
確定期日	×	○	×	×
優先の定め	×	○ ※設定時は×	×	×
存続期間	×	×	×	○
被担保債権の範囲の変更の定め	×	×	×	○
使用収益・管理費用についての定め	×	×	×	○
弁済期	×	×	×	×

第4編

利用権の登記（各論③）

第1章　地上権の登記

担保物権の登記が終わりましたので，次は利用権の登記をみていきます。

1　地上権の設定の登記

1．実体（民法）→登記

設定者と地上権者との設定契約により，地上権者が工作物または竹木を所有するために設定者の土地を使える地上権を設定できます（民法 265 条）。また，土地・建物に設定された抵当権に基づく競売によって，法定地上権が成立することもあります（民法 388 条）。── 民法Ⅱのテキスト第３編第４章第１節1，2 1.，第４編第５章第７節3

この場合，地上権の設定の登記を申請できます。

2．申請情報の記載事項

申請例94 ── 地上権の設定の登記

事例：ＢとＡは，令和５年６月 28 日，目的を建物所有・存続期間を 50 年・地代を１平方メートルにつき１年１万円・支払時期を毎年３月 31 日として，Ａが所有している土地（甲区１番でＡ名義の所有権の保存の登記がされている）にＢの地上権を設定する契約を締結した。この土地の課税標準の額は，1000 万円である。

登記の目的	地上権設定
原　　因	令和５年６月 28 日設定
目　　的	建物所有
存続期間	50 年
地　　代	１平方メートル１年１万円
支払時期	毎年３月31日
地上権者	Ｂ
設 定 者	Ａ
添付情報	登記原因証明情報（地上権設定契約書） 登記識別情報（Ａの甲区１番の登記識別情報） 印鑑証明書（Ａの印鑑証明書） 代理権限証明情報（Ｂ及びＡの委任状）
課税価格	金 1000 万円
登録免許税	金 10 万円

権利部（乙区）（所有権以外の権利に関する事項）			
順位番号	登記の目的	受付年月日・受付番号	権利者その他の事項
1	地上権設定	令和5年6月28日 第12457号	原因　令和5年6月28日設定 目的　建物所有 存続期間　50年 地代　1平方メートル1年1万円 支払時期　毎年3月31日 地上権者　B

（1）登記の目的

「地上権設定」と記載します。

（2）登記原因及びその日付

年月日は，「地上権の設定契約の成立日」を記載します。

原因は，「設定」と記載します。設定（契約）が，地上権が設定された原因（法律行為）だからです。

※法定地上権の場合

法定地上権が成立した場合も，当事者の申請により地上権の設定の登記をします。競売の際に裁判所書記官が嘱託によってする登記に含まれていないからです（民執法82条1項，188条）。

年月日は，「買受人が競売代金を納付した日」を記載します。民事執行法で学習することですが，競売による権利変動（所有権の移転など）は，買受人が競売代金を納付した時に生じるからです（民執法79条）。

原因は，「法定地上権設定」と記載します。法定地上権は法律上当然に成立するにもかかわらず登記の目的も登記原因も「設定」と記載するのは，民法388条に「地上権が設定されたものとみなす」と規定されているからです。

（3）登記事項

＊利用権の登記の登記事項は，P222～223の表で比較しています。「何が登記事項となるか」は，P222～223の表を検索先として，比較しながら記憶してください。

（a）必要的登記事項（必ず記載する必要がある事項）

・設定の目的（不登法78条１号）

地上権は地上権者が工作物または竹木を所有するための権利ですので，設定契約で定められた「建物所有」（工作物），「竹木所有」（竹木）などの目的を登記します。

工作物は，「建物所有」だけでなく，「ゴルフ場所有」（昭47.9.19民事三.447）や「スキー場所有」（昭58.8.17民三.4814）といった目的でも登記できます。民法265条の「工作物」は，土地の地上・地下に建設されるすべての施設を指すからです。

（b）任意的登記事項（定めがある場合には記載すべき事項）

①地代（不登法78条２号）

地代の定めがあれば，「１平方メートル１年１万円」などと記載します。

設定契約において，地上権の存続期間中は地代の増額をしない旨の特約がされている場合には，その特約も登記することができます（大判明40.3.12）。地上権の設定後に，設定者が所有権を譲渡したり地上権者が地上権を譲渡したりする可能性がありますので，所有権や地上権の譲受人（第三者）のために，このような特約は公示するべきだからです。

②地代の支払時期の定め（不登法78条２号）

支払時期の定めがあれば，「毎年３月31日」などと記載します。

③存続期間（不登法78条３号）

存続期間の定めがあれば，「○年」などと記載します。

（4）申請人

以下の者の共同申請です（不登法60条）。

・登記権利者：地上権者

・登記義務者：設定者

この地上権者と設定者は，地上権の設定契約をした地上権者と設定者のことです。

ex. ＢとＡは，Ａが所有している土地にＢの地上権を設定する契約を締結しました。しかし，その登記がされないまま，土地がＡからＣに譲渡されました。この場合，ＣがＢの地上権を承認しても，ＢとＣは，ＡＢ間の地上権の設定契約を登記原因及びその日付として，地上権の設定の登記をすることはできません（登研533P41）。権利変動の過程は，忠実に公示するべきだからです。ＢとＡが地上権を設定契約をしたのであって，ＢとＣが地上権を設定契約をしたのではありません。

（5）添付情報

①登記原因証明情報（不登法61条，不登令別表33添付情報ニ）

Ｉのテキスト第１編第６章第２節4の「登記原因証明情報の提供が不要となる場合」に当たりませんので，登記原因証明情報を提供する必要があります。

具体的には，地上権設定契約書が当たります。

②登記識別情報（不登法22条本文）

登記義務者である設定者の登記識別情報を提供します。共同申請だからです（Ｉのテキスト第１編第６章第３節3 1.「登記識別情報の提供の要否の基本的な判断基準」）。

③印鑑証明書（不登令16条２項，18条２項）

登記義務者である設定者の印鑑証明書を提供します。所有権の登記名義人である設定者が登記義務者となるからです（Ｉのテキスト第１編第６章第４節3 2.「『認印でよいか』『実印で押印し印鑑証明書の提供が要求されるか』の判断基準」）。

④代理権限証明情報（不登令７条１項２号）

⑤会社法人等番号（不登令７条１項１号イ）

※住所証明情報は，提供しません。Ｉのテキスト第１編第６章第５節3「住所証明情報の提供が要求される場合①～③」のいずれにも当たらないからです。

（6）登録免許税

不動産の価額の10/1000です（登免法別表第１.１.（３）イ）。

3．地上権の設定の登記の可否

設定者と地上権者が地上権の設定契約をすれば，常に地上権の設定の登記ができるわけではありません。この3.では，どのような場合に地上権の設定の登記ができて，どのような場合にできないのかをみていきます。

<table>
<tr><th>可（○）</th><th>不可（×）</th></tr>
<tr><td rowspan="2">①地上権の登記のある土地に重ねて区分地上権を設定すること（民法 269 条の２第２項前段）
＊地上権者の承諾は必要です。
区分地上権は，土地の上下の一定範囲しか使用しないため，排他性が緩和されているからです。── 民法Ⅱのテキスト第３編第４章第１節[5]3.</td><td>①地上権の登記のある土地に重ねて地上権を設定すること（昭 37.5.4民事甲 1262）
地上権は，排他性のある（他人を排して独占できる）物権であるため，１つの土地に１つしか設定できないからです。── 民法Ⅱのテキスト第３編第４章第１節[3]</td></tr>
<tr><td rowspan="2">②共有者の持分を目的として地上権を設定すること（不登令 20 条8号。登研 191P72。昭 37.3.26 民事甲 844 参照）
Realistic rule
持分のみを目的として利用権を設定することはできません。
ex. ＡＣが共有している土地がある場合に，Ａ持分のみを目的としてＢの地上権を設定することはできません。
C　A　B
共有とは，たとえば，「Ｃが西側 45 ㎡，Ａが東側 45 ㎡」を所有しているわけではなく，ＣもＡも土地全体に権利があります。── 民法Ⅱのテキスト第３編第３章第４節[3]2.「『30/90 ㎡』ではない」　よって，Ａが利用権を設定すると，Ｃの土地の使用収益権を侵害することになってしまうのです。</td></tr>
<tr><td rowspan="2">②地上権の設定の登記または地上権の設定の仮登記のある土地に，更に地上権の設定の仮登記をすること（明 33.2.2民刑局長回答参照）
仮登記は，第５編第２章（P249～308）で説明しますが，仮登記が他の登記と抵触するかは，本登記の時点で考えます。よって，仮登記であれば，いくつでも設定することができます。</td></tr>
<tr><td>③一筆の土地の一部について地上権の設定の登記をすること（昭 35.3.31 民事甲 712。不登令 20 条４号。Ⅰのテキスト第３編第１章第１節[3]2.「不動産の一部を目的とする登記の可否」）
※設定契約自体は可能です。── 民法Ⅱのテキスト第３編第４章第１節[1]「民法（実体）の基本的な考え方」</td></tr>
</table>

４．区分地上権の設定の登記

（１）実体（民法）→登記

地下鉄や電線を通すためなど，土地の上下の一定の範囲のみに地上権を設定したい場合，地下または地上の範囲を区切った，工作物を所有するための区分地上権を設定することができます（民法 269 条の２第１項前段）。── **民法Ⅱのテキスト第３編第４章第１節[5]**

区分地上権も，登記することができます。

（2）申請情報の記載事項

区分地上権の設定の登記は，地上権の設定の登記の申請情報の記載事項に，以下の青字にした事項が加わります（加わることがあります）。

申請例95 ―― 区分地上権の設定の登記

登記の目的	地上権設定
原　　因	令和5年6月28日設定
目　　的	高架鉄道敷設
範　　囲	東京湾平均海面の上100メートルから上30メートルの間
存続期間	50年
地　　代	1平方メートル1年1万円
支払時期	毎年3月31日
特　　約	土地の所有者は高架鉄道の運行の障害となる工作物を設置しない
地上権者	B
設 定 者	A
添付情報	登記原因証明情報（地上権設定契約書）
	登記識別情報（Aの甲区1番の登記識別情報）
	印鑑証明書（Aの印鑑証明書）
	代理権限証明情報（B及びAの委任状）
	承諾証明情報（Cの承諾書）
課税価格	金1000万円
登録免許税	金10万円

権利部（乙区）（所有権以外の権利に関する事項）			
順位番号	登記の目的	受付年月日・受付番号	権利者その他の事項
1	地上権設定	令和4年6月28日 第11542号	原因　令和4年6月28日設定 目的　建物所有 地上権者　C
2	地上権設定	令和5年6月28日 第12457号	原因　令和5年6月28日設定 目的　高架鉄道敷設 範囲　東京湾平均海面の上100メートルから上30

			メートルの間 存続期間　50年 地代　1平方メートル1年1万円 支払時期　毎年3月31日 特約　土地の所有者は高架鉄道の運行の障害となる工作物を設置しない 地上権者　B

※登記の目的は，「地上権設定」と記載し，「区分地上権設定」とは記載しません。区分地上権であることは，区分地上権の目的である地下または空間の上下の範囲（下記（a） i）を登記することによりわかるからです。

（a）登記事項

以下の2点が加わります（ii は加わることがあります）。

i　必要的登記事項（必ず記載する必要がある事項）

・区分地上権の目的である地下または空間の上下の範囲（不登法78条5号）

「東京湾平均海面の上100メートルから上30メートルの間」などと記載します。

区分地上権であるため，上下の範囲を登記する必要があるのです。

地表を含めて，空間を上限，地下を下限とする定めをすることもできます（登研839P137）。

ex.「東京湾平均海面の上100メートルから下30メートルの間」

東京湾

※左右の範囲

範囲として認められるのは，「上下」のみです。「左右」は，認められません。つまり，一筆の土地の一部分（ex. 西側30㎡）に，区分地上権の設定の登記をすることはできません（昭35.3.31民事甲712参照。登研224P72。不登令20条4号。Ⅰのテキスト第3編第1章第1節3 2.「不動産の一部を目的とする登記の可否」）。

ii　任意的登記事項（定めがある場合には記載すべき事項）

・区分地上権の行使のための設定者の土地の使用の制限（不登法78条5号）

「土地の所有者は高架鉄道の運行の障害となる工作物を設置しない」などと記載します。

区分地上権であれば設定者も土地を使えますが，区分地上権者のジャマにならないよう，設定者の土地の使用の制限を設定契約で定めることができます（民法269条の

2第1項後段)。── 民法Ⅱのテキスト第3編第4章第1節5 4．その定めがあれば，登記事項となります。

(b) 添付情報

以下の添付情報が加わることがあります。

・承諾証明情報（不登令7条1項5号ハ）

区分地上権は，その土地に地上権など利用権を有する者がいても設定できます。ただし，その利用権を有する者の承諾が必要です（民法269条の2第2項前段）。── 民法Ⅱのテキスト第3編第4章第1節5 3．たとえば，以下の者の承諾が必要となります（昭41.11.14民事甲1907)。

承諾を要する者

①その土地を**使用収益する権利**を有する者
②**上記①の権利を目的とする権利**を有する者

承諾を要する者	承諾を要しない者
i　**利用権者（地上権者，区分地上権者，永小作権者，地役権者，採石権者，賃借権者など（＊）。**上記①） ＊配偶者居住権者も含まれると解されます。 上記申請例95は，Cの地上権が設定されていますので，Cの承諾証明情報を提供しています。	i　**所有権を目的とする担保権者** 上記①②のいずれにも該当しないからです。
ii　**利用権の仮登記名義人**（上記①）	
iii　**使用収益しない旨の特約のない不動産質権者**（上記①） 不動産質権は，特約がなければ，不動産質権者が不動産を使用収益します（民法359条，356条)。── 民法Ⅱのテキスト第4編第4章第3節3 1．この場合，上記①に当たります。	ii　**使用収益しない旨の特約のある不動産質権者** 不動産質権は，特約で「設定者が不動産の使用収益をする」とすることができます（民法359条）。── 民法Ⅱのテキスト第4編第4章第3節3 3．この特約があれば，不動産質権者は不動産を利用しませんので，上記①に当たりません。
iv　**利用権を目的とする担保権者**（上記②）	
v　**利用権を目的とする差押債権者・仮差押債権者**（上記②）	

※区分地上権の範囲を明らかにする「図面」を提供する必要はありません（昭 41.11.14 民事甲 1907）。区分地上権の範囲は“上下”ですので，「東京湾平均海面の上 100 メートルから下 30 メートルの間」など（上記（a）ⅰ）と記載するだけでわかるからです。

「 P188

（3）区分地上権の設定の可否

区分地上権の設定ができるか，問題となる事案があります。

①竹木所有を目的とする区分地上権

普通の地上権と異なり，竹木所有を目的として区分地上権を設定することはできません。

区分地上権は，「工作物」を所有するためにのみ設定できます（民法 269 条の２第１項前段）。地下鉄や電線を通すためなどに創られた物権が区分地上権だからです。

また，範囲を「地下５ｍから地上 15ｍまで」などとしても，竹木だと，根や枝がその範囲よりも伸びるかもしれません（冗談みたいな理由ですが……）。

②階層的区分建物の特定階層を所有することを目的とする区分地上権

「階層的区分建物」とは，ビルなどのことです。ビルの特定階層（ex. ２階部分のみ）を所有することを目的として区分地上権の設定の登記をすることはできません（昭 48.12.24 民三.9230）。

たしかに，階層的区分建物は工作物です。しかし，特定階層だけで独立した工作物ではないため，特定階層を所有することを目的とすることは認められないのです。

2　地上権の移転の登記

地上権者は，設定者の承諾なくしても，地上権を譲渡できます。地上権は物権だからです。―― 民法Ⅱのテキスト第３編第４章第１節3 3.

また，地上権者が死亡または消滅会社となる合併がされると，地上権は，相続人または存続会社（吸収合併の場合）・設立会社（新設合併の場合）に移転します（民法 896 条本文，会社法 750 条１項，752 条１項，754 条１項，756 条１項）。

上記のような原因で地上権が移転した場合，地上権の移転の登記をすることができます。地上権の移転の登記については，以下の知識を押さえてください。

登記記録上，存続期間が満了してしまっている地上権について，存続期間を経過した後の日を登記原因日付とする地上権の移転の登記をすることができるでしょうか。

できません（昭35.5.18民事甲1132）。

登記記録から判明する実体は，「存続期間が満了しているため，地上権は消滅している」です。よって，このままでは，地上権が移転することはありません。登記官も，登記記録および申請情報・添付情報から判断できる事項については，実体上の審査をします（Ⅰのテキスト第1編第5章第3節2 1.※）。

したがって，この移転の登記をするには，存続期間を変更して存続期間の変更の登記をする必要があります（登研439P128）。

3 地上権の変更の登記・更正の登記

1．実体（民法）→登記

地上権が設定された後，設定者と地上権者との変更契約により，地上権の内容を変更することができます。

この変更契約により地上権の登記事項に変更が生じた場合，地上権の変更の登記を申請できます。

また，登記時から地上権の登記事項の一部に錯誤（間違い）または遺漏（モレ）がある場合，地上権の更正の登記を申請できます。

2．申請情報の記載事項

（1）申請人

地上権者と設定者との共同申請によりますが（不登法60条），どちらが登記権利者または登記義務者となるかは，変更・更正の内容によって変わります。

— Realistic 2　視点を固定する —

以下の表では，設定者にとって有利か（有利なら登記権利者になります），不利か（不利なら登記義務者になります）という視点でみています。「地上権者にとって」という視点で考えてもいいのですが，いずれにしても**視点を固定して毎回同じ視点から考える**ようにしてください。毎回同じ視点から考えることで，記憶に残りやすくなりますし，本試験でもその思考が再現でき思い出せる確率が上がるからです。

登記事項	変更・更正の内容	登記権利者	登記義務者
存続期間	**短縮**　ex. 50年→30年	設定者	地上権者
	延長　ex. 30年→50年	地上権者	設定者
	存続期間が長くなると地上権の負担が長く続くため，短縮のほうが設定者に有利であり，延長のほうが設定者に不利です。		
地　代	**増額**　ex. 年100万円→年150万円	設定者	地上権者
	減額　ex. 年150万円→年100万円	地上権者	設定者
	地代が高くなると設定者の収益が増えるため，増額のほうが設定者に有利であり，減額のほうが設定者に不利です。		
区分地上権の範囲	**縮小** ex. 東京湾平均海面の上 100 メートルから上 30 メートルの間 → 東京湾平均海面の上50メートルから上30メートルの間	設定者	地上権者
	拡張 ex. 東京湾平均海面の上50メートルから上30メートルの間 → 東京湾平均海面の上100メートルから上30メートルの間	地上権者	設定者
	区分地上権の範囲が広がると設定者が使用できる範囲が狭まるため，縮小のほうが設定者に有利であり，拡張のほうが設定者に不利です。		
地上権 ⇔ 区分地上権 （※）	**地上権　→　区分地上権**	設定者	地上権者
	区分地上権　→　地上権	地上権者	設定者
	区分地上権のほうが普通の地上権よりも設定者が使用できる範囲が広いため（普通の地上権は設定者が使用できる範囲はありません），区分地上権への変更・更正のほうが設定者に有利であり，区分地上権でない地上権への変更・更正のほうが設定者に不利です。		

※このように，「地上権を区分地上権に」「区分地上権を地上権に」変更・更正する登記もできます（昭41.11.14民事甲1907〔変更の登記について〕）。変更・更正の登記の仕方は，上下の「範囲」（P176のｉ）を追加するまたは廃止する方法によって行います。

(2) 添付情報

地上権の変更の登記・更正の登記は，以下の添付情報に注意してください。

・承諾証明情報（不登法66条，不登令別表25添付情報ロ）

登記上の利害関係を有する第三者がいるときは，付記登記によって登記するには，その第三者が作成した承諾を証する情報などを提供する必要があります。変更の登記・更正の登記だからです（不登法66条。Ⅰのテキスト第1編第6章第8節2 1.※）。

たとえば，以下の者が登記上の利害関係を有する第三者に当たります。

地上権者に不利益になる登記 （上記（1）において，登記権利者：設定者・登記義務者：地上権者となる登記）	設定者に不利益になる登記 （上記（1）において，登記権利者：地上権者，登記義務者：設定者となる登記）
i　その地上権を目的とする担保権者	i　後順位の担保権者（仮登記名義人も含みます）
ii　その地上権を目的とする仮登記権利者	ii　後順位の所有権の仮登記権利者
iii　その地上権を目的とする差押債権者・仮差押債権者	iii　後順位の所有権の差押債権者・仮差押債権者

↑「地上権者に不利益になる登記」ということは，地上権の価値が下がるということです。よって，**価値の下がる地上権を目的として権利を有している者**が当たります。

↑「設定者に不利益になる登記」ということは，所有者にとって地上権の負担が増すということです。よって，将来的に所有権の登記名義人となる仮登記権利者の将来の負担が増加します（ii）。また，所有権の価値が下がり，競売価格が下落します（i・iii）。

4 地上権の抹消の登記

1. 実体（民法）→登記

地上権は，消滅時効，存続期間の満了などにより消滅します。── 民法Ⅱのテキスト第3編第4章第1節4 1.

地上権が消滅すると，地上権の抹消の登記を申請できます。

2. 申請情報の記載事項

(1) 申請人

以下の者の共同申請です（不登法60条）。

・登記権利者：設定者
・登記義務者：地上権者

（2）添付情報

地上権の抹消の登記も，以下の添付情報に注意してください。

・承諾証明情報（不登法68条，不登令別表26添付情報ヘ）

登記上の利害関係を有する第三者がいるときは，必ずその第三者が作成した承諾を証する情報などを提供する必要があります。抹消の登記だからです（不登法68条。Ⅰのテキスト第１編第６章第８節２１.①）。

たとえば，その地上権を目的とする担保権者が登記上の利害関係を有する第三者に当たります。地上権を目的とする担保権者は，目的としている地上権が抹消されるため，職権抹消されるからです（Ⅰのテキスト第２編第２章第２節２５.「職権抹消の基本的な考え方」）。

「存続期間満了」を登記原因とする場合でも，地上権を目的とする抵当権が登記されていれば，その抵当権者の承諾証明情報を提供する必要があります（登研439P128）。「存続期間が満了したことは登記記録から明らかだから，承諾なく職権抹消するよ」とはならないのです。

第2章 永小作権の登記

不動産登記法では，永小作権は，登記事項以外はほとんど出題されませんので，設定の登記を簡単に説明するのみにとどめます。

1 実体（民法）→登記

設定者と永小作人との設定契約により，永小作人が耕作または牧畜をするために設定者の土地を使える永小作権を設定できます（民法270条）。── 民法Ⅱのテキスト第3編第4章第2節1，21.

この場合，永小作権の設定の登記を申請できます。

2 申請情報の記載事項

以下で説明する登記事項を除いて，基本的にP170～173の2.の地上権の設定の登記の申請情報の記載事項と同じです。添付情報を提供する理由や考え方も同じです。ただし，永小作権ですので，登記の目的が「永小作権設定」，登記原因日付が「永小作権の設定契約の成立日」，申請人の登記権利者が「永小作人」，登記原因証明情報の内容が「永小作権設定契約書」となります。

・登記事項

＊利用権の登記の登記事項は，P222～223の表で比較しています。「何が登記事項となるか」は，P222～223の表を検索先として，比較しながら記憶してください。

【必要的登記事項（必ず記載する必要がある事項）】

・小作料（不登法79条1号）

小作料は，永小作権に必ず存在するからです。── 民法Ⅱのテキスト第3編第4章第2節22.

【任意的登記事項（定めがある場合には記載すべき事項）】

①小作料の支払時期の定め（不登法79条2号）

②存続期間（不登法79条2号）

③永小作権の譲渡または土地の賃貸を禁止する旨の定め（民法272条ただし書の定め。不登法79条3号）── 民法Ⅱのテキスト第3編第4章第2節31.

④永小作人の権利または義務に関する定め（不登法79条4号）

ex. 永小作権の内容を，耕作または牧畜のうちのどちらかに限定する定め

第3章　地役権の登記

地役権は，「かなり変わった物権」であり，それが不動産登記にも現れています。登記の仕方も，他の権利とは少し違います。地役権は，民法と同じく，不動産登記法でもよく出題されるのですが，その辺りに理由があるのだと思われます。

1　地役権の設定の登記

1．実体（民法）→登記

承役地の権利者と要役地の権利者との設定契約により，要役地の権利者が承役地を利用できる地役権を設定できます（民法 280 条）。── 民法Ⅱのテキスト第３編第４章第３節1，21．

この場合，地役権の設定の登記を申請できます。

※地役権者・設定者となれる者

要役地の所有者と承役地の所有者は，もちろん地役権者と設定者になれます。

しかし，それだけでなく，以下の者も地役権者と設定者になれます（昭 36.9.15 民事甲 2324，昭 39.7.31 民事甲 2700。登研 282P73）。

・要役地の地上権者，永小作権者，登記された賃借権者（地役権者になれます）
・承役地の地上権者，永小作権者，登記された賃借権者（設定者になれます）

地役権は，要役地が承役地をどう“利用”するかという物権なので，実際に利用しているこれらの者が設定することができるのです。

＊このように地上権者なども地役権の設定の当事者となれますが，以下では，要役地の所有者と承役地の所有者が地役権の設定の当事者となる最も基本的な事例をみていきます。

2．申請情報の記載事項

申請例96 ── 地役権の設定の登記

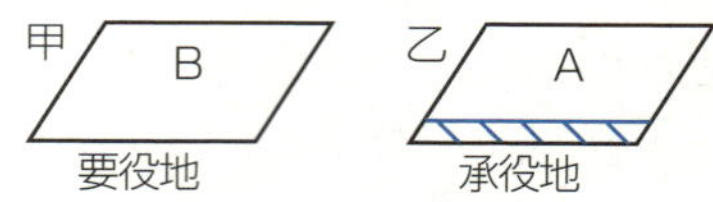

事例：BとAは，令和５年６月28 日，Bが所有している甲土地を要役地（B名義の所有権の保存の登記がされている）・Aが所有している乙土地（甲区１番でA名義の所有権の保存の登記がされている）を承役地として，目的を通行・存続期間を 50 年・地代を１平方メートルにつき１年１万円・支払時期を毎年３月 31 日・範囲を東側４平方メー

トルとする地役権を設定する契約を締結した。甲土地および乙土地は，同一の登記所の管轄区域内にある。

登記の目的	地役権設定
原　　因	令和５年６月28日設定
目　　的	通行
範　　囲	東側４平方メートル
地役権者	B
設 定 者	A
添付情報	登記原因証明情報（地役権設定契約書）
	登記識別情報（Aの甲区１番の登記識別情報）
	印鑑証明書（Aの印鑑証明書）
	代理権限証明情報（B及びAの委任状）
	地役権図面
登録免許税	金1500円

【乙土地】（承役地）

権利部（乙区）（所有権以外の権利に関する事項）			
順位番号	登記の目的	受付年月日・受付番号	権利者その他の事項
1	地役権設定	令和５年６月28日 第12457号	原因　令和５年６月28日設定 目的　通行 範囲　東側４平方メートル 要役地　新宿区新宿一丁目２番 地役権図面第92号

承役地の登記記録には，このように，**地役権者が登記されるのではなく**（不登法80条２項），**「要役地」が登記されます**。これは，地役権の登記を考えるポイントになります。地役権者ではなく要役地を登記するのは，民法で説明した以下の考え方が不動産登記に現れているからです。―― 民法Ⅱのテキスト第３編第４章第３節1①

地役権に共通する視点

地役権は，**土地（要役地）のための物権**であり，**土地（要役地）にくっついている物権**です。

土地（要役地）のための物権なので，要役地を登記するのです。よって，地役権の設定の登記を申請しても，地役権者に登記識別情報は通知されません。地役権者が登記されないため，登記名義人となる者がいないからです（Ⅰのテキスト第1編第6章第3節2 1．（1）②の要件を充たしません）。

【甲土地】（要役地）

権利部（乙区）（所有権以外の権利に関する事項）			
順位番号	登記の目的	受付年月日・受付番号	権利者その他の事項
1	要役地地役権	余　白	承役地　新宿区新宿一丁目1番 目的　通行 範囲　東側4平方メートル 令和5年6月28日登記

この要役地の登記は，登記官の職権によってされます（不登法80条4項，不登規159条1項）。よって，地役権の設定の登記は，要役地と承役地の管轄登記所が異なるときであっても，承役地を管轄する登記所に申請すればOKです。それで，要役地の登記は，登記官が職権でしてくれるからです。

なお，要役地について所有権の登記がされていない場合，地役権の設定の登記をすることはできません（不登法80条3項。昭35.3.31民事甲712）。上記のように，要役地の乙区に「承役地」「目的」「範囲」が登記されるため（不登法80条4項，不登規159条1項），その前提として甲区ができている必要があるんです。

（1）登記の目的

「地役権設定」と記載します。

（2）登記原因及びその日付

年月日は，「地役権の設定契約の成立日」を記載します。

原因は，「設定」と記載します。設定（契約）が，地役権が設定された原因（法律行為）だからです。

（3）登記事項

＊利用権の登記の登記事項は，P222～223の表で比較しています。「何が登記事項となるか」は，P222～223の表を検索先として，比較しながら記憶してください。

（a）必要的登記事項（必ず記載する必要がある事項）

①設定の目的（不登法80条1項2号）

設定契約で定められた「通行」「日照の確保のため高さ何メートル以上の工作物を設置しない」（昭54.5.9民三.2863）「設定者は承役地に家屋工作物を設置しない」（送電線の保持を目的。昭33.4.10民事甲768）「水道管の埋設」（昭59.10.15民三.5157）などの目的を登記します。

②範囲（不登法80条1項2号）

承役地のすべてに地役権を設定した場合でも，この登記事項は省略できず，「範囲　全部」と登記しなければなりません。必要的登記事項だからです。

承役地の一部に地役権を設定した場合に，範囲を「地役権図面のとおり」とすることはできず（登研453P124），「範囲　東側4平方メートル」などと登記しなければなりません。必要的登記事項だからです。

③要役地の表示（不登法80条1項1号）

要役地は，申請情報の末尾の不動産の表示に以下のように記載します。 P191

不動産の表示

承役地		要役地	
所　在	新宿区新宿一丁目	所　在	新宿区新宿一丁目
地　番	1番	地　番	2番
地　目	宅地	地　目	宅地
地　積	131.12平方メートル	地　積	231.51平方メートル

（b）任意的登記事項（定めがある場合には記載すべき事項）

①民法281条1項ただし書の別段の定め（不登法80条1項3号）

②民法285条1項ただし書の別段の定め（不登法80条1項3号）

③民法286条の定め（不登法80条1項3号）

これらは少し細かいハナシなので，六法で条文を軽く確認する程度で結構です。

（4）申請人

以下の者の共同申請です（不登法60条）。

・登記権利者：地役権者（要役地の所有者）
・登記義務者：設定者（承役地の所有者）

P185 で説明したとおり，地役権の設定の登記を申請しても地役権者は登記されません（不登法80条2項）。しかし，申請人欄には地役権者を記載します（不登令3条1号）。登記記録に記録されなくても，申請人ではあるからです。

ただし，地役権者が複数いる場合でも，持分は記載しません（P16の「持分を記載しない権利を記憶する③」）。持分は，登記記録に記録するために記載しますので，登記記録に記録されない地役権者について持分を記載する意味はないからです。

※要役地の共有者の1人が時効により地役権を取得した場合の登記権利者

要役地の共有者の1人が時効によって地役権を取得すると，他の共有者も地役権を取得します（民法284条1項）。── 民法Ⅱのテキスト第3編第4章第3節3 2.（3）　地役権は，土地（要役地）にくっついている物権だからです（P185の「地役権に共通する視点」）。では，この場合，共有者の1人のみが登記権利者となり，設定者とともに地役権の設定の登記を申請できるでしょうか。

できます。

共有物の保存行為（民法252条5項）といえるからです（最判平7.7.18）。── 民法Ⅱのテキスト第3編第3章第4節3 2.（1）

ここで疑問に思った方がいるかもしれません。「他の共有者に有利な登記だけど，権利に関する登記には，『登記という対抗力を備えるかは各自の自由』という原則（Ⅰのテキスト第1編第4章第2節2 2.）がなかったっけ？」という疑問です。しかし，地役権者は登記されないので，地役権者名義の登記をしているわけではないのです。

（5）添付情報

基本的には，P173（5）の地上権の設定の登記と同じです（登記原因証明情報の内容は，地役権設定契約書となります）。提供する理由や考え方も同じです。

しかし，地役権の設定の登記においては，それらに加えて，以下の添付情報が必要になることがあります。

①地役権図面（不登令別表35添付情報ロ）

P178 承役地の一部に地役権を設定した場合，図面がないと承役地のどの部分が地役権の対象となっているかわからないため，図面を提供する必要があります。区分地上権と違い上下ではないため，「東京湾平均海面の上100メートルから上30メートルの間」

などとできず，図面がないとわからないのです。この地役権図面は，登記所で保管され，誰でも，手数料を納付すれば，写しの交付を受けたり閲覧の請求をしたりすることができます（不登法121条1項，2項，不登令21条1項）。

どの部分が地役権の対象となるかを明らかにする趣旨ですので，承役地の全部に地役権を設定した場合は，図面の提供は不要です。対象が承役地の全部であることが明らかだからです。

②要役地の登記事項証明書（不登令別表35添付情報ハ）

要役地と承役地の管轄登記所が異なるときに提供する必要があります。要役地の登記事項証明書を提供するのは，以下の2点を確認する必要があるからです。

・要役地について所有権の登記がされていること（P186）
・要役地の現在の所有権の登記名義人が登記権利者として申請していること

（6）登録免許税

承役地の不動産1個につき1500円です（登免法別表第1.1.（4））。

地役権は承役地を排他的に使える（占有する）物権ではないため，他の利用権のように「不動産の価額の10/1000」とはならないのです。

3．地役権の設定の登記の可否

地役権も，承役地の所有者と要役地の所有者が地役権の設定契約をすれば，常に地役権の設定の登記ができるわけではありません。

可（○）	不可（×）
①地役権の登記がされている承役地に重ねて別の要役地のために地役権を設定すること（昭38.2.12民事甲390，昭43.12.27民事甲3671） すでに設定されている地役権の地役権者の承諾は不要です。 地役権は承役地を排他的に使える（占有する）物権ではないため，複数の地役権を設定することができるのです。 ex. Bが所有している甲土地を要役地として，Aが所有している乙土地に通行地役権の設定の登記がされています。この場合に，Cが所有している丙土地を要役地として，Bの通行地役権と範囲が重なる通行地役権の設定の登記をすることもできます。排他性がないので，通行する場所が重なっても構わないのです。1日中，その道の上にいるわけではありませんし……。	**①承役地の共有者の持分を目的として地役権を設定すること** 持分のみを目的として利用権を設定することはできないからです（P174の「Realistic rule」）。 **②要役地の共有者の持分のために地役権を設定すること**

<table>
<tr><td>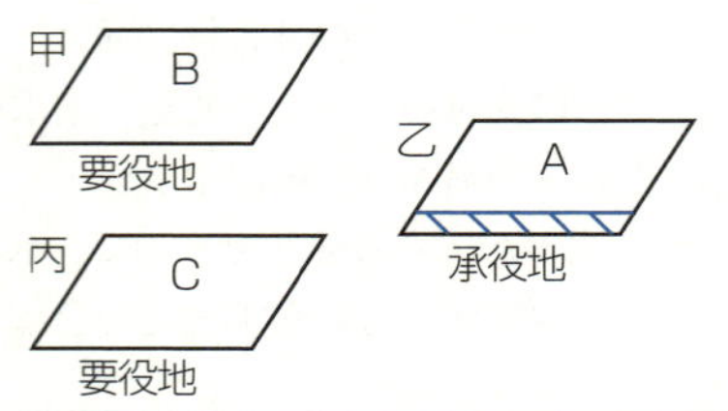
</td><td rowspan="3">（登研309P77）
地役権は，土地（要役地）のための物権なので，人を単位とする持分のために設定することはできないのです（P185の「地役権に共通する視点」）。</td></tr>
<tr><td>②賃借権の登記がされている土地を承役地として地役権を設定すること（登研215P68）
上記①と同じ理由です。地役権は承役地を排他的に使える（占有する）物権ではないため，賃借権とも両立するのです。</td></tr>
<tr><td>③一筆の土地の一部を承役地として地役権の設定の登記をすること
（登研390P89。不登令20条4号。Ⅰのテキスト第3編第1章第1節3 2.「不動産の一部を目的とする登記の可否」）例外）
他の権利は，不動産の一部に権利を設定したことを登記できませんが，地役権のみ例外的に登記できます。通行地役権など一部のみを目的とすることがあらかじめ想定されている物権だからです。</td></tr>
</table>

2　地役権の移転の登記

地役権の移転の登記は，この国には存在しません（昭35.3.31民事甲712）。―― **民法Ⅱのテキスト第3編第4章第3節3 1.（3）**

地役権は土地（要役地）にくっついている物権であるため（P185の「地役権に共通する視点」），現在の要役地の所有者が地役権を行使できるからです。

また，承役地には「要役地」が登記されるだけであり（P185），要役地の所有者は登記されません。要役地（土地自体）が移転することはありません。土地ですから……。よって，要役地の所有権が移転した場合，要役地については所有権の移転の登記をしますが，承役地については何も登記をしないのです（昭35.3.31民事甲712）。

3　地役権の変更の登記・更正の登記

1．実体（民法）→登記

地役権が設定された後，地役権者と設定者との変更契約により，地役権の内容を変更することができます。

この変更契約により地役権の登記事項に変更が生じた場合，地役権の変更の登記を申請できます。

また，登記時から地役権の登記事項の一部に錯誤（間違い）または遺漏（モレ）がある場合，地役権の更正の登記を申請できます。

2．申請情報の記載事項

（1）申請人

地上権と同じく，地役権の変更の登記・更正の登記についても，地役権者と設定者のどちらが登記権利者・登記義務者になるかという問題があります。地役権の場合も，**地上権のP179〜180（1）と同じく，どちらに有利か不利か**で考えてください。

ex. 地役権の範囲の縮小　→　登記権利者：設定者，登記義務者：地役権者
　設定者が承役地を使われる範囲が狭くなるからです。
　地役権の範囲の拡大　→　登記権利者：地役権者，登記義務者：設定者
　設定者が承役地を使われる範囲が広くなるからです。

（2）添付情報

添付情報については，以下のものに注意してください。

・要役地の登記事項証明書（不登令別表36添付情報ハ）

要役地と承役地の管轄登記所が異なるときに提供する必要があります。申請人となる地役権者は，要役地の所有者です。そのことは承役地の登記記録からわからないため，「本当に地役権者ですよ〜」という趣旨で提供します。

このように要役地の登記事項証明書を提供することはありますが，不動産の表示として要役地の表示を記載する必要はありません。すでに地役権の設定の登記がされていますので（P185），要役地は登記記録から明らかだからです。

P187
」

（3）登録免許税

変更の登記・更正の登記として，不動産１個につき1000円です（登免法別表第１．１．(14)）。この不動産の個数は，承役地の数です。

ex. 要役地が一筆，承役地が二筆である場合，登録免許税は「1000円×承役地二筆＝2000円」となります。

4 地役権の抹消の登記

1．実体（民法）→登記

地役権は，消滅時効，存続期間の満了などにより消滅します。── 民法Ⅱのテキスト第3編第4章第3節4

地役権が消滅すると，地役権の抹消の登記を申請できます。なお，承役地について地役権の抹消の登記を申請すると，要役地の地役権の登記（P186）は登記官の職権によって抹消されます（不登規159条3項）。

2．申請情報の記載事項

（1）登記の目的

「○番地役権抹消」と記載します。

（2）登記原因及びその日付

「年月日消滅時効」「年月日存続期間満了」などと記載しますが，変わった登記原因及びその日付があります。それは，「年月日要役地の所有権移転」です。

これは，設定行為で「要役地を譲渡したら，地役権は消滅する」という特約をした場合に（民法281条1項ただし書），要役地が譲渡されたときに地役権の抹消の登記をする場合の登記原因及びその日付です。── 民法Ⅱのテキスト第3編第4章第3節3 1.(2)(b)　この特約（民法281条1項ただし書の別段の定め）がある場合は登記されるので（P187（b）①），要役地が譲渡され要役地について所有権の移転の登記がされると，地役権が消滅したことが登記官に明らかとなり，職権で抹消されるようにも思えます。しかし，職権で抹消されず，申請する必要があります。要役地と承役地とは別の不動産なので，登記官はそこまではみてくれないのです。P133と同じ考え方です。

（3）申請人

以下の者の共同申請です（不登法60条）。

・登記権利者：設定者（承役地の所有者）
・登記義務者：地役権者（要役地の所有者）

※承役地の所有者が地役権に必要な土地の部分の所有権を放棄した場合

こんなハナシがあります。

要役地の所有者と承役地の所有者は，承役地の所有者が自己の費用で地役権の行使のために工作物の設置や修繕をする義務を負担する（負担してあげる），という特約をすることができます（民法286条）。この特約がある場合，承役地の所有者は，いつでも，地役権に必要な土地の部分の所有権を放棄して要役地の所有者に移転して，この義務を免れることができます（民法 287 条）。

ex. Bが所有している甲土地を要役地として，Aが所有している乙土地に通行地役権の設定の登記がされており，AがAの費用でBの通行のために道路を設置する，という特約がされています。この場合，Aは，Bの通行に必要な部分の乙土地の所有権を放棄してBに移転して，道路の設置義務を免れることができます。

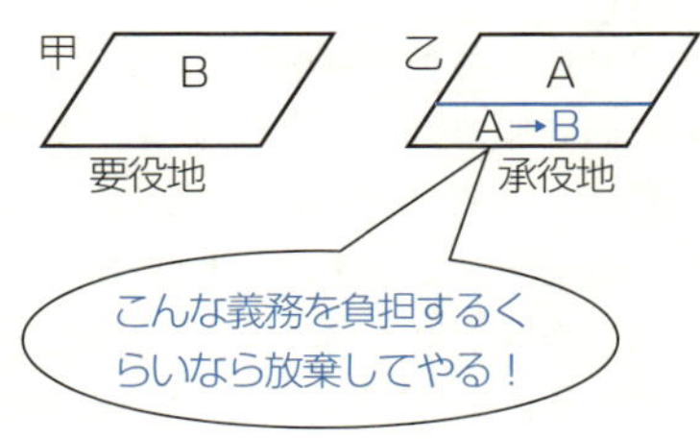

Aがこの放棄をすると，地役権の対象の部分である承役地の所有者がBとなります。よって，AからBに「民法第 287 条による放棄」を登記原因として，所有権の移転の登記をすることができます。地役権の対象の部分であった承役地の所有者がBとなりますので，地役権は混同で消滅します（民法 179 条1項本文）。この地役権の抹消の登記の申請人は，登記権利者と登記義務者が同一人（B）となります。よって，申請人欄には「権利者兼義務者　B」などと記載します。

※要役地上の地上権者が地役権者である場合

要役地の権利者も承役地の権利者も所有者である場合で説明してきましたが，地上権者などである場合もあります（P184※）。

たとえば，要役地の地上権者が地役権者となっているときに，この地上権が消滅すると地役権も消滅します。この場合は，以下の者の共同申請により地役権の抹消の登記を申請します（不登法 60 条）。

・登記権利者：設定者（承役地の所有者）
・登記義務者：地役権者（要役地の地上権者）

（4）添付情報

①登記原因証明情報（不登法 61 条，不登令別表 37 添付情報イ）

Ｉのテキスト第１編第６章第２節4の「登記原因証明情報の提供が不要となる場合」に当たりませんので，登記原因証明情報を提供する必要があります。

②登記識別情報（不登法 22 条本文）

登記義務者である地役権者の登記識別情報を提供します。共同申請だからです（Ｉのテキスト第１編第６章第３節3 1.「登記識別情報の提供の要否の基本的な判断基準」）。この登記識別情報は，地役権者が“要役地”の所有権の登記名義人になった際に通知された登記識別情報です。地役権の設定の登記をしても登記識別情報は通知されないため（P186），要役地の所有権の登記識別情報を提供するのです。

③代理権限証明情報（不登令７条１項２号）

④会社法人等番号（不登令７条１項１号イ）

⑤承諾証明情報（不登法 68 条，不登令別表 37 添付情報ハ）

登記上の利害関係を有する第三者がいるときは，必ずその第三者が作成した承諾を証する情報などを提供する必要があります。抹消の登記だからです（不登法 68 条。Ⅰのテキスト第１編第６章第８節２１.①）。

たとえば，以下の表の左の者が登記上の利害関係を有する第三者に当たります。

登記上の利害関係を有する第三者に当たる者	登記上の利害関係を有する第三者に当たらない者
・**地役権の登記がされた（①）後に，要役地について抵当権の設定の登記がされている（②）場合の，要役地の抵当権者** 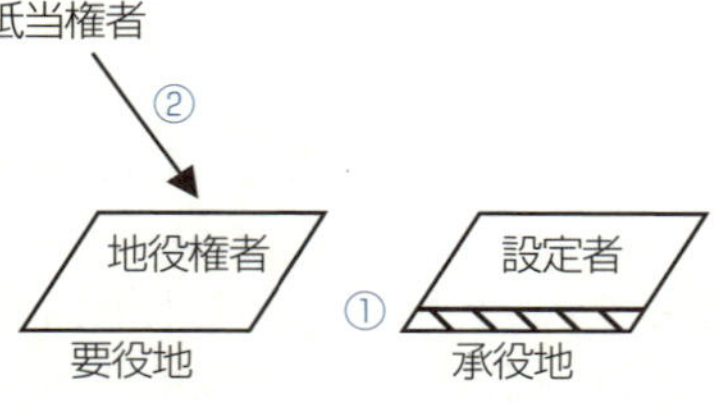 要役地ですから，地役権があることはプラスになり，抵当権者は地役権付きの（プラスのある）土地であると期待して抵当権を設定しているからです。抵当権の効力は地役権に及ぶため（民法 281 条１項本文），要役地を競売によって取得した買受人も地役権を行使できます。── 民法Ⅱのテキスト第３編第４章第３節３ 1.（1）　よって，地役権があれば，要役地がそれだけ高く売れるのです。	・**地役権の登記がされる（②）前に，要役地について抵当権の設定の登記，所有権の仮登記，差押登記がされている（①）場合の，要役地の抵当権者，所有権の仮登記権利者，差押債権者**（登研 466P115） 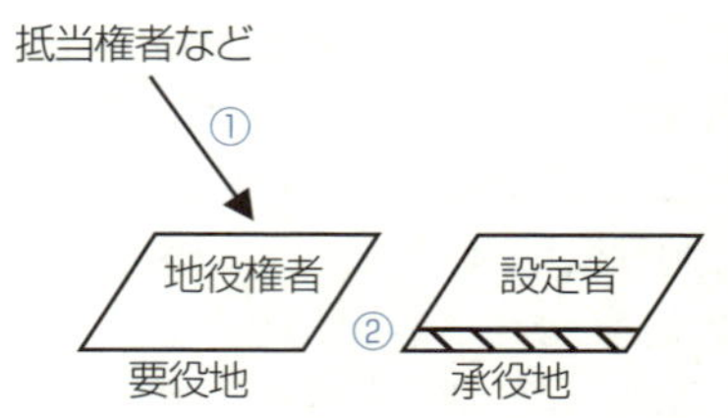 左の場合と違い，抵当権の設定の登記，所有権の仮登記，差押登記（①）の時点で地役権がありませんので，抵当権者が地役権付きの（プラスのある）土地であると期待して抵当権を設定していたということはないからです。

⑥要役地の登記事項証明書（不登令別表37 添付情報ロ）

要役地と承役地の管轄登記所が異なるときに提供する必要があります。申請人となる地役権者は，要役地の所有者です。そのことは承役地の登記記録からわからないため，「本当に地役権者ですよ～」という趣旨で提供します。

※印鑑証明書は，提供しません。所有権の登記名義人（要役地の所有者）が登記義務者となりますが，不要です（Ｉのテキスト第１編第６章第４節3 2.「『認印でよいか』『実印で押印し印鑑証明書の提供が要求されるか』の判断基準」の例外）。

※住所証明情報は，提供しません。Ｉのテキスト第１編第６章第５節3「住所証明情報の提供が要求される場合①～③」のいずれにも当たらないからです。

（5）登録免許税

抹消の登記として，不動産１個につき 1000 円です（登免法別表第１．１．(15)）。この不動産の個数は，承役地の数です。

ex. 要役地が一筆，承役地が二筆である場合，登録免許税は「1000 円×承役地二筆＝2000 円」となります。

第４章　賃借権の登記

1　賃借権の設定の登記

1．実体（民法）→登記

賃貸人と賃借人は，賃貸人が賃借人に不動産を使用収益させ，賃借人がこれに対してその賃料を支払い契約終了時に借りた不動産を返還する賃貸借契約を締結できます（民法601条）。── 民法Ⅲのテキスト第７編第５章第１節1，4

この場合，賃借権の設定の登記を申請できます。

2．申請情報の記載事項

申請例97 ── 賃借権の設定の登記

事例：ＢとＡは，令和５年６月28日，賃料を１月10万円・賃借権の存続期間を２年・敷金を10万円（ＢからＡに交付されている）・賃借権の譲渡または賃借物の転貸ができる旨の特約をして，Ａが所有している建物（甲区１番でＡ名義の所有権の保存の登記がされている）にＢの賃借権を設定する契約を締結した。そして，ＡとＢは，賃借権を登記する旨の合意をした（＊）。この建物の課税標準の額は，1000万円である。

＊賃借人は特約のない限り賃貸人に対する登記請求権を有さないため（大判大10.7.11），この合意がなければ，Ａは登記手続に応じる必要はありません。── 民法Ⅲのテキスト第７編第５章第３節1 1．(2)（a）

登記の目的	賃借権設定
原　　因	令和５年６月28日設定
賃　　料	１月10万円
存続期間	２年
敷　　金	金10万円
特　　約	譲渡，転貸ができる
賃借権者	Ｂ
設定者	Ａ
添付情報	登記原因証明情報（賃貸借契約書）
	登記識別情報（Ａの甲区１番の登記識別情報）
	印鑑証明書（Ａの印鑑証明書）
	代理権限証明情報（Ｂ及びＡの委任状）
課税価格	金1000万円
登録免許税	金10万円

権利部（乙区）（所有権以外の権利に関する事項）			
順位番号	登記の目的	受付年月日・受付番号	権利者その他の事項
1	賃借権設定	令和5年6月28日 第12457号	原因　令和5年6月28日設定 賃料　1月10万円 存続期間　2年 敷金　金10万円 特約　譲渡，転貸ができる 賃借権者　B

(1) 登記の目的

「賃借権設定」と記載します。

(2) 登記原因及びその日付

年月日は，「賃借権の設定契約の成立日」を記載します。

原因は，「設定」と記載します。設定（契約）が，賃借権が設定された原因（法律行為）だからです。

(3) 登記事項

＊利用権の登記の登記事項は，P222～223の表で比較しています。「何が登記事項となるか」は，P222～223の表を検索先として，比較しながら記憶してください。

(a) 必要的登記事項（必ず記載する必要がある事項）

・賃料（不登法81条1号）

「1月10万円」などと記載します。賃料は，賃借権の要素（マスト）となるものであるため，必要的登記事項です。要素（マスト）となるのは，賃借権を定義した条文（賃借権についての最初の条文）である民法601条に「賃料」と規定されているからです。── 民法Ⅱのテキスト第3編第4章第1節2 2.「要素となるかの基本的な判断基準」

賃料の定めを登記できるかどうかの判断基準

賃料の定め方によって，その定め方で登記できるかが問題となります。判断基準は，**第三者にとって明確かどうか**です。他の登記も同じ考え方ですが，不動産登記の目的は公示ですから，当事者間の事情を知らない第三者がみても，明確である（登記記録だけをみて内容がわかる）必要があるんです。

登記できる（○）	登記できない（×）
①甲土地の賃借権について，「賃料　乙土地を使用収益する」（昭 41.4.15 民事三.193） 賃料の内容が金銭ではありませんが，第三者からみて「賃貸人は乙土地を使用収益できるんだな」と明確なので OK です（上記の「賃料の定めを登記できるかどうかの判断基準」）。	**①甲土地と乙土地を貸賃した場合に，「賃料　甲土地，乙土地，合計金○円」**（昭 54.4.4 民三電信回答） これだと，たとえば，一方の土地のみを購入する者が，その土地からいくらの賃料を得られるかがわからなくなってしまうからです（上記の「賃料の定めを登記できるかどうかの判断基準」）。
	②「賃料　契約時から５年間は年○円，６年目以後の分は双方協議のうえ定める」（昭 41.9.29 民事三.1010） 第三者からすると，「当事者の協議なんて知るか！」というハナシです（上記の「賃料の定めを登記できるかどうかの判断基準」）。

（b）任意的登記事項（定めがある場合には記載すべき事項）

①存続期間（不登法 81 条 2 号）

存続期間の定めがあれば，「○年」などと記載します。

Bが賃借人である場合に，「存続期間　Bが死亡するまで」とすることもできます（昭 38.11.22 民事甲 3116）。存続期間は，確定期限だけでなく，このような不確定期限とすることもできるからです。

②賃料の支払時期の定め（不登法 81 条 2 号）

賃料の支払時期の定めがあれば，「毎月末日」などと記載します。

賃料を前払いする旨の定め（ex.「前月末日」）があれば，それを登記できます（大判昭 7.4.28）。賃料を前払いする旨の特約をすることができるからです（通常の賃貸借契約にはこの特約があります）。―― **民法Ⅲのテキスト第７編第５章第２節2 1.（1）**

③賃借権の譲渡または賃借物の転貸を許す旨の定め（不登法 81 条 3 号）

この定めがあれば，「譲渡，転貸ができる」と記載します。賃借人が賃借権の譲渡または賃借物の転貸をするには，賃貸人の承諾が必要なのが原則です（民法 612 条 1 項）。―― **民法Ⅲのテキスト第７編第５章第３節2 2.**　それを賃貸人の承諾なくできるという特約であり，通常の賃借権とは異なるため，公示する必要があるのです。

よって，この特約がない場合には，「譲渡，転貸ができない」とは登記しません。原則どおりだからです。

この定めがある場合，国は賃借権を目的として滞納処分による差押えの登記を嘱託することができます（東京地決昭48.5.31）。この定めがあれば，賃借権に譲渡性があるので，賃借権を売っ払ってしまうことができるからです。

④敷金（不登法81条4号）
「金10万円」などと記載します。

⑤賃貸人が財産の処分につき行為能力の制限を受けた者または財産の処分の権限を有しない者である旨（不登法81条5号）
被保佐人・被補助人（短期賃貸借の期間を超える賃貸借をすることについて補助人の同意を得ることを要する場合）または不在者の財産管理人など処分の権限を有しない者が賃貸借契約をする場合，短期賃貸借しかできません（民法13条1項9号，17条1項，602条）。―― **民法Ⅰのテキスト第2編第2章第3節3 5.（1）※⑨，民法Ⅲのテキスト第7編第5章第5節1 1.（1）※** よって，そのことを公示する必要があるのです。「管理人住所　〇〇の設定した賃借権」などと記載します（記録例294）。

⑥土地の賃借権設定の目的が建物の所有である旨（不登法81条6号）
建物の所有を目的とする土地の賃借権には，借地借家法が適用されます。―― **民法Ⅲのテキスト第7編第5章第1節3②** 借地借家法が適用されると賃借権の内容がかなり変わりますので，そのことを公示する必要があるのです。

（4）申請人

以下の者の共同申請です（不登法60条）。

・登記権利者：賃借人
・登記義務者：賃貸人

（5）添付情報

P173（5）の地上権の設定の登記と同じです（登記原因証明情報の内容は，賃貸借契約書となります）。提供する理由や考え方も同じです。

（6）登録免許税

不動産の価額の10/1000です（登免法別表第1.1.（3）イ）。

３．賃借権の設定の登記の可否

賃借権も，賃貸人と賃借人が賃貸借契約をすれば，常に賃借権の設定の登記ができるわけではありません。

可（○）	不可（×）
①**賃借権の登記がされている不動産に重ねて賃借権を設定すること**（昭30.5.21 民事甲 972。**同順位の複数の賃借権を設定することもできます**〔登研 459P98〕） 賃借権は，物権ではなく債権であるため，排他性（他人を排して独占できる物権の性質）がありません。 —— **民法Ⅱのテキスト第３編第４章第１節３「地上権と賃借権の違いを考える視点」**　よって，複数の賃借権が成立するのです。	①**共有者の持分を目的として賃借権を設定すること** （昭 48.10.13 民三.7694 参照） 持分のみを目的として利用権を設定することはできないからです（P174 の「Realistic rule」）。 ②**一筆の土地の一部について賃借権の設定の登記をすること**（昭 35.3.31 民事甲 712。不登令 20 条４号。Ⅰのテキスト第３編第１章第１節３2.「不動産の一部を目的とする登記の可否」） ※設定契約自体は可能です。—— **民法Ⅱのテキスト第３編第４章第１節１「民法（実体）の基本的な考え方」，民法Ⅲのテキスト第７編第５章第１節４**※

2　賃借権の移転の登記・賃借物の転貸の登記

１．実体（民法）→登記

賃借人は，賃借権の譲渡または賃借物の転貸を許す旨の定め（P198～199③）がある場合を除き，賃貸人の承諾を得ることで賃借権を譲渡または賃借物を転貸できます（民法 612 条１項）。—— **民法Ⅲのテキスト第７編第５章第３節２2.**

賃借権を譲渡した場合は賃借権の移転の登記を，賃借物を転貸した場合は転貸の登記を申請できます。

２．申請情報の記載事項

（1）登記の目的

【賃借権の譲渡】

「○番賃借権移転」と記載します。

【賃借物の転貸】

「○番賃借権転貸」と記載します。

(2) 登記原因及びその日付

【賃借権の譲渡】

「年月日売買」「年月日贈与」など具体的な譲渡の原因を記載します。

【賃借物の転貸】

「年月日転貸」と記載します。

年月日は，賃借権の譲渡でも賃借物の転貸でも，「賃借権の譲渡・賃借物の転貸の契約の成立日」を記載します。この契約の後に賃貸人の承諾が得られた場合でも，登記原因日付は承諾の日とはなりません。賃貸人の承諾は，対抗要件であって効力発生要件ではないため，登記原因日付に影響を与えないからです。―― **民法Ⅲのテキスト第7編第5章第3節2 3.（1）**

(3) 登記事項

【賃借権の譲渡】

※登記事項はありません（不登令別表40申請情報）。抵当権や根抵当権の移転の登記などと同じ論理です。移転の登記は，その権利の権利者が変わるだけですから，登記事項を記載する必要はないのです。

【賃借物の転貸】

賃借権の設定の登記と同じP197～199（3）の事項が登記事項となります（不登令別表39申請情報，不登法81条）。ただし，賃借人（転貸人）と転借人との間の転貸借契約の内容となります。

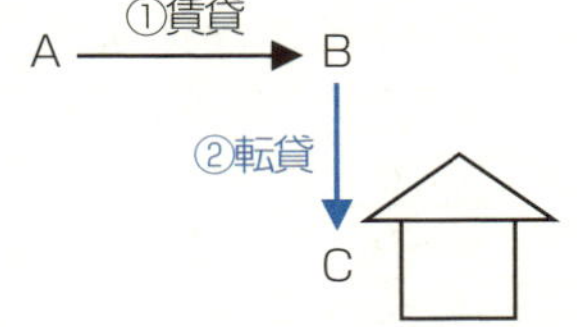

ex. AがBに建物を賃貸している場合に，BがAの承諾を得たうえでCにその建物を転貸したときは，転貸の登記においては，ＢＣ間の転貸借契約の内容のうち，P197～199（3）の事項が登記事項となります。

ＡＢ間の賃貸借契約の内容は登記されていますが，ＢＣ間の転貸借契約の内容は登記されていないからです。

このような理由ですので，たとえば，ＡＢ間の賃貸借契約の内容として賃借権の譲渡または賃借物の転貸を許す旨の定め（P198～199③）が登記されていても，ＢＣ間の転貸借契約の内容に賃借権の譲渡または賃借物の転貸を許す旨の定めがあるのであれば，それが転貸の登記の登記事項となります。ＡＢ間の契約とＢＣ間の契約は別物です。

転貸の登記の問題の Point

転貸の登記についての問題は，**賃貸借契約と転貸借契約は別物である**という点がポイントになることが多いです。

（4）申請人

【賃借権の譲渡】

以下の者の共同申請です（不登法 60 条）。

・登記権利者：賃借権の譲受人

・登記義務者：賃借権の譲渡人（賃借人）

【賃借物の転貸】

以下の者の共同申請です（不登法 60 条）。

・登記権利者：転借人

・登記義務者：賃借人（転貸人）

（5）添付情報

①登記原因証明情報（不登法 61 条，不登令別表 39 添付情報イ，40 添付情報イ）

Ｉのテキスト第１編第６章第２節４の「登記原因証明情報の提供が不要となる場合」に当たりませんので，登記原因証明情報を提供する必要があります。

【賃借権の譲渡】

具体的には，賃借権売買契約書，賃借権贈与契約書などが当たります。

【賃借物の転貸】

具体的には，賃借物転貸契約書が当たります。

②登記識別情報（不登法 22 条本文）

登記義務者である賃借人の登記識別情報を提供します。共同申請だからです（Ｉのテキスト第１編第６章第３節３１.「登記識別情報の提供の要否の基本的な判断基準」）。

③代理権限証明情報（不登令７条１項２号）

④会社法人等番号（不登令７条１項１号イ）

⑤承諾証明情報（不登令７条１項５号ハ，不登令別表 39 添付情報ロ，40 添付情報ロ）

賃借権の譲渡または賃借物の転貸をするには賃貸人の承諾を得る必要があるため（民法 612 条１項），賃貸人が作成した承諾を証する情報などを提供する必要があります。

※ただし，賃借権の譲渡または賃借物の転貸を許す旨の定め（P198～199③）が登記されていれば，この承諾証明情報は不要となります。「譲渡，転貸ができる」と登記されていますので，賃貸人の承諾が不要であることが登記官に明らかだからです。

※印鑑証明書は，提供しません。所有権の登記名義人が登記義務者とならないからです（Ｉのテキスト第１編第６章第４節３２.「『認印でよいか』『実印で押印し印鑑証明書の提供が要求されるか』の判断基準」）。

※住所証明情報は，提供しません。Ｉのテキスト第１編第６章第５節3「住所証明情報の提供が要求される場合①～③」のいずれにも当たらないからです。

（6）登録免許税

不動産の価額の10/1000です（登免法別表第１.１.（３）イ，ニ。相続・合併を原因とする賃借権の移転の登記は，不動産の価額の２/1000です〔登免法別表第１.１.（３）ロ〕）。

3 賃借権の変更の登記

賃借権の変更の登記については，誰が登記上の利害関係を有する第三者となるかを押さえてください。

賃借人に不利益になる登記（ex. 賃料の増額の変更の登記）	賃貸人に不利益になる登記（ex. 賃料の減額の変更の登記）
i その賃借権を目的とする質権者	i 後順位の担保権者（仮登記名義人も含みます）
ii その賃借権を目的とする仮登記権利者	ii 後順位の所有権の仮登記権利者
iii その賃借権を目的とする差押債権者・仮差押債権者	iii 後順位の所有権の差押債権者・仮差押債権者

考え方は，P181（２）と同じです。

※賃借権の賃料の増額の変更の登記における転借人の承諾の要否

賃借権の賃料を増額する賃借権の変更の登記を申請する場合に，転貸の登記がされているときでも，転借人の承諾は不要です（登研212P55）。

ex. ＡがＢに建物を賃貸した後，ＡＢ間の変更契約により，賃料が１月15万円から１月20万円に変更されました。この場合に，ＢがＣにこの建物を転貸しており，その転貸の登記がされているときでも，Ｃの承諾は不要です。

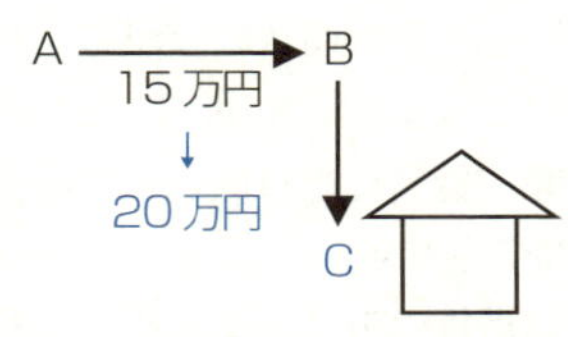

ＡＢ間の契約とＢＣ間の契約は別物であるため，ＡＢ間の賃料が増額されても，それによって当然にＢＣ間の転貸料が増額されるわけではないからです（P201の「転貸の登記の問題のPoint」）。

4 賃借権の抹消の登記

1．実体（民法）→登記

賃借権は，存続期間の満了，解除などにより消滅します。── 民法Ⅲのテキスト第７編第５章第５節1

賃借権が消滅すると，賃借権の抹消の登記を申請できます。

2．申請情報の記載事項

賃借権の抹消の登記の申請情報の記載事項は，以下の知識を押さえてください。

・申請人

以下の者の共同申請です（不登法 60 条）。

・登記権利者：賃貸人

・登記義務者：賃借人

3．転貸の登記がされている場合

転貸の登記が付記登記（不登規３条４号。Ｉのテキスト第１編第４章第３節2 3.①ウ）でされている賃借権の抹消の登記を申請する場合，その前提として，転貸の登記の抹消の登記を申請する必要があるでしょうか。

必要ありません。

転借人が作成した承諾を証する情報などが提供されれば，転貸の登記は登記官の職権で抹消されるからです（Ｉのテキスト第２編第２章第２節2 5.「職権抹消の基本的な考え方」）。

5 賃借権の抵当権に優先する同意の登記

1．実体（民法）→登記

登記をした賃借権について，賃借権より先順位で登記された抵当権者すべてが同意をし，その同意の登記をすれば，賃借権を先順位のすべての抵当権に優先させることができます（民法 387 条１項）。この同意の登記により不利益を受けるべき者（ex. 先順位抵当権を目的とした転抵当権者）がいる場合は，その者の承諾も必要です（民法 387 条２項）。── 民法Ⅱのテキスト第４編第５章第７節2　なお，「登記をした賃借権」は，賃借権の仮登記でも構いません（登研 686P403）。賃借権の登記が必要とされたのは，先順位の抵当権者に同意をするかしないかの判断をさせるために，賃借権の内容を登記で公示させる必要があるからです。登記によって賃借権の内容が公示されるのは仮登記でも同じなので，仮登記でも構わないんです。

これは登記が効力発生要件ですので，賃借権の抵当権に優先する同意の登記をすることにより，賃借権が抵当権に優先する効力が発生します。

2．申請情報の記載事項

申請例98 ―― 賃借権の抵当権に優先する同意の登記

事例：Aが所有している建物に，乙区１番でBの抵当権，乙区２番でCの賃借権が設定されている。BはCに対して，令和５年11月28日，Cの賃借権がBの抵当権に優先することについて同意した。

登記の目的	２番賃借権の１番抵当権に優先する同意
原　　因	令和５年11月28日同意
権 利 者	C
義 務 者	B
添 付 情 報	登記原因証明情報（賃借権の抵当権に優先する同意書） 登記識別情報（Bの乙区１番の登記識別情報） 代理権限証明情報（C及びBの委任状）
登録免許税	金2000円

権利部（乙区）（所有権以外の権利に関する事項）			
順位番号	登記の目的	受付年月日・受付番号	権利者その他の事項
1 ③	抵当権設定	令和５年６月28日 第12457号	原因　令和５年６月28日金銭消費貸借同日設定 債権額　金1000万円 債務者　A 抵当権者　B
2 ③	賃借権設定	令和５年７月８日 第12987号	原因　令和５年７月８日設定 賃料　１月10万円 賃借権者　C
3	２番賃借権の１番抵当権に優先する同意	令和５年11月28日 第19451号	原因　令和５年11月28日同意

（1）登記の目的

「○番賃借権の○番抵当権，○番抵当権に優先する同意」などと記載します。

（2）登記原因及びその日付

年月日は，「先順位の抵当権者すべてが同意をした日と（いる場合には）同意の登記により不利益を受けるべき者の承諾があった日のうち遅い日（同意と承諾が揃った日）」を記載します。不利益を受けるべき者の承諾も効力発生要件であるため（民法387条２項。上記１.），同意と承諾が揃って初めて効力が生じるからです。

原因は，「同意」と記載します。同意が，賃借権が抵当権に優先する原因（法律行為）だからです。

（3）申請人

以下の者の共同申請です（不登法60条）。

・登記権利者：賃借人

・登記義務者：先順位の抵当権者全員

賃借人が利益を受け，先順位の抵当権者全員が不利益を受けることが明らかですので，合同申請にはならず，共同申請となります。

（4）添付情報

①登記原因証明情報（不登法61条）

Ｉのテキスト第１編第６章第２節４の「登記原因証明情報の提供が不要となる場合」に当たりませんので，登記原因証明情報を提供する必要があります。

具体的には，賃借権の抵当権に優先する同意書が当たります。

②登記識別情報（不登法22条本文）

登記義務者である先順位の抵当権者全員の登記識別情報を提供します。共同申請だからです（Ｉのテキスト第１編第６章第３節３ １.「登記識別情報の提供の要否の基本的な判断基準」）。

③代理権限証明情報（不登令７条１項２号）

④会社法人等番号（不登令７条１項１号イ）

⑤承諾証明情報（不登令７条１項５号ハ）

同意の登記により不利益を受けるべき者の承諾は効力発生要件であるため（民法387条２項。P204〜205の１.），同意の登記により不利益を受けるべき者がいる場合には，必ずその者が作成した承諾を証する情報などを提供しなければなりません。具体的には，以下の者が同意の登記により不利益を受けるべき者に当たります。

ｉ　先順位の抵当権を目的とする権利を有する者
ex. 先順位の抵当権を目的とする転抵当権者，転根抵当権者，抵当権の被担保債権の質権者
ⅱ　上記ｉ以外に同意の登記により不利益を受けるべき者
ex. 先順位の抵当権から順位の譲渡または順位の放棄を受けた者

※印鑑証明書は，提供しません。所有権の登記名義人が登記義務者とならないからです（Ⅰのテキスト第１編第６章第４節3 2.「『認印でよいか』『実印で押印し印鑑証明書の提供が要求されるか』の判断基準」）。
※住所証明情報は，提供しません。Ⅰのテキスト第１編第６章第５節3「住所証明情報の提供が要求される場合①～③」のいずれにも当たらないからです。

（5）登録免許税

賃借権と抵当権１個につき 1000 円です（登免法別表第１．１．（9））。上記申請例 98 は，賃借権の数が１個・抵当権の数が１個なので 2000 円です。仮に賃借権の数が１個・抵当権の数が２個なら 3000 円となります。

3．賃借権の抵当権に優先する同意の登記がされた後に賃借人に有利な変更の登記をする場合

上記２.の賃借権の抵当権に優先する同意の登記がされた後，賃料の減額の登記など賃借人に有利な変更の登記をする場合，先順位の抵当権者であった者は登記上の利害関係を有する第三者に当たるでしょうか。

当たります（平 15.12.25 民二.3817）。

賃借人に有利な変更の登記ということは，所有者には不利な登記です。賃料の減額であれば，所有者の賃料収入が減少します。そうすると，不動産が競売されたときの競売価格が下がり，抵当権者への配当が少なくなるおそれがあるのです。

― Realistic 3　考え方を思い出せないと解けない ―

上記３.のような知識は，問題を解く際，単に結論を思い出そうとしても，「登記上の利害関係を有する第三者に当たるんだっけ？当たらないんだっけ？」となります。よって，毎回テキストを読む際，上記の考え方から思い出す練習をし，本試験での思考過程を準備してください。

第5章 借地借家法を根拠とする登記

1 借地借家法に貸し手を保護する規定がある

借地借家法は，原則として，強行規定により借り手を保護する民法の特別法です。

しかし，借地借家法の中には**一部貸し手を保護する規定**もあります。借地借家法の前身である借地法・借家法が過度に借り手を保護していたため，ゆり戻しがあり，借地借家法に一部貸し手を保護する規定が設けられたのです。── **民法Ⅱのテキスト第３編第４章第１節4「借地借家法とは？」**　本章では，それをみていきます。

借地（下記2）と借家（下記3）に分けてみていきます。

2 借地

借地借家法が適用される「借地権」とは，以下の①②のいずれかの権利のことです（借地借家法２条１号）。── **民法Ⅲのテキスト第７編第５章第１節3①②**

①建物の所有を目的とする地上権
②建物の所有を目的とする土地の賃借権

1．借地借家法の原則 ── 借り手の保護規定

借り手を保護するため，借地借家法にはたとえば，借り手に有利な以下のような規定があります。

①借地権の存続期間の満了時に借地上に建物があり借り手が契約の更新を請求した場合，または，存続期間の満了後に借地上に建物があり借り手が土地の使用を継続した場合，契約が更新されたとみなされます（自動更新。借地借家法５条１項本文，２項）。
②建物が滅失したため設定者の承諾を得て建物を築造した場合，原則として借地権の存続期間が延長されます（借地借家法７条１項本文，２項本文）。
③借地権の存続期間が満了し契約の更新がない場合，借り手は土地の貸し手に対して，借地上に建てた建物の買取りを請求できます（借地借家法13条１項）。

借地権は，なかなか消滅しませんし（①②），消滅する場合でも「私が建てたこの建物を買い取れ！」と言えるので（③），借り手は相当保護されていますよね……。

2．借地借家法の例外 ―― 貸し手の保護規定

（1）一般定期借地権

（a）意義・趣旨

存続期間を50年以上として借地権を設定する場合には，上記1.の①～③がない旨の特約をすることができます（借地借家法22条1項前段）。この特約がされた借地権を「一般定期借地権」といいます（単に「定期借地権」ということもあります）。

「存続期間が長く借り手が50年以上も土地を使えるのなら，少しは貸し手に有利にしてもいっか」ということです。

（b）契約方法

この特約は，公正証書などの書面または電磁的記録によってする必要があります（要式契約。借地借家法22条1項後段，2項）。借地借家法の原則よりも借り手に不利な特約であるため，慎重に借り手の意思確認をする必要があるからです。

ただし，「公正証書など」とあり，公正証書はあくまで例示ですから，書面または電磁的記録ですれば公正証書でなくても構いません（P210の「公正証書に限定は事業用定期借地権の設定契約のみ」）。

（2）事業用定期借地権

（a）意義・趣旨

この事業用定期借地権には，以下の①と②の2つの種類があります。

①借地借家法23条1項の事業用定期借地権

以下の2つの要件を充たす借地権を設定する場合には，上記1.の①～③がない旨の特約をすることができます（借地借家法23条1項）。

i　専ら事業の用に供する建物（居住の用に供するものを除く）の所有を目的とする

ii　存続期間を30年以上50年未満とする

30年以上50年未満と，上記（1）の一般定期借地権より短いため，事業用に限定されています。事業用であれば借り手もプロですから，借り手を保護する必要性は低くなります。

②借地借家法23条2項の事業用定期借地権

以下の2つの要件を充たす借地権を設定する場合には，“当然に”上記1.の①～③などがない借地権となります（借地借家法23条2項）。

i　専ら事業の用に供する建物（居住の用に供するものを除く）の所有を目的とする

ii　存続期間を10年以上30年未満とする

存続期間を10年以上30年未満とすると，“当然に”上記１.の①～③などがなくなります。それは，借地借家法の原則では借地権の存続期間の最短期は30年であるため（借地借家法３条本文。―― 民法Ⅲのテキスト第７編第５章第５節 1 1.（1）），30年未満である借地権は通常の借地権でないことが明らかだからです。

なお，転借地権として事業用定期借地権を設定することもできます（登研535P18）。

※「事業用」とは？

土地の地目が，宅地（建物を建てるための土地）でなくても，雑種地（ex. ゴミ捨て場）や山林でも，事業用定期借地権を設定することができます。宅地が建物を建てるための土地ですが，借地権の設定契約の時点で建物がある必要はないため，宅地でなくても構わないのです。

ただし，社宅の所有を目的とする場合や賃貸マンションの所有を目的とする場合は，事業用定期借地権を設定することはできません。これらは，事業の一環ではあります。しかし，実際には居住用に使われるからです。

（b）契約方法

上記（a）の①でも②でも，事業用定期借地権の設定契約は，公正証書によってする必要があります（借地借家法23条３項）。公正証書に限定されているのは，存続期間が上記（1）の一般定期借地権より短く，借り手にかなり不利な契約であるため，厳格に借り手の意思確認をする必要があるからです。

公正証書に限定は事業用定期借地権の設定契約のみ

この第５章の借地権・借家権は契約方法が問題となりますが，**この第５章で契約方法が公正証書に限定されているのは事業用定期借地権の設定契約のみ**です（登研537P49）。

よって，たとえば，事業用定期借地権でも，“譲渡”契約や“変更”契約は，原則として公正証書による必要はありません（登研537P49）。

（c）申請情報の記載事項

事業用定期借地権の設定の登記の申請情報は，**基本的には，地上権の場合はP170～173の2.，賃借権の場合はP196～199の2.でみた申請情報の記載事項と同じ**です。異なるのは，以下の申請例99と申請例100の青字にした箇所です。賃借権の例ですので，P196の申請例97と比較しながらご覧ください。

申請例99 ―― 借地借家法23条1項の事業用定期借地権（賃借権）の設定の登記

登記の目的	賃借権設定
原　　因	令和5年6月28日設定
目　　的	借地借家法第23条第1項の建物所有
賃　　料	1月10万円
存続期間	40年
敷　　金	金10万円
特　　約	譲渡，転貸ができる 借地借家法第23条第1項の特約
賃借権者	B
設 定 者	A
添付情報	登記原因証明情報（賃貸借契約書〔公正証書〕） 登記識別情報（Aの甲区1番の登記識別情報） 印鑑証明書（Aの印鑑証明書） 代理権限証明情報（B及びAの委任状）
課税価格	金1000万円
登録免許税	金10万円

申請例100 ―― 借地借家法23条2項の事業用定期借地権（賃借権）の設定の登記

登記の目的	賃借権設定
原　　因	令和5年6月28日設定
目　　的	借地借家法第23条第2項の建物所有
賃　　料	1月10万円
存続期間	20年
敷　　金	金10万円
特　　約	譲渡，転貸ができる
賃借権者	B
設 定 者	A
添付情報	登記原因証明情報（賃貸借契約書〔公正証書〕） 登記識別情報（Aの甲区1番の登記識別情報） 印鑑証明書（Aの印鑑証明書） 代理権限証明情報（B及びAの委任状）
課税価格	金1000万円
登録免許税	金10万円

・目的

専ら事業の用に供する建物の所有を目的とする場合に事業用定期借地権を設定できるので（P209①ⅰ，②ⅰ），その旨を申請情報に記載します。

・特約

借地借家法23条１項の事業用定期借地権は，特約を記載します。

それに対して，借地借家法23条２項の事業用定期借地権は，特約を記載しません。特約をしなくても当然にP208①～③などがなくなるからです（P209～210②）。

・登記原因証明情報の内容

地上権の設定契約または賃借権の設定契約を公正証書でする必要があるため（P210（b）），公正証書の謄本を提供する必要があります（不登令別表 33 添付情報ロ，38 添付情報ロ）。

※数筆の土地の賃料を一括して定める内容の公正証書が作成されている場合

数筆の土地に対する事業用定期借地権の設定契約において，数筆の土地の賃料を一括して定める内容の公正証書が作成されたとします。この場合，申請情報に一筆の土地ごとの賃料を記載し，これと併せて公正証書に記載された賃料の内訳に関する登記原因証明情報を提供すれば，その公正証書を変更することなく登記を申請できます（登研606P199）。

申請情報に記載された賃料と内訳を記載した登記原因証明情報によって，明確な賃料の定めとなるからです（P197の「賃料の定めを登記できるかどうかの判断基準」）。

（d）設定の登記をする前に所有権が移転した場合

たとえば，Ａを所有権の登記名義人とする土地について，Ｂの事業用定期借地権を設定する契約がされました。しかし，その登記をする前に，ＡからＣへ所有権の移転の登記がされました。この場合，ＣがＡＢ間の契約を承認すれば，ＡＢ間の契約の成立日を登記原因日付として，事業用定期借地権の設定の登記をすることができます（平17.7.28民二.1690）。

（3）建物譲渡特約付借地権

（a）意義・趣旨

借地権を消滅させるため，設定後 30 年以上を経過した日に借地上の借り手の建物を貸し手に相当の対価で譲渡するという特約をすることができます（借地借家法 24条１項）。この特約がされた借地権を「建物譲渡特約付借地権」といいます。

建物を貸し手に相当の対価で引き取ってもらえますので，一般定期借地権や事業用定期借地権よりは，借り手に有利な借地権です。一般定期借地権や事業用定期借地権の借り手は，建物の買取りの請求（P208③）ができません（P209～210）。

（b）契約方法

この特約は，公正証書などの書面によってする必要はありません（借地借家法 24条参照）。一般定期借地権や事業用定期借地権よりは借り手に有利な借地権なので，そこまで慎重に借り手の意思確認が要求されないのです。

（4）一時使用目的の借地権

（a）意義・趣旨

臨時設備の設置その他一時使用のために借地権を設定したことが明らかな場合，存続期間が 30 年以上でなければならないという規定（借地借家法３条本文）が適用されず，P208①～③などがない借地権となります（借地借家法 25 条）。これはたとえば，選挙事務所とするためのプレハブ小屋を設置するための借地権です。選挙期間が終われば，すぐに壊します。こんなすぐに壊すプレハブ小屋などのために，借地権が 30年以上存続するのは貸し手に酷ですし，借り手に建物買取請求権（P208③）などを認める必要はないですよね。

（b）契約方法

この契約も，公正証書などの書面によってする必要はありません（借地借家法 25条参照）。すぐに壊すプレハブ小屋などのためですから，慎重に借り手の意思確認をする必要がないからです。

3 借家

借地借家法が適用される「借家」とは，建物の賃貸借のことです（借地借家法１条）。

── 民法Ⅲのテキスト第７編第５章第１節3③

1．借地借家法の原則 ── 借り手の保護規定

借り手を保護するため，借地借家法にはたとえば，以下のような規定があります。

・存続期間の定めがある建物の賃貸借において，貸し手または借り手が，存続期間の満了の１年前から６か月前までの間に更新をしない旨の通知などをしなければ，契約を更新したものとみなされます（自動更新。借地借家法26条１項本文）。

2．借地借家法の例外 ── 貸し手の保護規定

（1）定期建物賃貸借

（a）意義・趣旨

存続期間の定めがある建物の賃貸借において，上記１.の自動更新をしない旨の特約をすることができます（借地借家法38条１項）。この特約がされた建物の賃貸借を「定期建物賃貸借」といいます。

ex. 数年間の転勤の間だけ所有建物を賃貸に出す場合によく使われます。

（b）契約方法

この特約は，公正証書などの書面または電磁的記録によってする必要があります（要式契約。借地借家法38条１項前段，２項）。借地借家法の原則よりも借り手に不利な特約であるため，慎重に借り手の意思確認をする必要があるからです。

ただし，「公正証書など」とあり，公正証書はあくまで例示ですから，書面ですれば公正証書でなくても構いません（P210 の「公正証書に限定は事業用定期借地権の設定契約のみ」）。

（2）取壊し予定の建物の賃貸借

（a）意義・趣旨

法令または契約により一定期間経過後に建物を取り壊すべきことが明らかな建物の賃貸借において，建物を取り壊すこととなる時に終了する旨の特約をすることができます（借地借家法39条１項）。この特約がされた建物の賃貸借を「取壊し予定の建物の賃貸借」といいます。

ex. 都市開発計画で，数年後に取り壊すことが決まっている建物の賃貸借で使われることがあります。

（b）契約方法

この特約は，建物を取り壊すべき事由を記載した書面または電磁的記録によってする必要があります（要式契約。借地借家法39条2項，3項）。これも，借地借家法の原則よりも借り手に不利な特約であるため，慎重に借り手の意思確認をする必要があるからです。

ただし，やはり公正証書でなくても構いません（P210 の「公正証書に限定は事業用定期借地権の設定契約のみ」）。

（3）一時使用目的の建物の賃貸借

（a）意義・趣旨

一時使用のためということが明らかな建物の賃貸借には，借地借家法の借家の規定が適用されません（借地借家法40条）。これはたとえば，イベント展など数日や数か月しか使用しない建物の賃貸借です。こんなので借地借家法が適用されたら，貸し手に酷ですよね。

（b）契約方法

この契約は，公正証書などの書面によってする必要はありません（借地借家法 40条参照）。イベント展などのためですから，慎重に借り手の意思確認をする必要がないからです。

第６章　配偶者居住権の登記

1　配偶者居住権の設定の登記

1．実体（民法）→登記

被相続人の配偶者が被相続人の財産に属した建物に相続開始の時に居住していた場合，配偶者は以下の①～③のいずれかの方法で配偶者居住権を取得できます（民法1028条１項柱書本文）。── 民法Ⅲのテキスト第10編第６章1

①遺産分割によって配偶者居住権を取得するものとされた（民法1028条１項１号）
②配偶者居住権が遺贈の目的とされた（民法1028条１項２号）

被相続人と配偶者との間で締結した死因贈与契約でも，配偶者居住権は成立します（令2.3.30 民二.324）。死因贈与については，原則として遺贈の規定が準用されるからです（民法554条）。

③遺産分割の請求を受けた家庭裁判所が配偶者居住権を取得する旨を定めた（民法1029条）

※特定財産承継遺言

特定財産承継遺言で配偶者居住権を取得させることはできません（令2.3.30 民二.324）。配偶者居住権は，被相続人の死後に生じる権利であり，被相続人が有していた権利ではないため，「相続させる」旨の遺言である特定財産承継遺言によっては生じないのです。被相続人が有していなかった権利を「相続させる」のはおかしい，ということです。

配偶者居住権は登記でき（不登法３条９号），居住建物の所有者には登記義務があります（民法1031条１項）。登記が対抗要件となります（民法1031条２項，605条）。配偶者居住権は原則として配偶者の終身の間（死ぬまで）存続する（民法1030条本文），つまり，通常は長期間存続する権利なので，登記によって第三者に公示するべきと考えられたのです。

よって，配偶者居住権が成立した場合には，配偶者居住権の設定の登記を申請できます。

＊配偶者短期居住権（民法1037条）は，登記できません。配偶者短期居住権は，短期間しか存続しない暫定的な権利なので，登記によって第三者に公示する必要はないと考えられたのです。

２．申請情報の記載事項

申請例101 —— 配偶者居住権の設定の登記

事例：ＡＢ夫婦が居住している建物を所有しているＡ（甲区１番でＡ名義の所有権の保存の登記がされている）は，令和５年６月28日，死亡した。Ａの相続人は，妻Ｂ，子Ｃのみである。ＢとＣとの間で，令和５年11月28日，この建物をＣが単独で相続し，Ｂが配偶者居住権を取得する旨の遺産分割協議が成立した。配偶者居住権の存続期間は定められなかった。この建物の課税標準の額は，1000万円である。

この場合，以下の２件の登記を申請することになります（令2.3.30民二.324）。

1/2　ＡからＣへの相続を原因とする所有権の移転の登記

配偶者居住権の設定の登記の前提として，居住建物の所有者への相続や遺贈を原因とする所有権の移転の登記をする必要があります。配偶者居住権は，配偶者以外の者が居住建物の所有者にならないと成立しない権利だからです。なお，配偶者以外の者が居住建物の所有者になるのであれば，配偶者も所有者であっても構いません。つまり，配偶者以外の者と配偶者が居住建物を共有する場合も，配偶者居住権は成立します。「配偶者は共有者なのだから，配偶者居住権は不要なのでは？」と思われたかもしれませんが，配偶者居住権があれば，他の共有者から共有物分割請求をされても居住建物から追い出されないので，成立する意味があります。

2/2　遺産分割を原因とするＢの配偶者居住権の設定の登記

1/2の登記は，Ⅰのテキスト第２編第２章第３節[1]２.の申請例16のような登記となりますが，その記載は省略して，ここでは2/2の申請情報を示し，その記載事項の説明をします。

登記の目的	配偶者居住権設定
原　　因	令和5年11月28日遺産分割
存続期間	配偶者居住権者の死亡時まで
配偶者居住権者	B
設 定 者	C
添付情報	登記原因証明情報（遺産分割協議書） 登記識別情報（Cの甲区2番の登記識別情報） 印鑑証明書（Cの印鑑証明書） 代理権限証明情報（B及びCの委任状）
課税価格	金1000万円
登録免許税	金2万円

権 利 部 （甲区） （所 有 権 に 関 す る 事 項）			
順位番号	登記の目的	受付年月日・受付番号	権 利 者 そ の 他 の 事 項
1	所有権保存	令和4年6月28日 第11784号	所有者　A
2	所有権移転	令和5年12月5日 第19451号	原因　令和5年6月28日相続 所有者　C

権 利 部 （乙区） （所 有 権 以 外 の 権 利 に 関 す る 事 項）			
順位番号	登記の目的	受付年月日・受付番号	権 利 者 そ の 他 の 事 項
1	配偶者居住権 設定	令和5年12月5日 第19452号	原因　令和5年11月28日遺産分割 存続期間　配偶者居住権者の死亡時まで 配偶者居住権者　B

（1）登記の目的

「配偶者居住権設定」と記載します（令2.3.30民二.324）。

（2）登記原因及びその日付

（a）登記原因日付

ⅰ　遺産分割協議によって配偶者居住権を取得するものとされた場合

年月日は，「遺産分割協議の成立日」を記載します（令2.3.30民二.324）。

ⅱ　配偶者居住権が遺贈の目的とされた場合

年月日は，「遺贈の効力が発生した日（民法985条）」を記載します（令2.3.30民二.324）。

死因贈与で成立した場合は，「贈与者が死亡した日」を記載します（令2.3.30民二.324）。

ⅲ　遺産分割の請求を受けた家庭裁判所が配偶者居住権を取得する旨を定めた場合

年月日は，「家庭裁判所の審判確定日」を記載します（令2.3.30民二.324）。

（b）登記原因

i　遺産分割協議によって配偶者居住権を取得するものとされた場合

「遺産分割」と記載します（令2.3.30民二.324）。

ii　配偶者居住権が遺贈の目的とされた場合

「遺贈」と記載します（令2.3.30民二.324）。

死因贈与で成立した場合は，「死因贈与」と記載します（令2.3.30民二.324）。

iii　遺産分割の請求を受けた家庭裁判所が配偶者居住権を取得する旨を定めた場合

「遺産分割」と記載します（令2.3.30民二.324）。

（3）登記事項

＊利用権の登記の登記事項は，P222～223の表で比較しています。「何が登記事項となるか」は，P222～223の表を検索先として，比較しながら記憶してください。

（a）必要的登記事項（必ず記載する必要がある事項）

・存続期間（不登法81条の2第1号）

【存続期間について別段の定めがない場合】

「存続期間　配偶者居住権者の死亡時まで（or 令和○年○月○日から配偶者居住権者の死亡時まで）」と記載します（令2.3.30民二.324）。

【存続期間について別段の定めがある場合】

「存続期間　令和○年○月○日から○年（or 令和○年○月○日から令和○年○月○日まで）又は配偶者居住権者の死亡時までのうち，いずれか短い期間」と記載します（令2.3.30民二.324）。

配偶者居住権は配偶者が死亡すると消滅するため（民法1036条，597条3項），「又は」以下の記載も必要となります。

（b）任意的登記事項（定めがある場合には記載すべき事項）

・第三者に居住建物の使用または収益をさせることを許す旨の定め（不登法81条の2第2号）

この定めがあれば，「特約　第三者に居住建物の使用又は収益をさせることができる」と記載します（令2.3.30民二.324）。

配偶者が第三者に居住建物の使用または収益をさせるには，居住建物の所有者の承諾が必要なのが原則です（民法1032条3項）。── 民法Ⅲのテキスト第10編第6章3　それを居住建物の所有者の承諾なくできるという定めであり，通常の配偶者居住権とは異なるため，公示する必要があるのです。

よって，この定めがない場合には，登記しません。原則どおりだからです。

（4）申請人

（a）遺産分割協議によって配偶者居住権を取得するものとされた場合・配偶者居住権が遺贈の目的とされた場合

以下の者の共同申請です（不登法60条。令2.3.30民二.324）。

・登記権利者：配偶者

・登記義務者：居住建物の所有者

（b）家庭裁判所が遺産分割の審判により配偶者居住権を取得する旨を定めた場合

家庭裁判所の審判書に居住建物の所有者が登記をすべき旨が記載されていれば，配偶者が単独で申請できます（不登法63条1項。令2.3.30民二.324）。家庭裁判所の審判があるからです。

（5）添付情報

（a）遺産分割協議によって配偶者居住権を取得するものとされた場合・配偶者居住権が遺贈の目的とされた場合

基本的にP173（5）の地上権の設定の登記と同じです（登記原因証明情報の内容は，遺産分割協議書または遺言書などとなります）。提供する理由や考え方も同じです。

（b）家庭裁判所が遺産分割の審判により配偶者居住権を取得する旨を定めた場合

＊単独申請による場合，提供する添付情報および添付情報の内容が変わるのですが，これはP331～335 の4.で説明します。

（6）登録免許税

不動産の価額の2/1000です（登免法別表第1.1.（3の2））。

2　配偶者居住権の移転の登記

配偶者居住権の移転の登記は，存在しません（令2.3.30民二.324）。

配偶者居住権は，譲渡することができません（民法1032条2項）。―― 民法Ⅲのテキスト第10編第6章3　また，配偶者居住権は一身専属権なので（民法896条ただし書），相続の対象にもなりません。よって，配偶者居住権が第三者に移転することはないんです。

3 配偶者居住権の変更の登記

配偶者居住権の登記事項（ex. 存続期間）に変更が生じた場合，配偶者居住権の変更の登記を申請できます（令2.3.30民二.324）。

4 配偶者居住権の抹消の登記

1．実体（民法）→登記

配偶者居住権は，存続期間の満了，配偶者の死亡などにより消滅します。

配偶者居住権が消滅すると，配偶者居住権の抹消の登記を申請できます。

2．申請情報の記載事項

配偶者居住権の抹消の登記の申請情報は，以下のようになります。以下の申請例は，配偶者が死亡した場合の例です。

申請例102 —— 配偶者居住権の抹消の登記

登記の目的	1番配偶者居住権抹消
原　　因	令和6年6月28日死亡による消滅（＊）
権 利 者	C
義 務 者	亡B相続人　C
添付情報	登記原因証明情報（Bの戸籍一部事項証明書等）
	登記識別情報（Bの乙区1番の登記識別情報）
	代理権限証明情報（Cの委任状）
	一般承継証明情報（Bの戸籍全部事項証明書等，Cの戸籍一部事項証明書等）
登録免許税	金1000円

＊存続期間の満了によって消滅した場合は，「年月日存続期間満了」と記載します（令2.3.30民二.324）。

配偶者は死亡したため申請できないので，配偶者の相続人が一般承継人による申請（不登法62条。P418～425）により申請します。よって，一般承継証明情報も提供します。

なお，上記のように死亡によって配偶者居住権が消滅した場合は，不動産登記法69条（P404）の規定に基づき，居住建物の所有者が単独で抹消の登記を申請することもできます（令2.3.30民二.324）。

第７章　利用権の登記事項のまとめ

利用権をひととおりみましたので，利用権の登記事項を比較します。「何が登記事項となるか」は，以下の表を検索先としてください。

なお，第６章までで扱わなかった「採石権」も登記事項は試験で問われます。「採石権」とは，他人の土地において岩石および砂利を採取する物権です（採石法４条１項，３項）。採石法で規定されている物権ですが，登記できます。

※記号の意味は，以下のとおりです。
◎：必要的登記事項（必ず申請情報に記載する必要がある事項）
○：任意的登記事項（定めがある場合には申請情報に記載すべき事項）
×：登記事項とならないもの

	地上権	永小作権	地役権	賃借権	配偶者居住権	採石権
①設定の目的	◎	×	◎	× 建物所有目的の土地の賃貸借は◎	×	×
②地代など	○ 地代	◎ 小作料	×	◎ 賃料	×	○ 採石料
③支払時期	○	○	×	○	×	○
④存続期間	○	○	×	○	◎	◎
⑤範囲	× 区分地上権は◎	×	◎	×	×	×
⑥その他	○ 区分地上権の行使のための設定者の土地の使用の制限	○ 永小作権の譲渡または土地の賃貸を禁止する旨の定め	◎ 要役地の表示	○ 賃借権の譲渡または賃借物の転貸を許す旨の定め	○ 第三者に居住建物の使用または収益をさせることを許す旨の定め	○ 採石権の内容

	地上権	永小作権	地役権	賃借権	配偶者居住権	採石権
		○ 永小作人の権利義務に関する定め	○ 民法281条1項ただし書の別段の定め	○ 敷金		
			○ 民法285条1項ただし書の別段の定め	○ 賃貸人が処分の権限を有しない者等である旨		
	○ 借地借家法関係		○ 民法286条の定め	○ 借地借家法関係		

上記の表は，青線で区切った「上」と「下」に分けて記憶してください。青線の「上」には必要的登記事項がありますが，「下」にはありません。その区切りです。

最もよく出る青線の「上」については，思い出し方があります。**以下の4点さえ記憶すれば，理論的にすべて思い出せる**ことになります（「建物所有目的の土地の賃貸借は◎」「区分地上権は◎」は除きます）。

i　「◎」は，以下の「雪やこんこ　あられやこんこ」の歌い出しで始まる『雪（ゆき）』という童謡の替え歌で記憶する

「地上～，目～的，永賃料（＊），採石，配偶者，期間，地役，目的・範囲・要役地」（ちじょう～，もく～てき，えいちんりょう，さいせき，はいぐうしゃ，きかん，ちえき，もくてき・はんい・ようえきち）

＊「永小作権」「賃借権」「小作料」「賃料」の「永」「賃」「料」をとっています。

ii　①の設定の目的と⑤の範囲は，「◎」でなければ「×」

iii　②の地代などと③の支払時期は，地役権と配偶者居住権のみ「×」

iv　④の存続期間は，地役権のみ「×」

第8章 利用権者が所有権を取得した場合

これは，所有権の移転の登記のハナシです。しかし，フツーの所有権の移転の登記と異なり，利用権者が所有権を取得したというちょっと変わったハナシです。

地上権，永小作権，賃借権，配偶者居住権または採石権の設定の登記がされている不動産があったとします。これらの利用権の権利者が不動産の所有権を取得した場合，利用権者に対して所有権の移転の登記をします。この際の登録免許税の税率に特例があります。

この場合，所有権の移転の登記の税率の100分の50，つまり，半分で済みます（登免法17条4項）。利用権の設定の登記の際にすでに不動産の価額の10/1000や2/1000の登録免許税を納付しているため，半分で済むのです。

ex1. 地上権者が地上権の設定の登記がされている土地を売買で取得した場合の所有権の移転の登記の登録免許税は，不動産の価額の10/1000（＝20/1000×50/100）となります。

ex2. 賃借権者が賃借権の設定の登記がされている土地を相続により取得した場合の所有権の移転の登記の登録免許税は，不動産の価額の2/1000（＝4/1000×50/100）となります。

「所有権の移転の登記の税率の100分の50」ですから，相続・合併を原因とする所有権の移転の登記だと，「20/1000」の半分ではなく，「4/1000」の半分になる点にご注意ください。

登録免許税の減税を受けた場合はその根拠条文を記載する必要があるため（不登規189条3項），登録免許税欄に「（登録免許税法第17条第4項）」と記載する必要があります。

― 第5編 ―

全登記に関係する登記（総論②）

第1章 信託の登記

「所有権」「担保物権」「利用権」と各登記をみてきました。ここからは，総論（すべての登記に関係する分野）に戻ります。この第５編では，基本的に全登記に関係する登記をみていきます。

第1節　信託とは？

1 意義

「信託」とは，簡単にいうと，その名のとおり「『信』用して『託』すこと」です。

「投資信託」といった言葉を聞いたことがないでしょうか。投資信託とは，投資家がファンド会社などに資金を預け，ファンド会社などが預かったその資金を運用し，投資家が運用益を得る金融商品です。

このように，信託の対象は不動産に限られるわけではありませんが，みなさんは不動産登記法における信託を学習しますので，「不動産」を信託した場合のハナシをみていきます。まあ，「投資信託の不動産バージョン」くらいにイメージしてください。

信託は，正確には以下のとおり定義されます。

信託：以下の①～③のいずれかの方法により（信託法３条），特定の者が一定の目的（専らその特定の者の利益を図る目的を除く）に従い財産の管理（保存・利用・改良）または処分およびその他のその一定の目的の達成のために必要な行為をすべきものとすること（信託法２条１項）

①信託契約の締結（下記4 1.）

②遺言信託（下記4 2.）

③自己信託（下記4 3.）

2 信託の主要な登場人物

信託の主要な登場人物を，以下の例を使ってみていきましょう。

ex. Aは，都心の一等地に広大な土地を所有していますが，定年退職後は地方に移住しました。この都心の土地を活用するため，AはB信託銀行との間で，B信託銀行に土地の運用を任せ（形式的にですがB信託銀行に所有権を移転します），B信託銀行はA

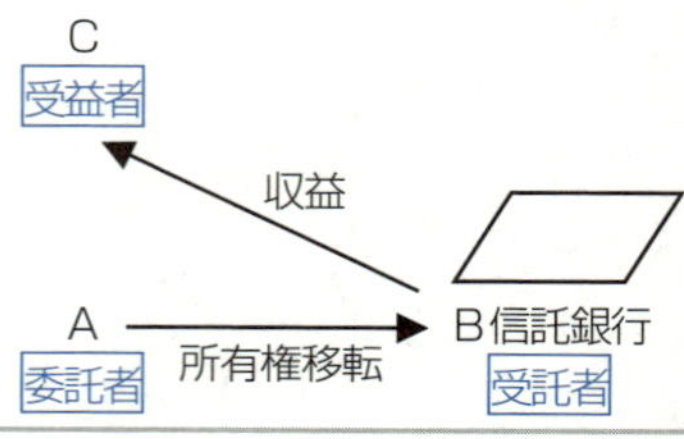

の息子Cにその収益の一部を支払う旨の契約を締結しました。

この場合のA，B，Cを以下のようにいいます。

A：委託者（信託をする者。信託法2条4項）

B：受託者（財産の管理などをする者。信託法2条5項）

C：受益者（信託による受益権を有する者。信託法2条6項）

上記ex.は，Aが息子Cのために信託をした「委託者≠受益者」の事例ですが，Aが自分のために信託をする「委託者＝受益者」でも構いません。自分が収益を得るための資産運用だと，「委託者＝受益者」のパターンになります。

— Realistic 4　家族信託 —

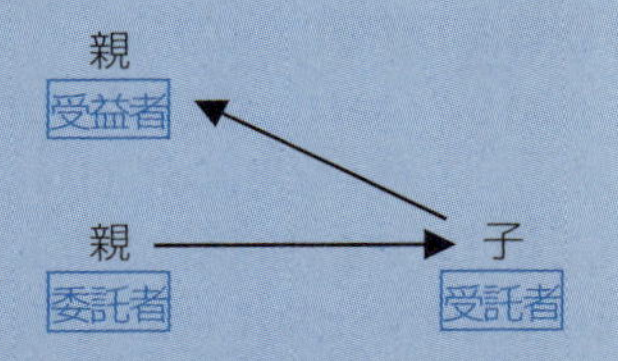

いま，「家族信託」が増えてきています。家族信託とは，たとえば，高齢の親を委託者かつ受益者，子を受託者とする信託です。主に親が認知症になったときの対策として，事前に家族信託をします。認知症になると，介護費用の調達のために親名義の不動産を売りたい場合に売ることがかなり難しくなる，といった問題が生じることがあります。成年後見制度を利用しても，不動産の売却は簡単にはできません。そこで，認知症になる前に子を受託者として権限を与えておけば，柔軟な対応ができるんです。

3 信託財産

信託財産：受託者に属する財産であって，受託者が信託により管理または処分をすべき一切の財産（信託法2条3項）

上記2の ex.だと，Aが所有している土地が信託財産となります。AからB信託銀行に，この土地の所有権が移転します。しかし，あくまで信託のために所有権が移転するという形をとるだけなので（形式的なハナシなので），この土地はB信託銀行の固有財産とは区別されます。「固有財産」とは，信託財産ではない受託者の財産（通常の財産）です（信託法2条8項）。たとえば，B信託銀行の経営が悪化しても，B信託銀行の債務のためにこの土地が競売されるといったことはありません。当たり前ですよね。

4 信託の方法

信託をする方法には，以下の3つがあります。

1．信託契約の締結（信託法3条1号）

委託者と受託者の契約による方法です。上記[2]の ex.が，この方法による信託です。

2．遺言信託（信託法3条2号）

遺言で信託をすることもできます。遺言で信託をする場合，遺言で受託者を指定するか，遺言に受託者の指定がないときまたは指定された者が受託者にならないときには，利害関係人の申立てにより裁判所が受託者を選任します（信託法６条１項）。委託者が，生前に受託者と「死後の財産の管理を頼む」と話し合っておき，遺言で受託者を指定するのが普通です。

※所有権の移転以外の方法

上記[2]の ex.は，委託者が受託者に財産を譲渡する（所有権を移転する）信託です。しかし，上記１.と２.の信託は，所有権の移転に限りません。たとえば，以下のような信託も可能です（信託法３条１号，２号）。

ex1. 委託者の土地に，受託者の地上権を設定する。

ex2. 委託者の不動産に，受託者の担保権を設定する（セキュリティトラスト）。

「セキュリティトラスト」とは，被担保債権と担保権を切り離す信託です。たとえば，Ｃ銀行，Ｄ銀行，Ｅ銀行が，大企業である株式会社Ａに同時に融資をし，Ａが所有している不動産に同順位の抵当権を設定しようとしているとします。多額の融資であると，このように複数の銀行が協力して融資をすることがあります。この場合に，通常の抵当権を設定してしまうと，それぞれの銀行が独自の判断で抵当権を実行できてしまい，意図していない時期に不動産が競売されてしまう可能性があります。そこで，被担保債権と担保権を切り離し，債権者を受益者（Ｃ銀行，Ｄ銀行，Ｅ銀行），抵当権者を受託者（信託会社などがなります）とします（委託者は，設定者です）。それぞれの銀行が勝手に抵当権を実行できないよう，抵当権者を信託会社など別の者とするのです。

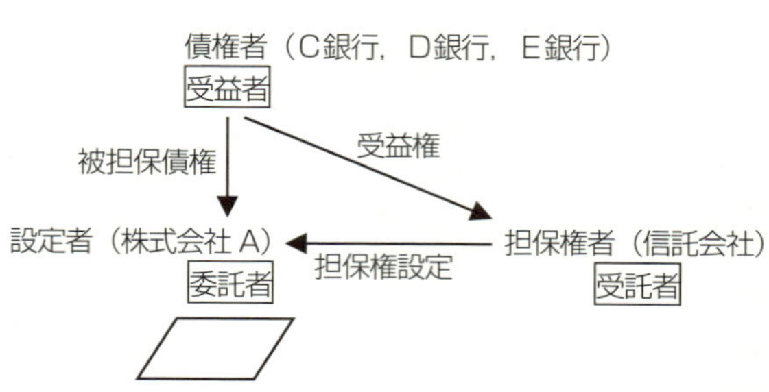

規制緩和

信託法は，平成 18 年に大きな改正がされました。改正のテーマは，**「規制緩和」**です。平成 18 年といえば，小泉さん・竹中さんの時代ですから。上記のセキュリティトラストは，債権者と担保権者が異なることになり，債権の付従性に反しますが，規制緩和の一環として平成18年の改正で認められました。

3．自己信託（信託法3条3号）

（1）自己信託とは？

これは，「委託者＝受託者」である信託のことです。「自分に財産を託して何の意味があるの？」と思われると思います。これは，たとえば，幼児や障がいのある子，つまり，財産を自分で管理できない者に財産を贈与する代わりに使います。幼児や障がいのある子ですので，通常の贈与をしてしまうと危ないのです。

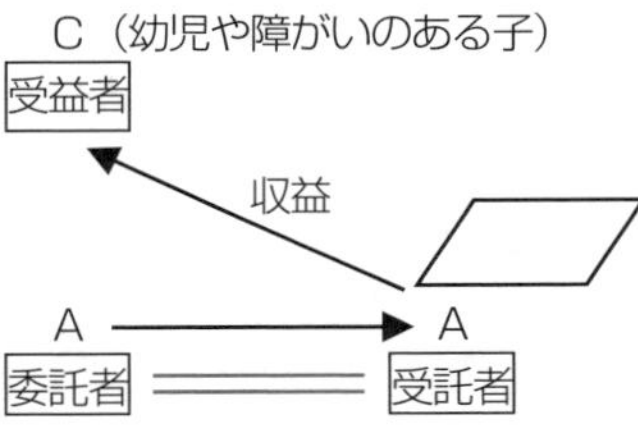

（2）自己信託の方法

自己信託は，公正証書その他の書面または電磁的記録（データ）に記載・記録する方法によってする必要があります（信託法３条３号）。書面または電磁的記録が要求される要式行為なのです。

自己信託は，脱法行為，具体的には詐害行為目的に利用されるおそれがあるからです。信託財産は，受託者の固有財産と区別されます（上記3）。よって，強制執行を受けそうな財産を自己信託の信託財産としてしまえば，強制執行を免れることができてしまうのです。

（3）効力発生日

そのため，自己信託の効力発生日は，以下の日となります。

①公正証書，公証人の認証を受けた書面または電磁的記録によってされる場合
　→　公正証書などの作成日（信託法４条３項１号）

②上記①以外の書面または電磁的記録によってされる場合
　→　受益者に対して確定日付ある証書による通知がされた日（信託法４条３項２号）

公正証書や公証人の認証がありませんので，脱法行為のおそれが強くなります。受益者に利益を渡さない脱法行為を防止するため，受益者に確実に知らせる確定日付ある証書（内容証明郵便など）による通知が要求されているのです。

第2節　信託の登記

1　信託の登記の方法

不動産登記法98条（信託の登記の申請方法等）

1　信託の登記の申請は，当該信託に係る権利の保存，設定，移転又は変更の登記の申請と同時にしなければならない。

不動産登記令5条（一の申請情報による登記の申請）

2　信託の登記の申請と当該信託に係る権利の保存，設定，移転又は変更の登記の申請とは，一の申請情報によってしなければならない。

信託をすると，受託者に所有権が移転したり，受託者の抵当権が設定されたりしますので，受託者への「所有権の移転の登記」や受託者の「抵当権の設定の登記」をします。しかし，それだけだと通常の所有権の移転や抵当権の設定と変わらなくなってしまいます。所有権の移転であれば，あくまで信託のために所有権が移転するという形をとるだけで，受託者の固有財産となったわけではありません。そこで，「所有権の移転の登記」や「抵当権の設定の登記」に加え，「信託の登記」というものを同時に一の申請情報で（1件で）申請します（不登法98条1項，不登令5条2項）。

「 P243

自己信託の場合は，「信託財産となった旨の登記」と「信託の登記」を同時に一の申請情報で（1件で）申請します（不登法98条1項，不登令5条2項）。自己信託の場合も登記をするのは，受託者の固有財産が信託財産に属するものに変わったことを公示する必要があるからです。

2　申請情報の記載事項

……といわれても，イメージが湧かないですよね。以下の申請例103で，同時に一の申請情報で（1件で）申請するイメージをつかんでください。「所有権の移転の登記」と「信託の登記」を一の申請情報に記載している，かなり変わった登記です。

申請例103 ―― **信託を原因とする所有権の移転の登記および信託の登記**

事例：AとBは，令和5年6月28日，Aが所有している土地（甲区1番でA名義の所有権の保存の登記がされている）の所有権をAがBに移転する旨の信託契約を締結した。この土地の課税標準の額は，1000万円である。

登記の目的　所有権移転及び信託
原　　　因　令和5年6月28日信託
権 利 者　B
義 務 者　A
添 付 情 報　登記原因証明情報（信託契約書）
　　　　　登記識別情報（Aの甲区1番の登記識別情報）
　　　　　印鑑証明書（Aの印鑑証明書）
　　　　　住所証明情報（Bの住民票の写し）
　　　　　代理権限証明情報（B及びAの委任状）
　　　　　信託目録情報（信託目録に記録すべき事項を記載した書面）
課 税 価 格　金1000万円
登録免許税　金4万円
ただし，所有権の移転の登記については，登録免許税法第7条第1項第1号の規定により免除　*

*この「ただし，」以下も，申請情報に記載する必要があります。登録免許税が免除される場合，その根拠条文を記載する必要があるからです（不登規189条2項）。

権 利 部 （甲 区） （所 有 権 に 関 す る 事 項）

順位番号	登記の目的	受付年月日・受付番号	権利者その他の事項
1	所有権保存	令和4年6月28日 第11542号	所有者　A
2	所有権移転	令和5年6月28日 第12456号	原因　令和5年6月28日信託 受託者　B
	信託	余　白	信託目録第102号

※登記の方法

上記の登記記録のように，「所有権移転」の登記だけでなく「信託」の登記もされます。「信託」の登記には，「信託目録第102号」と記録されています。この信託目録に信託の登記の登記事項が記録されています。信託の登記の登記事項は，下記3.のとおり11項目ありますが（不登法97条1項），信託契約などでは細かく定めるのが通常なので，十数ページにわたることもあります。それをすべて登記記録に記載してしまうと，登記記録が見づらくなってしまうため，「信託の内容は信託目録をみてね」という形になっているのです（不登法97条3項）。信託目録は，不動産の登記事項証明書を請求するときの請求書に，信託目録も記載するように記載すると，登記事項証明書に記載されます（不登規193条1項5号，197条3項）。

上記の登記をすると，受託者Bに登記識別情報が通知されます。「受託者　B」と登記されているとおり，Bは登記名義人となるからです。

上記のように登記がされた後，錯誤を原因として登記原因を「信託」から「売買」とする更正の登記の申請をすることはできるでしょうか。

できません（登研483P157）。

登記原因の更正は，原則としてできました（Ⅰのテキスト第2編第4章4 1.）。しかし，「信託」から「売買」への更正は，信託財産から固有財産への更正であり，別物となってしまうため，認められません。

※自己信託の場合の登記の方法

自己信託の場合の「信託財産となった旨の登記」と「信託の登記」も，主登記によってされます。

＊信託には様々な種類がありますが，「所有権の移転」「抵当権の設定」「自己信託」に絞ってみていきます。

1．登記の目的

【所有権の移転】

「所有権移転及び信託」と記載します。

【抵当権の設定】

「抵当権設定及び信託」と記載します。

【自己信託】

「信託財産となった旨の登記及び信託」と記載します。

信託の登記を同時に一の申請情報で（1件で）申請するため，いずれも「及び信託」と記載するのです。

2．登記原因及びその日付

【所有権の移転・抵当権の設定】

年月日は，「信託契約の成立日」などを記載します。

原因は，「信託」と記載します。

※抵当権の設定は，「年月日金銭消費貸借年月日信託」などと記載します。

【自己信託】

年月日は，「公正証書などの作成日」（P229①）または「受益者に対して確定日付ある証書による通知がされた日」（P229②）を記載します。これらの日が，自己信託の効力発生日だからです。
原因は，「自己信託」と記載します。

3．登記事項

以下の①～⑪の事項が登記事項であり，信託目録に記録されることになります（不登法97条3項）。

①委託者，受託者および受益者の氏名または名称および住所（不登法97条1項1号）
信託の主要な登場人物は，もちろん登記事項となります。
では，権利能力なき社団を受益者として信託の登記をすることができるでしょうか。
できません（昭59.3.2民三.1131）。
「権利能力なき社団は不動産の登記名義人にはなれないから，信託の受益者にしちゃおう」と脱法行為として使われるおそれがあるからです。権利能力なき社団は，抵当権の債務者になることはできました（Ⅰのテキスト第3編第1章第1節2 3．(1)②ⅰ)。これは“債務者”であるため，「登記名義人になる代わりに……」ということにはなりません。しかし，信託は受益者のためにしますので，「登記名義人になる代わりに……」といえるのです。
②受益者の指定に関する条件または受益者を定める方法の定めがあるときは，その定め（不登法97条1項2号）
上記①の受益者が最初の時点では具体的に決まっておらず，「こういった人（ex. 復興に貢献してくれた人）に収益をあげたい」という信託もOKです。
③信託管理人がいるときは，その氏名または名称および住所（不登法97条1項3号）
「信託管理人」とは，受益者が現に存しない場合に置くことができ，将来の受益者のために裁判上または裁判外の行為をする者です（信託法123条，125条1項本文）。信託は，受益者のためにします。しかし，上記②のように，受益者が具体的に決まっていない場合があります。その場合に，受託者が悪さをしないよう将来の受益者のために受託者を見張るというのが信託管理人のイメージです。
④受益者代理人がいるときは，その氏名または名称および住所（不登法97条1項4号）
「受益者代理人」も，受益者のために裁判上または裁判外の行為をします（信託法139条1項本文）。上記③の信託管理人と何が違うかというと，受益者がいる点です。受益者がいるのですが，あまりに受益者が多いような場合に受益者の代理人となる者が，受益者代理人です。

⑤受益証券発行信託であるときは，その旨（不登法97条1項5号）
　受益者の権利である受益権を証券化した場合のハナシです（信託法185条1項）。受益証券があると，受益証券によって受益者がドンドン変わっていくことになります。
⑥受益者の定めのない信託であるときは，その旨（不登法97条1項6号）
　これは，「目的信託」といわれます。
ex. 「収益を復興のために使ってくれ」と目的だけを定め，受益者を決めない信託をすることができます。
※上記②～⑥の場合には，受益者は登記されません（不登法97条2項）。
⑦公益信託であるときは，その旨（不登法97条1項7号）
⑧信託の目的（不登法97条1項8号）
⑨信託財産の管理方法（不登法97条1項9号）
⑩信託の終了の事由（不登法97条1項10号）
⑪その他の信託の条項（不登法97条1項11号）

4．申請人

　「所有権の移転の登記」などと「信託の登記」を一の申請情報に記載していますが，申請人については，これらの登記を分けて考える必要があります。

（1）「所有権の移転の登記」など

【所有権の移転・抵当権の設定】
　以下の者の共同申請です（不登法60条）。
・登記権利者：受託者（上記申請例103だとB）
・登記義務者：委託者（上記申請例103だとA）
【自己信託】
　自己信託の信託財産となった旨の登記は，受託者の単独申請です（不登法98条3項）。「委託者＝受託者」であり，委託者と受託者が別々にいるわけではないからです。

　なお，受託者が複数いても，持分は記載しません（P16の「持分を記載しない権利を記憶する④」）。受託者の固有財産となるわけではないので，受託者が複数いても，信託財産は合有とされるからです（信託法79条）。

（2）「信託の登記」

【所有権の移転・抵当権の設定・自己信託】
　いずれも，受託者の単独申請です（不登法98条2項）。上記申請例103は，信託の登記については，Bが単独で申請しているということなのです。

Realistic rule

信託の登記は，当事者の申請によりすべきときは，**受託者の単独申請**によります。

※代位による登記

受託者が信託の登記をしない場合，委託者または受益者が代位によって信託の登記を申請できます（不登法99条）。

上記（1）の所有権の移転の登記などしかしないと，受託者の固有財産のように登記されることになってしまいます。そうすると，委託者または受益者は，受託者から不動産を譲り受け所有権の移転の登記を得た者などに，「それは信託財産だ！」という主張ができなくなってしまうからです。

代位による登記は，代位原因証明情報というものを提供します（P368）。この場合には，信託契約書など，委託者または受益者であることを証する情報が当たります。しかし，これに加え，登記の目的の不動産が信託財産であることを証する情報まで提供する必要はありません。不動産が信託財産であることは，登記原因証明情報の内容からわかるからです。

5．添付情報

上記申請例103のように，基本的には**通常の登記の添付情報と同じ**です。自己信託の変更の登記は，上記申請例 103 の添付情報のうち，「住所証明情報（Bの住民票の写し）」は提供しません。受託者への所有権の移転の登記ではないからです。

ただし，信託目録情報（不登令別表 65 添付情報ハ）も提供する必要があります。これは，登記官が信託目録を作成することができるように（不登法97条3項），上記3.の内容を記載した情報です。

6．登録免許税

（1）「所有権の移転の登記」など

【所有権の移転】

非課税です（登免法7条1項1号）。形式的に受託者に所有権の移転の登記をするだけで，実質的な所有者（委託者）に変更がないからです。

【抵当権の設定】

P243

債権額の4/1000 です（登免法別表第1．1．（5））。債権者と抵当権者が分かれているだけで，普通に抵当権を設定しているからです（P228の図をご覧ください）。

【自己信託】

変更の登記として，不動産1個につき1000円です（登免法別表第1．1．(14)）。
＊非課税であるという説もあります。

(2)「信託の登記」

【所有権の移転】

不動産の価額の4/1000です（登免法別表第1.1．(10) イ）。

【抵当権の設定】

債権額の2/1000です（登免法別表第1．1．(10) ロ）。

※なお，抵当権の信託の"仮登記"は，債権額の1/1000です（登免法別表第1.1．(12) ホ（2））。

【自己信託】

不動産の価額の4/1000です（登免法別表第1.1．(10) イ）。

3　持分の信託後に持分放棄がされた場合

たとえば，AC共有の不動産のA持分について，Bを受託者とするA持分全部移転および信託の登記がされました。その後，Cが自己の持分を放棄した場合，どのような登記を申請するべきでしょうか。

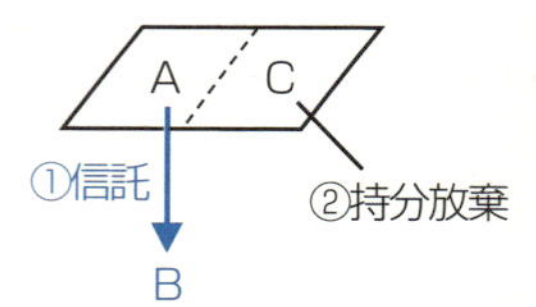

Bに対して，「C持分全部移転及び信託」の登記を一の申請情報で（1件で）申請します（昭33.4.11民事甲765）。

実質的には，Cの持分は共有者Aに帰属します。しかし，持分放棄を原因とする持分の移転の登記は登記記録上の共有者に対してしかできないというルールがありますので（Ⅰのテキスト第2編第2章第2節3 4.「Realistic rule ①」），BへのC持分全部移転の登記をします。そして，Bの固有財産になったわけではないので，信託の登記もする必要があります。

4　所有権の保存の登記と信託の登記

上記2ではみませんでしたが，所有権の保存の登記と信託の登記を同時に一の申請情報で（1件で）申請する場合もあります（不登法98条1項，不登令5条2項）。

ex. 区分建物について，表題部所有者Aを委託者・Bを受託者とする信託契約が締結されたときは，Bは，自らを受託者とする「所有権保存及び信託」の登記を単独で申請できます。

所有権の保存の登記は，単独申請によります（不登法74条）。そして，信託の登記も受託者の単独申請によるからです（不登法98条2項。P235の「Realistic rule」）。

第3節　受託者の変更

1　受託者の任務の終了

受託者の任務は，信託契約が終了した場合などはもちろんですが，それ以外にも以下の事由によって終了します（信託法56条1項）。

①受託者である個人の死亡

受託者の相続人が受託者の地位を承継しません。委託者は，受託者を信用して財産を任せたのであって，受託者の相続人に任せる意図はないからです。

②受託者である個人が後見開始または保佐開始の審判を受けたこと

③受託者が破産手続開始の決定を受けたこと

②③の場合は，他人の財産を扱う資格がないと考えられるからです。

④受託者である法人が合併以外の理由により解散したこと

合併を理由とする解散の場合は，存続会社（吸収合併の場合）または設立会社（新設合併の場合）が受託者の地位を承継します。

⑤受託者の辞任

⑥受託者の解任

⑦信託行為において定めた事由

2　受託者の変更の登記

1．申請する登記

受託者の任務が終了し信託が終了しない場合に申請する登記は，以下の2つに分かれます。

①受託者が交代的に変更した場合

これはたとえば，受託者Bの任務が終了し，新たに受託者Dが就任した場合です(信託法75条1項，2項)。この場合，BからDに，「受託者の変更による権利の移転の登記」をします。信託された不動産は，受託者名義で登記されます（P231）。よって，受託者がBからDに変わったのであれば，BからDに移転の登記をするのです。これも，形式的な移転の登記ですが。

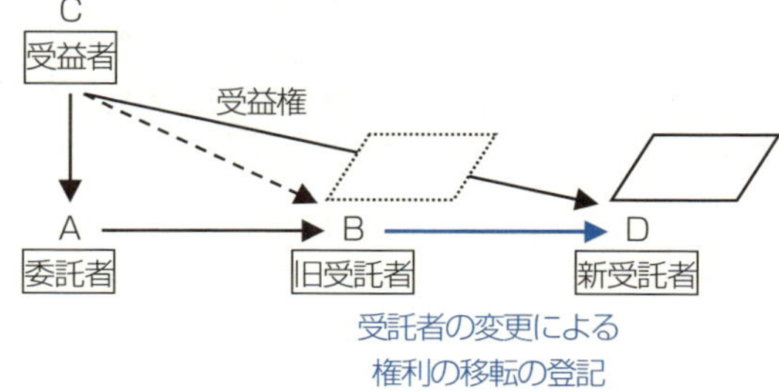

②複数いる受託者のうちの１人の任務が終了した場合

これはたとえば，受託者ＢＤがいる場合に，Ｂのみの任務が終了した場合です（信託法86条４項本文)。この場合，受託者をＤのみとする「受託者の任務終了による権利の変更の登記」をします。受託者が「ＢＤ」から「Ｄのみ」となるため，変更の登記をするのです。

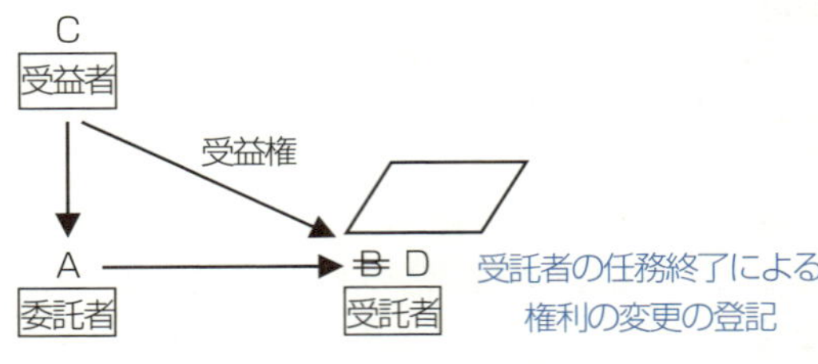

受託者についての登記がされると，登記官は信託目録の記録を変更します（不登法101条)。受託者は信託目録に記録されている事項であるため（P233①)，信託目録を書き換えるわけです。

２．申請情報の記載事項

申請例104 ―― 受託者が交代的に変更した場合の登記

登記の目的	所有権移転
原　　因	令和５年 10 月 28 日受託者変更
権 利 者	Ｄ
義 務 者	Ｂ
添 付 情 報	登記原因証明情報（Ｂの任務の終了とＤの選任を証する書面） 登記識別情報（Ｂの甲区２番の登記識別情報） 印鑑証明書（Ｂの印鑑証明書） 住所証明情報（Ｄの住民票の写し） 代理権限証明情報（Ｄ及びＢの委任状）
登録免許税	登録免許税法第７条第１項第３号の規定により免除

申請例105 —— 複数いる受託者のうちの１人の任務が終了した場合の登記

登記の目的	２番合有登記名義人変更
原　　因	令和５年10月28日受託者Ｂ任務終了
変更後の事項	受託者　Ｄ
権 利 者	Ｄ
義 務 者	Ｂ
添 付 情 報	登記原因証明情報（Ｂの任務の終了を証する書面） 登記識別情報（Ｂの甲区２番の登記識別情報） 印鑑証明書（Ｂの印鑑証明書） 代理権限証明情報（Ｄ及びＢの委任状）
登録免許税	登録免許税法第７条第１項第３号の規定により免除

（１）登記の目的

【受託者が交代的に変更した場合】（P237の1.①）

「所有権移転」「○番抵当権移転」などと記載します。移転の登記をするからです。

【複数いる受託者のうちの１人の任務が終了した場合】（P238②）

「○番合有登記名義人変更」と記載します。変更の登記をするからです。「合有」と記載するのは，受託者が複数いる場合の信託財産は，合有とされるからです（信託法79条。P234（1））。

（２）登記原因及びその日付

【受託者が交代的に変更した場合】（P237の1.①）

年月日は，原則として「旧受託者の任務が終了した日」を記載します。新受託者が就任した日とならないのは，新受託者が就任したときは，旧受託者の任務が終了した時に，旧受託者から権利義務を承継したものとみなされるからです（信託法75条1項）。受託者のいない空白期間をなかったことにするためです。

原因は，「受託者変更」などと記載します（平19.9.28民二.2048）。

【複数いる受託者のうちの１人の任務が終了した場合】（P238②）

年月日は，「受託者の任務が終了した日」を記載します。

原因は，「受託者Ｂ任務終了」などと記載します（平19.9.28民二.2048）。

（３）変更後の事項

【複数いる受託者のうちの１人の任務が終了した場合】（P238②）

この場合は，上記申請例105のように残存する受託者を記載します。

（4）申請人

（a）原則

以下の者の共同申請です（不登法60条）。

・登記権利者：新受託者（P237の１.①）または残存する受託者（P238②）
・登記義務者：任務が終了した受託者

（b）例外

受託者の任務が，P237 1 の事由のうち，以下の事由により終了した場合，新受託者（上記１.①）または残存する受託者（上記１.②）が単独で申請できます（不登法100条）。

①受託者である個人の死亡
②受託者である個人が後見開始または保佐開始の審判を受けたこと
③受託者が破産手続開始の決定を受けたこと
④受託者である法人が合併以外の理由により解散したこと
⑤P237⑥の解任のうち裁判所または主務官庁の解任命令

上記の場合，任務が終了した受託者が協力しないと考えられるからです。また，上記の事由は**いずれも公文書で証することができる**ため（←これが単独申請ができる場合の共通点です），真正を担保できるからでもあります。

（5）添付情報

添付情報は，登記原因証明情報の内容にご注意ください。上記（4）（b）の単独申請の場合，受託者の任務が終了したことを証する市町村長，登記官その他の公務員が職務上作成した情報（【受託者が交代的に変更した場合】は新たに受託者が選任されたことを証する情報も）を提供する必要があります（不登令別表66添付情報，67添付情報）。

単独申請ですので，公文書が要求されるわけです（Ⅰのテキスト第１編第６章第２節 3 「公文書に限定されるかどうかの基本的な判断基準」）。

（6）登録免許税

非課税です（登免法７条１項３号）。

第４節　信託の変更

P233～234 の３.の登記事項に変更が生じた場合，受託者は，原則として遅滞なく信託の変更の登記を申請しなければなりません（不登法 103 条１項）。P233～234 の３.の登記事項は信託目録に記録されるため忘れがちですが，信託の登記の登記事項です。よって，たとえば，以下のような変更の登記があります。
ex1. 委託者の変更の登記
ex2. 受益者の変更の登記
※受託者の変更は，第３節の登記によります。

信託の変更の登記は，受託者の単独申請によります。信託の登記だからです（P235 の「Realistic rule」）。
受託者が申請しない場合は，委託者または受益者が代位によって信託の変更の登記を申請できます（不登法 103 条２項，99 条）。

信託の変更の登記がされると，登記官は信託目録の記録を変更します（不登規 176 条３項）。信託目録に記録されている事項であるため，信託目録を書き換えるわけです。

第５節　信託財産の処分・信託財産の原状回復

1　信託財産の処分・信託財産の原状回復

1．信託財産の処分

委託者が，不動産ではなく金銭を受託者に預け，「この金銭で不動産を購入して，その不動産を信託財産にしてね」という信託もあります。これが「信託財産の処分」です。この場合に，受託者が不動産を購入したら，「売主（第三者）から受託者への所有権の移転の登記」と「信託の登記」を申請します。信託の登記もする必要があるのは，信託財産である金銭で購入した不動産なので，受託者の固有財産になったわけではないからです。

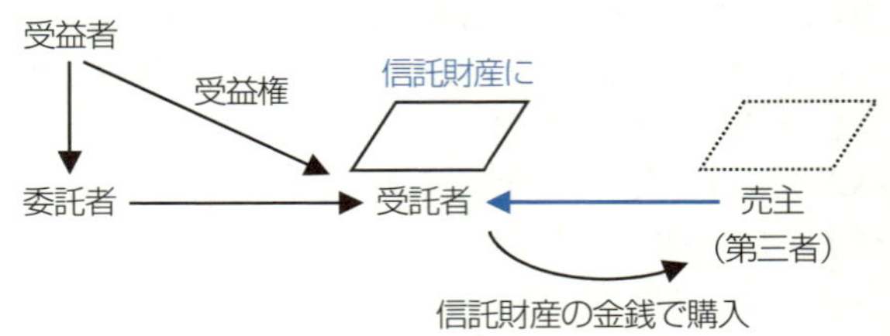

2．信託財産の原状回復

受託者が任務を怠ったことにより信託財産に変更が生じたときは，受益者は，受託者に対して信託財産の原状の回復を請求できます（信託法40条１項２号）。これが「信託財産の原状回復」です。たとえば，受託者が信託財産である不動産を勝手に第三者に売ってしまった場合，受益者は受託者に「取り戻せ」と請求できます。この場合，「第三者から受託者への所有権の移転の登記」と「信託の登記」を申請します。これも信託の登記もする必要があるのは，この不動産は信託財産であったので，原状回復をしても受託者の固有財産になるわけではないからです。

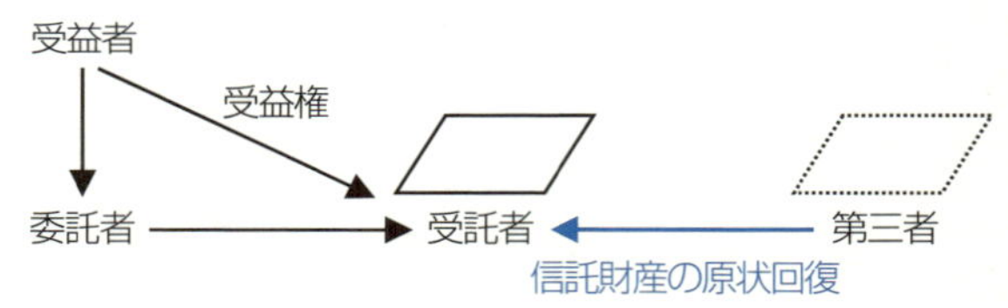

上記のように，信託財産の処分と信託財産の原状回復は異なるハナシです。ではなぜ同じ節でみているかというと，「第三者から受託者への所有権の移転の登記」と「信託の登記」を申請するという点が共通し，以下でみるとおり，申請人なども同じだからです。

2 申請人

1．第三者から受託者への所有権の移転の登記

以下の者の共同申請です（不登法60条）。

・登記権利者：受託者

・登記義務者：第三者

受託者が申請しない場合は，受益者が受託者に代位して申請することができます。

2．信託の登記

受託者の単独申請です（不登法98条２項）。信託の登記だからです（P235の「Realistic rule」）。

受託者が申請しない場合は，委託者または受益者が代位によって信託の登記を申請できます（不登法99条）。

P230 」

上記１.と２.の登記は，同時に一の申請情報で（１件で）申請しなくても構いません（昭41.10.31民事甲2970，平19.9.28民二.2048）。P230 1 と異なり，信託の登記とは関係のない第三者が申請人となるからです。

3 登録免許税

1．第三者から受託者への所有権の移転の登記

P235 」

通常の所有権の移転の登記と同じです。売買を原因とする所有権の移転の登記は，不動産の価額の20/1000です（登免法別表第１.１.（２）ハ）。実質的な所有者が，第三者から委託者に変わるからです。

2．信託の登記

不動産の価額の４/1000です（登免法別表第１.１.（10）イ）。

第6節　信託の抹消

1　信託の抹消の登記の方法

信託財産に属する不動産に関する権利が，以下の①～③の事由により信託財産に属しないこととなった場合，「移転の登記」「変更の登記」「抹消の登記」と「信託の登記の抹消の登記」を同時に一の申請情報で（１件で）申請します（不登法 104 条１項，不登令５条３項）。

①移転

ex1. 信託の目的達成などにより信託が終了した場合（信託法 163 条，164 条），信託財産は信託法 182 条の規定により，受益者や委託者などに移転します。

ex2. 信託財産である不動産を売却することが信託の目的である場合があります。この場合に，受託者が不動産を第三者に売却したときは，その不動産の所有権は第三者に移転し，第三者の固有財産となります。

②変更

この例は，第７節の②（P247～248）で説明します。

③消滅

ex. 抵当権の設定の登記および信託の登記がされている場合に（ex. P228 の ex2.のセキュリティトラスト），債務者が被担保債権のすべてを弁済した場合は，抵当権が消滅します。

2　申請情報の記載事項

申請例106 ―― 弁済を原因とする抵当権の抹消の登記および信託の抹消の登記

登記の目的	１番抵当権抹消及び信託登記抹消
原　　因	抵当権抹消　令和５年 11 月 28 日弁済 信託登記抹消　信託終了
権 利 者	A
義 務 者	B（信託抹消登記申請人）
添 付 情 報	登記原因証明情報（弁済による抵当権の消滅と信託の終了を証する書面） 登記識別情報（Bの乙区１番の登記識別情報） 代理権限証明情報（A及びBの委任状）
登録免許税	金 1000 円

以下，ポイントを説明します。

1．申請人

（1）移転の登記・変更の登記・抹消の登記

原則として，登記権利者と登記義務者の共同申請です（不登法60条）。

（2）信託の登記の抹消の登記

受託者の単独申請です（不登法 104 条２項）。信託の登記だからです（P235 の「Realistic rule」）。

2．添付情報

①登記原因証明情報（不登法61条）
②登記識別情報（不登法22条本文）
受託者が登記義務者となる場合に，受託者の登記識別情報を提供します。
③印鑑証明書（不登令16条２項，18条２項）
所有権の登記名義人が登記義務者となる場合に，登記義務者の印鑑証明書を提供します。
④住所証明情報（不登令別表30添付情報ロ）
所有権の移転の登記をする場合に，登記権利者の住所証明情報を提供します。
⑤代理権限証明情報（不登令７条１項２号）
⑥会社法人等番号（不登令７条１項１号イ）

3．登録免許税

（1）移転の登記・抹消の登記

【移転の登記】

・原則
通常の所有権の移転の登記と同じ（不動産の価額の20/1000など）です。

・例外
委託者のみが信託財産の元本の受益者である信託の登記がされている不動産についての受託者から受益者への所有権の移転の登記は，非課税です（登免法７条１項２号）。この場合は，受託者に預けていた信託財産が委託者に戻っただけで，実質的な所有者

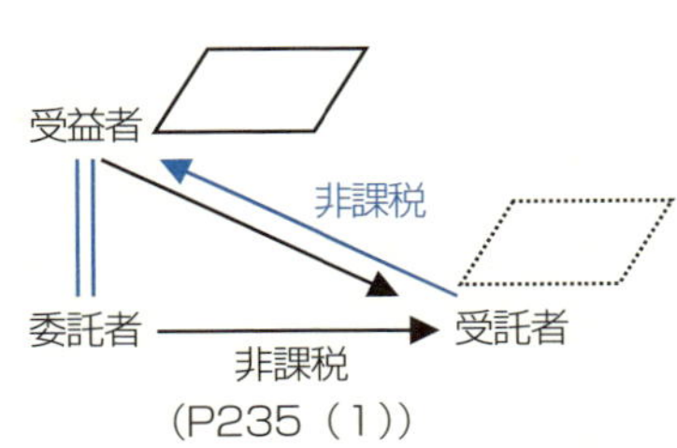

（委託者）は最初から変更がないからです。「行き」も非課税で（P235（1）），「帰り」も非課税なわけです。

【抹消の登記】

抹消の登記として，不動産1個につき 1000 円です（登免法別表第1．1．(15)）。なお，下記（2）の抹消の登記と同時に一の申請情報で（1件で）申請しますが，不動産が1個であれば「2000 円」とはならず，「1000 円」です。2つの抹消の登記ですが，抹消の登記の課税標準は「不動産の個数」だからです。

（2）信託の登記の抹消の登記

抹消の登記として，不動産1個につき 1000 円です（登免法別表第1．1．(15)）。

第７節　信託における権利の変更の登記の特則

以下の表の権利の変更の登記については，申請人について特則があります（不登法104条の2第2項）。

	事案	申請人
①受託者の固有財産 ↓ 信託財産	不動産に関する権利が，受託者の固有財産に属する財産から信託財産に属する財産となった場合です。	**登記権利者：受益者** **登記義務者：受託者**
②信託財産 ↓ 受託者の固有財産 （※１）	不動産に関する権利が，信託財産に属する財産から受託者の固有財産に属する財産となった場合です。	**登記権利者：受託者** **登記義務者：受益者**（※２）
③一の信託の信託財産 ↓ 他の信託の信託財産	不動産に関する権利が，一の信託の信託財産に属する財産から他の信託の信託財産に属する財産となった場合です。	**登記権利者** **：他の信託の受益者および受託者** **登記義務者** **：一の信託の受益者および受託者** （※２）

上記①～③は，利益相反行為となり，原則として制限されます（信託法31条1項1号，2号）。しかし，受益者の承認を得たときなどは，することができます（信託法31条2項）。裁判所の許可は不要です。

これも，規制が緩和された点です（P228～229の「規制緩和」）。

上記①～③は，いずれも登記名義人は受託者のままです。よって，「権利の変更の登記」を申請します。しかし，なんと申請人として「受益者」が出てきます。

受益者を重要視

受益者は，現在の登記名義人でも前登記名義人でもありません。登記事項の1つです。しかし，**受益者は重要視**されています。信託は受益者のためにするからです。

そして，受託者の固有財産か信託財産か，どの信託の信託財産かは，受益者に最も影響があるため，受益者を申請人として関与させることにしたのです。

なお，上記①〜③は，「権利の変更の登記」と併せて「信託の登記」（上記①③）または「信託の登記の抹消の登記」（上記②）をします。これらの登記の申請は，同時に一の申請情報で（１件で）申請します（不登法 104 条１項，104 条の２第１項，不登令５条３項，４項）。

※１　信託の登記の後に所有権の移転の仮登記を受けた第三者の承諾の要否

上記②の信託財産を受託者の固有財産とする変更の登記を申請する場合，信託の登記の後に所有権の移転の仮登記を受けた第三者の承諾を証する情報を提供する必要はありません（昭 41.12.13 民事甲 3615）。

この変更の登記の実質は，所有権の移転の登記だからです。変更の登記では登記上の利害関係を有する第三者が存在し得ますが，移転の登記には存在しません（Ⅰのテキスト第１編第６章第８節２１.）。

また，信託の終了によって信託関係は将来に向かってのみ消滅するので，信託の登記の後にされた所有権の移転の仮登記の効力にはなんらの影響も及ぼさないからでもあります。

※２　受益者の登記識別情報

受益者が登記義務者となる場合がありますが，この場合には，登記識別情報の提供を要しません（不登法 104 条の２第２項後段）。受益者は登記名義人ではないので，そもそも登記識別情報を有していないからです。

この場合，受益者の印鑑証明書を提供する必要があると解されているので，それによって登記義務者である受益者の意思確認がされることになります。

第2章 仮登記

第１節　仮登記とは？

1 意義

「仮」とついていて，自動車の仮免許みたいですよね。一人前ではないという点では，同じです。そのため，**通常の登記よりも手続が緩和**されているところがあります。

仮登記には，以下の２種類があり，それぞれ通常の登記ができない事情があります。

１号仮登記

不動産登記法105条１号に規定されているため，俗に「１号仮登記」といわれます。この１号仮登記は，以下のいずれかの事情がある場合にできます（不登規178条）。

・登記識別情報を提供できない

・登記原因についての第三者の許可，同意または承諾を証する情報を提供できない

２号仮登記

不動産登記法105条２号に規定されているため，俗に「２号仮登記」といわれます。この２号仮登記は，以下の事情がある場合にできます。

・権利変動の前提となる事情は生じているが，まだ権利変動は生じていない

権利変動を公示するのが不動産登記ですが，これは基本的に「債権レベル」「権利変動レベル」「手続レベル」に分けることができます。１号仮登記と２号仮登記の違いは，この３つのうち，どこのレベルまでクリアーしているかです。

・１号仮登記

「債権レベル」「権利変動レベル」はクリアーしていますが，「手続レベル」をクリアーしていません。

・２号仮登記

「債権レベル」はクリアーしていますが，「権利変動レベル」「手続レベル」をクリアーしていません。

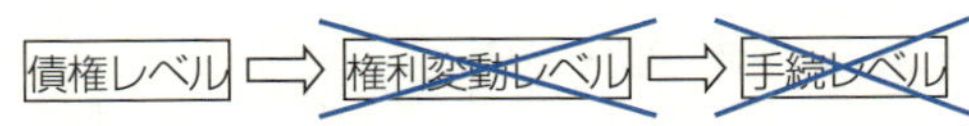

2 趣旨 ―― 仮登記をする目的

仮登記は，順位を保全するためにします。

たとえば，Aが所有している農地をBに売却し，農地法所定の許可も得ました(*)。

*農地の売買は，農業委員会（市町村に置かれる行政委員会）や都道府県知事などの許可がなければ所有権の移転の効果が生じません（農地法3条本文など）。詳しくはⅠのテキスト第1編第6章第9節5で説明しますが，農地が農家でない者に移転し，農地がなくなってしまうことを防ぐために，このようなルールになっています。

しかし，Bは，農地法所定の許可書を家のどこに置いたかわからなくなりました。この場合に，AがCに所有権の移転の登記をしたり，Dに抵当権の設定の登記をしたりすると，BはCやDに対抗できなくなります（民法177条）。そこで，仮登記（この例の場合は1号仮登記）をしておけば，順位を保全できます。この例でいえば，農地法所定の許可書が見つかり仮登記に基づいて本登記をするときに，Cへの所有権の移転の登記やDへの抵当権の設定の登記を抹消できるのです。

「本登記」とは，通常の登記ができる要件を充たしたときにする，仮登記に基づく登記です。本登記は，仮登記の順位によります（不登法106条）。

仮登記は，このように順位保全が目的ですから，所有権の移転の仮登記であっても，二重に登記することができます（明32.7.7民刑1184，明33.2.2民刑局長回答。登研394P254）。極端な例ですが，私は，100個ほどの仮登記がされた登記記録をみたことがあります。誰かの嫌がらせでしょうか……。

3 1号仮登記

1．意義

不動産登記法105条（仮登記）

仮登記は，次に掲げる場合にすることができる。

一　第3条各号に掲げる権利〔登記できる権利〕について保存等〔保存，設定，移転，変更，処分の制限又は消滅〕があった場合において，当該保存等に係る登記の申請をするために登記所に対し提供しなければならない情報であって，第25条第9号の申請情報と併せて提供しなければならないものとされているもの〔添付情報〕のうち法務省令で定めるもの〔登記識別情報，又は，第三者の許可，同意若しくは承諾を証する情報〕を提供することができないとき。

1号仮登記：権利変動は生じているが，以下の手続上の不備がある場合にできる登記（不登法105条1号，不登規178条）

・登記識別情報を提供できない
・登記原因についての第三者の許可，同意または承諾を証する情報を提供できない

2．申請情報の記載事項

申請例107 ―― 1号仮登記

事例：Aは，令和5年7月1日，所有している農地をBに売却し，令和5年7月8日，農地法所定の許可を得た。しかし，Bは，農地法所定の許可書を家のどこに置いたかわからなくなった。この農地の課税標準の額は，1000万円である。

登記の目的	所有権移転仮登記
原　　因	令和5年7月8日売買
権 利 者	B
義 務 者	A
添付情報	登記原因証明情報（売買契約書） 印鑑証明書（Aの印鑑証明書） 代理権限証明情報（B及びAの委任状）
課税価格	金1000万円
登録免許税	金10万円

権利部（甲区）（所有権に関する事項）

順位番号	登記の目的	受付年月日・受付番号	権利者その他の事項
1	所有権保存	令和4年6月28日 第11542号	所有者　A
2	所有権移転仮登記	令和5年7月15日 第13254号	原因　令和5年7月8日売買 権利者　B
	余　白	余　白	余　白

※席を用意

仮登記は，上記のように余白の欄が設けられます。これは，後にされる本登記が座る「席」，いわばレストランの「予約済みの貼り紙」です。仮登記は，順位を保全するためのものですので（上記2），仮登記がされた順位に席を用意しておく必要があるのです。仮登記名義人Bからすると，「そこの席は，あとで私が座るからね～」（「予約済みだからね～」）ということです。

（1）登記の目的

「所有権移転仮登記」「A持分全部移転仮登記」「共有者全員持分全部移転仮登記」「所有権保存仮登記」などと記載します。所有権以外の場合は，「抵当権設定仮登記」「○番抵当権移転仮登記」「地上権設定仮登記」「○番地上権移転仮登記」などと記載します。

1号仮登記は，すでに権利変動が生じていますので，これまで学習してきた通常の登記の登記の目的の最後に「仮登記」をつけるだけで構わないのです。

（2）登記原因及びその日付

年月日は，「所有権が移転した日」などを記載します。

原因は，「売買」「贈与」などと記載します。

1号仮登記は，すでに権利変動が生じていますので，これまで学習してきた通常の登記の登記原因及びその日付と同じとなります。

（3）登記事項

登記事項がある登記（ex. 抵当権の設定の仮登記）であれば，これまで学習してきた通常の登記の登記事項（ex. 債権額，債務者など）を記載します。

（4）申請人

仮登記の申請構造

仮登記の申請構造は，基本的にこの（4）で説明する考え方となります（2号仮登記であっても同じです）。

（a）原則

以下の者の共同申請です（不登法60条）。

・登記権利者：仮登記権利者（上記申請例107だとB）
・登記義務者：仮登記義務者（上記申請例107だとA）

（b）例外

仮登記は，以下の①または②に当たれば，仮登記権利者（上記申請例107だとB）が単独で申請できます（不登法107条1項）。仮登記は，一人前ではない登記なので，通常の登記よりも申請構造が緩和され，単独申請が広く認められているのです。

①仮登記義務者の承諾がある —— 仮登記義務者の協力がある場合

仮登記義務者（上記申請例107だとA）が「単独で仮登記を申請していいよ」と承諾をすれば，仮登記権利者（上記申請例107だとB）が単独で申請できます。

②仮登記を命じる処分がある ―― 仮登記義務者の協力がない場合

「仮登記を命じる処分」とは，仮登記権利者（上記申請例107だとB）の申立てにより裁判所がする処分です（不登法108条1項）。「裁判所」と聞くと大変そうに思えますが，これは通常の判決を得るよりも簡単に得られます。通常の判決は「証明」をする必要がありますが，この処分は「疎明（そめい）」で構いません（不登法108条2項）。「証明」「疎明」は民事訴訟法で学習しますが，裁判官が「確かだろう」と思う心証が，証明は約80%以上であるのに対し，疎明は約60%以上でOKといったイメージです。

仮登記を命じる処分は，裁判所に申し立てますが，不動産の所在地を管轄する地方裁判所の専属管轄（＊）です（不登法108条3項）。不動産の事件なので，実際に不動産がある地域の裁判所が扱ったほうがよいからです。

＊「専属管轄」も民事訴訟法で学習しますが，原則としてそれ以外の裁判所に申立てができないということです（民訴法13条1項）。

（5）添付情報

仮登記の添付情報

仮登記の添付情報も，基本的にこの（5）で説明する考え方となります（2号仮登記であっても同じです）。

①登記原因証明情報（不登法61条，不登令別表68添付情報イ，不登令7条1項5号ロ（2））

Ⅰのテキスト第1編第6章第2節4の「登記原因証明情報の提供が不要となる場合」に当たりませんので，登記原因証明情報を提供する必要があります。

【原則】（上記（4）（a），（b）①）

具体的には，これまで学習してきた通常の登記の登記原因証明情報（ex. 売買契約書）と同じとなります。

【仮登記を命じる処分がある】（上記（4）（b）②）

具体的には，仮登記を命ずる処分の決定書の正本となります（不登令7条1項5号ロ（2））。

②印鑑証明書（不登令16条2項，18条2項）

【共同申請】（上記（4）（a））

所有権の登記名義人が登記義務者となる仮登記の場合，登記義務者の印鑑証明書を提供します（Ⅰのテキスト第1編第6章第4節3 2.「『認印でよいか』『実印で押印し印鑑証明書の提供が要求されるか』の判断基準」）。

仮登記において不要となるのは登記識別情報ですので，ご注意ください。印鑑証明書は，通常の登記と同じ考え方（所有権の登記名義人が登記義務者となるか）です。

【単独申請】（上記（4）（b）①，②）

※印鑑証明書は，提供しません。所有権の登記名義人が登記義務者とならないからです（Ⅰのテキスト第1編第6章第4節3 2.「『認印でよいか』『実印で押印し印鑑証明書の提供が要求されるか』の判断基準」）。単独申請ですので，登記義務者はいません。

③代理権限証明情報（不登令7条1項2号）

④会社法人等番号（不登令7条1項1号イ）

⑤承諾証明情報（不登令別表68添付情報ロ）

【単独申請】（上記（4）（b）①）

仮登記義務者の承諾に基づいて仮登記権利者が単独で申請する場合に，仮登記義務者が作成した承諾を証する情報を提供します。

※登記識別情報，および，登記原因についての第三者の許可，同意または承諾を証する情報は，提供しません。これらの情報を提供できない場合にするのが，1号仮登記だからです。

※住所証明情報は，提供しません。Ⅰのテキスト第1編第6章第5節3「住所証明情報の提供が要求される場合①～③」のいずれにも当たらないからです。住所証明情報は，本登記の際に要求されます（P283④）。

（6）登録免許税

相続・合併以外を原因とする所有権の移転の仮登記の登録免許税は，不動産の価額の10/1000です（登免法別表第1．1．(12) ロ（3））。

所有権の移転に関する仮登記の登録免許税の判断基準

この後，相続・合併以外を原因とする所有権の移転に関する仮登記の登録免許税として，「不動産の価額の10/1000」と「不動産1個につき1000円」の2つが出てきます。この判断基準は，以下のとおりです。

①**物権（所有権）を目的**とする仮登記　→　不動産の価額の10/1000

②**債権を目的**とする仮登記　→　不動産1個につき1000円

この1号仮登記は物権（所有権）を目的とするため，不動産の価額の10/1000です。債権を目的とする仮登記は，P275～276（e）で説明します。

※それ以外の登記の登録免許税は，Ⅰのテキスト第1編第7章3 3.の表をご覧ください。

4　2号仮登記

1．意義

> **不動産登記法105条（仮登記）**
> 仮登記は，次に掲げる場合にすることができる。
> 二　第3条各号に掲げる権利〔登記できる権利〕の設定，移転，変更又は消滅に関して請求権（始期付き又は停止条件付きのものその他将来確定することが見込まれるものを含む。）を保全しようとするとき。

2号仮登記：権利変動の前提となる事情は生じているが，まだ権利変動は生じていない場合にできる登記（不登法105条2号）

権利変動の前提となる事情は，以下の3つがあります。以下の3つが2号仮登記をする要件ですが，（3）は不動産登記法105条2号には明記されていません。

（1）将来その権利変動を生じさせる「請求権」が発生している（不登法105条2号）

ex. 不動産の売買予約が成立した場合の所有権移転請求権。売買予約ですから，まだ請求権があるだけです。

（2）請求権が「始期付き」，「停止条件付き」または「将来確定することが見込まれる」（不登法105条2号かっこ書）

請求権が「始期付き」，「停止条件付き」とは，たとえば，売買予約自体に始期や停止条件が付いている場合です。

ex. 農地を農地法所定の許可を条件に売却する旨の売買予約が成立した場合の停止条件付所有権移転請求権（昭32.4.22民事甲793）

請求権が「将来確定することが見込まれる」とは，請求権が発生する基本関係があり，将来にある法定条件が加わることによって発生する請求権のことです（大決大6.7.18）。……といわれてもわかりにくいと思いますので，これも具体例で確認しましょう。以下のex.では，「基本関係」「将来の法定条件」に「(　　)」をつけています。

ex1. 一定時期までに金銭消費貸借契約を締結（将来の法定条件）すべき約定のもとに，これを担保するためにあらかじめ抵当権設定契約（基本関係）をした場合の抵当権設定請求権（大判昭6.2.27）

ex2. 保証人が抵当権者との間の保証契約（基本関係）をした場合の将来の代位弁済（将来の法定条件）による抵当権移転請求権（昭32.2.21民事甲365参照）

ex3. 選択債権（基本関係）の一方が不動産の所有権の移転である場合の債権者の所有権移転請求権（不動産の所有権の移転を選択することが将来の法定条件）

（3）権利変動そのものが始期付きまたは停止条件付きである

これは，権利変動自体に始期や停止条件が付いている場合です。

ex1. 贈与者の死亡時を始期とする死因贈与契約が成立した場合の始期付所有権移転（登研352P104）

ex2. 売買代金の完済時に所有権が移転するとする売買契約が成立した場合の条件付所有権移転（昭58.3.2民三.1308）

上記（1）～（3）は複雑なので，イメージを説明します。上記（1）～（3）は，権利変動への近さでいうと，右の図のようになります。

債権レベル ⟹ 権利変動レベル
（2）　（1）　（3）

（2）が，権利変動から最も遠いです。（1）の請求権に始期や停止条件が付いているからです。（3）が，権利変動に最も近いです。始期が到来するまたは停止条件が成就すれば，権利変動が生じるからです。

2．申請情報の記載事項

申請例108　―― 2号仮登記（請求権）

＊上記1.（1）の仮登記についての事例です。

事例：AはBとの間で，令和5年7月8日，所有している建物について売買予約契約を締結した。この建物の課税標準の額は，1000万円である。

登記の目的	所有権移転請求権仮登記
原　　因	令和5年7月8日売買予約
権 利 者	B
義 務 者	A
添付情報	登記原因証明情報（売買予約契約書） 印鑑証明書（Aの印鑑証明書） 代理権限証明情報（B及びAの委任状）
課税価格	金1000万円
登録免許税	金10万円

権利部（甲区）（所有権に関する事項）			
順位番号	登記の目的	受付年月日・受付番号	権利者その他の事項
1	所有権保存	令和４年６月28日 第11542号	所有者　A
2	所有権移転請求権 仮登記	令和５年７月８日 第12987号	原因　令和５年７月８日売買予約 権利者　B
	余　白	余　白	余　白

（１）登記の目的

【将来その権利変動を生じさせる「請求権」が発生している】（P255（１））

「所有権移転請求権仮登記」などと記載します。

まだ権利変動が生じておらず，請求権しか生じていませんので，「請求権」をつけます。また，仮登記なので，最後に「仮登記」とつけます。

【請求権が「始期付き」，「停止条件付き」または「将来確定することが見込まれる」】（P255～256（２））

「始期付所有権移転請求権仮登記」「条件付所有権移転請求権仮登記」などと記載します。

「所有権移転請求権」などが始期付きや停止条件付きなので，「所有権移転請求権」などに「始期付」や「条件付」とつけるわけです。また，仮登記なので，最後に「仮登記」とつけます。

【権利変動そのものが始期付きまたは停止条件付きである】（P256（３））

「始期付所有権移転仮登記」「条件付所有権移転仮登記」などと記載します。

請求権ではありませんので，「請求権」とは記載しません。始期の到来または停止条件の成就で所有権移転などが生じますので，「所有権移転」などに「始期付」や「条件付」とつけるわけです。また，仮登記なので，最後に「仮登記」とつけます。

（２）登記原因及びその日付

【将来その権利変動を生じさせる「請求権」が発生している】（P255（１））

年月日は，「予約契約の成立日」などを記載します。

原因は，「売買予約」「贈与予約」などと記載します。

まだ権利変動が生じておらず，請求権しか生じていませんので，「予約」となります。

【請求権が「始期付き」，「停止条件付き」または「将来確定することが見込まれる」】（P255〜256（２））

年月日は，「予約契約の成立日」などを記載します。

原因は，「売買予約（条件　農地法第３条の許可）」などと記載します。

「所有権移転請求権」などが停止条件付きなどですので，「予約」となり，「(　　)」で停止条件などを記載します。

【権利変動そのものが始期付きまたは停止条件付きである】（P256（３））

年月日は，「契約の成立日」などを記載します。

原因は，「売買（始期　令和○年○月○日）」（記録例569）「贈与（始期　Aの死亡）」（登研352P104）「売買（条件　売買代金完済）」（昭58.３.２民三.1308）などと記載します。

請求権ではありませんので，「予約」とは記載しません。権利変動が始期付きまたは停止条件付きですので，「(　　)」で始期や停止条件を記載します。

（3）登記事項

登記事項がある登記（ex. 抵当権設定請求権の仮登記）であれば，これまで学習してきた通常の登記の登記事項（ex. 債権額，債務者など）を記載します。

（4）申請人

これも仮登記ですので，申請構造はP252〜253（４）と同じです（P252の「仮登記の申請構造」）。

（5）添付情報

これも仮登記ですので，添付情報はP253〜254（５）と同じです（P253の「仮登記の添付情報」）。

（6）登録免許税

相続・合併以外を原因とする所有権の移転に関する２号仮登記の登録免許税は，不動産の価額の10/1000です（登免法別表第１．１．（12）ロ（３））。

物権（所有権）を目的とする仮登記だからです（P254の「所有権の移転に関する仮登記の登録免許税の判断基準」）。

※それ以外の登記の登録免許税は，Ⅰのテキスト第１編第７章③3.の表をご覧ください。

5　1号仮登記・2号仮登記の可否

売買（予約）や贈与（予約）であれば，1号仮登記も2号仮登記も問題なくできます。しかし，登記原因や登記によっては，1号仮登記・2号仮登記ができない場合があります。判断基準は，以下のとおりです。1号仮登記・2号仮登記それぞれの事情（要件）があり得るかということが，判断基準になるということです。

判断基準

【1号仮登記ができるか】
登記識別情報または登記原因についての第三者の許可，同意または承諾を証する情報を要することがある登記か

【2号仮登記ができるか】
権利変動の前提となる事情（請求権など）が生じているか

	1号仮登記	2号仮登記
①財産分与を登記原因とする所有権の移転に関する仮登記	**できる**	**できない** （昭57.1.16民三.251〔所有権移転請求権仮登記について〕）
	登記識別情報または登記原因についての第三者の許可，同意または承諾を証する情報（農地法所定の許可書）を要することがある登記だからです（Ⅰのテキスト第2編第2章第2節[6]2.申請例12，第1編第6章第9節[5]2.表の左⑥）。	財産分与は，離婚が成立しなければ，何の権利（請求権など）も発生しないからです。 なお，条件付所有権移転仮登記はできると解されています。住宅ローンの返済が残っており，名義変更に銀行の承諾が得られないときなどにします。
②真正な登記名義の回復を登記原因とする所有権の移転に関する仮登記	**できる** （登研574P109）	**できない** （登研574P109）
	登記識別情報または登記原因についての第三者の許可，同意または承諾を証する情報（農地法所定の許可書）を要することがある登記だからです（Ⅰのテキスト第2編第2章第2節[9]2.申請例15，第1編第6章第9節[5]2.表の左⑪）。	実体上，所有権は登記権利者にあります（Ⅰのテキスト第2編第2章第2節[9]1.）。よって，権利変動が生じていない2号仮登記（P249[1]）のハナシにならないのです。

<table>
<tr><th></th><th>1号仮登記</th><th>2号仮登記</th></tr>
<tr><td rowspan="2">③民法第646条第2項による移転を登記原因とする所有権の移転の仮登記</td><td>できる</td><td></td></tr>
<tr><td colspan="2">登記識別情報または登記原因についての第三者の許可，同意または承諾を証する情報（農地法所定の許可書）を要することがある登記だからです（Ｉのテキスト第１編第６章第９節5 2.表の左⑩）。
なお，受任者が取得した原因が「競売による売却」であっても，することができます（登研529P161）。これは，受任者が委任者から委託されて（代理権はなし），競売によって不動産を取得した後，受任者から委任者に所有権の移転の仮登記をする場合のハナシです。 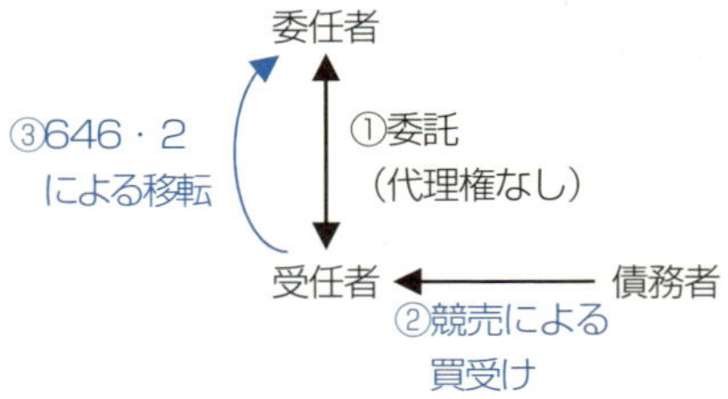
委任者
③646・2による移転
①委託（代理権なし）
受任者
債務者
②競売による買受け</td></tr>
<tr><td rowspan="2">④譲渡担保を登記原因とする所有権の移転に関する仮登記</td><td>できる
（昭32.1.14民事甲76）</td><td>できない
（昭32.1.14民事甲76〔所有権移転請求権仮登記について〕）</td></tr>
<tr><td>登記識別情報または登記原因についての第三者の許可，同意または承諾を証する情報（農地法所定の許可書）を要することがある登記だからです（Ｉのテキスト第１編第６章第９節5 2.表の左⑬）。</td><td>譲渡担保は，譲渡担保契約の締結によって譲渡担保権者に所有権が移転しています。よって，権利変動が生じていない２号仮登記（P249 1）のハナシにならないのです。</td></tr>
<tr><td rowspan="2">⑤相続を原因とする所有権の移転に関する仮登記</td><td>できない
（昭57.2.12民三.1295）</td><td>できない
（昭32.3.27民事甲596参照）</td></tr>
<tr><td>登記識別情報も登記原因についての第三者の許可，同意または承諾を証する情報も要することがない登記だからです（Ｉのテキスト第２編第２章第３節1 2.申請例16，第１編第６章第９節5 2.表の右①）。</td><td>相続は，開始しなければ（被相続人が死亡しなければ），推定相続人に何の権利（請求権など）も発生しないからです。</td></tr>
</table>

<table>
<tr><th></th><th>１号仮登記</th><th>２号仮登記</th></tr>
<tr><td rowspan="2">⑥強制認知（認知の訴え）の裁判の確定前における所有権移転請求権の仮登記</td><td></td><td>できない
（昭32.3.27民事甲596）</td></tr>
<tr><td colspan="2">強制認知（認知の訴え）の裁判（民法 787 条。── 民法Ⅲのテキスト第9編第４章第１節2 2.（3））の確定前の認知請求権者（非嫡出子など）には，まだ何の権利（請求権など）も発生していないからです。そのため，所有権移転請求権の仮登記を命じる処分を得ても，２号仮登記をすることはできません。</td></tr>
<tr><td rowspan="2">⑦遺贈を登記原因とする所有権の移転に関する仮登記</td><td>できる
登記識別情報または登記原因についての第三者の許可，同意または承諾を証する情報（農地法所定の許可書）を要することがある登記だからです（Ｉのテキスト第2編第２章第３節2 2.申請例 18・19，第１編第6章第9節5 2.表の左③）。</td><td>できない
（登研 352P104〔所有権移転請求権仮登記について〕）
遺贈は，相続が開始しなければ（被相続人が死亡しなければ），受遺者に何の権利（請求権など）も発生しないからです。</td></tr>
<tr><td colspan="2">この遺贈のハナシは，配偶者居住権にも当てはまります。遺産分割，遺贈，死因贈与を原因として配偶者居住権の仮登記をすることはできますが（令2.3.30 民二.324），相続開始前に遺贈を原因とする２号仮登記はできないと解されています（登研 872P34。死因贈与なら可能です〔令2.3.30 民二.324〕）。</td></tr>
<tr><td>⑧会社分割を登記原因とする所有権の移転に関する仮登記</td><td>できる
（登研 647P137）
登記識別情報を要することがある登記だからです（Ｉのテキスト第２編第２章第３節 10 2.申請例30）。</td><td>できない
（登研 647P137）
会社分割は，会社分割の効力が生じなければ，承継会社・設立会社に何の権利（請求権など）も発生しないからです。</td></tr>
<tr><td>⑨抵当権の順位変更の仮登記</td><td colspan="2">できない
（登研 313P63）
順位変更は，登記が効力発生要件であるため，通常の登記以外は認められないからです。</td></tr>
</table>

<table>
<tr><th></th><th>1号仮登記</th><th>2号仮登記</th></tr>
<tr><td rowspan="2">⑩売買予約を登記原因とする所有権移転請求権の仮登記がされている工場財団に属している土地についての同一の売買予約を登記原因とする所有権移転請求権の仮登記</td><td></td><td>できる
（登研536P123）</td></tr>
<tr><td colspan="2">わかりにくい事案ですが，こんなハナシです。工場財団について売買予約を登記原因とする所有権移転請求権の仮登記がされています。その工場財団に属する土地について，同一の売買予約を登記原因とする所有権移転請求権の仮登記ができるということです。 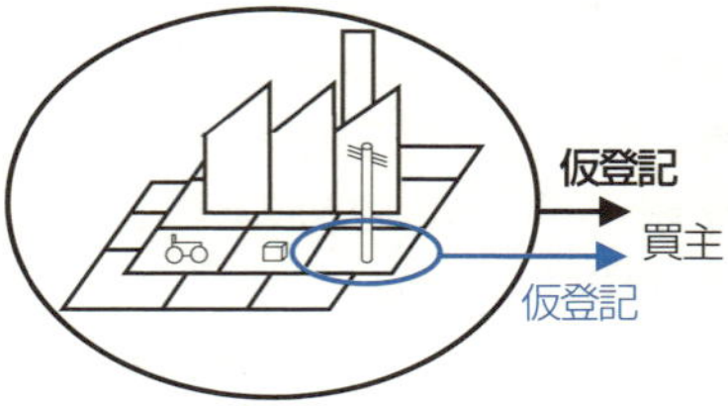
　一見，意味がなさそうに思えますが，工場財団に6か月以内に抵当権の設定の登記がされないと，工場財団にした所有権の保存の登記の効力が失われます（工場抵当法 10 条。Ⅰのテキスト第3編第1章第8節3 3.（1））。その場合に備えて，土地について仮登記をする意味があるのです。</td></tr>
<tr><td rowspan="2">⑪根抵当権の極度額の変更の仮登記</td><td>できる</td><td>できる
（昭41.3.29 民事三.158）</td></tr>
<tr><td>登記識別情報を要することがある登記だからです（P60 の申請例76）。</td><td>変更予約契約をすることができるので，請求権が生じることがあるからです。
なお，仮登記ですが，利害関係人が作成した承諾を証する情報などを提供する必要があります（昭41.3.29 民事三.158）。本登記が付記登記しか存在しないため（P59 の2.），仮登記も付記登記でする必要があるからです。</td></tr>
<tr><td rowspan="2">⑫信託を登記原因とする所有権の移転に関する仮登記</td><td>できる
（昭34.9.15民事甲2068参照）</td><td>できない
（登研 508P172〔所有権移転請求権仮登記について〕）</td></tr>
<tr><td>登記識別情報を要することがある登記だからです（P230～231 の申請例 103）。</td><td>信託は，契約の締結によって受託者に所有権が移転しています。よって，権利変動が生じていない２号仮登記（P249 1）のハナシになりません。</td></tr>
</table>

第２節　仮登記の処分の登記

この仮登記の処分とは，仮登記された物権（１号仮登記）または債権（２号仮登記）を処分（売却など）することです。仮登記がされた後のハナシです。

以下の４つのパターンがあります。

①１号仮登記（所有権）の移転（下記[1] 1.）
②１号仮登記（所有権）の移転請求権（下記[1] 2.）
③２号仮登記（所有権移転請求権）の移転（下記[2] 1.）
④２号仮登記（所有権移転請求権）の移転請求権（下記[2] 2.）

この分野は苦手な方が多いのですが，ポイントは，**処分を受けた者が"実体上"「物権を取得しているのか」，それとも「債権を取得しているのか」**ということです。よって，まず，それぞれの箇所の（1）で説明する「実体」を理解できるかがポイントになります。

1　1号仮登記の処分

1．1号仮登記（所有権）の移転

（1）実体（民法）→登記

たとえば，Aが所有している土地について，Bへの売買を原因とする所有権の移転の仮登記（１号仮登記）がされました。その後，BからCへその土地が売却された場合，BからCに「仮登記所有権移転の仮登記」というものを申請できます。

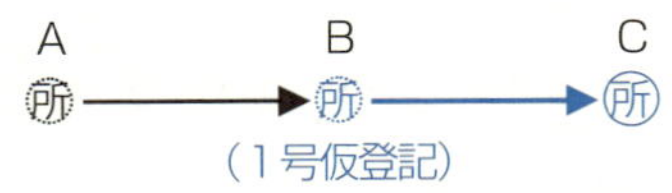

ポイントは，右の図のように，**実体上，所有権が「A→B→C」と移転し，Cは所有権（物権）を取得している**ことです。しかし，Bの登記が仮登記ですので，Cへの移転の登記も仮登記となります。

（2）申請情報の記載事項

＊事例は，上記（1）の例に合わせています。

申請例109　―― 1号仮登記（所有権）の移転

事例：Aが所有している土地をBに売却し，Bへの所有権の移転の仮登記（１号仮登記）が甲区２番でされた。その後の令和５年10月28日，BはCに，この土地を売却した。この土地の課税標準の額は，1000万円である。

登記の目的	2番仮登記所有権移転の仮登記
原　　因	令和5年10月28日売買
権 利 者	C
義 務 者	B
添付情報	登記原因証明情報（売買契約書） 印鑑証明書（Bの印鑑証明書） 代理権限証明情報（C及びBの委任状）
課税価格	金1000万円
登録免許税	金10万円

権利部（甲区）（所有権に関する事項）			
順位番号	登記の目的	受付年月日・受付番号	権利者その他の事項
1	所有権保存	令和4年6月28日 第11542号	所有者　A
2	所有権移転仮登記	令和5年7月15日 第13254号	原因　令和5年7月8日売買 権利者　B
	余　白	余　白	余　白
3	2番仮登記所有権移転の仮登記	令和5年10月28日 第17864号	原因　令和5年10月28日売買 権利者　C
	余　白	余　白	余　白

※登記の形式

この登記は，以下の形式でされます（昭36.12.27民事甲1600）。

・主登記

所有権を目的とする登記だからです。

・仮登記

Bの登記が仮登記であるため，登記記録上，Cに確定的に所有権を移転させることができないからです。

本節の「主登記か付記登記か」「通常の登記か仮登記か」の判断基準

・主登記か付記登記か

所有権を目的とする登記　→　主登記

所有権以外を目的とする登記　→　付記登記

・通常の登記か仮登記か
確定的に移転している → 通常の登記
確定的に移転していない → 仮登記

（a）登記の目的

「○番仮登記所有権移転の仮登記」と記載します。

「○番仮登記所有権」が，Ｂの所有権のことです。登記済みであり，複数の仮登記が登記されていることもあるので，「○番」とつけます。

そのＢの所有権がＣに移転した仮登記ですので，「移転の仮登記」とします。

（b）登記原因及びその日付

年月日は，「所有権が移転した日」を記載します。

原因は，「売買」などと記載します。

Ｃへの所有権移転（権利変動）は生じていますので，これまで学習してきた通常の登記の登記原因及びその日付と同じとなります。

（c）申請人

これも仮登記ですので，申請構造はP252～253（４）と同じです（P252の「仮登記の申請構造」）。

なお，仮登記権利者はＣ，仮登記義務者はＢとなります。

（d）添付情報

これも仮登記ですので，添付情報はP253～254（５）と同じです（P253の「仮登記の添付情報」。昭39.8.7民事甲2736）。

（e）登録免許税

不動産の価額の10/1000です（登免法別表第１.１.（12）ロ（３））。

物権（所有権）を目的とする仮登記だからです（P254の「所有権の移転に関する仮登記の登録免許税の判断基準」）。Ｂの所有権を目的とする仮登記です（P263（１）の図をご覧ください）。

（3）この後に本登記をする方法

上記のように，Ｃへの仮登記所有権移転の仮登記がされた後，本登記ができるようになったときは，以下の登記を以下の順で申請します。

1/2　AからBへの所有権の移転の登記（本登記。第4節1）

・登記権利者：B

・登記義務者：A

2/2　BからCへの所有権の移転の登記（本登記。第4節1）

・登記権利者：C

・登記義務者：B

実体上，所有権が「A→B→C」と移転しているため（P263（1）），登記記録にもそれを反映させるのです。以下の登記記録の矢印が所有権の変動の流れです。

	権利部（甲区）（所有権に関する事項）			
	順位番号	登記の目的	受付年月日・受付番号	権利者その他の事項
	1	所有権保存	令和4年6月28日 第11542号	所有者　A
	2	所有権移転仮登記	令和5年7月15日 第13254号	原因　令和5年7月8日売買 権利者　B
1/2		所有権移転	令和5年11月28日 第19451号	原因　令和5年7月8日売買 所有者　B
	3	2番仮登記所有権移転の仮登記	令和5年10月28日 第17864号	原因　令和5年10月28日売買 権利者　C
2/2		所有権移転	令和5年11月28日 第19452号	原因　令和5年10月28日売買 所有者　C

2．1号仮登記（所有権）の移転請求権

（1）実体（民法）→登記

たとえば，Aが所有している土地について，Bへの売買を原因とする所有権の移転の仮登記（1号仮登記）がされました。その後，BとCとの間で，その土地の売買予約契約がされた場合，BからCに「仮登記所有権の移転請求権の仮登記」というものを申請できます。

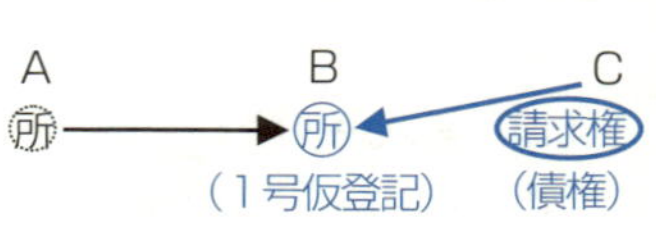

ポイントは，右の図のように，**実体上，所有権が「A→B」と移転し，CはBの所有権を目的とした請求権（債権）を取得している**ことです。Cは，所有権（物権）は取得していません。

（2）申請情報の記載事項

＊事例は，上記（1）の例に合わせています。

申請例110 —— 1号仮登記（所有権）の移転請求権

事例：Aが所有している土地をBに売却し，Bへの所有権の移転の仮登記（1号仮登記）が甲区2番でされた。その後の令和5年10月28日，BはCとの間で，この土地について売買予約契約を締結した。この土地の課税標準の額は，1000万円である。

登記の目的	2番仮登記所有権の移転請求権仮登記
原　　因	令和5年10月28日売買予約
権 利 者	C
義 務 者	B
添付情報	登記原因証明情報（売買予約契約書） 印鑑証明書（Bの印鑑証明書） 代理権限証明情報（C及びBの委任状）
課税価格	金1000万円
登録免許税	金10万円

権利部（甲区）（所有権に関する事項）			
順位番号	登記の目的	受付年月日・受付番号	権利者その他の事項
1	所有権保存	令和4年6月28日 第11542号	所有者　A
2	所有権移転仮登記	令和5年7月15日 第13254号	原因　令和5年7月8日売買 権利者　B
	余白	余白	余白
3	2番仮登記所有権の 移転請求権仮登記	令和5年10月28日 第17864号	原因　令和5年10月28日売買予約 権利者　C
	余白	余白	余白

※登記の形式

この登記は，以下の形式でされます（P264～265の「本節の『主登記か付記登記か』『通常の登記か仮登記か』の判断基準」）。

・主登記

所有権を目的とする登記だからです。

・仮登記
Cに確定的に権利が移転しているわけではないからです。

（a）登記の目的

「〇番仮登記所有権の移転請求権仮登記」と記載します。
「〇番仮登記所有権」が，Bの所有権のことです。登記済みであり，複数の仮登記が登記されていることもあるので，「〇番」とつけます。
そのBの所有権を目的としてCが移転請求権を取得した仮登記ですので，「の移転請求権仮登記」とします。

（b）登記原因及びその日付

年月日は，「予約契約の成立日」などを記載します。
原因は，「売買予約」「贈与予約」などと記載します。
まだCへの所有権移転（権利変動）は生じておらず，請求権しか生じていませんので，「予約」となります。

（c）申請人

これも仮登記ですので，申請構造はP252～253（4）と同じです（P252の「仮登記の申請構造」）。
なお，仮登記権利者はC，仮登記義務者はBとなります。

（d）添付情報

これも仮登記ですので，添付情報はP253～254（5）と同じです（P253の「仮登記の添付情報」）。

（e）登録免許税

不動産の価額の10/1000です（登免法別表第1．1．（12）ロ（3））。
物権（所有権）を目的とする仮登記だからです（P254の「所有権の移転に関する仮登記の登録免許税の判断基準」）。Bの所有権を目的とする仮登記です（P266（1）の図をご覧ください）。

（3）この後に本登記をする方法

上記のように，Cへの仮登記所有権の移転請求権の仮登記がされた後，本登記ができるようになったときは，以下の登記を以下の順で申請します。

1/2　AからBへの所有権の移転の登記（本登記。第4節1）
・登記権利者：B
・登記義務者：A

2/2　BからCへの所有権の移転の登記（本登記。第4節1）
・登記権利者：C
・登記義務者：B

実体上，所有権が「A→B→C」と移転するため（P266（1）），登記記録にもそれを反映させるのです。以下の登記記録の矢印が所有権の変動の流れです。

権利部（甲区）（所有権に関する事項）				
順位番号	登記の目的	受付年月日・受付番号	権利者その他の事項	
1	所有権保存	令和4年6月28日 第11542号	所有者　A	
2	所有権移転仮登記	令和5年7月15日 第13254号	原因　令和5年7月8日売買 権利者　B	
	所有権移転	令和5年11月28日 第19451号	原因　令和5年7月8日売買 所有者　B	1/2
3	2番仮登記所有権の移転請求権仮登記	令和5年10月28日 第17864号	原因　令和5年10月28日売買予約 権利者　C	
	所有権移転	令和5年11月28日 第19452号	原因　令和5年11月28日売買 所有者　C	2/2

2　2号仮登記の処分

1．2号仮登記（所有権移転請求権）の移転

（1）実体（民法）→登記

たとえば，Aが所有している建物について，Bへの売買予約を原因とする所有権移転請求権の仮登記（2号仮登記）がされました。その後，BからCへその移転請求権が売却された場合，BからCに「所有権移転請求権の移転の登記」というものを申請できます。

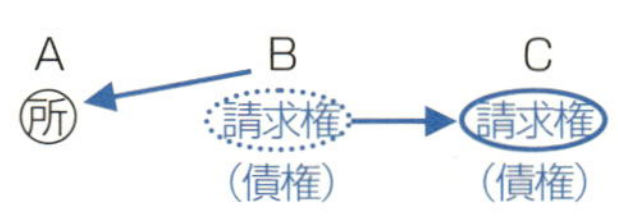

ポイントは，右の図のように，**実体上，所有権がAにとどまっており，CはAの所有権を目的とするBの請求権（債権）を取得している**ことです。Cは，所有権（物権）は取得していません。

（2）申請情報の記載事項

＊事例は，上記（1）の例に合わせています。

申請例111 —— 2号仮登記（所有権移転請求権）の移転

事例：AとBとの間で，Aが所有している建物について売買予約契約が締結され，Bへの所有権移転請求権の仮登記（2号仮登記）が甲区2番でされた。その後の令和5年10月28日，BはCに，その移転請求権を売却した。

登記の目的	2番所有権移転請求権の移転
原　　因	令和5年10月28日売買
権 利 者	C
義 務 者	B
添付情報	登記原因証明情報（売買契約書） 登記識別情報（Bの甲区2番の登記識別情報） 印鑑証明書（Bの印鑑証明書） 代理権限証明情報（C及びBの委任状）
登録免許税	金1000円

権利部（甲区）（所有権に関する事項）			
順位番号	登記の目的	受付年月日・受付番号	権利者その他の事項
1	所有権保存	令和4年6月28日 第11542号	所有者　A
2	所有権移転請求権仮登記	令和5年7月8日 第12987号	原因　令和5年7月8日売買予約 権利者　B
	余白	余白	余白
付記1号	2番所有権移転請求権の移転	令和5年10月28日 第17864号	原因　令和5年10月28日売買 権利者　C

上記は，B単有の所有権移転請求権の仮登記がされており，BがCにその移転請求権を売却した事例ですが，BC共有の所有権移転請求権の仮登記がされており，Bがその移転請求権を放棄した場合，BからCに放棄を登記原因とする移転請求権（持分）の移転の付記登記をします（昭35.2.5民事甲285）。移転請求権が放棄された場合，移転請求権の持分は共有者に帰属するからです（民法255条）。

※登記の形式

この登記は，以下の形式でされます（昭36.12.27民事甲1600。P264～265の「本節の『主登記か付記登記か』『通常の登記か仮登記か』の判断基準」)。

・付記登記

所有権以外を目的とする登記だからです。Bの請求権（債権）を目的とする登記です。上記（1）の図をご覧ください。

・通常の登記

Cに確定的にBの請求権（債権）が移転しているからです。上記（1）の図をご覧ください。

※対抗要件

上記の申請例111の事例は，売買予約上の権利の譲渡，つまり，債権譲渡です。債権譲渡ということは，第三者に対抗するため，確定日付のある証書による通知または承諾（民法467条2項）が必要でしょうか。

不要です。上記の付記登記で第三者に対する対抗要件となり，確定日付のある証書による通知または承諾は不要となります（最判昭35.11.24)。不動産の権利に関する対抗要件はできる限り登記によるべきである，という考えによります。

本節のうちこの2号仮登記（所有権移転請求権）の移転のみ特殊

本節の4つの登記（P263①～④）のうち，この**2号仮登記（所有権移転請求権）の移転のみ特殊**です。この登記のみ，上記のとおり**通常の登記**だからです。仮登記ではないので，「仮登記だから，こうなる」という理屈が通らないのです。

（a）登記の目的

「○番所有権移転請求権の移転」と記載します。

「○番所有権移転請求権」が，Bの請求権（債権）のことです。登記済みであり，複数の仮登記が登記されていることもあるので，「○番」とつけます。

そのBの請求権（債権）がCに移転したため，「の移転」とします。Bの請求権（債権）が確定的にCに移転しており，仮登記ではないため，「仮登記」とはしません。

（b）登記原因及びその日付

年月日は，「請求権が移転した日」を記載します。

原因は，「売買」などと記載します。

Bの請求権（債権）が確定的にCに移転した原因であるため，「売買予約」などとはしません。

（c）申請人

以下の者の共同申請です（不登法60条）。

・登記権利者：移転請求権の移転を受けた者（C）
・登記義務者：仮登記名義人（B）

P252～253（b）の単独申請は認められません。仮登記ではなく通常の登記であるため，P252の「仮登記の申請構造」の考え方は当てはまりません。

（d）添付情報

仮登記ではなく通常の登記であるため，P253の「仮登記の添付情報」の考え方は当てはまりません。

①登記原因証明情報（不登法61条）

Ⅰのテキスト第1編第6章第2節4の「登記原因証明情報の提供が不要となる場合」に当たりませんので，登記原因証明情報を提供する必要があります。

具体的には，売買契約書などが当たります。

②登記識別情報（不登法22条本文。）

登記義務者である仮登記名義人（B）の登記識別情報を提供します（昭39.8.7民事甲2736）。仮登記ではなく通常の登記であるため，提供する必要があります。なお，Bの登記は仮登記ですが，登記名義人になっていますので，Bには登記識別情報が通知されています。

③印鑑証明書（不登令16条2項，18条2項）

登記義務者である仮登記名義人（B）の印鑑証明書を提供します（Ⅰのテキスト第1編第6章第4節3 2.「『認印でよいか』『実印で押印し印鑑証明書の提供が要求されるか』の判断基準」）。

④代理権限証明情報（不登令7条1項2号）

⑤会社法人等番号（不登令7条1項1号イ）

※住所証明情報は，提供しません。Ⅰのテキスト第1編第6章第5節3「住所証明情報の提供が要求される場合①～③」のいずれにも当たらないからです。Cは，所有権の登記名義人になったわけではないため，固定資産税を課されません。

（e）登録免許税

付記登記として，不動産1個につき1000円です（登免法別表第1．1．(14)）。

（3）この後に本登記をする方法

上記のように，Cへの所有権移転請求権の移転の登記がされた後，Cが移転請求権を行使すると，以下の登記を申請します。

1/1　AからCへの所有権の移転の登記（本登記。第4節[1]）

・登記権利者：C

・登記義務者：A

この1件のみです。所有権移転請求権はCに確定的に移転しているため（P269（1）の図をご覧ください），Cがこの請求権を行使します。そうすると，実体上，所有権が「A→C」と移転するため，登記記録にそれを反映させるのです。以下の登記記録の矢印が所有権の変動の流れです。

権利部（甲区）（所有権に関する事項）			
順位番号	登記の目的	受付年月日・受付番号	権利者その他の事項
1	所有権保存	令和4年6月28日 第11542号	所有者　A
2	所有権移転請求権仮登記	令和5年7月8日 第12987号	原因　令和5年7月8日売買予約 権利者　B
	所有権移転	令和5年11月28日 第19452号	原因　令和5年11月28日売買 所有者　C
付記1号	2番所有権移転請求権の移転	令和5年10月28日 第17864号	原因　令和5年10月28日売買 権利者　C

1/1

このように，元々はBの仮登記の余白だったところをCが埋めるのです。

2．2号仮登記（所有権移転請求権）の移転請求権

（1）実体（民法）→登記

たとえば，Aが所有している建物について，Bへの売買予約を原因とする所有権移転請求権の仮登記（2号仮登記）がされました。その後，BとCとの間で，その移転請求権の売買予約契約がされた場合，BからCに「所有権移転請求権の移転請求権の仮登記」というものを申請できます。

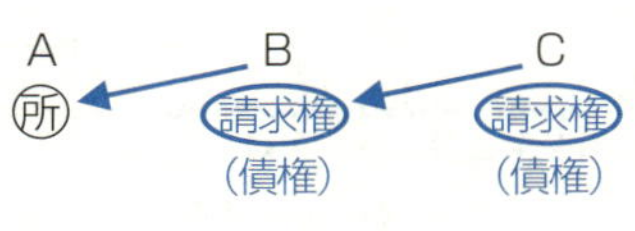

移転請求権が2つも出てきて頭が痛くなりそうですが……，実体の確認からいきましょう。

ポイントは，上の図のように，**実体上，所有権がAにとどまっており，CはBの請求権（債権）を目的とした請求権（債権）を取得している**ことです。Cは，所有権（物権）は取得していません。

（2）申請情報の記載事項

＊事例は，上記（1）の例に合わせています。

申請例112 ―― 2号仮登記（所有権移転請求権）の移転請求権

事例：AとBとの間で，Aが所有している建物について売買予約契約が締結され，Bへの所有権移転請求権の仮登記（2号仮登記）が甲区2番でされた。その後の令和5年10月28日，BはCとの間で，この移転請求権について売買予約契約を締結した。

登記の目的	2番所有権移転請求権の移転請求権仮登記
原　　因	令和5年10月28日売買予約
権 利 者	C
義 務 者	B
添 付 情 報	登記原因証明情報（売買予約契約書） 印鑑証明書（Bの印鑑証明書） 代理権限証明情報（C及びBの委任状）
登録免許税	金1000円

権 利 部 （甲 区） （所 有 権 に 関 す る 事 項）

順位番号	登記の目的	受付年月日・受付番号	権 利 者 そ の 他 の 事 項
1	所有権保存	令和4年6月28日 第11542号	所有者　A
2	所有権移転請求権仮登記	令和5年7月8日 第12987号	原因　令和5年7月8日売買予約 権利者　B
	余　白	余　白	余　白
付記1号	2番所有権移転請求権の移転請求権仮登記	令和5年10月28日 第17864号	原因　令和5年10月28日売買予約 権利者　C
	余　白	余　白	余　白

※登記の形式

この登記は，以下の形式でされます（昭36.12.27民事甲1600。P264～265の「本節の『主登記か付記登記か』『通常の登記か仮登記か』の判断基準」）。

・付記登記

所有権以外を目的とする登記だからです。Bの請求権（債権）を目的とする登記です。上記（1）の図をご覧ください。

・仮登記

Cに確定的に権利が移転しているわけではないからです。

（a）登記の目的

「○番所有権移転請求権の移転請求権仮登記」と記載します。

「○番所有権移転請求権」が，Bの請求権（債権）のことです。登記済みであり，複数の仮登記が登記されていることもあるので，「○番」とつけます。

そのBの請求権（債権）を目的としてCが移転請求権を取得した仮登記ですので，「の移転請求権仮登記」とします。

（b）登記原因及びその日付

年月日は，「予約契約の成立日」などを記載します。

原因は，「売買予約」「贈与予約」などと記載します。

まだCへの移転請求権の移転は生じておらず，請求権しか生じていませんので，「予約」となります。

（c）申請人

これは仮登記ですので，申請構造はP252～253（4）と同じです（P252の「仮登記の申請構造」）。

なお，仮登記権利者はC，仮登記義務者はBとなります。

（d）添付情報

これは仮登記ですので，添付情報はP253～254（5）と同じです（P253の「仮登記の添付情報」）。

（e）登録免許税

付記登記として，不動産1個につき1000円です（登免法別表第1．1．（14））。

債権（請求権）を目的とする仮登記だからです（P254の「所有権の移転に関する

仮登記の登録免許税の判断基準」)。Bの債権（請求権）を目的とする仮登記です（P273（1）の図をご覧ください）。

（3）この後に本登記をする方法

上記のように，Cへの所有権移転請求権の移転請求権の仮登記がされた後，まず，CがBに対して移転請求権を行使し，BのAに対する所有権移転請求権を確定的にCに移転させます（右の図の①）。そして，Cがその所有権移転請求権を行使することにより，所有権が「A→C」と移転します（右の図の②）。この場合，以下の登記を以下の順で申請します。

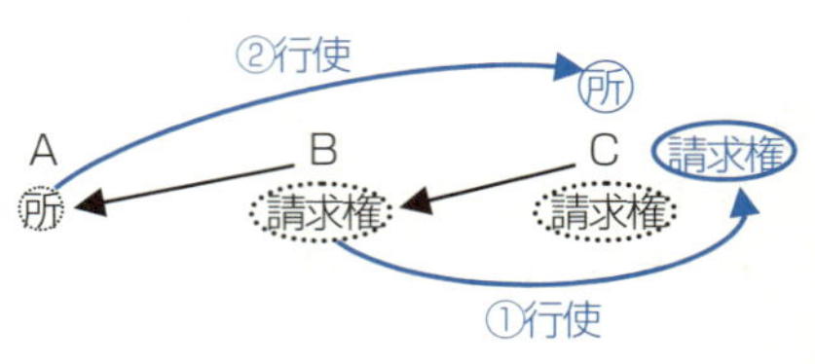

1/2　BからCへの所有権移転請求権の移転の登記（本登記）

・登記権利者：C
・登記義務者：B

2/2　AからCへの所有権の移転の登記（本登記。第4節1）

・登記権利者：C
・登記義務者：A

所有権は「A→C」と移転しますが，その前提としてBの所有権移転請求権を確定的にCに移転させる1/2の登記が必要となります。所有権の変動の流れは，以下の登記記録の矢印のとおりです。

権利部（甲区）（所有権に関する事項）			
順位番号	登記の目的	受付年月日・受付番号	権利者その他の事項
1	所有権保存	令和4年6月28日 第11542号	所有者　A
2	所有権移転請求権仮登記	令和5年7月8日 第12987号	原因　令和5年7月8日売買予約 権利者　B
2/2	所有権移転	令和5年11月28日 第19452号	原因　令和5年11月28日売買 所有者　C
付記1号	2番所有権移転請求権の移転請求権仮登記	令和5年10月28日 第17864号	原因　令和5年10月28日売買予約 権利者　C
1/2	2番所有権移転請求権の移転	令和5年11月28日 第19451号	原因　令和5年11月28日売買 権利者　C

【登記の形式のまとめ】

本節の最後に，４つの仮登記の処分の登記の形式をまとめておきます。

	主登記か 付記登記か	通常の登記か 仮登記か
①１号仮登記（所有権）の移転 （上記1 1.）	主登記	仮登記
②１号仮登記（所有権）の移転請求権 （上記1 2.）	主登記	仮登記
③２号仮登記（所有権移転請求権）の移転 （上記2 1.）	付記登記	通常の登記
④２号仮登記（所有権移転請求権）の移転請求権 （上記2 2.）	付記登記	仮登記

第3節　仮登記の変更の登記・更正の登記

仮登記の変更の登記・更正の登記は，記述で出題される確率がかなり低いです。よって，択一対策として必要な事項のみを説明していきます。

1 実体（民法）→登記

仮登記がされた後，変更契約などにより，仮登記された権利の内容が変更されることがあります。

ex. 抵当権の設定の仮登記がされた後，抵当権者と設定者の変更契約で，利息を変更することができます。

このような場合，仮登記の変更の登記を申請できます。

また，登記時から仮登記の登記事項の一部に錯誤（間違い）または遺漏（モレ）がある場合，仮登記の更正の登記を申請できます。

抵当権の設定の仮登記の利息の定めが間違っていた場合の更正の登記などはもちろんできますが，以下の更正の登記もできます（登研 130P42）。

	更正前 ──→	更正後
①	1号仮登記 ex. 登記原因「売買」	2号仮登記 ex. 登記原因「売買予約」
②	2号仮登記 ex. 登記原因「売買予約」	1号仮登記 ex. 登記原因「売買」
③	1号仮登記 ex. 登記原因「売買」	1号仮登記 ex. 登記原因「贈与」
④	2号仮登記 ex. 登記原因「売買予約」	2号仮登記 ex. 登記原因「贈与予約」

1号仮登記と2号仮登記の間の更正の登記も，すべてのパターンの更正ができるということです。

2 申請人

１．原則

仮登記権利者と仮登記義務者の共同申請です（不登法60条）。

ex1. Ａが所有している建物について，Ｂ単有名義の所有権移転請求権の仮登記がされています。これをＢＣ共有名義にする更正の登記を申請する場合，以下の者の共同申請によります（登研384P79）。

・登記権利者：Ｃ

・登記義務者：Ａ・Ｂ

Ｉのテキスト第２編第４章2 4.（2）（a）①と同じ考え方です。Ａも，Ｃへの登記義務を果たすため，出てくる必要があります。

ex2. Ａが所有している建物について，ＢＣ共有名義の所有権移転請求権の仮登記がされています。これをＢ単有名義にする更正の登記を申請する場合，以下の者の共同申請によります。

・登記権利者：Ｂ

・登記義務者：Ａ・Ｃ

Ｉのテキスト第２編第４章2 4.（2）（a）②と同じ考え方です。Ａも，Ｂへの持分の登記義務を果たすため，出てくる必要があります。

２．例外

仮登記の変更の登記・更正の登記は，余白が設けられない通常の登記でされます。しかし，"仮登記の"変更の登記・更正の登記であるため，P252～253（b）の不動産登記法107条１項の規定が適用されます。よって，以下の場合には，仮登記権利者が単独で申請できます（昭42.8.23民事甲2437）。

①仮登記義務者の承諾がある —— 仮登記義務者の協力がある場合
②仮登記を命じる処分がある —— 仮登記義務者の協力がない場合

第4節　仮登記に基づく本登記

仮登記は本登記をするためにしておいたものですので，手続レベル（1号仮登記）または権利変動レベル（2号仮登記）の問題がクリアーできたら（P249 1），本登記をします。たとえば，1号仮登記であれば，家のどこに置いたかわからなくなっていた農地法所定の許可書が見つかった，2号仮登記であれば，買主が所有権移転請求権を行使したといった場合に，本登記を申請できます。この本登記は，P251※のたとえでいうと，「予約済みの席に座ること」です。

「所有権に関する仮登記に基づく本登記」（下記 1）と「所有権以外の権利の仮登記に基づく本登記」（下記 2）に分けてみていきます。

1　所有権に関する仮登記に基づく本登記

不動産登記法109条（仮登記に基づく本登記）

1　所有権に関する仮登記に基づく本登記は，登記上の利害関係を有する第三者（本登記につき利害関係を有する抵当証券の所持人又は裏書人を含む。以下この条において同じ。）がある場合には，当該第三者の承諾があるときに限り，申請することができる。

2　登記官は，前項の規定による申請に基づいて登記をするときは，職権で，同項の第三者の権利に関する登記を抹消しなければならない。

1．申請情報の記載事項

申請例113　――　仮登記に基づく本登記

事例：Aは，令和5年7月1日，所有している農地をBに売却し，令和5年7月8日，農地法所定の許可を得た。しかし，Bは，農地法所定の許可書を家のどこに置いたかわからなくなったため，Bへの所有権の移転の仮登記（1号仮登記）が甲区2番でされた。Aは，令和5年10月28日，この農地をCに売却し，Cへの所有権の移転の登記がされた。その後，Bは，農地法所定の許可書をみつけた。この農地の課税標準の額は，1000万円である。

登記の目的	所有権移転（２番仮登記の本登記）
原　　因	令和５年７月８日売買
権 利 者	Ｂ
義 務 者	Ａ
添付情報	登記原因証明情報（売買契約書） 登記識別情報（Ａの甲区１番の登記識別情報） 印鑑証明書（Ａの印鑑証明書） 住所証明情報（Ｂの住民票の写し） 代理権限証明情報（Ｂ及びＡの委任状） 承諾証明情報（Ｃの承諾書） 許可証明情報（農地法所定の許可書）
課税価格	金 1000 万円
登録免許税	金 10 万円（登録免許税法第 17 条第１項）

権利部（甲区）（所有権に関する事項）

順位番号	登記の目的	受付年月日・受付番号	権利者その他の事項
1	所有権保存	令和４年６月 28 日 第 11542 号	所有者　Ａ
2	所有権移転仮登記	令和５年７月 15 日 第 13254 号	原因　令和５年７月８日売買 権利者　Ｂ
	所有権移転	令和５年 11 月 28 日 第 19451 号	原因　令和５年７月８日売買 所有者　Ｂ
3	所有権移転	令和５年 10 月 28 日 第 17864 号	原因　令和５年 10 月 28 日売買 所有者　Ｃ
4	３番所有権抹消	余　白	２番仮登記の本登記により令和５年 11 月 28 日登記

仮登記に基づく本登記は，上記の甲区２番のように，仮登記の余白にされます。「予約済みの席に座った」ということです。

（1）登記の目的

「所有権移転（〇番仮登記の本登記）」などと記載します。１号仮登記でも２号仮登記でも，この書き方で構いません。

（2）登記原因及びその日付

年月日は，「所有権が移転した日」を記載します。１号仮登記の本登記であれば，仮登記の登記原因日付（上記申請例113だと令和５年７月８日）と同じ日となります。１号仮登記は，仮登記の時点で所有権の移転（権利変動）が生じているからです（P249 1）。それに対して，２号仮登記の本登記であれば，仮登記の登記原因日付と異なる日となります。２号仮登記は，仮登記の時点で所有権の移転（権利変動）が生じていないからです（P249 1）。

原因は，「売買」「贈与」などと記載します。２号仮登記の本登記であっても，本登記の時点では所有権の移転（権利変動）が生じているため，「予約」とはしません。

（3）申請人

以下の者の共同申請です（不登法60条）。

・登記権利者：仮登記権利者（上記申請例113だとＢ）
・登記義務者：仮登記義務者（上記申請例113だとＡ）

「 P293

登記義務者は，仮登記義務者から所有権の移転の登記がされていても，仮登記義務者となります。上記申請例 113 では，ＡからＣに所有権の移転の登記がされており，登記申請時点の所有権の登記名義人はＣですが，登記義務者は仮登記義務者であるＡとなります。Ｃは申請人とならないため，下記（4）（ｂ）で説明する登記上の利害関係を有する第三者となるわけです。

P252～253（ｂ）の単独申請は認められません。仮登記ではなく本登記であるため，P252の「仮登記の申請構造」の考え方は当てはまりません。

※所有権移転請求権の仮登記について一部移転の登記がされている場合

ちょっと変わったハナシです。所有権移転請求権の仮登記について一部移転の登記がされている場合とは，P270 の甲区２番付記１号の登記が，Ｃへの一部移転の登記であった場合です。この場合，本登記は，仮登記権利者の全員（ＢＣ）が同時に申請する必要があります（昭35.5.10民事三.328）。

余白が甲区２番の１つしかないため，ＢとＣがバラバラに本登記を申請すると余白が足りなくなってしまうからです。

（4）添付情報

（a）必要となる添付情報

仮登記ではなく本登記であるため，P253 の「仮登記の添付情報」の考え方は当てはまりません。

①登記原因証明情報（不登法 61 条）

Ｉのテキスト第１編第６章第２節4の「登記原因証明情報の提供が不要となる場合」に当たりませんので，登記原因証明情報を提供する必要があります。

具体的には，売買契約書，贈与契約書などが当たります。

②登記識別情報（不登法 22 条本文）

登記義務者である仮登記義務者（上記申請例 113 だとA）の登記識別情報を提供します。仮登記ではなく本登記であるため，提供する必要があります。

③印鑑証明書（不登令 16 条２項，18 条２項）

登記義務者である仮登記義務者（上記申請例 113 だとA）の印鑑証明書を提供します（Ｉのテキスト第１編第６章第４節3２.「『認印でよいか』『実印で押印し印鑑証明書の提供が要求されるか』の判断基準」）。

④住所証明情報（不登令別表 30 添付情報ロ）

Ｉのテキスト第１編第６章第５節3「住所証明情報の提供が要求される場合②」に当たるため，提供します。所有権の登記名義人となりますので，固定資産税を課されます。

⑤代理権限証明情報（不登令７条１項２号）

⑥会社法人等番号（不登令７条１項１号イ）

⑦承諾証明情報（不登法 109 条１項，不登令別表 69 添付情報イ）

登記上の利害関係を有する第三者がいるときは，必ずその第三者が作成した承諾を証する情報などを提供する必要があります（Ｉのテキスト第１編第６章第８節2１.④）。

抵当権について抵当証券が発行されているときに，抵当証券の所持人または裏書人が登記上の利害関係を有する第三者となる場合は，その抵当証券も提供する必要があります（不登法 109 条１項かっこ書，不登令別表 69 添付情報ロ）。

具体的に誰が登記上の利害関係を有する第三者に当たるかは，かなり長いハナシとなりますので，別途項目を設け，下記（b）で説明します。

⑧許可証明情報，同意証明情報，承諾証明情報（不登令７条１項５号ハ）

仮登記ではなく本登記であるため，登記原因についての第三者の許可，同意または承諾を要するのであれば，これらの情報を提供する必要があります。

具体的には，上記申請例 113 の農地法所定の許可書などが当たります。

（b）登記上の利害関係を有する第三者（不登法109条1項）

「 P295

上記申請例113では，Bの仮登記の後に所有権の移転の登記を受けたCが，登記上の利害関係を有する第三者に当たります（※）。Cの登記は，Bの仮登記に基づく本登記がされることにより，登記官の職権で抹消されます（不登法109条2項）。Bは，このCの登記のように，仮登記の後にされた登記に対抗できるように仮登記をしていたため（P250 2），仮登記に対抗できない登記は登記官の職権で抹消されるのです。Cも，仮登記があるため，職権で抹消される可能性は覚悟しています。

※"登記上の"利害関係を有する第三者ですから，Cが所有権の移転を受けただけで，所有権の移転の登記を受けていなければ関係ありません（Iのテキスト第3編第1章第6節 2 4.⑤「登記上の利害関係を有する第三者の基本的な考え方」）。

登記上の利害関係を有する第三者に該当するかの基本的な判断基準

基本的には，仮登記の後にされた仮登記に対抗できない権利の登記名義人が，登記上の利害関係を有する第三者に当たります。しかし，これだけでは少し不正確です。

登記上の利害関係を有する第三者に当たるのは，**仮登記に対抗できない権利（※）の登記名義人のうち，以下の①～③の者を除いた者**です。

※仮登記に対抗できる権利（ex. 仮登記よりも前に登記された抵当権の設定の登記）は，本登記がされても，登記官の職権により抹消されません。

①仮登記を目的とする権利の登記名義人（下記 i ）

仮登記を目的としているため，仮登記がより強力な本登記になれば嬉しいからです。

②現在の登記名義人でない者（下記 ii ）

現在，その不動産について権利を有していない（もう関係ない）からです。

③申請人となる者（下記iii）

申請している時点で，本登記に承諾していると考えられるからです。

i　仮登記を目的とする権利の登記名義人（上記①）

ex. 仮登記を目的とする抵当権者（※）・差押債権者・仮差押債権者・仮処分債権者（昭48.7.21民三.5608）

これらの権利者は，目的としている仮登記が本登記になれば嬉しいからです。

※所有権移転仮登記（１号仮登記）や条件付所有権移転仮登記（２号仮登記。P256（3））を目的として抵当権を設定でき，以下の登記記録のように，その登記もできます（＊）。１号仮登記は所有権であるため，所有権移転仮登記は抵当権の目的となるからです。また，条件付きの権利は処分できるため（民法129条 ―― 民法Ⅰのテキスト第２編第８章第２節4 2.），条件付所有権移転仮登記も抵当権の目的となるからです（昭39.2.27民事甲204）。

＊２号仮登記でも，所有権移転請求権仮登記（P255（1））を目的として抵当権を設定することはできません。これは，単なる債権であり，条件付きの権利でもないからです。この考え方は，抵当権の順位の譲渡や順位の放棄にも当てはまります。条件付抵当権設定仮登記について順位の譲渡や順位の放棄をした旨の登記はできますが（昭30.11.29民事甲2514〔順位の譲渡について〕），抵当権設定請求権仮登記について順位の譲渡や順位の放棄をした旨の登記はできません。

権利部（甲区）（所有権に関する事項）			
順位番号	登記の目的	受付年月日・受付番号	権利者その他の事項
1	所有権保存	令和4年6月28日 第11542号	所有者　A
2	所有権移転仮登記	令和5年7月8日 第12987号	原因　令和5年7月8日売買 権利者　B
	余白	余白	余白

権利部（乙区）（所有権以外の権利に関する事項）			
順位番号	登記の目的	受付年月日・受付番号	権利者その他の事項
1	甲区2番仮登記所有権の抵当権設定仮登記	令和5年7月8日 第12988号	原因　令和5年7月8日金銭消費貸借同日設定 債権額　金1000万円 債務者　B 権利者　C
	余白	余白	余白

仮登記を目的とした抵当権であるため，上記のように，抵当権も仮登記となります。

ii　現在の登記名義人でない者（上記②）

ex. 以下のように，Aが所有していた土地について，B名義の仮登記がされた後，Cへの所有権の移転の登記，Dへの所有権の移転の登記がされました。Bの仮登記に基づく本登記を申請するとき，Cは登記上の利害関係を有する第三者に当たりません（昭37.7.30民事甲2117）。Cは，もう関係ないからです。

権 利 部 （甲 区） （所 有 権 に 関 す る 事 項）			
順位番号	登記の目的	受付年月日・受付番号	権 利 者 そ の 他 の 事 項
1	所有権保存	令和4年6月28日 第11542号	所有者　A
2	所有権移転仮登記	令和5年7月8日 第12987号	原因　令和5年7月8日売買 権利者　B
	余　白	余　白	余　白
3	所有権移転	令和5年7月12日 第13215号	原因　令和5年7月12日売買 所有者　C
4	所有権移転	令和5年10月28日 第17864号	原因　令和5年10月28日売買 所有者　D

iii　申請人となる者（上記③）

（i）相続・合併を原因とする所有権の移転の登記を受けた者

ex. 以下のように，Aが所有していた土地について，B名義の仮登記がされた後，Cへの相続を原因とする所有権の移転の登記がされました。Bの仮登記に基づく本登記を申請するとき，Cは登記上の利害関係を有する第三者に当たりません。Cは，Aの本登記をすべき義務を承継しているため，仮登記に基づく本登記の登記義務者となるからです。これは，Cへの移転の原因が，合併であっても同じです（Ⅰのテキスト第2編第2章第3節9 1.「相続≒合併」）。

権 利 部 （甲 区） （所 有 権 に 関 す る 事 項）			
順位番号	登記の目的	受付年月日・受付番号	権 利 者 そ の 他 の 事 項
1	所有権保存	令和4年6月28日 第11542号	所有者　A
2	所有権移転仮登記	令和5年7月8日 第12987号	原因　令和5年7月8日売買 権利者　B
	余　白	余　白	余　白
3	所有権移転	令和5年10月2日 第15142号	原因　令和5年7月12日相続 所有者　C

この場合の仮登記に基づく本登記の登記義務者はCとなりますが，Cが提供すべき登記識別情報は，被相続人Aの登記識別情報ではなく，甲区3番の相続登記の際にCに通知された登記識別情報です（登研432P128，458P96）。

（ii）同一人が所有権の移転の仮登記を受けた後に根抵当権の設定の登記を受けている場合

ex. かなり変わった事案ですが，以下のように，Aが所有している土地について，B名義の所有権の移転の仮登記がされた後，Bの根抵当権の設定の登記がされたことがありました。Bが，所有権の移転の仮登記と根抵当権の設定の登記を受けたということです。Bに所有権が移転していますので，実体上はおかしいです。しかし，登記記録上はAが所有権の登記名義人であるため，このような登記も可能です。この場合に，Bの仮登記に基づく本登記を申請するとき，根抵当権者Bは登記上の利害関係を有する第三者に当たりません（昭 46.12.11 民事三.532）。Bの根抵当権の設定の登記は職権抹消されますが，Bは申請している時点で本登記に承諾しているといえるからです。

権　利　部　（甲 区）　（所　有　権　に　関　す　る　事　項）			
順位番号	登記の目的	受付年月日・受付番号	権 利 者 そ の 他 の 事 項
1	所有権保存	令和４年６月28日 第11542号	所有者　A
2	所有権移転仮登記	令和５年７月８日 第12987号	原因　令和５年７月８日売買 権利者　B
	余　白	余　白	余　白

権　利　部　（乙 区）　（所　有　権　以　外　の　権　利　に　関　す　る　事　項）			
順位番号	登記の目的	受付年月日・受付番号	権 利 者 そ の 他 の 事 項
1	根抵当権設定	令和５年７月８日 第12988号	原因　令和５年７月８日設定 極度額　金1000万円 債権の範囲　支払承諾取引 債務者　A 根抵当権者　B

※仮登記に対抗できる権利

P284①～③についてみてきましたが，続いて，P284※の「仮登記に対抗できる権利」に当たるかをみていきます。

・所有権の移転の仮登記の前に登記された抵当権に基づく所有権の移転の仮登記の後にされた差押登記

頭が痛くなる見出しですが……，以下の順で登記がされた場合に，仮登記に基づく本登記を申請するとき，差押登記の登記名義人が登記上の利害関係を有する第三者に当たるか，ということです。

抵当権の設定の登記（下記①）

↓

所有権の移転の仮登記（下記②）

↓

上記の抵当権に基づく差押登記（下記③）

権利部（甲区）（所有権に関する事項）			
順位番号	登記の目的	受付年月日・受付番号	権利者その他の事項
1	所有権保存	令和5年6月28日 第12456号	所有者　A
2	所有権移転仮登記 ②	令和5年7月8日 第12987号	原因　令和5年7月8日売買 権利者　B
	余　白	余　白	余　白
3	差押 ③	令和5年10月28日 第17864号	原因　令和5年10月26日東京地方裁判所担保不動産競売開始決定 債権者　C

権利部（乙区）（所有権以外の権利に関する事項）			
順位番号	登記の目的	受付年月日・受付番号	権利者その他の事項
1	抵当権設定 ①	令和5年6月28日 第12457号	原因　令和5年6月28日金銭消費貸借同日設定 債権額　金1000万円 債務者　A 抵当権者　C

差押登記の登記名義人（上記の登記記録の「債権者　C」）は，登記上の利害関係を有する第三者に当たります（昭41.6.17民事甲1763）。

Ⅰのテキスト第2編第5章第2節2 4.⑥※の先例（昭35.8.4民事甲1976）と同じ考え方です。Cの乙区1番の抵当権は，Bの仮登記に対抗できるため，残ります。よって，Cは，抵当権に基づいて，再度，競売の申立てができます。しかし，登記上の利害関係を有する第三者に当たるかは形式的に判断されるため，Bの仮登記の後に登記された差押登記は職権抹消されます。

・所有権の移転の仮登記の前に登記された抵当権について所有権の移転の仮登記の後に付記登記で抵当権の変更の登記がされている場合

これも見出しだけだと頭が痛くなりますが……，以下の順で登記がされた場合に，仮登記に基づく本登記を申請するとき，抵当権の登記名義人が登記上の利害関係を有する第三者に当たるか，ということです。

抵当権の設定の登記（下記①）

↓

所有権の移転の仮登記（下記②）

↓

上記の抵当権について付記登記で抵当権の変更の登記（下記③）

権利部（甲区）（所有権に関する事項）			
順位番号	登記の目的	受付年月日・受付番号	権利者その他の事項
1	所有権保存	令和５年６月28日 第12456号	所有者　A
2	所有権移転仮登記 ②	令和５年７月８日 第12987号	原因　令和５年７月８日売買 権利者　B
	余白	余白	余白

権利部（乙区）（所有権以外の権利に関する事項）			
順位番号	登記の目的	受付年月日・受付番号	権利者その他の事項
1	抵当権設定 ①	令和５年６月28日 第12457号	原因　令和５年６月28日金銭消費貸借同日設定 債権額　金1000万円 損害金　年５% 債務者　A 抵当権者　C
付記１号	１番抵当権変更 ③	令和５年10月28日 第17864号	原因　令和５年10月28日変更 損害金　年10%

抵当権者Cは，登記上の利害関係を有する第三者に当たりません（抵当権の変更の登記が主登記でされていれば，登記上の利害関係を有する第三者に当たります）。

たしかに，抵当権の変更の登記はBの仮登記の後で登記されていますが，付記登記でされているため，Bの仮登記に対抗できるからです。付記登記の順位は，主登記の順位によります（不登法4条2項。Ⅰのテキスト第1編第4章第3節2 2.）。

また，抵当権の変更の登記を付記登記でする際に，Bは承諾をしています。

上記は，抵当権の変更の登記の例ですが，この考え方は，たとえば，根抵当権の変更の登記（極度額の増額の変更の登記など）にも当てはまり，同じ結論（登記上の利害関係を有する第三者に当たらない）となります。

（5）登録免許税

相続・合併以外を原因とする所有権の移転に関する仮登記に基づく本登記の登録免許税は，不動産の価額の10/1000です（登免法17条1項，登免法別表第1．1．（2）ハ）。

仮登記の際にすでに不動産の価額の 10/1000 の登録免許税を納付しているため，20/1000から10/1000を引いた「10/1000」となります。

登録免許税の減税を受けた場合はその根拠条文を記載する必要があるため（不登規189条3項），P281の申請例113のように「(登録免許税法第17条第1項)」と記載する必要があります。よって，「登録免許税法第17条第1項」の条文番号は記憶する必要があります。「10/1000がいない（17・1）」というゴロ合わせで記憶してください。

※登録免許税法17条4項と17条1項の双方に当たる場合

登録免許税法 17 条4項は，利用権の登記名義人が所有権を取得した場合の所有権の移転の登記は，通常の所有権の移転の登記の税率の100分の50（半分）となるというハナシでした（P224）。では，登録免許税法17条4項と上記の登録免許税法17条1項の双方に当たる場合は，どうなるでしょうか。以下のような場合です。

ex. 地上権の登記名義人であり，かつ，売買を原因とする所有権の移転の仮登記の登記名義人であるBが，この仮登記に基づく本登記を申請する場合が当たります。

この場合，登録免許税法 17 条4項を適用してから1項が適用されます。よって，税率は，「20/1000×50/100－10/1000＝０」となります（昭42.7.26民事三.794）。課税標準に税率（この場合は「０」）をかけた額が1000円に満たないときは登録免許税は1000円となりますので，登録免許税の額は1000円となります（登免法19条。Ⅰのテキスト第1編第7章3 1．（2）（b）ⅱ）。

利用権の設定の登記の際にすでに10/1000の登録免許税を納付しており，さらに仮登記の際にすでに10/1000の登録免許税を納付しているからです。

2．本登記の前提としての仮登記の更正の登記

上記1.でみてきた仮登記に基づく本登記をする前提として，仮登記の更正の登記（第３節）が必要となる場合があります。

考え方

「仮登記と本登記を合わせろ！」ということです。本登記は仮登記の余白にされるため，あまりに仮登記とかけ離れた本登記がされると不自然だからです。

（1）登記原因の関連性

たとえば，「代物弁済予約」を登記原因とする所有権移転請求権の仮登記がされています。この場合に，「売買」を登記原因とする仮登記に基づく本登記を申請するときは，以下の登記を申請する必要があります（昭34.11.13民事甲2438，昭55.9.19民三.5618）。

1/2　登記原因の「代物弁済予約」を「売買予約」とする更正の登記

2/2　仮登記に基づく本登記

仮登記と本登記の登記原因は，以下の関係である必要があるからです（上記の「考え方」）。

・１号仮登記　→　仮登記原因と本登記原因が同一

１号仮登記は，すでに権利変動が生じているため，仮登記の段階で，「売買」など権利変動が生じた登記原因となります（P252（２））。

・２号仮登記　→　仮登記原因と本登記原因が関連している（ex.「売買予約」と「売買」，「代物弁済予約」と「代物弁済」）

これは，本登記手続を命じる判決に基づいて本登記をする場合であっても，同じです。P325の1.で説明しますが，判決は，登記申請意思を擬制するものであって，仮登記と本登記の関係性とは関係ないからです。

（2）農地が宅地になった場合

地目が田である農地について，農地法第３条の許可を条件とする条件付所有権の移転の仮登記がされました。その後，その仮登記の登記原因日付よりも前の日付の登記原因日付で，地目を宅地とする変更の登記（表示に関する登記）がされました。この場合，以下の登記を申請する必要があります（昭40.12.7民事甲3409）。

1/2　「条件付所有権移転仮登記」（2号仮登記）を「所有権移転仮登記」（1号仮登記）とする更正の登記
2/2　仮登記に基づく本登記

仮登記をした時点で農地ではなかったので，条件（農地法第3条の許可）は不要でした。また，仮登記の時点で，すでに所有権が移転していたことになります。よって，1号仮登記に更正してからでないと本登記ができないのです（上記の「考え方」）。

※農地について農地法所定の許可を条件とする条件付所有権の移転の仮登記（2号仮登記。P256（3））をすべきところ，誤って売買予約を原因とする所有権移転請求権の仮登記（2号仮登記。P255（1））がされました。しかし，その農地が非農地となり，仮登記権利者が所有者となりました。この場合は，以下の登記を申請できます（最判昭52.10.11参照）。

1/1　仮登記に基づく本登記

条件が不要となったため，そのまま本登記ができるのです。

3．対抗力

仮登記の段階では，対抗力はありません（最判昭32.6.18，最判昭38.10.8）。仮登記は，順位を保全するためだけの登記だからです。

ex. 建物の仮登記名義人は，仮登記のままでは，その建物を占有している第三者に対して明渡しを請求することはできません（最判昭38.10.8）。

仮登記の段階では対抗力はありませんが，本登記をすると，以下の時にさかのぼって対抗力が生じます。

・1号仮登記　→　仮登記をした時（大判昭8.3.28）
・2号仮登記　→　権利変動が生じた時（ex. 条件付所有権の移転の仮登記であれば，条件が成就した時。最判昭31.6.28）。

2号仮登記は，仮登記の時点では権利変動が生じていないからです。

4．誤って通常の登記を申請してしまった場合

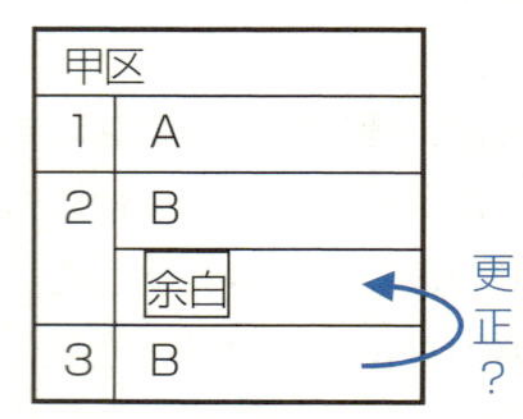

仮登記に基づく本登記は，仮登記の余白にされます。

しかし，登記の目的に，「（○番仮登記の本登記）」などと記載せず，単に「所有権移転」と記載すると，仮登記の余白ではなく，新たな順位番号で通常の所有権の移転の登記がされてしまいます。この場合に，仮登記に基

づく本登記とする更正の登記をすることができるでしょうか。

　できません（昭36.3.31民事甲773）。

　新たな順位番号でされた通常の所有権の移転の登記が誤っているとはいえないからです。所有権が移転していることを公示しているのは同じですから。

2 所有権以外の権利の仮登記に基づく本登記

　続いて，所有権以外の権利の仮登記に基づく本登記をみていきます。

1．申請人

　以下の者の共同申請です（不登法60条）。

P282

・登記権利者：仮登記権利者

・登記義務者：仮登記義務者，または，現在の所有権の登記名義人（昭37.2.13民事三.75）

ex. 以下のように，Aが所有していた（①）土地について，B名義の抵当権の設定の仮登記（②）がされた後，Cへの所有権の移転の登記（③），Dの抵当権の設定の登記（④）がされました。Bの仮登記に基づく本登記を申請するとき，登記権利者はBですが，登記義務者はAでもCでも構いません（昭37.2.13民事三.75）。

権利部（甲区）（所有権に関する事項）			
順位番号	登記の目的	受付年月日・受付番号	権利者その他の事項
1	所有権保存 ①	令和4年6月28日 第11542号	所有者　A
2	所有権移転 ③	令和5年10月28日 第17864号	原因　令和5年10月28日売買 所有者　C

権利部（乙区）（所有権以外の権利に関する事項）			
順位番号	登記の目的	受付年月日・受付番号	権利者その他の事項
1	抵当権設定仮登記 ②	令和5年7月8日 第12987号	原因　令和5年7月8日金銭消費貸借同日設定 債権額　金1000万円 債務者　A 権利者　B
	余　白	余　白	余　白

2	抵当権設定 ④	令和5年10月28日 第17865号	原因　令和5年10月28日金銭消費貸借同日設定 債権額　金800万円 債務者　C 抵当権者　D

下記２．（１）で説明しますが，所有権に関する仮登記に基づく本登記と異なり，Bの仮登記（上記②）の後に登記されたCの登記（上記③）は，仮登記に基づく本登記がされても職権で抹消されません。よって，Cは，登記上の利害関係を有する第三者とはならず，登記義務者となることができるのです。

※抵当権の抹消の仮登記の後に抵当権の移転の登記がされている場合

たとえば，以下のように，B名義の抵当権（①）について抵当権の抹消の仮登記（②）がされた後，Cへの債権譲渡を原因とする抵当権の移転の登記（③）がされました。抵当権の抹消の仮登記に基づく本登記を申請するとき，登記権利者は所有権の登記名義人ですが，登記義務者はBでもCでも構いません（昭37.10.11 民事甲2810）。

権利部（乙区）（所有権以外の権利に関する事項）			
順位番号	登記の目的	受付年月日・受付番号	権利者その他の事項
1	抵当権設定 ①	令和5年6月28日 第12457号	原因　令和5年6月28日金銭消費貸借同日設定 債権額　金1000万円 債務者　A 抵当権者　B
付記1号	1番抵当権移転 ③	令和5年10月28日 第17865号	原因　令和5年10月28日債権譲渡 抵当権者　C
2	1番抵当権抹消 仮登記 ②	令和5年7月8日 第12987号	原因　令和5年7月8日放棄
	余白	余白	余白

なお，Bが登記義務者となる場合は，Cが作成した承諾を証する情報などを提供する必要があります（昭37.10.11 民事甲2810）。Cが現在の抵当権者であるため，Cの承諾なしに抵当権を抹消することはできないからです。

2．登記上の利害関係を有する第三者の承諾

（1）原則

所有権に関する仮登記に基づく本登記と異なり，登記上の利害関係を有する第三者

P284
」

は存在せず，その承諾は不要です（不登法109条１項参照）。

上記１.の ex.の抵当権の設定の仮登記で考えていきましょう。抵当権の設定の本登記を望むＢとしては，乙区１番で抵当権の設定の本登記がされれば問題ありません。所有権の登記名義人がＣに変わっていても構いません。また，乙区２番でＤの抵当権の設定の登記がされていますが，抵当権は同時に２個以上存在しても構いませんので，抹消する必要はありません。よって，ＣもＤも，登記上の利害関係を有する第三者とはならないのです。

（２）例外

所有権以外の権利の仮登記に基づく本登記でも，抹消の仮登記（１号仮登記）または抹消請求権の仮登記（２号仮登記）に基づく本登記であれば，登記上の利害関係を有する第三者がいるときは，必ずその第三者が作成した承諾を証する情報などを提供する必要があります（不登法68条）。抹消の本登記ですので，不動産登記法109条１項（P280）ではなく，不動産登記法68条（Ⅰのテキスト第１編第６章第８節[2]１.①）を根拠として要求されるのです。

ex. 転抵当権が設定されている抵当権の抹消の仮登記に基づく本登記を申請する場合，転抵当権者が作成した承諾を証する情報などを提供する必要があります。抵当権が抹消されるため，それを目的としている転抵当権も職権で抹消されてしまうからです。

― Realistic 5　立法ミス？ ―

上記（２）の例外に，地上権や永小作権の設定の仮登記に基づく本登記などが記載されていないことに疑問を持った方がいるかもしれません。地上権や永小作権などは，１つの土地に１つしか設定できないため（P174の表の右の①），後順位で地上権や永小作権の設定の登記がされていれば，抹消しなければなりません。しかし，このことは規定されていません。これは立法ミスではないかともいわれています。

法律は人間が作りますので，完璧ではないんです……。

３．登録免許税

利用権の設定・移転に関する仮登記に基づく本登記は，通常の登記の半分（5/1000など）で済みます（登免法17条１項）。仮登記の際に半分を納付しているからです。

それに対して，乙区の担保物権の設定・移転に関する仮登記に基づく本登記は，通常の登記と同じです（4/1000など）。仮登記の際に不動産１個につき1000円の登録免許税しか納付していないからです。

第5節　仮登記の抹消の登記

不動産登記法 110 条（仮登記の抹消）

仮登記の抹消は，第 60 条の規定〔共同申請の規定〕にかかわらず，仮登記の登記名義人が単独で申請することができる。仮登記の登記名義人の承諾がある場合における当該仮登記の登記上の利害関係人も，同様とする。

1　実体（民法）→登記

仮登記がされた後，その登記原因に以下の事由があった場合，仮登記の抹消の登記を申請できます。仮登記を命じる処分（P253②）によってされた仮登記でも，申請によって抹消できます（明 34.1.17 民刑）。

①無効

②取消しまたは解除がされた

2　申請情報の記載事項

仮登記の抹消の登記は，まず不動産登記法 110 条に規定されている申請構造（申請人）を把握するのが最も大事です。申請構造（申請人。下記 3.）を軸に，申請情報の記載事項をみていきましょう。

申請例114　—— **仮登記の抹消の登記**

事例：Aが所有している農地をBに売却したが，Bは，農地法所定の許可書を家のどこに置いたかわからなくなったため，Bへの所有権の移転の仮登記（1号仮登記）が甲区2番でされた。その後，Cの抵当権の設定の登記がされた。Aは，令和5年 11 月 28 日，催告をしてもBが売買代金を支払わなかったため，売買契約を解除した。AとBが仮登記の抹消の登記を申請した。

登記の目的	2番所有権移転仮登記抹消
原　　因	令和5年 11 月 28 日解除
権 利 者	A
義 務 者	B
添 付 情 報	登記原因証明情報（解除証書）
	登記識別情報（Bの甲区2番の登記識別情報）
	印鑑証明書（Bの印鑑証明書）
	代理権限証明情報（A及びBの委任状）
登録免許税	金 1000 円

権 利 部 （甲 区） （所 有 権 に 関 す る 事 項）			
順位番号	登記の目的	受付年月日・受付番号	権 利 者 そ の 他 の 事 項
1	所有権保存	令和４年６月28日 第11542号	所有者　A
2	所有権移転仮登記	令和５年７月８日 第12987号	原因　令和５年７月８日売買 権利者　B
	余白抹消	余白抹消	余白抹消
3	２番仮登記抹消	令和５年11月28日 第19451号	原因　令和５年11月28日解除

権 利 部 （乙 区） （所 有 権 以 外 の 権 利 に 関 す る 事 項）			
順位番号	登記の目的	受付年月日・受付番号	権 利 者 そ の 他 の 事 項
1	抵当権設定	令和５年10月28日 第17865号	原因　令和５年10月28日金銭消費貸借同日設定 債権額　金800万円 債務者　D 抵当権者　C

１．登記の目的

たとえば，以下のように記載します。

・所有権についての１号仮登記　→　「○番 所有権移転仮登記 抹消」
・所有権についての２号仮登記　→　「○番 所有権移転請求権仮登記 抹消」など
　　　　順位番号　仮登記の登記の目的　抹消

「仮登記の登記の目的」を記載します。その抹消ですので「抹消」と記載します。また，登記済みですので冒頭に「順位番号」を記載します。

２．登記原因及びその日付

「年月日放棄」「年月日解除」「年月日権利混同」（ex. 所有権の登記名義人が仮登記名義人を相続した場合。登研65P30，155P48，360P92）などと記載します。

３．申請人

仮登記の抹消の登記は，共同申請（下記①）以外にも，単独申請が広く認められています（下記②③）。仮登記は，一人前ではない登記なので，通常の登記よりも申請構造が緩和され，単独申請が広く認められているのです。

なお，以下の説明で出てくる「登記上の利害関係を有する第三者」とは，仮登記に基づく本登記をすることについての利害関係人のことです。所有権に関する仮登記に基づく本登記だと，P284～290（b）で「当たる」とされた者です。上記申請例 114 の事案だと，Ｂの仮登記に基づく本登記がされると職権抹消される，抵当権者Ｃが当たります。

＊以下，上記申請例 114 の人物関係で説明します。

①以下の者の共同申請（不登法 60 条）

・登記権利者：抹消によって登記上直接に利益を受ける者

「抹消によって登記上直接に利益を受ける者」とは，仮登記義務者（Ａ）だけでなく，登記上の利害関係を有する第三者（Ｃ）も当たります。

・登記義務者：仮登記名義人（Ｂ）

②仮登記名義人（Ｂ）の単独申請（不登法 110 条前段）

登記名義を失う仮登記名義人が自ら不利益を受ける登記を申請するのならば，真正な登記であると考えられるからです。

③仮登記名義人（Ｂ）の承諾がある場合における，登記上の利害関係を有する第三者の単独申請（不登法 110 条後段）

この「登記上の利害関係を有する第三者」は，広く解されており，Ｃはもちろん，仮登記義務者（Ａ）も当たります（登研 461P117）。

登記名義を失う仮登記名義人の承諾があるため，真正な登記であると考えられるからです。

ということで，ＡもＢもＣも単独申請ができます。ＡとＣは上記③により，Ｂは上記②によります。

※なお，仮登記でなくても認められる判決による登記（不登法 63 条１項。本編第４章）による単独申請は，仮登記の抹消の登記でも，もちろん認められます。仮登記名義人（Ｂ）を相手方として訴えを提起することになりますが，仮登記義務者（Ａ）だけでなく，登記上の利害関係を有する第三者（Ｃ）も訴えを提起することができます。登記上の利害関係を有する第三者も，申請人となることができるからです（上記①③）。

※所有権移転請求権の移転請求権の仮登記の抹消

ちょっと変わったハナシです。所有権移転請求権の移転請求権の仮登記（P274 の付記１号）の抹消は，所有権移転請求権の仮登記の登記名義人（P274 のＢ）が，仮登記名義人（P274 のＣ）の承諾を証する情報を提供して，単独で申請できます。P274 のＢは，仮登記義務者（P298③）に当たるからです。

４．添付情報

①登記原因証明情報（不登法 61 条）

Ｉのテキスト第１編第６章第２節４の「登記原因証明情報の提供が不要となる場合」に当たりませんので，登記原因証明情報を提供する必要があります。

具体的には，解除証書などが当たります。

②登記識別情報（不登法 22 条本文，不登令８条１項９号）

【共同申請・仮登記名義人の単独申請】（P298 の①②）

仮登記名義人（Ｂ）の登記識別情報を提供します。仮登記名義人の単独申請の場合にも提供するのは（不登令８条１項９号），Ｉのテキスト第１編第６章第３節３１.「登記識別情報の提供の要否の基本的な判断基準」の例外です。仮登記名義人であることを確認する必要があるため，提供します。

【仮登記名義人の承諾がある場合における，登記上の利害関係を有する第三者の単独申請】（P298 の③）

※登記識別情報は，提供しません。登記識別情報を有している仮登記名義人（Ｂ）が申請人とならないからです。

③印鑑証明書（不登令 16 条２項，18 条２項）

【共同申請・仮登記名義人の単独申請】（P298 の①②）

所有権に関する仮登記の場合，仮登記名義人（Ｂ）の印鑑証明書を提供します。仮登記名義人の単独申請の場合にも提供するのは，Ｉのテキスト第１編第６章第４節３２.「『認印でよいか』『実印で押印し印鑑証明書の提供が要求されるか』の判断基準」の例外です（不登規 48 条５号，47 条３号イ（５），49 条２項４号参照）。仮登記名義人の意思確認をするため，提供します。

【仮登記名義人の承諾がある場合における，登記上の利害関係を有する第三者の単独申請】（P298 の③）

※印鑑証明書は，提供しません。不利益を受ける仮登記名義人（Ｂ）が申請人とならないからです。

④代理権限証明情報（不登令７条１項２号）

⑤会社法人等番号（不登令７条１項１号イ）

⑥承諾証明情報（不登令別表26 添付情報へ，70 添付情報ロ，ハ）

【共同申請・仮登記名義人の単独申請】（P298 の①②）

登記上の利害関係を有する第三者がいるときは，必ずその第三者が作成した承諾を証する情報などを提供する必要があります。抹消の登記だからです（不登法 68 条。Ⅰのテキスト第１編第６章第８節 2 1.①）。

具体的には，**仮登記を目的とする権利を有している者**です。目的としている仮登記が抹消されるため，仮登記を目的とする権利は職権抹消されるからです（Ⅰのテキスト第２編第２章第２節 2 5.「職権抹消の基本的な考え方」）。

ex. 所有権の移転の仮登記を目的として設定された抵当権の設定の仮登記の登記名義人（P285※）

【仮登記名義人の承諾がある場合における，登記上の利害関係を有する第三者の単独申請】（P298 の③）

上記の【共同申請・仮登記名義人の単独申請】の場合の承諾証明情報に加え，仮登記名義人（B）が作成した承諾を証する情報などを提供する必要があります（不登令別表 70 添付情報ロ）。仮登記名義人（B）の承諾に基づいてする登記だからです。

※住所証明情報は，提供しません。Ⅰのテキスト第１編第６章第５節 3「住所証明情報の提供が要求される場合①～③」のいずれにも当たらないからです。

５．登録免許税

抹消の登記として，不動産１個につき 1000 円です（登免法別表第１．１．（15））。

cf. 本登記のみの抹消の登記の可否

本登記のみ抹消すべきときは，本登記のみの抹消の登記をすることもできます。

ex. 売買予約を登記原因とする所有権移転請求権の仮登記がされた後，仮登記権利者が売買を完結する意思表示をしたことにより，仮登記に基づく本登記がされました。しかし，その意思表示に錯誤があったときは，登記の目的を「○番所有権本登記抹消」，原因を「錯誤」として，本登記のみの抹消の登記をします（記録例 615）。

第6節　仮登記担保の登記

仮登記担保契約に関する法律1条（趣旨）

この法律は，金銭債務を担保するため，その不履行があるときは債権者に債務者又は第三者に属する所有権その他の権利の移転等をすることを目的としてされた代物弁済の予約，停止条件付代物弁済契約その他の契約で，その契約による権利について仮登記又は仮登録のできるもの（以下「仮登記担保契約」という。）の効力等に関し，特別の定めをするものとする。

1　仮登記担保とは？

仮登記“担保”というくらいですから，これは「担保」（仮登記を利用した担保権）です。仮登記担保は，民法に規定されていない非典型担保です。非典型担保が認められた背景は，**民法Ⅱのテキスト第4編第7章第1節**で説明しました。**民法Ⅱのテキスト第4編第7章第1節**に記載した「非典型担保の歴史」に仮登記担保を当てはめて説明します。

＊「仮登記担保」は，「担保仮登記」ということもあります。「仮登記担保」が実体上の言い方で，「担保仮登記」が手続上の言い方です。

①典型担保に使いにくいところがあったので，それをカバーする非典型担保が生まれた（担保権者が創り出したので，基本的に**担保権者に有利な制度**となった）

抵当権などの典型担保は，担保物権を実行するのに競売などをする必要があります。しかし，仮登記担保は，担保権者名義の仮登記をしておき，担保権の実行はこの仮登記を本登記にすることで完了します。

↓

②非典型担保は担保権者が創り出したものなので，暴利行為が横行した

たとえば，100万円の債権しかないのに，1000万円相当の不動産を担保に取り，100万円の返済がされない場合に1000万円相当の不動産を取り上げる（仮登記を本登記にする）という暴利行為が横行しました。

↓

③暴利行為を防止するため，法律や判例によって**設定者を保護する方向で修正が加えられた**（担保権者に「清算義務」を課した）

「仮登記担保契約に関する法律」が，昭和53年に制定されました。この法律に，担保権者に清算義務が課せられることが明記されました。「清算義務」とは，上記の例でいえば，「100万円の債権しかないわけだから，不動産の価値1000万円から100万円を引いた900万円は，設定者に返しなさい」ということです。

基本事例

＊この第6節は，この基本事例をもとにみていきます。

Aは，平成30年7月20日，弁済期日を令和5年7月20日としてBから100万円を借り受け，その担保として所有している1000万円相当の建物にB名義の条件付所有権の移転の仮登記（2号仮登記）をした。その後，この建物にC名義の抵当権の設定の登記がされた。

権 利 部 （甲 区） （所 有 権 に 関 す る 事 項）			
順位番号	登記の目的	受付年月日・受付番号	権 利 者 そ の 他 の 事 項
1	所有権保存	平成29年6月28日 第10514号	所有者　A
2	条件付所有権 移転仮登記	平成30年7月20日 第10651号	原因　平成30年7月20日代物弁済（条件　平成30年7月20日金銭消費貸借の債務不履行） 権利者　B
	余　白	余　白	余　白

権 利 部 （乙 区） （所 有 権 以 外 の 権 利 に 関 す る 事 項）			
順位番号	登記の目的	受付年月日・受付番号	権 利 者 そ の 他 の 事 項
1	抵当権設定	平成30年10月28日 第15135号	原因　平成30年10月28日金銭消費貸借同日設定 債権額　金1000万円 債務者　A 抵当権者　C

甲区2番の原因は，以下の意味です。

「平成30年7月20日」に「代物弁済」契約を締結した。その代物弁済契約には条件が付いており，その「条件」は，「平成30年7月20日」に締結した「金銭消費貸借」契約について「債務不履行」があることである。

Aが，平成30年7月20日に締結した金銭消費貸借契約の債務100万円を弁済期（令和5年7月20日）に返済しなかった場合，Bは仮登記担保を実行する（仮登記を本登記にする）ことができます。ただし，清算義務が課せられていますので（上記③），すぐに本登記にすることはできません。その手続をみていきます。

まず，仮登記担保の契約から実行までの流れのチャート図を示します。仮登記担保はどの段階のハナシかを意識することが重要なので，後記の説明を読む際は，以下のチャート図に何度も戻ってきてください。

【仮登記担保の契約から実行までの流れ】

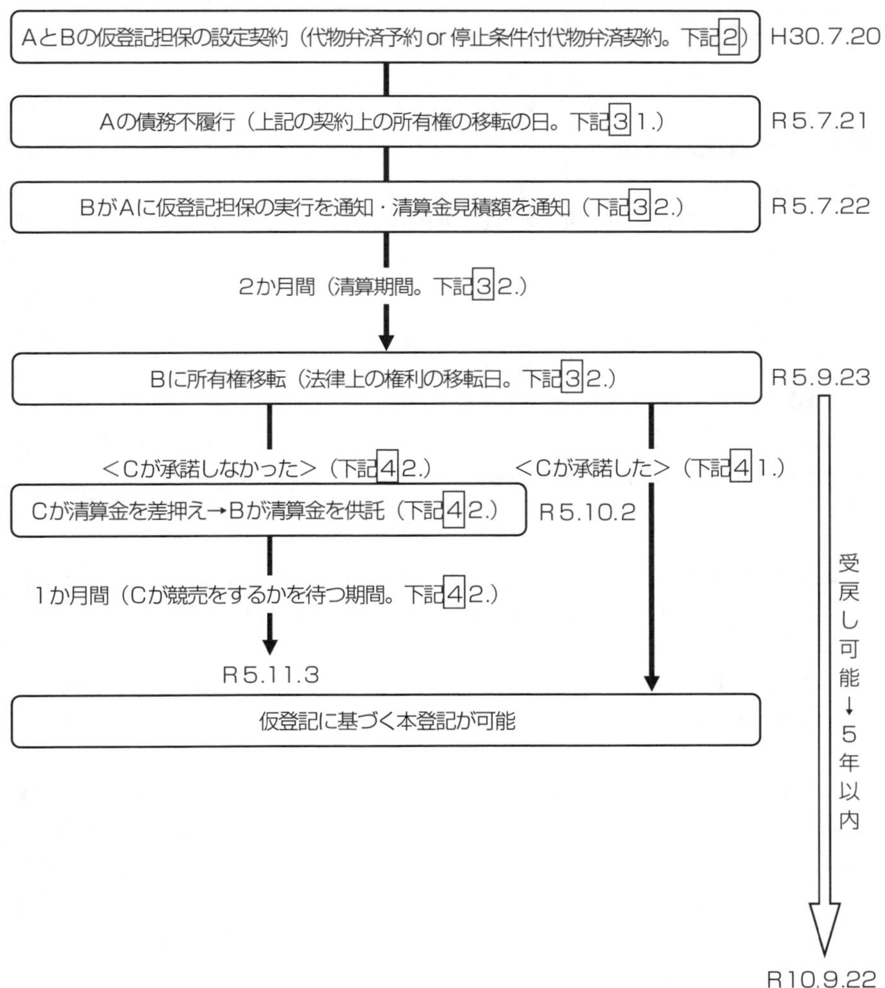

2 仮登記担保の設定契約

仮登記担保契約に関する法律が適用され，この第６節のハナシとなる（清算義務などが課せられる）のは，以下の①②の要件を充たす③の契約です（仮登記担保法１条）。

①金銭債務を担保するため
②金銭債務に不履行があるときに，設定者から債権者に所有権などが移転などする
③―ⅰ　代物弁済予約
　―ⅱ　停止条件付代物弁済契約（上記の基本事例）　など

3 所有権の移転

１．債務不履行

Ａが令和５年７月 20 日の弁済期日に 100 万円を返済しなかった場合，Ｂは仮登記担保を実行できます（仮登記を本登記にできます）。

ただし，暴利行為を防ぐため清算義務が課せられていますので，すぐに本登記にすることはできません。Ｂは，下記２.の清算義務を果たす必要があります。

２．清算義務

Ｂは，Ａに，清算金の見積額（1000 万円〔建物の価額〕－100 万円〔債務額〕＝900 万円）を通知する必要があります（仮登記担保法２条１項）。（＊）
＊清算金がない場合は，その旨を通知します（仮登記担保法２条１項かっこ書）。

この通知がＡに到達した日から２か月を経過しなければ，ＡからＢに建物の所有権が移転しません（仮登記担保法２条１項）。令和５年７月 22 日にＡにこの通知が到達すると，Ｂに建物の所有権が移転するのは令和５年９月 23 日となります。

「２か月」は，Ａに与えられた弁済の機会です。Ａは，この期間内に弁済をすれば，建物の所有権を失わずに済みます。

仮登記担保契約に関する法律が適用される仮登記の場合，このように２か月の清算期間が必要となります。よって，仮登記に基づく本登記（下記5）の登記原因日付は，最低限，仮登記の登記原因日付として登記されている日から２か月の期間経過後の日である必要があります。２か月の期間経過前の日だと，却下されます（昭 54.4.21 民三.2592）。上記の基本事例は，仮登記の登記原因日付が「平成 30 年７月 20 日」ですので，仮登記に基づく本登記の登記原因日付は「平成 30 年９月 21 日」以降である必

要があるということです。実際にはもっと後の日付となりますが，理論上最も早い日付が「平成30年9月21日」ということです。すぐに債務不履行となり，すぐに清算金の見積額を通知すれば，絶対にあり得なくはない日付ですから。

※非金銭債務を担保する仮登記の場合

代物弁済予約に基づく仮登記の場合，仮登記に基づく本登記の申請において，非金銭債務を担保するためになされたものであることを証する情報を提供すれば，仮登記の登記原因日付から2か月を経過していなくても，登記が受理されます（昭54.4.21民三.2592）。

仮登記担保契約に関する法律が適用され清算義務が課せられるのは，金銭債務を担保するための契約です（上記2①）。上記の基本事例は停止条件付代物弁済契約（上記2③―ii）なので，「条件」（金銭消費貸借の債務不履行）が登記され，金銭債務を担保するための契約であることが，登記記録上明らかです。しかし，代物弁済予約（上記2③―i）だと，登記の目的に「所有権移転請求権仮登記」，原因に「年月日代物弁済予約」と登記されるだけで，金銭債務を担保するための契約であることが，登記記録上必ずしも明らかではありません。商品引渡債務のための代物弁済予約かもしれません。金銭債務を担保するためでなければ，仮登記担保契約に関する法律が適用されず，清算義務が課せられませんので，上記の情報を提供すれば，仮登記の登記原因日付から2か月を経過している必要がなくなるのです。

4　登記上の利害関係を有する第三者の権利の抹消

所有権に関する仮登記に基づく本登記ですので，本登記をすると，仮登記の後に登記されたCの抵当権など登記上の利害関係を有する第三者の権利は職権で抹消されます（不登法109条。P284～290（b））。このように，他の担保権者の権利などを抹消できるのも，仮登記担保のメリットです。

1．原則

Cが承諾証明情報（P283⑦）を作成すれば，何の問題もありません。

2．例外

しかし，Cが承諾証明情報を作成しない場合があります。記述で仮登記担保が出題される場合には，おそらくこの事案設定になると思います。記述では，以下のような事案となると思われます。

Aは，Bに，900 万円の清算金の支払請求権を有しています。この支払請求権をCが差し押さえました。CはAの債権者であるため，Aが有する清算金の支払請求権を差し押さえることができるのです（仮登記担保法４条１項）。この場合に，Bは清算金を供託することができます（仮登記担保法７条１項）。

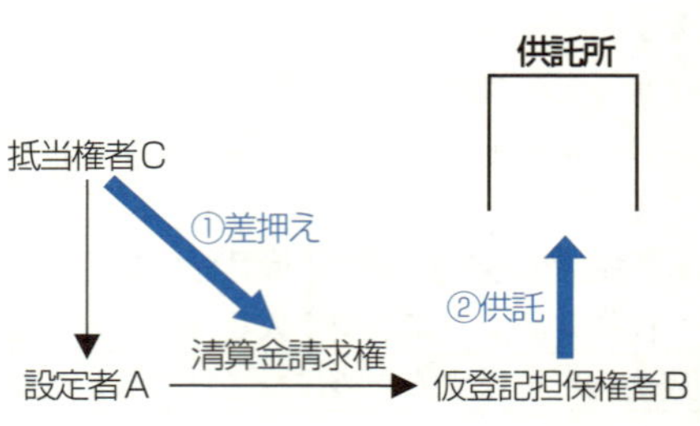

Bが清算金を供託した日から１か月を経過すれば，Cの承諾に代え，以下の情報を承諾証明情報として，仮登記に基づく本登記をすることができます（仮登記担保法 18条本文）。上記の差押え・供託を証するわけです。

・清算金に対してCが差押えをしたことを証する情報
　→　差押命令謄本（裁判所が発した債権の差押命令の謄本です）
・Bが清算金を供託したことを証する情報
　→　供託書正本（供託がされると供託官が発行するもので〔供託規18条１項など〕，供託された証明書となります）

Bが清算金を供託した日から１か月を経過していなければ，上記の情報を提供することによる仮登記に基づく本登記の申請は却下されます。この１か月は，Cなどが気が変わり競売を選択するかを待つ期間です。本来は競売によって債権者に配当すべきですので，Cなどが清算金の見積額 900 万円に納得できず競売をするのであれば，仮登記に基づく本登記はできず，競売が優先されるのです（仮登記担保法 15 条１項，18 条ただし書）。

１か月を経過しても競売の開始決定がされていないのであれば，「Cなどは清算金の見積額 900 万円で納得したんだ」ということで，仮登記に基づく本登記ができるのです。CがAの有する清算金の支払請求権を差し押さえ，Bが令和５年 10 月２日に清算金を供託した場合，競売の開始決定がされていないのであれば，令和５年 11 月３日以降に仮登記に基づく本登記ができます。

5 申請情報の記載事項

上記の基本事例の仮登記に基づく本登記の申請情報は，以下の青字にした箇所を除き，P280～281 の申請例 113 と同じです。仮登記に基づく本登記だからです。

以下の申請情報は，Cの抵当権の抹消については，Cが承諾を証する情報を作成せず，清算金の差押え・供託がされた上記4 2.の場合のものです。

申請例115 ―― 担保仮登記に基づく本登記

登記の目的	所有権移転（2番仮登記の本登記）
原　　因	令和5年9月23日代物弁済
権 利 者	B
義 務 者	A
添付情報	登記原因証明情報（代物弁済契約書）
	登記識別情報（Aの甲区1番の登記識別情報）
	印鑑証明書（Aの印鑑証明書）
	住所証明情報（Bの住民票の写し）
	代理権限証明情報（B及びAの委任状）
	承諾証明情報（差押命令謄本及び供託書正本）
課税価格	金1000万円
登録免許税	金10万円（登録免許税法第17条第1項）

ポイントは，以下の3点です。

- 登記原因日付は，BがAに清算金の見積額 900 万円を通知した令和5年7月 22 日から2か月が経過した「令和5年9月 23 日」である
- 承諾証明情報は，Cが作成しないため，差押命令謄本と供託書正本となる
- 登記申請は，Bが清算金を供託した令和5年 10 月2日から1か月が経過した「令和5年 11 月3日」からできる

6 受戻し

1．意義

Bに所有権が移転しても，Aは，清算金の支払を受けるまでは，債権額100万円を提供して所有権の受戻しを請求できます（仮登記担保法11条本文）。これを「受戻権」といいます。この受戻権は，形成権（一方的な意思表示によって法律効果を発生させられる権利）であると解されています。

Aが弁済を怠った後ですが，Aに目的物の所有権を取り戻すチャンスを与えているのです。

ただし，清算期間が経過した時から5年が経過したとき，または，第三者が所有権を取得したときは，Aは受戻権を行使できなくなります（仮登記担保法11条ただし書）。上記の基本事例だと，令和5年9月23日が清算期間が経過した時ですので，令和10年9月23日になるとAは受戻権を行使できなくなります。また，Bから第三者が建物の所有権を取得した場合も，受戻権を行使できなくなります。

Aがいつでも受戻権を行使できるとなると，Bや第三者に酷だからです。

2．登記

受戻権が適法に行使された場合，仮登記に基づく本登記がされているかどうかに応じて，以下のとおり申請する登記が変わります（昭54.4.21民三.2592）。

①仮登記に基づく本登記がされていない場合

担保仮登記の抹消の登記を申請します。登記原因及びその日付は，「年月日受戻しによる失効」であり，登記原因日付は受戻しの意思表示がBに到達した日となります。受戻権は形成権だからです。

②仮登記に基づく本登記がされている場合

BからAへの所有権の移転の登記を申請します。登記原因及びその日付は，「年月日受戻し」であり，登記原因日付はこれも受戻しの意思表示がBに到達した日となります。受戻権は形成権だからです。

第3章 名変登記

この名変登記は地味にみえますが，記述で名変登記を申請するかしないかの判断を間違えると大減点をくらうことがあります。不動産登記法の中で最も重要な分野ですので，絶対に理解・記憶してください。

不動産登記法64条（登記名義人の氏名等の変更の登記又は更正の登記等）

1　登記名義人の氏名若しくは名称又は住所についての変更の登記又は更正の登記は，登記名義人が単独で申請することができる。

1 名変登記とは？

1．意義

名変登記：登記名義人の氏名（名称）・住所の変更の登記または更正の登記

「名変登記」は実務上の呼び方であり，正確には「登記名義人の氏名（名称）・住所の変更の登記または更正の登記」のことです。

登記名義人は，以下の事項が登記記録に記録されます（不登法59条4号）。

自然人	氏名（戸籍上の氏名）	住所（住民票上の住所）※
法人	名称（法人の登記記録上の名称）	住所（法人の登記記録上の住所）※

※住所はどこまで登記するか？

住所は番地までを登記すればOKです。マンションなどの場合に，マンション名や部屋番号まで登記するかは申請人の任意です（昭40.12.25民事甲3710）。

ex. 「新宿区新宿三丁目3番地リアリスティックリバーサイド503号室」に住んでいる者の住所を，「新宿区新宿三丁目3番地」とだけ登記してもOKです。

よって，たとえば，添付情報として提供した印鑑証明書には番地までしか記載されておらず，登記記録にはマンション名や部屋番号まで記録されていても，同一の住所として扱われます（昭40.12.25民事甲3710）。

登記された登記名義人が婚姻，商号変更，住所移転などをし，氏名（名称）・住所が変わる場合があります。

登記された後に氏名（名称）・住所が変わった場合には，その変更の登記を申請できます。

登記申請時点で氏名（名称）・住所が誤っていた場合（ex. 登記申請時点で氏名〔名称〕・住所が変わっていたにもかかわらず変更前の氏名〔名称〕・住所で登記してしまった場合）には，その更正の登記を申請できます。

※登記名義人自体が変わった場合

名変登記は，あくまで氏名（名称）・住所が変わったまたは間違っていたというハナシです。たとえば，AからBに所有権が移転した場合に，AからBへの名変登記はできません。この場合は，AからBへの所有権の移転の登記をします。

2．「登記名義人」とは？

不動産登記法2条（定義）

十一　登記名義人　登記記録の権利部に，次条各号に掲げる権利〔登記することができる権利〕について権利者として記録されている者をいう。

登記記録に氏名（名称）・住所が記録されている者のすべてが登記名義人であるわけではありません。

登記名義人に当たる者	登記名義人に当たらない者
①Ⅰのテキスト第1編第4章第1節の登記できる権利の権利者（不登法2条11号） ex. 所有権の登記名義人，抵当権の登記名義人，根抵当権の登記名義人	**①表題部所有者**（※1） **②すでに抹消された登記の名義人**
②仮登記権利者	**③現に効力を有しない登記の名義人**（登研346P91） ex. 前登記名義人
③差押債権者・仮差押債権者・仮処分債権者	**④乙区の担保物権の債務者**（※2）

※1　表題部所有者の氏名（名称）・住所に変更または錯誤・遺漏がある場合

表題部所有者（権利部に所有権の登記がされるまで表題部に記録される所有者。不登法2条10号）の氏名（名称）・住所に変更または錯誤・遺漏がある場合には，変更証明情報や更正証明情報を提供すれば，以下の登記を申請できます（登研213P71，352P103）。

1/1　所有権の保存の登記

表題部所有者の氏名（名称）・住所の変更の登記または更正の登記をする必要はありません。表題部所有者は，登記名義人ではないからです。

※2　乙区の担保物権の債務者の氏名（名称）・住所の変更の登記または更正の登記

乙区の担保物権の債務者は，登記名義人ではないため，この第3章の名変登記の対象にはなりません。しかし，乙区の担保物権の債務者の氏名（名称）・住所に変更または錯誤・遺漏がある場合には，以下の者の共同申請により，債務者の氏名（名称）・住所の変更の登記または更正の登記を申請できます（昭 46.10.4 民事甲 3230。登研144P51）。

・登記権利者：担保権者（抵当権者，根抵当権者など）

・登記義務者：設定者

この第3章の名変登記ではなく，登記事項である債務者の変更の登記または更正の登記として申請するわけです。

申請例は，以下のようになります。

申請例116 ―― 抵当権の債務者の変更の登記（住所の変更の登記）

登記の目的	1番抵当権変更
原　　因	令和5年6月28日住所移転
変更後の事項	債務者の住所　横浜市中区羽衣二丁目2番地　＊1
権 利 者	B
義 務 者	A
添 付 情 報	登記原因証明情報（Aの住民票の写し）
	登記識別情報（Aの甲区1番の登記識別情報）
	代理権限証明情報（B及びAの委任状）　＊2
登録免許税	金 1000 円

＊1　根抵当権の債務者の氏名（名称）・住所の変更の登記または更正の登記であれば，債務者の氏名または名称も記載する必要があると解されています（登研 345P80，456P128）。

＊2　所有権を目的として設定された根抵当権の債務者の氏名（名称）・住所の変更の登記または更正の登記であれば，登記義務者である設定者の印鑑証明書も提供する必要があります（昭 46.10.4 民事甲 3230。登研432P129）。

なお，この登記を申請する前に，抵当権（根抵当権）が消滅した場合，以下の登記のみを申請できると解されています。

1/1　抵当権（根抵当権）の抹消の登記

債務者の氏名（名称）・住所の変更の登記または更正の登記をしても，どうせすぐに抵当権（根抵当権）は抹消されてしまうため，省略できると解されているのです。

3．名変登記の義務化

（1）申請義務

（a）意義・趣旨

所有権の登記名義人の氏名（名称）・住所について変更があったときは，所有権の登記名義人は，変更があった日から２年以内に，名変登記を申請しなければなりません（不登法76条の５）。

平成29年の調査によると，不動産登記から所有者の所在の確認ができない土地が九州の土地の面積に相当するくらい存在し，そのうち，約33.6％が住所の変更の登記がされていない土地であることが明らかになりました。そこで，名変登記が義務化されました。

「所有権」に限られるのは，所有者不明不動産を生じさせないことを目的としてできた規定だからです。

（b）罰則

単に「２年以内に登記申請をしろ」という規定だけでは，申請しない人が多いと考えられます。そこで，正当な理由がないのに２年以内の登記申請を怠ると５万円以下の過料に処せられるという罰則規定も設けられました（不登法164条２項）。この罰則によって，登記義務を課したことの実効性を図っています。

（2）職権登記

上記（1）のように，登記義務が課せられたのですが，登記申請をする人はあまり増えないと考えられます。不動産を購入した場合には「自分の名義にしないと」と思いますが，引っ越しをした場合に「不動産の住所の変更の登記もしよう」などとはなかなか思いません。

そこで，登記官が，所有権の登記名義人の氏名（名称）・住所について変更があったと認めるべき場合には，名変登記を職権ですることができるという規定もできました（不登法76条の６本文）。自然人である登記名義人の情報は住基ネット，法人である登記名義人の情報は商業登記を通じて取得することが想定されています。

ただし，所有権の登記名義人が自然人であるときは，所有権の登記名義人の申出が必要です（不登法76条の６ただし書）。ＤＶの被害者など，現在の氏名・住所を公示すべきでない者もいるからです。法人が含まれていないのは，法人は商業登記で名称・住所が公開されているので，申出は不要だろうと考えられたからです。

＊この３.の改正規定は，令和３年４月から５年以内に施行されます。

2 申請情報の記載事項

申請例117 —— 名変登記（住所の変更の登記）

事例：ある建物に，甲区１番でＡ名義の所有権の保存の登記がされている。Ａは，令和５年６月28日，横浜市中区羽衣二丁目２番地に住所を移転した。

登記の目的	１番所有権登記名義人住所変更
原　　因	令和５年６月28日住所移転
変更後の事項	住所　横浜市中区羽衣二丁目２番地
申 請 人	Ａ
添 付 情 報	登記原因証明情報（Ａの住民票の写し） 代理権限証明情報（Ａの委任状）
登録免許税	金1000円

権利部（甲区）（所有権に関する事項）			
順位番号	登記の目的	受付年月日・受付番号	権利者その他の事項
1	所有権保存	令和４年６月28日 第11542号	所有者　新宿区新宿一丁目２番地 Ａ
付記１号	１番登記名義人住所変更	令和５年６月28日 第12456号	原因　令和５年６月28日住所移転 住所　横浜市中区羽衣二丁目２番地

１．登記の目的

「○番所有権登記名義人氏名変更」，「○番抵当権登記名義人名称変更」，「○番根抵当権登記名義人住所更正」などと記載します。これは，以下の４つの項目からなり，４つの組み合わせで登記の目的ができます。

①順位番号	②権利	③氏名（名称）・住所	④変更・更正
○番 （登記済みだからです）	所有権登記名義人	氏名	変更
	抵当権登記名義人	名称	
	根抵当権登記名義人　など	住所	更正

2．登記原因及びその日付

【変更の登記】

・年月日

年月日は，「氏名（名称）・住所が変更された日」を記載します。離婚届を提出した日，商号変更の効力発生日，住所を移転した日などが当たります。

※住所が数次に移転している場合

たとえば，不動産の所有者Aが，横浜市中区羽衣二丁目２番地に住所を移転した後，大阪市中央区中央一丁目１番地に住所を移転するなど，数回にわたって住所を移転していることがあります。この場合，以下の登記を申請できます（昭32.3.22民事甲423参照）。

1/1　住所移転を原因とする住所を大阪市中央区中央一丁目１番地とする変更の登記

登記原因日付は最後の住所移転（大阪市への住所移転）の年月日，変更後の住所は最後の住所（大阪市中央区中央一丁目１番地）のみを記載すればOKです。

横浜市への住所移転（1/2）と大阪市への住所移転（2/2）の２件に分けて申請する必要はありません。登記記録では，横浜市への住所移転は公示されないことになります。

名変は権利変動ではない

今まで学習してきた登記と異なり，**名変は権利変動ではありません**。Ⅰのテキスト第1編第1章で説明した基本の図に戻って考えてみましょう。最初に，右のような図を示しました。

氏名（名称）・住所が変わった

取引社会

所有権変化なし

物

「権利変動」とは，所有権（権利）が移転した（変動）などというハナシです。しかし，名変は，権利者の氏名（名称）・住所が変わったというハナシであり，権利（所有権など）は動いていないのです（P310※）。よって，「権利変動の過程を忠実に登記する」というハナシにならず，中間省略登記が問題なく認められるのです。

そのため，たとえば，新宿区新宿一丁目２番地で登記された不動産の所有者Aが，横浜市中区羽衣二丁目２番地に住所を移転した後，再び新宿区新宿一丁目２番地に住所を移転し

た場合（登記記録上の住所に戻ってきた場合），住所の変更の登記を申請する必要はありません（登研 379P91）。

所有権が「A→B→A」と移転したのであれば，所有権の移転の過程を公示する必要がありますが，名変は権利変動ではないため，過程を公示する必要がないからです。

・**原因**

原因は，氏名（名称）・住所が変更された原因に応じて，以下のとおり変わります。

氏名（名称）・住所が変更された原因	登記原因
①自然人の氏名が変わった場合	**「氏名変更」**
婚姻，離婚などの原因に関係なく「氏名変更」と記載します（記録例 617〔注〕1）。氏名は，プライバシーに関わる問題が多いからです（離婚など……）。	
②会社の商号が変わった場合	**「商号変更」**
特例有限会社が商号変更をして株式会社に移行した場合も，「商号変更」と記載します。 会社が組織変更をした場合には，「組織変更」と記載します。 これらは会社法･商業登記法で学習しますが，これらの場合に名称の変更の登記をするのは，これらはいずれも会社の種類が変わっただけで，他の会社に所有権などを移転したといったハナシではないからです。自然人でいえば，婚姻して氏名が変わったのと同じレベルなのです。	
③自然人が住所を移転した場合	**「住所移転」**
④会社が本店を移転した場合	**「本店移転」**
⑤住居表示が実施された場合	**「住居表示実施」**
⑥行政区画が変更された場合	**「行政区画変更」「区制施行」（＊）「町名変更，地番変更」**（登研 524P168）など ＊政令指定都市になると，行政区が設けられ，住所に「〇〇区」が追加されます。
上記⑤の住居表示の実施と上記⑥の行政区画の変更は，Ⅰのテキスト第1編第7章7④⑤で説明します。	

【更正の登記】

・**年月日**

年月日は，記載しません（昭 39.5.21 民事三.425）。

氏名（名称）・住所に間違い（錯誤）またはモレ（遺漏）があったわけですが，ある時点から間違いまたはモレが生じたというわけではなく，最初から間違いまたはモレがあったため，登記原因日付といえる日がないからです。

・原因

原因は，原則として，以下のとおり記載します。

・氏名（名称）・住所に間違いがあった場合　→　「錯誤」

・氏名（名称）・住所にモレがあった場合　→　「遺漏」

3．登記事項

【変更の登記】

変更後の事項として，変更後の氏名（名称）・住所を記載します。

【更正の登記】

更正後の事項として，正しい氏名（名称）・住所を記載します。

変更後の事項も更正後の事項も，「氏名　後藤雅典」「商号　リアリスティックカンパニー株式会社」「住所　横浜市中区羽衣二丁目２番地」などと記載します。

共有者の名変登記の場合は，「共有者◯◯の氏名　後藤雅典」などと記載します。共有の場合，どの者についての名変登記かを明らかにする必要があるからです。

4．申請人

登記名義人の単独申請です（不登法64条１項）。

名変登記は現在の氏名（名称）・住所を公示する登記であり，誰かが不利益を受けることはないからです。また，下記５.①でみますとおり公文書が提供されるため，登記の真正は担保されます。

5．添付情報

①登記原因証明情報（不登法61条，不登令別表23添付情報）

単独申請ですので，公文書が要求されています（不登令別表 23 添付情報。Ｉのテキスト第１編第６章第２節3「公文書に限定されるかどうかの基本的な判断基準」）。

具体的には，以下の表の情報などが当たります。

自然人	氏名の変更・更正	戸籍一部事項証明書および（本籍地入りの）住民票の写し（住民票コード）など 住民票の写し（住民票コード）も提供するのは，戸籍には住所は記載されないため，戸籍だけだと，同姓同名の別人である可能性があるからです。
	住所の変更・更正	住民票の写し，戸籍の附票，住民票除票の写しなど ※住民票コードを提供した場合は，登記原因証明情報が不要となります（不登令9条，不登規 36 条4項。Ｉのテキスト第1編第6章第2節4「登記原因証明情報の提供が不要となる場合③ー i 」)。
法人	名称の変更・更正	登記事項証明書または会社法人等番号
	住所の変更・更正	登記事項証明書 ※会社法人等番号を提供した場合は，登記原因証明情報が不要となります（不登令9条，不登規 36 条4項。Ｉのテキスト第1編第6章第2節4「登記原因証明情報の提供が不要となる場合③ー ii 」)。

②代理権限証明情報（不登令７条１項２号）

③会社法人等番号（不登令７条１項１号イ）

※登記識別情報は，提供しません（不登法 22 条参照)。単独申請だからです（Ｉのテキスト第１編第６章第３節3 1.「登記識別情報の提供の要否の基本的な判断基準」)。

※印鑑証明書は，提供しません。所有権の登記名義人が登記義務者とならないからです（Ｉのテキスト第１編第６章第４節3 2.「『認印でよいか』『実印で押印し印鑑証明書の提供が要求されるか』の判断基準」)。単独申請ですので，登記義務者はいません。

※住所証明情報は，提供しません。Ｉのテキスト第１編第６章第５節3「住所証明情報の提供が要求される場合①～③」のいずれにも当たらないからです。上記①で登記原因証明情報の内容として住民票の写しなどが出てきましたが，これは登記原因証明情報であり，住所証明情報ではありません。

※複数の名変登記を一の申請情報で（1件で）申請する場合

P429～431 の２.で説明しますが，同一の登記名義人の名変登記であれば，複数の名変登記を一の申請情報で（１件で）申請できます（不登規 35 条８号)。

ex. 不動産の所有者Ａが，登記後に住所を移転しました。また，登記申請時点で，Ａの氏名が誤って登記されていました。この場合，Ａの住所の変更の登記と氏名の更正の登記を一の申請情報で（１件で）申請できます。この場合，申請情報には以下のように記載します。

登記の目的「○番所有権登記名義人住所，氏名変更，更正」

＊「住所，氏名変更，更正」の記載に違和感を感じたと思います。しかし，「住所」と「氏名」は住所を先に（記録例623，625，628），「変更」と「更正」は変更を先に記載するため（記録例625），このようになります。

登記原因及びその日付「年月日住所移転
　　　　　　　　　　　錯誤　　　　」

変更後の事項　　　　「住所　横浜市中区羽衣二丁目2番地
　　　　　　　　　　　氏名　後藤雅典　　　　　　　　」

6．登録免許税

変更の登記または更正の登記として，不動産1個につき1000円です（登免法別表第1．1．(14)。P431※も参照）。

3　前提としての名変登記

上記2で名変登記の申請情報の記載事項をみましたが，記述で大減点をくらうかどうか決まるのは，「名変登記を申請するかしないか」を判断できるかどうかです。その判断基準を，この3で説明します。よって，この3が最も重要です。集中していきましょう。

1．原則

（1）名変登記を申請する場面

名変登記は，他の登記（ex. 所有権の移転の登記）をする前提として申請するのが通常です。

他の登記を申請する場合に，その他の登記の申請情報の申請人欄に記載する登記名義人の氏名（名称）・住所に変更または錯誤・遺漏があるときは，他の登記を申請する前提として名変登記を申請しなければ，他の登記の申請は却下されます（不登法25条7号）。よって，以下のように申請します。

1/2　名変登記
2/2　他の登記（ex. 所有権の移転の登記）

（2）前提として名変登記が要求される理由

ここでは，まず登記官の目線から考えてください。

登記記録に登記名義人として記録されている者の氏名（名称）・住所が申請情報の申請人欄に記載されている登記の申請がされた場合，登記記録と申請情報の氏名（名称）・住所が一字一句完全に一致していないと，登記官は「お前ダレ？」となります。名変登記を考えるにあたっては，この**「お前ダレ？」という登記官の視点が非常に重要**になりますので，常に「お前ダレ？」となるかを考えてください。

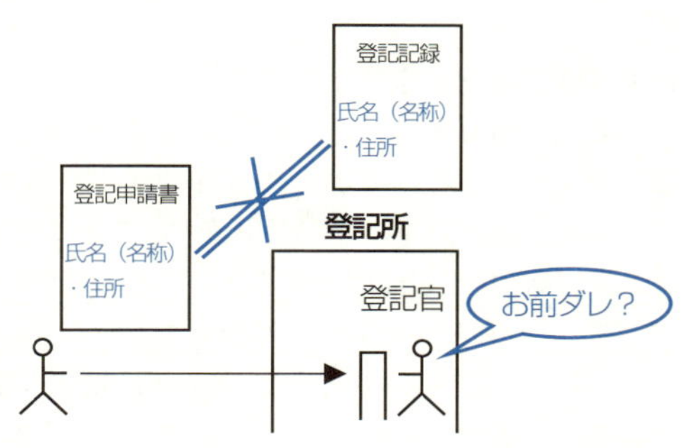

逆に，申請人の目線からいうと，登記記録に登記名義人として記録されている者の氏名（名称）・住所を申請情報の申請人欄に記載する登記を申請するときは，登記記録の氏名（名称）・住所と現在の氏名（名称）・住所を一字一句完全に一致させてからでないと申請できないということです。

申請情報には，現在（登記申請時点）の氏名（名称）・住所を記載します（Ⅰのテキスト第２編第２章第２節6 2.「申請情報に記載すべき氏名（名称）・住所は今の？過去の？」）。よって，登記記録の氏名（名称）・住所と異なる場合は，先に登記記録の氏名（名称）・住所を現在の氏名（名称）・住所に直さないといけないのです。

※判決書正本・和解調書・調停調書などがあれば名変登記を省略できるか？

判決書正本・和解調書・調停調書などに，申請情報の申請人欄に記載する現在の氏名（名称）・住所と登記記録の氏名（名称）・住所が併記されている場合でも，前提としての名変登記を省略できる理由にはなりません（登研611P171，476P140）。

上記のとおり，登記官は，申請情報の申請人欄と登記記録を照合しますので，判決書正本・和解調書・調停調書などがあっても関係ないのです。

（３）具体例

まだわかりにくいですよね。具体例でみてみましょう。

ex1. 登記義務者の前提としての名変登記

不動産の所有者Ａがその不動産をＢに売却した場合，ＡからＢに所有権の移転の登記を申請することになります。この場合に，Ａが登記名義を備えた後に氏名を変更しているときは，以下の登記を申請することになります。

１/２　氏名変更を原因とするＡの氏名の変更の登記

２/２　ＡからＢへの売買を原因とする所有権の移転の登記

１/２の登記をしないと，２/２の申請情報の登記義務者Ａと登記記録の所有権の登記名義人Ａの氏名が異なり，「お前ダレ？」となってしまうからです。

※所有権の移転の登記において登記権利者の名変登記が要求される場合

上記ex1.のように，所有権の移転の登記においては，登記義務者の名変登記が要求されるのが通常です。しかし，登記権利者の名変登記が要求されることもあります。それは，「共有物分割」または「持分放棄」を登記原因とする持分の移転の登記の場合です（登研573P123，473P151）。

これらの登記は，登記記録上の共有者である者が登記権利者・登記義務者となる必要があります（Ⅰのテキスト第２編第２章第２節３４.「Realistic rule①」）。登記権利者の氏名（名称）・住所が登記記録上の氏名（名称）・住所と異なっていると，登記官は，登記記録上の共有者であると判断できないのです。

ex2. 登記権利者の前提としての名変登記

株式会社Ａが所有している不動産に設定された株式会社Ｂの抵当権の被担保債権の全部が債務者により弁済された場合，抵当権の抹消の登記を申請することになります。この場合に，株式会社Ａが登記名義を備えた後に住所を移転しているときは，以下の登記を申請することになります（登研512P157）。

１/２　本店移転を原因とする株式会社Ａの住所の変更の登記

２/２　弁済を原因とする抵当権の抹消の登記

１/２の登記をしないと，２/２の申請情報の登記権利者株式会社Ａと登記記録の所有権の登記名義人株式会社Ａの住所が異なり，「お前ダレ？」となってしまうからです。

ex3. 合同申請の前提としての名変登記

Ａが所有している不動産に設定されたＢの抵当権とＣの抵当権の順位を変更する合意がＢＣ間で成立した場合，順位変更の登記を申請することになります。この場合に，Ｂの住所が登記申請時から誤って登記されているときは，以下の登記を申請することになります（登研 670P199～203 参照）。

１／２　錯誤を原因とするＢの住所の更正の登記

２／２　合意を原因とする順位変更の登記

１／２の登記をしないと，２／２の申請情報の申請人Ｂと登記記録の抵当権の登記名義人Ｂの住所が異なり，「お前ダレ？」となってしまうからです。

２．例外 ―― 前提としての名変登記を省略できる場合

（１）変更証明情報による省略

（a）省略できる登記

上記１.のとおり，前提としての名変登記はするのが原則ですが，省略できる場合があります。以下の①または②に当たり，後記（ｂ）で説明する変更証明情報を提供した場合です。

①**所有権以外の権利**の**抹消**の登記をする前提としての**登記義務者**の名変登記（昭 31.10.17 民事甲 2370）

所有権以外の権利は，オールマイティーな物権である所有権と比べると重要性が低くなります。そして，抹消の登記の前提としての登記義務者（抹消される登記の登記名義人）の名変登記であれば，申請してもすぐに抹消されてしまいます。よって，省略できるとされています。

ex. 株式会社Ａが所有している不動産に設定された株式会社Ｂの抵当権の被担保債権の全部が債務者により弁済された場合，抵当権の抹消の登記を申請することになります。この場合に，株式会社Ｂが登記名義を備えた後に住所を移転しているときは，以下の登記を申請できます（昭 31.9.20 民事甲 2202）。

１／１　弁済を原因とする抵当権の抹消の登記

「所有権以外の権利」（抵当権）の「抹消」の登記をする前提としての「登記義務者」（抵当権者）の名変登記は省略できるからです。

なお，この「所有権以外の権利」には，買戻権も含まれます（登研 460P105）。よって，買戻権の抹消の登記をする前提としての登記義務者（買戻権者）の名変登記も省略できます。

②**所有権に関する仮登記**の**抹消**の登記をする前提としての**登記義務者**の名変登記（昭32.6.28民事甲1249）

所有権は，重要な権利であるため，上記①で除かれており，所有権の抹消の登記をする前提としての登記義務者（所有者）の名変登記は省略できません（登研350P75）。

しかし，仮登記は一人前ではない登記なので重要性が低く，所有権でも仮登記であれば前提としての名変登記を省略できるとされています。

※仮登記でも，“抹消”の登記の前提としての登記義務者の名変登記に限られる点にご注意ください。たとえば，以下の名変登記は省略できません。

ex. Aが所有している不動産に，Bの条件付所有権の移転の仮登記が登記されています。Bの仮登記の条件が成就した場合，仮登記に基づく本登記を申請することになります。この場合に，Bの氏名が登記申請時から誤って登記されているときは，以下の登記を申請することになります（昭38.12.27民事甲3315）。

1/2　錯誤を原因とするBの氏名の更正の登記

2/2　仮登記に基づく本登記

なお，Bではなく，Aの氏名が登記申請時から誤って登記されているときも，やはり2/2の登記の前提として1/2として「錯誤を原因とするAの氏名の更正の登記」を申請する必要があります（登研215P68）。

cf. 同一人であることを証する情報の提供による前提としての名変登記の省略

上記①②は，「変更証明情報」を提供することによる前提としての名変登記の省略ですが，「同一人であることを証する情報」を提供することによる前提としての名変登記の省略もあります。

①相続を原因とする権利の移転の登記をする前提としての被相続人の名変登記（明33.4.28民刑414）

②合併を原因とする権利の移転の登記をする前提としての消滅会社の名変登記

被相続人・消滅会社は，死亡・消滅しています。よって，名変を公示する必要性は高くはないからです。

また，相続・合併を原因とする権利の移転の登記は，単独申請であり，申請人欄に登記義務者として被相続人・消滅会社を記載しないことも理由の1つです。

ここも，相続と合併で同じ扱いがされているところです（Ⅰのテキスト第2編第2章第3節[9]1.「相続≒合併」）。

※被相続人の名変登記でも，遺贈を原因とする権利の移転の登記の前提としての被相続人の名変登記は省略できませんので，ご注意ください（登研380P81。昭43.5.7民事甲1260参照）。

ex. 不動産の所有者Aがその不動産をBに遺贈する遺言を残して死亡した場合，AからBに所有権の移転の登記を申請することになります。この場合に，Aが登記名義を備えた後に住所を移転しているときは，以下の登記を申請することになります。

1/2　住所移転を原因とするAの住所の変更の登記

この登記は，遺言執行者または相続人が申請します（登研145P44）。

2/2　AからBへの遺贈を原因とする所有権の移転の登記

上記①②と異なり，2/2の遺贈を原因とする所有権の移転の登記は，申請情報の申請人欄に登記義務者として被相続人を記載するからです（Ⅰのテキスト第2編第2章第3節2 2.申請例18，19）。

（b）変更証明情報（同一人であることを証する情報）とは？

＊試験的には「変更証明情報」と「同一人であることを証する情報」の違いを知る必要はありませんので，併せてみていきます。

これは，「前提としての名変登記をしていないけど，実は同じ人なんですよ〜」という趣旨で提供する情報です。

変更証明情報（同一人であることを証する情報）の具体的な内容は，基本的にP316〜317①の表に掲載した情報となります。

申請情報には，以下のように記載します。

・上記（a）の①または②の登記（抵当権の抹消の登記など）

ex. 「添付情報　　変更証明情報（住民票の写し）」

・上記（a）のcf.の①または②の登記（相続登記など）

ex. 「添付情報　　同一人であることを証する情報（住民票の写し）」

（2）DV・ストーカー行為等・児童虐待の被害者

権利の移転の登記（ex. 所有権の移転の登記）において，登記義務者の住所に変更がある場合でも，登記義務者がいわゆるDV防止法に規定する被害者として支援措置を受けている者であるときは，権利の移転の登記の前提として，登記義務者の住所の変更の登記を省略できます（平25.12.12民二.809）。ストーカー行為等や児童虐待の被害者も，同じです（平27.3.31民二.196）。

ＤＶの被害者を例に説明します。奥さんがＤＶの被害に遭った場合，シェルター（といっても通常のアパートなどですが）という所に隠れます。ダンナさんに見つからないようにするためです。この場合に，住所の変更の登記をしてしまうと，登記記録にシェルターの住所（現在の住所）が記録され，ダンナさんに見つかってしまいます。ＤＶの加害者が被害者を見つけようとする執念はすごいです……。つまり，この（2）は，加害者に見つからないようにするための特別な扱いなのです。

このように，住所の変更の登記を省略して権利の移転の登記をする場合，以下の情報を提供する必要があります。住所を移転した旨は登記記録には記録されませんが，登記官には伝える必要があるからです。また，特例に当たることも証する必要があります。

・登記義務者の住所の変更があったことを証する市町村長その他の公務員が職務上作成した情報（住民票の写しなど。公務員が職務上作成した情報がない場合にあっては，これに代わるべき情報）
・支援措置を受けていることを証する情報

4 前登記名義人の名変

前登記名義人が申請人となり，その前登記名義人に名変が生じている場合があります。以下のような場合です。

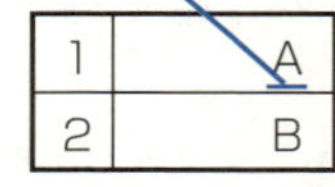

ex. ＡからＢに売買を原因とする所有権の移転の登記がされましたが，ＡＢ間の売買契約が無効であった場合，ＡからＢへの所有権の移転の登記の抹消の登記を申請することになります。この場合に，Ａの住所が登記記録上の住所から移転しているときは，以下の登記を申請することになります（登研463P83）。

1／2　錯誤を原因とする所有権の移転の登記の抹消の登記

Ａは前登記名義人です。現に効力を有しない登記の名義人は登記名義人に当たらず（P310の表の右の③），名変登記はできません（Ⅰのテキスト第1編第4章第4節）。Ａの住所が移転していることは，変更証明情報を提供して証します（登研463P83）。

2／2　住所移転を原因とするＡの住所の変更の登記

上記1／2の抹消の登記によりＡが登記名義人になったので，名変登記ができます。

第4章 判決による登記

不動産登記法63条（判決による登記等）

1　第60条〔共同申請〕，第65条又は第89条第1項（同条第2項（第95条第2項において準用する場合を含む。）及び第95条第2項において準用する場合を含む。）〔合同申請〕の規定にかかわらず，これらの規定により申請を共同してしなければならない者の一方に登記手続をすべきことを命ずる確定判決による登記は，当該申請を共同してしなければならない者の他方が単独で申請することができる。

1　判決による登記とは？

1．意義

これまで，「この登記の登記権利者は◯◯で，登記義務者は◯◯で」などと説明してきました。「この登記は◯◯が申請しなければならない」と決まっているわけです。しかし，その一部の者が登記申請に協力しない場合，登記を望む者は，その協力しない者を相手方として訴えを提起し，登記申請意思を擬制（＊）する確定判決を得ることで，申請に協力しない者の協力なしに申請することができます（不登法63条1項）。

＊「擬制」とは，「～でないものを～として扱う」という意味です。

ex. Aが，所有している建物をBに売却しました。しかし，AがBへの所有権の移転の登記に協力しません。この場合，Bは，Aを相手方として訴えを提起し，以下のような確定判決を得ることで，単独でAからBへの所有権の移転の登記を申請することができます。

「Aは，Bに対して，別紙物件目録記載の建物について，◯年◯月◯日売買を原因とする所有権移転登記手続をせよ。」

2．判決による登記の種類

（1）共同申請

上記1.のex.は，登記権利者（買主）が登記義務者（売主）を相手方として訴えを提起する典型的なパターンです。しかし，それだけでなく，登記権利者が登記申請に協力しない場合，登記義務者が，登記権利者を相手方として訴えを提起し，登記申請意思を擬制する確定判決を得ることで，単独で申請することもできます（不登法63条1項）。登記請求権は，登記義務者にもあるからです（登記引取請求権。最判昭36.11.24）。

ex1. Aが，所有している建物をBに売却しました。しかし，Bが所有権の移転の登記に協力しません。この場合，Aは，Bを相手方として訴えを提起し，登記申請意思を擬制する確定判決を得ることで，単独でＡからＢへの所有権の移転の登記を申請することができます。買主であるＢが登記に協力しない理由としては，「固定資産税を払いたくない（固定資産税の請求は登記記録上の所有者にきます）」「借金があり，登記名義を移すと差押えをされる」といったことが考えられます。

ex2. Ａが所有している建物に，Ｂの根抵当権の設定の登記がされています。この根抵当権の元本が確定しました。しかし，登記権利者Ａが元本確定の登記に協力しません。元本確定の登記は，設定者が登記権利者，根抵当権者が登記義務者となります（P137）。この場合，Ｂは，Ａを相手方として訴えを提起し，登記申請意思を擬制する確定判決を得ることで，単独で元本確定の登記を申請することができます（昭 55.3.4 民三.1196）。登記義務者である根抵当権者が確定を望むこともあるので，このような事態も考えられます。

※前提としての分筆の登記

たとえば，Ａが所有している土地の一部をＢに売却しました。しかし，Ａが分筆の登記およびＢへの所有権の移転の登記に協力しません。この場合，Ｂは，所有権の移転の登記手続を命じる判決だけでなく，分筆の登記を命じる判決も得る必要があるでしょうか。

この場合に必要となるのは，所有権の移転の登記手続を命じる判決のみです。

所有権の移転の登記手続を命じる判決があれば，Ｂは，所有権移転登記請求権を保全するため，代位による登記によってＡに代位して分筆の登記を申請できるからです。ＢがＡに代位して分筆の登記を申請できるのは，分筆の登記はＡが申請できる登記だからです（不登法 39 条１項。P369 の「代位による登記の可否の基本的な判断基準」）。

（2）単独申請

単独申請の登記の申請人が登記申請をしない場合に，他の者が，その申請をしない者を相手方として訴えを提起し，単独で申請することもできます。

ex. Ａ名義で所有権の保存の登記がされている建物があります。しかし，実際は，Ｂがこの建物を所有しています。しかし，Ａが所有権の保存の登記の抹消の登記を申請しません。所有権の保存の登記の抹消の登記は，所有権の保存の登記の登記名義人の単独申請によります（Ⅰのテキスト第２編第５章第１節２ 3.）。この場合，Ｂは，Ａを相手方として訴えを提起し，以下のような確定判決を得ることで，単独でＡ名義の所有権の保存の登記の抹消の登記を申請することができます（昭 28.10.14 民事甲 1869）。

「Ａは，別紙物件目録記載の建物について，Ａ名義の所有権保存登記の抹消登記手続をせよ。」

（3）合同申請

合同申請の登記の申請人が登記申請をしない場合に，他の申請人が，その申請をしない者を相手方として訴えを提起して，申請することもできます（不登法63条1項）。

ex. 乙区1番でBの抵当権，乙区2番でCの抵当権，乙区3番でDの抵当権の登記がされている場合に，B，CおよびDの合意によって，「第1　3番抵当権　第2　1番抵当権　第3　2番抵当権」と順位を変更することにしました。しかし，Bが順位変更の登記に協力しません。この場合，CまたはDは，Bを相手方として訴えを提起し，登記申請意思を擬制する確定判決を得ることで，順位変更の登記を申請することができます。

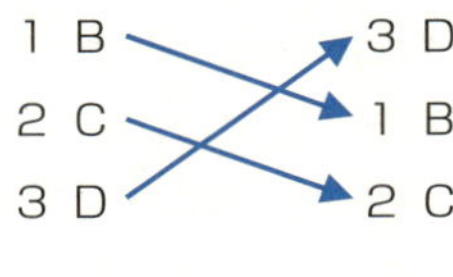

登記申請意思をすべて用意する

どの登記について考えるときも，**必要な登記申請意思をすべて用意できているか**を考える必要があります。この判決による登記は，登記申請の意思を表示してくれない者がおり，その代わりに判決で用意するというハナシですので，この不動産登記法の根本的な考え方を学ぶことができます。

ex1. 上記（3）のex.の順位変更の登記に必要な登記申請意思は，「B」「C」「D」の意思です。しかし，訴えの相手方はBだけでした。Bを相手方として訴えを提起するだけで，以下のように登記申請意思が用意されるからです。

「C」「D」：申請で登記申請意思が用意

「B」　　　：判決で登記申請意思が用意

もし，Cも申請しないのであれば，Cの登記申請意思を用意するため，Dは，Cも訴えの相手方とする必要があります。

ex2. Aが所有している建物に，Aを債務者とするBの根抵当権の設定の登記がされています。この根抵当権の元本が確定しました。その後，Aの保証人Cが，Aの代わりに，この根抵当権の被担保債権の全額を弁済しました。この場合，以下の者が以下の登記を申請することになります。

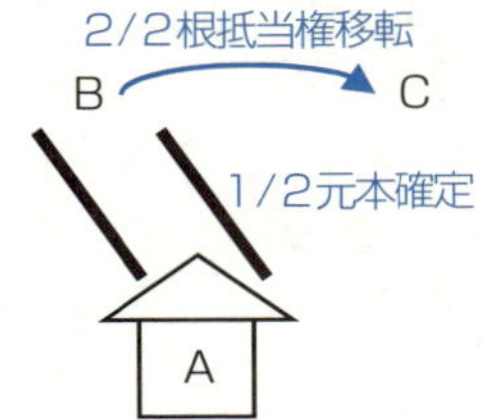

1/2　確定を原因とする根抵当権の元本確定の登記

・登記権利者：A

・登記義務者：B

2/2　Cへの代位弁済を原因とする根抵当権の移転の登記

・登記権利者：C
・登記義務者：B

しかし，AとBが登記に協力しません。この場合，Cは，以下の2つの訴えを提起し，登記申請意思を擬制する確定判決を得ることで，単独で上記1/2と2/2の登記を申請することができます（昭55.3.4民三.1196）。

（訴え1）Bに代位して，Aに元本確定の登記の登記申請を命じる訴えを提起する
（訴え2）Bに根抵当権の移転の登記の登記申請を命じる訴えを提起する

これで，以下の登記申請意思がすべて用意されたからです。

1/2　確定を原因とする根抵当権の元本確定の登記

「A」：判決で登記申請意思が用意
「B」：代位で登記申請意思が用意（P364～375）

2/2　Cへの代位弁済を原因とする根抵当権の移転の登記

「C」：申請で登記申請意思が用意
「B」：判決で登記申請意思が用意

2　申請情報の記載事項

申請例118　―― **判決による登記**

事例：Aは，令和5年7月8日，所有している建物（甲区1番でA名義の所有権の保存の登記がされている）をBに売却した。しかし，AがBへの所有権の移転の登記に協力しない。そこで，Bは，Aを相手方として訴えを提起し，以下の確定判決を得た。この建物の課税標準の額は，1000万円である。

「Aは，Bに対して，別紙物件目録記載の建物について，令和5年7月8日売買を原因とする所有権移転登記手続をせよ。」

登記の目的	所有権移転
原　　因	令和5年7月8日売買
権 利 者	（申請人）B
義 務 者	A
添付情報	登記原因証明情報（判決書正本及び確定証明書） 住所証明情報（Bの住民票の写し） 代理権限証明情報（Bの委任状）
課税価格	金1000万円
登録免許税	金20万円

権利部（甲区）（所有権に関する事項）			
順位番号	登記の目的	受付年月日・受付番号	権利者その他の事項
1	所有権保存	令和5年6月28日 第12456号	所有者　A
2	所有権移転	令和5年12月21日 第19987号	原因　令和5年7月8日売買 所有者　B

判決による登記は原型の登記を修正する登記

上記申請例118は，売買を原因とする所有権の移転の登記の判決による登記であり，以下の説明も，この登記を基にしていきます。しかし，これはあくまで例にすぎません。試験で，どの登記が問われるかはわかりません。そこで意識していただきたいのが，**判決による登記は原型の登記を修正する登記であり，どのように修正しているのかを身につける**ということです。判決による登記による修正の仕方を身につけ，本試験では以下のように思考することになります。 =P366 P407 P421

①**原型の登記**を思い出す

ex. 上記申請例118では売買を原因とする所有権の移転の登記（Iのテキスト第2編第2章第2節1 2.の申請例7）

②上記①の登記を**判決による登記によって修正する**

1. 登記の目的

「所有権移転」など原型の登記の登記の目的を記載します。

判決による登記だからといって修正しません。登記の目的は，「権利が　こう変動しました」ということを記載しますが，判決があるからといって，権利の変動の内容が変わるわけではないからです。

2. 登記原因及びその日付

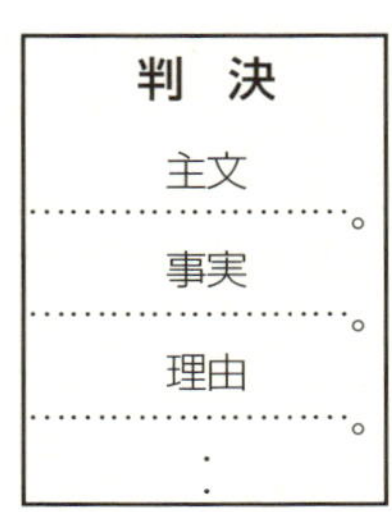

判決に登記原因及びその日付が記載されているかどうかによって，登記原因及びその日付の記載の仕方が変わります。

なお，以下の説明で「判決の主文，事実または理由」という表現が出てきます。判決文は，「主文（結論部分）」「事実」「理由」などの項目ごとに分けて記載されるのですが（民訴法253条1項），詳しくは民事訴訟法で学習しますので，現時点では，「判決文に書かれているかどうかが問題となるんだ」くらいの認識で結構です。

（1）判決の主文，事実または理由中に登記原因及びその日付が明記されているとき

「年月日売買」など原型の登記の登記原因及びその日付を記載します。

（2）判決の主文，事実または理由中で，登記原因は明らかとされているが，登記原因日付が明らかでないとき

「年月日不詳売買」などと記載します（昭34.12.18民事甲2842）。

権利変動の効力発生日がわからなくなるため「年月日不詳」は好ましくはありませんが，判決があるため，登記できます。

（3）判決の主文，事実または理由中に登記原因及びその日付が明記されていないとき

「年月日判決」と記載します（昭29.5.8民事甲938）。年月日は，判決の確定日を記載します。

これも好ましくはありませんが，判決があるため，登記できます。

３．申請人

被告を除いた者による申請となります。

上記申請例118では，登記権利者Ｂの単独申請となります。なお，本来は共同申請による登記ですので，申請していない登記義務者Ａも申請人欄には記載します（Ⅰのテキスト第２編第２章第３節8 2.（2）（b）「元が共同申請・合同申請なら申請していない者も記載」）。実際に申請しているのはＢのみなので，Ｂに「(申請人)」と記載します。

※被告が登記申請に協力することの可否

P351＝ 判決を得た場合であっても，被告が登記申請に協力してもOKです。

上記申請例118において，ＢはＡに対する判決を得ましたが，Ａが登記申請に協力するのであれば，ＢとＡが共同して申請しても構いません。元々は被告も申請すべき登記なので，被告が登記申請をするのは何の問題もないからです。「確定判決を取られたので観念して申請する」「原告と被告が判決確定後に仲良くなった」などの理由で被告が登記申請に協力することも，たまにあります。

4．添付情報

（1）必要となる添付情報

①登記原因証明情報（不登法61条，不登令7条1項5号ロ（1））

Ⅰのテキスト第1編第6章第2節4の「登記原因証明情報の提供が不要となる場合」に当たりませんので，登記原因証明情報を提供する必要があります。

具体的には，判決書正本および確定証明書となります。判決は，確定していなければなりません。控訴や上告でひっくり返るかもしれないような判決に基づいて登記をすることはできないからです。判決について更正決定がされている場合は，更正決定についての確定証明書も提供する必要があります（登研420P99）。「更正決定」とは，判決に不動産の表示などの明白な誤りがある場合に判決を訂正する裁判所の判断です（民訴法257条）。なお，判決書正本は当事者に送達されるのですが（民訴法255条1項），送達を証する送達証明書は提供する必要はありません。

登記原因証明情報は詳細に検討する必要があるため，別途項目を設け，下記（2）でさらに詳しく説明します。

②住所証明情報

判決による登記においても，上記申請例118のように住所証明情報が必要となる登記が原型であれば，提供する必要があります（昭37.7.28民事甲2116）。

なお，登記権利者が被告である場合でも（ex. P325～326のex1.），必要です。

― Realistic 6　他人の住所証明情報を取れる？ ―

「登記権利者が被告である場合でも，住所証明情報の提供は必要である」ということで，「登記権利者は，協力してくれないのでは？」と思ったかもしれません。

しかし，たとえば，住民票の写しは，本人でなくても利害関係人であれば取得できます。実際に，サラ金業者は，定期的に債務者の住民票の写しを取得し，住所が変わっていないか（逃げていないか）を調べています。

③代理権限証明情報（不登令7条1項2号）

④会社法人等番号（不登令7条1項1号イ）

⑤許可証明情報，同意証明情報，承諾証明情報（不登令7条1項5号ハ，7条1項6号）

【判決書に第三者の許可，同意または承諾があることが示されていない場合】

原則どおり，提供する必要があります（登研586P189）。

【判決書に第三者の許可，同意または承諾があることが示されている場合】

提供する必要はありません（昭22.10.13民事甲840，平6.1.17民三373）。裁判所が第三者の許可，同意または承諾を確認したことが，登記官に明らかだからです。
※登記識別情報は，提供しません（不登法22条，不登令8条1項柱書ただし書）。判決があるからです。
※印鑑証明書は，提供しません。これも，判決があるからです。

（2）登記原因証明情報

（a）判決に限られるか？

ここまで，登記申請に協力しない者に対しての判決を取る例で説明してきました。しかし，判決だけでなく，確定判決と同様の効力があると認められるものであれば，判決の代わりとなります。

判断基準

以下の表のように，判決の代わりとなるものとならないものがありますが，基本的に以下の判断基準で考えてください。
①判決の代わりとなるのは，**裁判所で作成される文書**である
②ただし，裁判所で作成される文書でも，**後でひっくり返る確率が高いものはダメ**
＊以下の表の用語は，民事訴訟法・民事執行法・民事保全法で学習するものです。よって，民事訴訟法・民事執行法・民事保全法の学習後に理解していただければ結構です。

判決の代わりとなるもの（○）	判決の代わりとならないもの（×）
①**和解調書**（民訴法267条。明33.1.17民刑，明35.7.1民刑637。上記の「判断基準①」） 訴訟中に和解することができます（民訴法89条）。実際にもよくあります。 和解調書に誤りがあり更正決定がされた場合，更正決定書および確定証明書も必要となります。 なお，民事保全手続において和解することもでき，民事保全手続で作成された和解調書も判決の代わりとなります。民事保全手続でされた和解も，確定判決と同一の効力を有するからです（民保法7条，民訴法267条）。	①**転付命令**（昭6.10.21民事1028） 「転付命令」とは，裁判所主導で，債務者の債権を債権者に譲渡することです（民執法159条1項）。 転付命令は，裁判所で作成される文書であり，後でひっくり返る確率が低いのですが，判決の代わりとなりません（上記の「判断基準」の例外）。転付命令の場合，債権者の申請ではなく，裁判所書記官の嘱託によって登記がされるからです（民執法164条1項）。
②**認諾調書**（民訴法267条。上記の「判断基準①」） 「認諾」とは，訴訟中に被告が原告の請求をすべて認めることです。簡単にいうと，被告が「100%負けです」と認めることです。	②**公証人作成の公正証書**（明35.7.1民刑637。上記の「判断基準①」） 公正証書は，裁判所ではなく，公証役場で作成される文書です。

③確定した執行決定のある**仲裁判断**（昭29.5.8民事甲938。上記の「判断基準①」） 「仲裁」とは，当事者双方が仲裁人という人に判断を任せ，その仲裁人の判断に従う紛争解決手続です。非公開で行われるため，企業秘密を知られたくない企業間の紛争などで使うメリットがあります。	③**仮処分決定**（上記の「判断基準②」） 「仮処分」は，裁判前または裁判中に行う仮の保全手続です（P345～362）。仮の保全手続であるため，ひっくり返る確率が高いです。
④**調停調書**（昭29.1.6民事甲2560。上記の「判断基準①」） 「調停」とは，裁判官と調停委員を交えた，裁判所で行う話し合いのようなものです。 ⑤家庭裁判所の**調停調書**・**審判書**（上記の「判断基準①」） たとえば，Ⅰのテキスト第2編第2章第2節6の「家庭裁判所での調停または家庭裁判所の審判による財産分与」が当たります。 ⑥確定した執行判決のある**外国裁判所の判決**（上記の「判断基準①」）	④**仮執行宣言付判決**（上記の「判断基準②」） 「仮執行宣言」とは，確定していない判決に強制執行を認めるものです。なんと，確定していないにもかかわらず「仮」に「執行」（競売など）ができちゃうのです。確定していないため，ひっくり返る確率が高いです。

（b）判決などの内容

確定判決や上記（a）の判決の代わりとなるものがあれば，常に判決による登記ができるわけではありません。

登記ができるかの判断基準

登記手続をすべきことを内容とするものである必要があります。登記所に対する登記申請意思を判決などで用意するのが判決による登記ですので，登記手続をすべきことを内容とするものでなければ，登記申請意思が用意されたといえないからです。

i　確定判決

判決には，主に以下の3種類があります。

①給付判決：「～をしろ」「～をするな」と被告に命じる判決

ex. 「被告は，原告に対して，別紙物件目録記載の建物について，○年○月○日売買を原因とする所有権移転登記手続をせよ。」（給付判決の主文）

②確認判決：原告と被告との間で法律関係を確認する判決
ex. 「原告が，別紙物件目録記載の建物につき，所有権を有することを確認する。」（確認判決の主文）
③形成判決：法律関係を変動させる判決
ex. 「原告と被告とを離婚する。」（形成判決の主文）

このうち，判決による登記ができるのは，給付判決のみです（明33.9.24民刑1390。大判明44.12.22）。登記手続をすべきことを内容とするのは，給付判決だけだからです（上記の「登記ができるかの判断基準」）。

登記手続をすべきことを内容とするものである必要がありますので，以下のような判決に基づいて判決による登記をすることはできません。
ex. 「被告は原告より金1000万円を受領し当該不動産を原告に売り戻すべし」との確定判決（明33.9.24民刑1390）。「売り戻すべし」と命じているだけで，登記手続をすべきことを内容としていないからです。

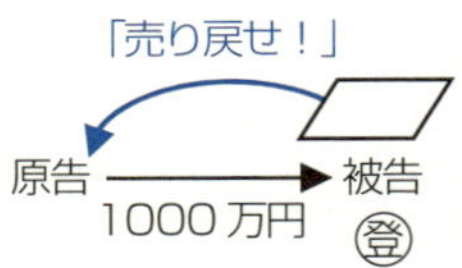

ii　判決の代わりとなるもの

判決の代わりとなるものにおいても，以下のように，登記手続をすべきことを内容とするものである必要があります（上記の「登記ができるかの判断基準」）。

「被告は，原告に対して，別紙物件目録記載の建物について，○年○月○日売買を原因とする所有権移転登記手続をする。」

基本的に判決ではありませんので，「登記手続をせよ。」ではなく，「登記手続をする。」となりますが，登記手続をすべきことを内容とするものである点は同じです。
よって，以下のような記載では，判決による登記をすることはできません。
ex1. 「被告は，原告に対して，所有権移転登記手続に必要な書類を交付する。」との和解調書（昭56.9.8民三5484）。書類を交付するだけで，登記手続をすべきことを内容としていないからです。
ex2. 「被告が甲土地を取得する代償として，被告の所有する乙建物を無償で被告が原告に譲渡する。」との遺産分割の調停調書。「譲渡する」と合意しているだけで，登記手続をすべきことを内容としていないからです。

※登記手続の相手方が選択的である場合

たとえば，「被告は，原告または原告の指定する者に対し，別紙物件目録記載の建物について，○年○月○日代物弁済を原因とする所有権移転登記手続をする。」との和解調書により，原告または原告に指定された者が，判決による登記をすることはできません（昭 33.2.13 民事甲 206）。

「原告"または"原告の指定する者」では，登記手続の相手方が特定されていないため，登記申請意思が用意されたといえないからです。

5．登録免許税

原型の登記と同じです。判決による登記によって申請人や添付情報は変わりますが，している登記は原型の登記と変わらないからです。

3 判決と中間省略登記

「A→B→C」と所有権が移転した場合に，Bをすっ飛ばして「A→C」の所有権の移転の登記をする中間省略登記は，原則として認められていません。── **民法Ⅱのテキスト第3編第1章第3節4 5.（1）（c）i**

しかし，判決で中間省略登記を命じている場合は，中間省略登記をすることができます。判決という裁判所のお墨付きがあるからです。

ただし，もう少し分析的にみる必要があり，以下のとおり2つに分けて考える必要があります。

1．中間省略登記を命じる判決の主文に登記原因の明示がある場合

「主文」とは，判決の結論が記載される判決で最も重要な部分です（民訴法 253 条1項1号）。その主文に登記原因の明示があれば，下記2.と異なり，「相続」「遺贈」「死因贈与」を登記原因とする登記であっても，省略することができます。「売買」などを登記原因とする登記も，もちろん省略できます。

ex. Aが，所有している建物をBに売却しました。AからBへの所有権の移転の登記をする前に，Bが死亡し，CがBを相続しました。そして，Cが登記手続を求めてAを相手方として訴えを提起しました。この判決の主文に「Aは，Cに対して，別紙物件目録記載の建物について，○年○月○日売買を原因とする所有権移転登記手続をせよ。」と記載されていれば，Cは，単独でAからCへの所有権の移転の登記を申請することができます（昭 35.2.3 民事甲 292）。AからCに売却され

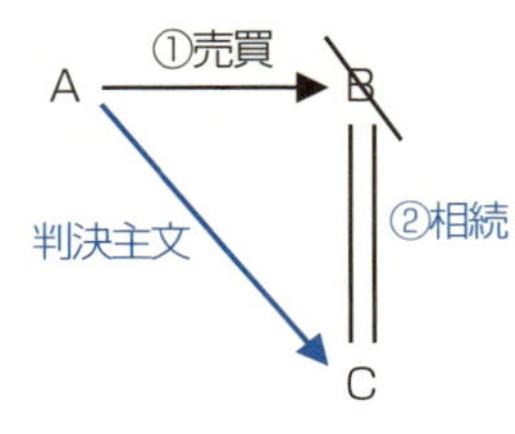

たわけではないので，登記記録が権利変動の過程を公示したものになりません。しかし，登記手続を命じた登記原因の明示がある判決の主文があるため，認められます。

2．中間省略登記を命じる判決の主文に登記原因の明示がなく，判決の理由中に記載された登記原因及びその日付が最終の登記原因及びその日付である場合

何をいっているのか，わかりにくいですね……。まず，この2.は，上記1.と異なり，判決の主文に登記原因の明示がなく，判決の理由に記載された登記原因及びその日付を登記原因及びその日付として申請する場合のハナシです。

この場合，中間および最終の登記原因に「相続」「遺贈」「死因贈与」のいずれかが含まれなければ，中間省略登記ができます（昭39.8.27民事甲2885）。「中間および最終の登記原因」という言い方がわかりにくいですが，要は，どこかに「相続」「遺贈」「死因贈与」のいずれかがあったら，中間省略登記はダメということです。

ex. 上記1.のex.において，主文に登記原因が明示されていなければ，AからCへの所有権の移転の登記を申請することはできません。

どこかに「相続」「遺贈」「死因贈与」があるとダメな理由として，以下のことがいわれています。

①「売買」などであれば，A，BおよびCで「『A→B→C』の売買を『A→C』の売買に変えちゃおう」と合意することが考えられます。しかし，「相続」「遺贈」「死因贈与」は，当事者間の合意で変更できる法律関係ではないと考えられます。

②中間省略登記の登記請求権が発生するには，A，BおよびCの3者の合意が必要です（最判昭40.9.21）。── 民法Ⅱのテキスト第3編第1章第3節4 5.（1）（c）ii②　しかし，「相続」「遺贈」「死因贈与」があるということは，死亡している者がいるということです。死亡している者は合意できないため，3者の合意ができません。

どこにも「相続」「遺贈」「死因贈与」がなければ，中間省略登記ができます。

ex. 「A→B→C」と所有権が移転した場合に，「A→B」「B→C」の移転原因がいずれも売買であれば，主文に登記原因が明示されていなくても，AからCへの所有権の移転の登記手続を命じる判決に基づいてAからCへの所有権の移転の登記を申請することができます。理由に記載された最終（「B→C」）の登記原因及びその日付が，登記原因及びその日付となります（昭39.8.27民事甲2885）。つまり，「B→C」の登記原因及びその日付で，「A→C」の登記をすることになります。これも，登記記録が権利変動の過程を公示したものになりません。

4 当事者が死亡している場合の判決の当事者

登記申請をすべきであった当事者が死亡している場合に，誰が訴えを提起するべきか，誰を相手方として訴えを提起するべきか，という問題があります。

1．登記権利者側の相続

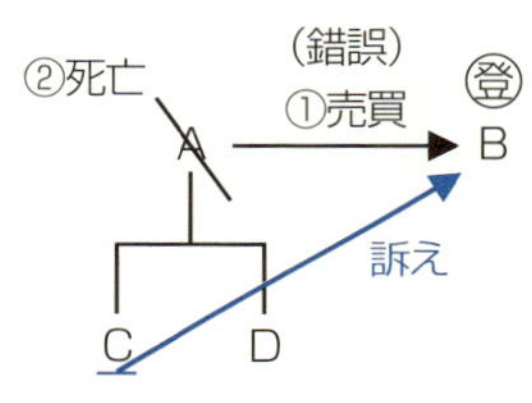

たとえば，Aが所有している建物についてAからBに売買を原因とする所有権の移転の登記がされた後，Aが死亡し，CおよびDがAを相続しました。その後，AB間の売買が錯誤により取り消されました。しかし，Bが所有権の移転の登記の抹消の登記に協力しません。この場合，Cは，単独でBを相手方として訴えを提起し，所有権の移転の登記の抹消の登記手続を命じる確定判決を得て，抹消の登記を申請できます。

P418～419（1）で説明しますが，登記権利者側の相続であるため，保存行為（民法252条5項）といえるからです。── 民法Ⅱのテキスト第3編第3章第4節3 2．（1）

2．登記義務者側の相続

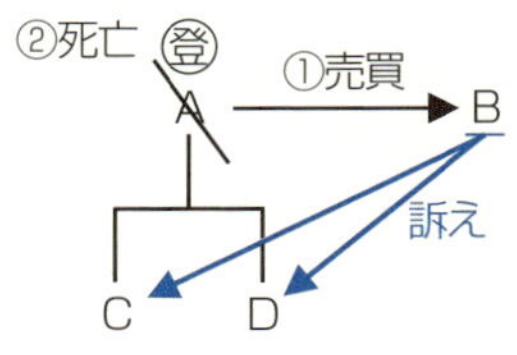

たとえば，Aが所有している建物をBに売却しました。Bへの所有権の移転の登記をする前に，Aが死亡し，CおよびDがAを相続しました。しかし，CおよびDが所有権の移転の登記に協力しません。この場合，Bは，CおよびDの双方を相手方として訴えを提起する必要があります（昭33.5.29民事甲1086）。

P419（2）で説明しますが，登記義務者側の相続であるため，登記義務を相続人全員（CおよびD）が承継しているからです。

※一般承継証明情報

相続人全員（CおよびD）を被告とする必要がありますが，相続人全員を被告としているかを確認するため，一般承継証明情報（戸籍全部事項証明書等）を提供する必要があります（登研382P80）。

ただし，判決の理由の記載から相続人全員が被告となっていることが明らかなときは，その判決を一般承継証明情報とすることができます（登研382P80，548P166）。裁判所が確認したことが，登記官に明らかだからです。

5 執行文の要否

判決による登記をする際に,「執行文」というものが必要かという問題があります。

1．執行文

（1）強制執行の原則

民事執行法で学習する内容となりますが，強制執行（不動産の強制競売など）をするには,「被告は，原告に対し，100 万円を支払え。」などという判決があるだけではダメで，その判決に「執行文」というものを付与してもらう必要があります（民執法 25 条本文)。「100 万円を支払え。」という判決があっても，判決があった後に，被告が「訴訟に負けちゃったから払うか……」と考え，原告に 100 万円を支払っているかもしれません。その場合は，被告は強制執行されるいわれはありません。そこで，原告は，判決を出した裁判所の裁判所書記官に「執行文」を付与してもらわなければ，強制執行の申立てができないとされているのです。

「執行文」とは,「この判決に基づいて強制執行をしていいよ」というお墨付きのようなものなのです。

（2）判決による登記の原則

しかし，判決による登記をするには，原則として執行文が不要です（民執法 177 条 1 項本文)。

登記手続を命じる判決が確定する，または，登記手続をすべきことを内容とする裁判上の和解などが成立すると，判決の確定時または和解などの成立時に意思表示があったものとみなされます。よって，わざわざ強制執行するということが不要なのです。「登記をすることは強制執行なのでは？」と思われたかもしれませんが，登記は権利関係を公示する手続にすぎず，強制執行ではありません。

（3）判決による登記の例外

（a）執行文が必要となる判決など

ただし，判決による登記であっても，例外的に，以下の①～③の場合には，執行文が必要となります。

①債務者の意思表示が債権者の証明すべき事実の到来にかかるとき

ex. 「Aは，Bに対して，別紙物件目録記載の土地について，農地法の許可を得ることを条件として，〇年〇月〇日売買を原因とする所有権移転登記手続をせよ。」といった確定判決や和解調書などに基づいて判決による登記をする場合には，執行文の付与を受ける必要があります（昭 40.6.19 民事甲 1120)。

②債務者の意思表示が反対給付との引換えにかかるとき

ex. 「Aは，Bに対して，別紙物件目録記載の建物について，BがAに1000万円を支払うのと引換えに，○年○月○日売買を原因とする所有権移転登記手続をせよ。」といった確定判決や和解調書などに基づいて判決による登記をする場合には，執行文の付与を受ける必要があります。

③債務者の意思表示が債務者の証明すべき事実のないことにかかるとき

ex. 「Aは，Bに対して，別紙物件目録記載の建物について，AがBに対して1000万円を支払わないときは，○年○月○日売買を原因とする所有権移転登記手続をせよ。」といった確定判決や和解調書などに基づいて判決による登記をする場合には，執行文の付与を受ける必要があります。

上記①〜③は，判決などに条件などがついている場合です。これらの場合，執行文が付与された時に，意思表示をしたものとみなされます(民執法177条1項ただし書)。これらの場合に，条件などを無視して登記を認めてしまっては，Aがかわいそうなので，条件が成就しているかなどを裁判所書記官が確認したうえで執行文を付与するとされているのです。

（b）手続の流れ

上記（a）の①〜③の場合，登記をするために以下の手続を経ることになります。

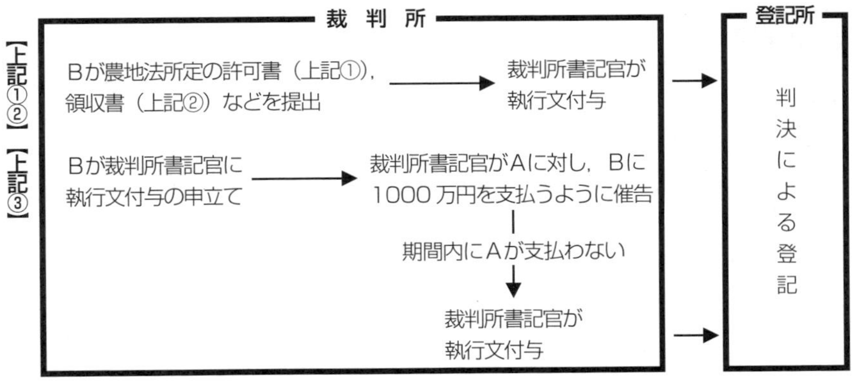

農地法所定の許可書や領収書などは，登記所ではなく，裁判所書記官に提出する点にご注意ください（民執法 27 条１項，177 条２項）。

※判決の確定後に農地から宅地へ地目変更の登記がされている場合

上記（a）①のハナシですが，判決の確定後に，対象の土地が農地でなくなり，宅地へ地目変更の登記がされている場合，執行文の付与を省略できるでしょうか。

この場合でも，執行文の付与は必要です（登研 562P133）。

判決に「農地法の許可を得ることを条件として」と記載されているので，執行文なしに登記を認めることはできないからです。判決の文言を重視するわけです。

２．承継執行文

（1）承継執行文とは？

ちょっと変わった執行文があります。「承継執行文」というものです。

原告が勝訴判決を得たとして，それに基づく登記をする前に原告または被告に特定承継または包括承継が生じることがあります。たとえば，敗訴した被告が，登記をする前に死んでしまったような場合です。このとき，再度，被告の相続人を相手方として訴えを提起し直さないといけないとなると，それまでの訴訟の苦労がムダになってしまいます。

そこで，「承継執行文」という制度があります。この承継執行文の付与を受ければ，原告または被告の特定承継人または包括承継人を債権者または債務者として登記の申請ができます（民執法 27 条２項）。

基準時

特定承継または包括承継がいつ生じても，承継執行文の付与を受けることによって判決による登記ができるわけではありません。

事実審の口頭弁論の終結時が基準時となります。

・事実審の口頭弁論の終結「前」に特定承継または包括承継が生じた
　→　原則として，判決は紙切れ（意味のないもの）となってしまいます。関係ない者を相手方として訴えを提起したことになってしまうからです。

・事実審の口頭弁論の終結「後」に特定承継または包括承継が生じた
　→　承継執行文の付与を受けることによって，判決による登記ができる可能性があります。

「事実審」ですが，訴訟は「事実審」と「法律審」に分かれます。「事実審」とは，原則として１審と２審のことであり，事実関係および法律関係について審理します。

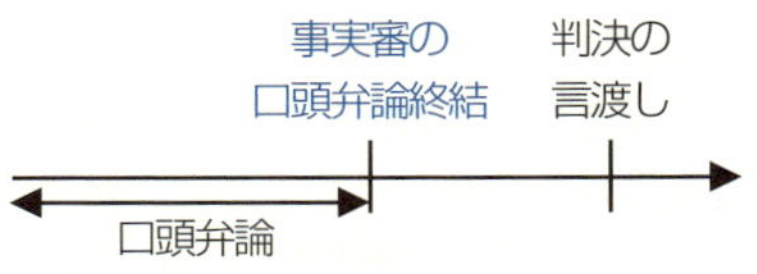

「法律審」とは，原則として3審のことであり，法律関係のみについて審理します。

「口頭弁論」とは，ざっくりいうと，裁判所の法廷で,「私は100万円を貸したんだ」などと主張したり，それを証明するために証人尋問をしたりする，判決を言い渡す前の場面です。「口頭弁論の終結時」とは，審理が尽くされ，裁判官が「次回判決です」と言う時のことです。

事実審の口頭弁論の終結時まで，原告と被告は言いたいことを言えるので，この時点が基準時となるのです。

（2）承継執行文による判決による登記の可否

以下，いずれも問題となるのは，事実審の口頭弁論の終結「後」に特定承継または包括承継が生じた場合です。事実審の口頭弁論の終結「前」であれば，その判決は単なる紙切れになってしまいます（昭31.12.14民事甲2831。上記の「基準時」)。

（a）移転の登記

i　登記義務者に承継が生じた場合

（i）特定承継

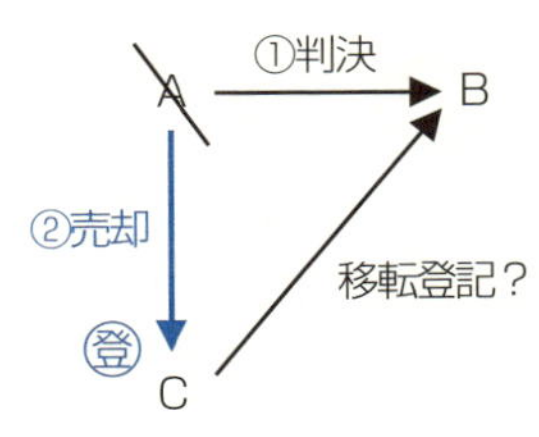

たとえば，Aが所有している建物について，Bへの所有権の移転の登記手続を命じる判決が確定しました。しかし，その事実審の口頭弁論の終結後に，AがCにその建物を売却しました。そして，AからCへの売買を原因とする所有権の移転の登記がされました。この場合，Bは，この判決にCに対する承継執行文の付与を受ければ，CからBへの所有権の移転の登記を申請することができるでしょうか。

できません（最判昭41.6.2)。

Bは，判決を得ていますが，これはAを起点にBとCに二重譲渡がされた事案です。不動産の二重譲渡は，原則として登記を備えた者が勝ちます。── **民法Ⅱのテキスト第3編第1章第3節4 1.** 「判決があるからBの勝ちでは？」と思われたかもしれませんが,「判決があれば，登記がなくても第三者に対抗できる（民法177条は関係なくなる)」というルールはありません。この訴訟はAB間の訴訟であり，Cは被告になっていません。よって，BとCとの関係は，民法177条で決まるのです。

（ⅱ）包括承継

たとえば，Aが所有している建物について，Bへの所有権の移転の登記手続を命じる判決が確定しました。しかし，その事実審の口頭弁論の終結後に，Aが死亡し，Aの子CがAを相続しました。そして，AからCへの相続を原因とする所有権の移転の登記がされました。この場合，Bは，この判決にCに対する承継執行文の付与を受ければ，CからBへの所有権の移転の登記を申請することができるでしょうか。

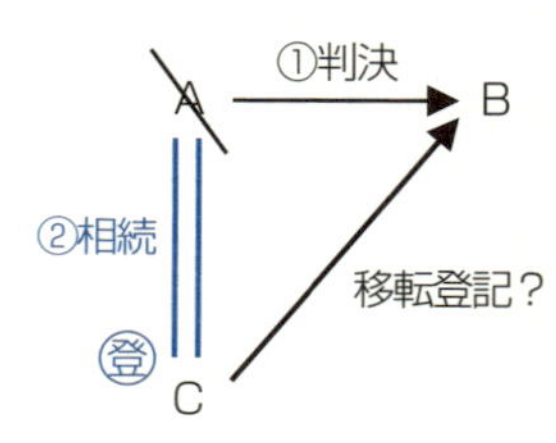

できます。

被相続人と相続人は「イコールとして」（同じ人のように）扱われ，相続人は民法177条の第三者ではありませんので，Cは相続登記をしてもBに対抗できないからです。―― 民法Ⅱのテキスト第３編第１章第３節4 3．（1）②

なお，Cに所有権は移転していないため，本来であればCへの相続登記を抹消すべきです。しかし，便宜CからBへの登記が認められます（昭37.3.8民事甲638参照）。

※相続登記がされていない場合

上記の例において，Cへの相続登記がされていなかったとします。この場合，Bが，承継執行文の付与を受けずにAからBへの所有権の移転の登記（判決による登記）を申請すれば，この申請は受理されるでしょうか。

受理されると考えられます。

Bが単独で判決による登記を申請すると，原則として形式的審査権しかない登記官には，Aに相続が生じていることがわからないからです。

ただし，これは好ましいハナシではありません。登記義務者に相続が生じたので，本来は承継執行文の付与を受けるべきです。もちろん，承継執行文の付与を受けて申請しても構いません。

相続のハナシをしてきましたが，「相続」が「合併」に変わっても，この（ⅱ）のハナシは同じです（Ⅰのテキスト第２編第２章第３節9 1．「相続≒合併」）。

ii　登記権利者に承継が生じた場合

登記権利者の承継は，上記ｉの登記義務者の承継と異なり，特定承継も包括承継も同じ考え方ですので，併せてみていきます。

たとえば，Aが所有している建物について，Bへの所有権の移転の登記手続を命じる判決が確定しました。しかし，その事実審の口頭弁論の終結後に，BがCにその建物を売却した，または，Bが死亡しBの子CがBを相続しました。この場合，Cは，この判決に承継執行文の付与を受ければ，直接にAからCへの所有権の移転の登記を申請することができるでしょうか。

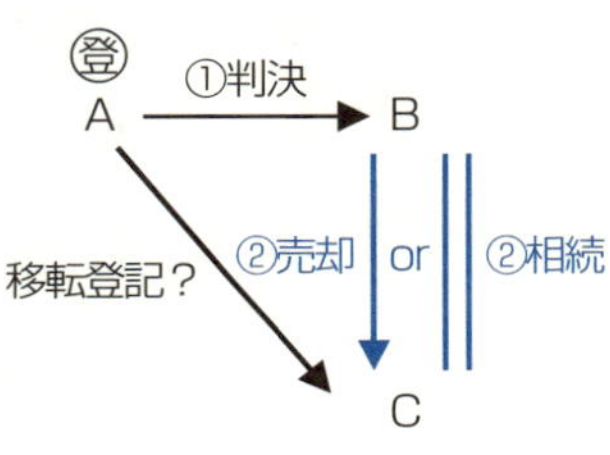

できません（昭44.5.1民事甲895）。

中間省略登記を認めることになってしまうからです。

「判決があれば中間省略登記ができるんじゃなかったの？」と思われたかもしれませんが，P335～336 3 は中間省略登記を命じる判決があるため，中間省略登記が認められるのです。しかし，ここでの判決は，「A→B」の登記手続を命じる判決であり，「A→C」の登記手続を命じる判決ではありません。

よって，この場合，以下の登記を申請することになります。

1/2　AからBへの所有権の移転の登記（判決による登記）

この登記は，以下のとおり，CがBの代わりに申請できます。

・特定承継　→　Cが代位による登記（P364～375）によりBに代位してBへの所有権の移転の登記を申請する

・包括承継　→　Cが一般承継人による申請（不登法62条。P418～425）によりBへの所有権の移転の登記を申請する

なお，この1/2の登記の申請において，承継執行文は不要です（昭44.5.1民事甲895）。判決に記載された原告であるBへの移転の登記をするため，判決の当事者と申請情報の登記権利者に不一致はないからです。

2/2　BからCへの所有権の移転の登記

（b）抹消の登記

抹消の登記の考え方

抹消の登記手続を命じる判決が出た後，当事者に承継が生じ，承継執行文の付与を受けて抹消の登記（判決による登記）ができるかは，**抹消の登記の原因**から考えます。つまり，**実体上その登記の無効を第三者に対抗できるかを考える（民法から考える）**ことになります。

以下の事例で考えていきます。

たとえば，Ａが所有している建物について，Ｂへの所有権の移転の登記がされた後，Ｂに対して所有権の移転の登記の抹消の登記手続を命じる判決が確定しました。しかし，その事実審の口頭弁論の終結後に，ＢがＣにその建物を売却しました。そして，ＢからＣへの売買を原因とする所有権の移転の登記がされました。この場合，Ａは，この判決にＣに対する承継執行文の付与を受ければ，ＢからＣへの所有権の移転の登記の抹消の登記，および，ＡからＢへの所有権の移転の登記の抹消の登記を申請することができるでしょうか。

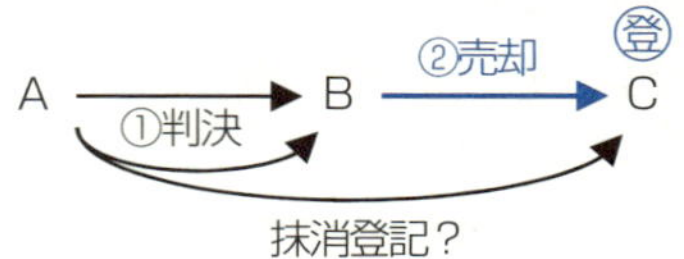

①ＡＢ間の所有権の移転の原因である売買契約が解除された場合

この場合，Ａは，Ｃに対する承継執行文の付与を受けて，抹消の登記を申請できません。

Ｃは，解除後に登場した第三者となります。よって，ＡとＣは，登記を備えたほうが勝つことになるからです。―― 民法Ⅲのテキスト第６編第４章第４節[2]2.

②民法 94 条２項類推適用の事案の場合

これは，たとえば，Ａが，自分が所有している建物について，Ｂが勝手にＢ名義に所有権の移転の登記をしたことを知ったが，固定資産税を支払いたくなかったので，そのまま放置しており，その事情を知らないＣがＢからこの建物を買い受けたといった場合です。

この場合，Ａは，Ｃに対する承継執行文の付与を受けて，抹消の登記を申請できません。

民法 94 条２項が類推適用される場合，Ａは，Ｃに所有者だと主張できないからです（最判昭 45.4.16，最判昭 48.6.28）。―― 民法Ⅰのテキスト第２編第５章第２節[3]5.

第5章 仮処分の登記

1 処分制限の登記

1．意義

「仮処分による登記」というものをみていきますが，これは「処分制限の登記」の一種なので，まずは処分制限の登記から説明します。

処分制限の登記：その名のとおり，「処分」を「制限」する「登記」

処分制限の登記がされた権利の登記名義人は，権利を自由に処分（売買など）できなくなります。正確にいうと，処分制限の登記がされても，処分自体はできます。その処分に基づく登記（売買を原因とする所有権の移転の登記など）もできます（昭24.10.1民事甲2272など）。しかし，処分をしても，後に，処分を受けた者（買主など）が権利を失うことがあります。処分（売買など）が処分制限の登記の前でも，その処分に基づく登記（所有権の移転の登記など）が処分制限の登記の後だと，処分を受けた者（買主など）は権利を失います（最判昭30.10.25）。簡単にいうと，処分制限の登記は，「この不動産は，危ないですよ〜。購入することなどはできますが，購入などをしても権利はなくなる確率が高いですよ〜。」という意味で行う登記です。処分制限の登記がされるということは，不動産に「危険のレッテル」を貼られるようなものなのです。

この「処分制限の登記」には，主に以下の3つがあります。

処分制限の登記
- 差押えの登記　：主に訴訟「後」に行う（民事執行法が根拠）
- 仮差押えの登記：訴訟「前」または訴訟「中」に行う（民事保全法が根拠）
- 仮処分の登記　：訴訟「前」または訴訟「中」に行う（民事保全法が根拠）

この第5章で扱うのは，「仮処分の登記」ですが，このテキストで，「差押え」「仮差押え」という言葉も何度も出てきましたので，「差押えの登記」と「仮差押えの登記」についても，併せてこの1で説明します。

たとえば，BがAを相手方として訴えを提起したとして，Aが敗訴したときのことを恐れて不動産の名義を知人に移すことがあります。事実審の口頭弁論の終結前に，Aが不動産の名義を知人に移してしまえば，Bはその不動産に対して強制執行や判決による登記をすることができなくなります（P340の「基準時」）。そこで，「仮差押えの登記」や「仮処分の登記」が出てくるのです。

Bは，このような事態を防ぐため，訴訟前または訴訟中に，仮差押えの登記または仮処分の登記をしておきます。不動産にこれらの登記をしておけば，事実審の口頭弁論の終結前に，Aが不動産の名義を知人に移しても，強制執行や判決による登記をすることができます。仮差押えの登記と仮処分の登記の違いですが，仮差押えの登記は「金銭の支払」が目的（ex. 貸金返還請求），仮処分の登記は「その不動産の権利自体」が目的（ex. 所有権移転登記請求）の場合にします。

Bが，勝訴した場合，以下の流れとなります。

			（Aが判決に従わない場合）
仮差押えの登記（金銭の支払が目的）	─▶	勝訴	─▶ 不動産を差し押さえ，競売
仮処分の登記　（不動産の権利自体が目的）	─▶	（民事訴訟）	─▶ 所有権の移転の登記等

仮処分の登記は，第4章でみた「判決による登記」の前提としてすることがあります。P340 の「基準時」の問題があるからです。

なお，「差押えの登記」は，金銭の支払が目的の訴訟で出てきます。Bが勝訴した後，Aが金銭の支払をしない場合，Bは，Aが所有している不動産を差し押さえ競売するなどということができます。

2．申請人

処分の制限は，裁判所が決定し，その登記は裁判所書記官の嘱託によってされます。よって，みなさんが申請するわけではありません。

※処分制限の登記の債権者の名変登記

処分制限の登記には，差押債権者・仮差押債権者・仮処分債権者などが登記されます（ex. P348 の登記記録例の「債権者　B」）。この債権者の名変登記は，例外的に，嘱託ではなく，債権者の単独申請によってします（昭 42.6.19 民事甲 1787）。

3．処分制限の登記の発生根拠

当事者が，「こういう処分制限の登記をしようぜ」と任意に契約して，処分制限の登記をすることはできません（昭 41.8.3民事甲 2367）。処分制限の登記は，権利の処分が法律の規定により制限される場合になされる登記であって，どのような場合にされるかは法律に規定されています。当事者が任意に作り出すことはできません。

＊2以降は，不動産に対する登記請求権を保全する「仮処分の登記」に絞って説明していきます。

2 処分禁止の仮処分の種類

民事保全法53条(不動産の登記請求権を保全するための処分禁止の仮処分の執行)

1 不動産に関する権利についての登記（仮登記を除く。）を請求する権利（以下「登記請求権」という。）を保全するための処分禁止の仮処分の執行は，処分禁止の登記をする方法により行う。

2 不動産に関する所有権以外の権利の保存，設定又は変更についての登記請求権を保全するための処分禁止の仮処分の執行は，前項の処分禁止の登記とともに，仮処分による仮登記（以下「保全仮登記」という。）をする方法により行う。

不動産の登記請求権を保全するための処分禁止の仮処分は，登記請求権の内容に応じて，以下の３種類があります（平2.11.8民三5000)。処分禁止の仮処分の登記の方法は，①②と③で異なります。

登記請求権の内容	登記の方法	理由
①所有権についての登記請求権を保全するための処分禁止の仮処分（民保法53条1項） ②所有権以外の権利の移転または消滅についての登記請求権を保全するための処分禁止の仮処分(民保法53条1項)	処分禁止の仮処分の登記のみ	1つの権利を目的としていますので，その権利に処分禁止の仮処分の登記のみをすればいいからです。 ①ですが，所有権は1つしかありません。 ②ですが，所有権以外の権利でも，「移転」「消滅」なら，1つの権利を目的としています。 ex. 抵当権の移転の登記
③所有権以外の権利の保存，設定または変更についての登記請求権を保全するための処分禁止の仮処分（民保法53条2項）	処分禁止の仮処分の登記 ＋ 保全仮登記	所有権以外の権利の保存，設定または変更は，順位保全が目的です。 ＊「保全仮登記」の読み方を少し変えて「ほぜへんかりとうき」と読んで，「保(ほ)存」「設(せ)定」「変(へ)更」を記憶してください。 ex. 「1番で抵当権の設定の登記をしたい」 よって，当事者恒定(こうてい)のための処分禁止の仮処分の登記だけでなく，順位保全のための保全「仮登記」もします。

まだイメージが湧かないと思いますので，実際にどのように登記されるのかをみてみましょう。

【①の登記の例】

権利部（甲区）（所有権に関する事項）			
順位番号	登記の目的	受付年月日・受付番号	権利者その他の事項
1	所有権保存	令和５年６月28日 第12456号	所有者　A
2	処分禁止仮処分 のみ	令和５年７月８日 第12987号	原因　令和５年７月６日東京地方裁判所仮処分命令 債権者　B

【②の登記の例】（ex. 抵当権の移転の登記請求権を保全するための処分禁止の仮処分）

権利部（乙区）（所有権以外の権利に関する事項）			
順位番号	登記の目的	受付年月日・受付番号	権利者その他の事項
1	抵当権設定	令和５年６月28日 第12457号	原因　令和５年６月28日金銭消費貸借同日設定 債権額　金1000万円 債務者　D 抵当権者　A
付記１号	１番抵当権処分禁止仮処分 のみ	令和５年７月８日 第12987号	原因　令和５年７月６日東京地方裁判所仮処分命令 債権者　B

【③の登記の例】（ex. 抵当権の設定の登記請求権を保全するための処分禁止の仮処分）

権利部（甲区）（所有権に関する事項）			
順位番号	登記の目的	受付年月日・受付番号	権利者その他の事項
1	所有権保存	令和５年６月28日 第12456号	所有者　A
2	処分禁止仮処分 （乙区１番保全仮登記）	令和５年７月８日 第12987号	原因　令和５年７月６日東京地方裁判所仮処分命令 債権者　B

権 利 部 （乙区） （所有権以外の権利に関する事項）			
順位番号	登記の目的	受付年月日・受付番号	権利者その他の事項
1	抵当権設定保全仮登記（甲区2番仮処分）	令和5年7月8日 第12987号	原因 令和5年6月28日金銭消費貸借同日設定 債権額 金1000万円 債務者 A 権利者 B
	余 白	余 白	余 白

※持分の記録

上記の登記記録例はいずれも仮処分の債権者が1人の例ですが，仮に複数であっても持分は記録されません（昭35.8.20民事三.842。P16の「持分を記載しない権利を記憶する⑤」）。

3 処分禁止の仮処分の登記の可否

処分禁止の仮処分の登記ができるか問題となる場合があります。

可（○）	不可（×）
①**単有の不動産の所有権の一部について処分禁止の仮処分の登記をすること**（昭30.4.20民事甲695） 所有権の一部移転の登記はできるので（Ⅰのテキスト第2編第2章第1節1②），所有権の一部を譲り受けた者は，処分禁止の仮処分の登記をする必要性が生じることがあるからです。	①**不動産の一部について，処分禁止の仮処分の登記をすること**（昭27.9.19民事甲308） 不動産の一部についての移転の登記はできないので（不登令20条4号。Ⅰのテキスト第3編第1章第1節3 2.「不動産の一部を目的とする登記の可否」），処分禁止の仮処分の登記をする必要性がないからです。 ②**仮登記に基づく本登記手続を禁止する旨の仮処分の登記をすること**（昭30.8.25民事甲1721）。 処分制限の登記は，処分を「制限」できるだけであって，「禁止」はできないからです。P345で説明したとおり，処分制限の登記がされても，処分自体はできます。後で否定されることがありますが。

4 処分禁止の仮処分の登記の前提としての相続登記の要否

処分禁止の仮処分の登記をする前提として，相続登記をする必要があるか問題となる事案があります。

要	不要
・被相続人名義で登記されている不動産について，共同相続人の１人の持分について処分禁止の仮処分の登記をする場合（昭 39.5.14 民事甲 1759） 相続人に所有権が移転しているため，相続登記をする必要があります。	**・被相続人が不動産を売却したが，その所有権の移転の登記をする前に死亡した。そこで，買主が売主（被相続人）の相続人にその不動産の所有権の移転の登記手続を求めるとともに，「債務者被相続人○○の相続人○○について一切の処分を禁ずる」という仮処分命令を得た場合**（昭 62.6.30 民三.3412）。 たしかに，売主が死亡しているため，仮処分命令は相続人に対してされました。しかし，生前に売却しており，相続人に所有権が移転していないため，相続登記は不要となります。

5 仮処分の登記に後れる登記の抹消

１．意義・趣旨

処分禁止の仮処分の登記の後にされた登記は，仮処分の債権者が保全すべき登記請求権についての登記をする場合，仮処分の債権者の登記と抵触する限度において，仮処分の債権者に対抗できません（民保法 58 条１項）。よって，仮処分の債権者は，仮処分の登記に後れる登記を単独で抹消できます（民保法 58 条２項，不登法 111 条１項，２項）。

……といわれても，わかりにくいですよね。具体例で考えましょう。

ex. Ｂは，所有権の移転の登記手続を求めて，Ａを相手方として訴えを提起しました。Ｂは，Ａが不動産の名義を知人などに移すことに備え，仮処分命令の申立てをし，仮処分の登記が裁判所書記官の嘱託によってされました。その後，Ａが知人Ｃに不動産を贈与し，Ｃへの所有権の移転の登記がされました。ＢがＡに対する訴訟に勝訴し判決が確定した場合，ＢはＣへの所有権の移転の登記を単独で抹消できます（昭 37.6.18 民事甲 1562）。

権利部（甲区）（所有権に関する事項）			
順位番号	登記の目的	受付年月日・受付番号	権利者その他の事項
1	所有権保存	令和5年6月28日 第12456号	所有者　A
2	処分禁止仮処分	令和5年7月8日 第12987号	原因　令和5年7月6日東京地方裁判所仮処分命令 債権者　B
3	所有権移転	令和5年7月12日 第13215号	原因　令和5年7月12日贈与 所有者　C

Bが単独で抹消可

このように後れる登記を抹消することができるように，仮処分の登記をしているのです。

2．申請方法

上記1.の単独抹消をするには，以下の2つの登記を同時に申請しなければなりません（平2.11.8民三.5000）。

1/2　仮処分の登記に後れる登記の抹消の登記（上記1.のex.ではCへの所有権の移転の登記の抹消の登記）

2/2　仮処分の債権者が保全すべき登記請求権についての登記（上記1.のex.ではAからBへの所有権の移転の登記）

このように，仮処分の登記に後れる登記も申請によって抹消するのであって，職権によって抹消されるわけではありません。

なお，仮処分の債権者が保全すべき登記請求権についての登記と抵触しないのならば，仮処分の登記に後れる登記の抹消をしなくても構いません。

ex. 上記1.のex.では，Cの登記が所有権の移転の登記なので，抹消しなければ，Bへの所有権の移転の登記と抵触します。しかし，Cの登記がAが設定した抵当権の設定の登記であれば，Bの所有権の移転の登記と抵触しません（両立します）。よって，Cの登記を抹消しなくても，Bへの所有権の移転の登記を申請できます。Bは，抵当権の負担を負いたくないので，普通は抹消するでしょうが……。

※2/2の登記を共同申請によることの可否

上記2/2の登記は，判決による登記に限らず，共同申請によることもできます（平2.11.8民三.5000）。P330※と同じ理由です。 =P330

３．抹消できる仮処分に後れる登記

「仮処分の登記に後れる登記」とは，仮処分の登記より後順位の登記のうち，仮処分に対抗できることが登記記録上明らかな登記を除いたものです（平2.11.8民三5000）。

しかし，仮処分の登記に後れるからといって，すべての登記を抹消できるわけではありません。抹消できる登記は，**仮処分の登記に後れる登記のうち，「仮処分の債権者が保全すべき登記請求権を実現するにあたって妨げとなる登記」**です。これに当たらなければ，抹消する筋がないからです。

何がこれに当たるか，P347①～③の仮処分の種類によって変わってきます。

<table>
<tr><th>登記請求権の内容</th><th colspan="2">事例</th><th>単独抹消</th></tr>
<tr><td>①所有権についての登記請求権を保全するための処分禁止の仮処分（民保法53条1項）</td><td colspan="2">仮処分の債権者が，仮処分の債務者を登記義務者とする所有権の登記（仮登記を除く）を申請する場合（民保法58条2項，不登法111条1項）</td><td>○
仮処分の登記に後れる登記を抹消できます。</td></tr>
<tr><td>②所有権以外の権利の移転または消滅についての登記請求権を保全するための処分禁止の仮処分（民保法53条1項）</td><td colspan="2">仮処分の債権者が，仮処分の債務者を登記義務者とするその権利の移転または消滅に関する登記（仮登記を除く）を申請する場合（民保法58条2項，不登法111条2項）</td><td>○
原則として，仮処分の登記に後れる登記を抹消できます。</td></tr>
<tr><td rowspan="2">③所有権以外の権利の保存，設定または変更についての登記請求権を保全するための処分禁止の仮処分（民保法53条2項）</td><th>保全仮登記</th><th>仮処分の登記に後れる登記</th><td rowspan="2">○</td></tr>
<tr><td>不動産の使用または収益をする権利についての保全仮登記の仮処分の債権者が本登記を申請する場合（民保法58条4項，不</td><td>i　仮処分の登記に後れる登記が，所有権以外の不動産の使用または収益をする権利，あるいは，その権利を目的とする権利である場合
ex1．地上権
ex2．賃借権
ex3．地上権を目的とする抵当権</td></tr>
</table>

	登法113条) ex. 地上権の設定の保全仮登記，賃借権の設定の保全仮登記	ii　上記ｉ以外の場合 ex1. 地役権 地役権には排他性がないからです。 ex2. 抵当権（根抵当権） ex3. 不動産質権 使用収益しない旨の特約のない不動産質権も含みます（平2.11.8民三.5000）。使用収益をしたとしても，不動産質権の本質は担保権の部分にあるからです。	×

上記の表だけではわかりにくいと思いますので（特に③が），具体例を中心に説明を加えていきます。

①所有権についての登記請求権を保全するための処分禁止の仮処分（民保法53条1項）

この具体例は，P350～351のex.です。また，下記6の申請例119もこの例です。

※仮処分の登記の前に登記された抵当権に基づく仮処分の登記の後にされた差押登記

頭が痛くなる見出しですが……，以下の順で登記がされた場合に，仮処分の債権者は，所有権の移転の登記と同時に申請することにより，差押登記を単独で抹消できるか，ということです。

・抵当権の設定の登記（下記①）

↓

・仮処分の登記（下記②）

↓

・上記の抵当権に基づく差押登記（下記③）

権利部（甲区）（所有権に関する事項）			
順位番号	登記の目的	受付年月日・受付番号	権利者その他の事項
1	所有権保存	令和5年6月28日 第12456号	所有者　A
2	処分禁止仮処分 ②	令和5年7月8日 第12987号	原因　令和5年7月6日東京地方裁判所仮処分命令 債権者　B
3	差押 ③	令和5年10月28日 第17864号	原因　令和5年10月26日東京地方裁判所担保不動産競売開始決定 債権者　C

権利部（乙区）（所有権以外の権利に関する事項）			
順位番号	登記の目的	受付年月日・受付番号	権利者その他の事項
1	抵当権設定 ①	令和5年6月28日 第12457号	原因　令和5年6月28日金銭消費貸借同日設定 債権額　金1000万円 債務者　A 抵当権者　C

差押登記を単独で抹消することはできません（昭58.6.22民三.3672）。

たしかに，形式的には，差押登記が仮処分の登記に後れるように見えます。しかし，差押登記の根拠となる抵当権は仮処分の登記の前に登記されているため，差押登記は登記記録上仮処分の登記に対抗できることが明らかだからです。

同じ論理で，仮処分の債権者は，仮処分の登記の後にされた根抵当権の移転の登記や債権の範囲の変更の登記でも，その根抵当権の設定の登記が仮処分の登記の前にされたものであれば，単独で抹消できません（平9.1.29民三.150）。

②所有権以外の権利の移転または消滅についての登記請求権を保全するための処分禁止の仮処分（民保法53条1項）

ex. Bは，抵当権の移転の登記手続を求めて，Aを相手方として訴えを提起しました。Bは，Aが抵当権の名義を知人などに移すことに備え，仮処分命令の申立てをし，Aの抵当権について，仮処分の登記が裁判所書記官の嘱託によってされました。その後，Aが知人Cに抵当権の被担保債権を譲渡し，Cへの抵当権の移転の登記がされました。BがAに対する訴訟に勝訴し判決が確定した場合，BはCへの抵当権の移転の登記を単独で抹消できます。

③所有権以外の権利の保存，設定または変更についての登記請求権を保全するための処分禁止の仮処分（民保法53条2項）

これは，「保全仮登記」「仮処分の登記に後れる登記」の内容によって，仮処分の登記に後れる登記を単独で抹消できるかが変わります。

・保全仮登記

不動産の使用または収益をする権利（ex. 地上権の設定の保全仮登記，賃借権の設定の保全仮登記）でなければ，仮処分に後れる登記を単独で抹消できません。

使用または収益をする権利は，他の権利と抵触することがあります。

それに対して，使用または収益をしない権利（ex. 抵当権の設定の保全仮登記）であれば，仮処分に後れる登記を単独で抹消できません。使用または収益をしない権利は，他の権利と抵触せず，純粋に順位保全が目的だからです。

・仮処分の登記に後れる登記

i　所有権以外の不動産の使用または収益をする権利（ex. 地上権），あるいは，その権利を目的とする権利（ex. 地上権を目的とする抵当権）でなければ，仮処分に後れる登記を単独で抹消できません。保全仮登記が使用または収益をする権利である場合，それと抵触するからです。

ii　不動産の使用または収益をしない権利（ex. 抵当権）であれば，仮処分に後れる登記を単独で抹消できません。保全仮登記が使用または収益をする権利であっても，それと抵触しないからです。

要は

原則として，**使用または収益をする権利の保全仮登記の本登記を申請するときに，仮処分に後れる地役権以外の利用権（およびそれを目的とする権利）の登記を単独で抹消できる**ということです。

③については，これを記憶しておくのがベストです。

6 申請情報の記載事項

上記5では，仮処分の登記に後れる登記を「抹消」する場合をみてきました。それは，仮処分に後れる登記の「全部」が，仮処分の債権者が保全していた登記請求権の登記と抵触する場合です（下記1.の全部失効）。しかし，それだけでなく，「一部」が抵触する場合もありますので（下記2.の一部失効），分けて申請情報の記載事項をみていきます。

１．全部失効

申請例119 —— 仮処分による失効の登記
判決による登記

事例：Aは，令和５年７月８日，所有している建物（甲区１番でA名義の所有権の保存の登記がされている）をBに売却した。しかし，AがBへの所有権の移転の登記に協力しない。そこで，Bは，Aを相手方として訴えを提起することにしたが，Aが不動産の名義を知人などに移すことを恐れ，所有権移転登記請求権を保全するために処分禁止の仮処分の申立てをし，仮処分の登記が甲区２番でされた。その後，AはCに不動産を贈与し，Cへの所有権の移転の登記が甲区３番でされた。そして，Bが以下の確定判決を得た。

「Aは，Bに対して，別紙物件目録記載の建物について，令和５年７月８日売買を原因とする所有権移転登記手続をせよ。」

そこで，Bは，令和５年12月10日，Cに所有権の移転の登記を抹消する旨の通知をした。登記申請日は，令和５年12月21日である。この建物の課税標準の額は，1000万円である。

1/2

登記の目的	３番所有権抹消
原　　　因	仮処分による失効
義 務 者	C
申 請 人	B
添 付 情 報	代理権限証明情報（Bの委任状） 通知証明情報（BのCへの通知書）
登録免許税	金1000円

2/2

登記の目的	所有権移転
原　　　因	令和５年７月８日売買
権 利 者	（申請人）B
義 務 者	A
添 付 情 報	登記原因証明情報（判決書正本及び確定証明書） 住所証明情報（Bの住民票の写し） 代理権限証明情報（Bの委任状）
課 税 価 格	金1000万円
登録免許税	金20万円

権利部（甲区）（所有権に関する事項）			
順位番号	登記の目的	受付年月日・受付番号	権利者その他の事項
1	所有権保存	令和5年6月28日 第12456号	所有者　A
2	処分禁止仮処分	令和5年7月11日 第13152号	原因　令和5年7月10日東京地方裁判所仮処分命令 債権者　B
3	所有権移転	令和5年7月12日 第13215号	原因　令和5年7月12日贈与 所有者　C
4	3番所有権抹消	令和5年12月21日 第19987号	原因　仮処分による失効
5	所有権移転	令和5年12月21日 第19987号	原因　令和5年7月8日売買 所有者　B
6	2番仮処分登記抹消	余　白	仮処分の目的達成により令和5年12月21日登記

2/2の登記は判決による登記であり，P328～335 2 で説明しました。よって，ここでは，1/2の登記（仮処分の登記に後れる登記の抹消の登記）の申請情報の記載事項を説明していきます。

（1）登記の目的

「◯番所有権抹消」「◯番抵当権抹消」など，仮処分の登記に後れる登記を抹消する旨を記載します。

（2）登記原因及びその日付

年月日は，記載しません（昭37.6.18民事甲1562，平2.11.8民三.5000。Iのテキスト第2編第2章第2節 9 2.（1）「登記原因は記載するが登記原因日付は記載しない登記④」）。ある時点から権利者でなかったというわけではなく，最初から権利者でなかったことになるため，登記原因日付といえる日がないからです。

原因は，「仮処分による失効」と記載します（昭37.6.18民事甲1562，平2.11.8民三.5000）。

（3）申請人

仮処分の債権者（上記申請例 119 だとB）の単独申請です（民保法 58 条2項，不登法 111 条1項，2項）。

申請人欄の書き方がかなり変わっていて，上記申請例 119 のように，

「義務者　C

　申請人　B」

などと記載します。

Cの所有権の移転の登記を抹消しA名義となるため，本来は「権利者　A　　義務者　C」と記載すべきです。しかし，Aはまったく申請に関わらないため，申請人であるBを記載するのです。

（4）添付情報

①代理権限証明情報（不登令7条1項2号）

②会社法人等番号（不登令7条1項1号イ）

③通知証明情報（不登令別表 71 添付情報，72 添付情報）

仮処分の債権者（上記申請例 119 だとB）は，単独で仮処分の登記に後れる登記を抹消するときは，抹消される登記の名義人（上記申請例 119 だとC）に対し，「抹消しますよ～」という通知をする必要があります（民保法 59 条1項）。仮処分の登記に後れる登記は仮処分の債権者に対抗できませんが，抹消する際に**「一応お知らせくらいはしましょう」**という趣旨です。この通知書が添付情報となります。

この通知は，通知を発する時点での抹消される登記の名義人の登記記録上の住所または事務所に宛てて発することができます（民保法 59 条2項前段）。この通知は，遅くとも，通知を発した日から1週間を経過した時に到達したものとみなされます（民保法 59 条2項後段）。よって，通知書に加え，通知の到達を証する情報（配達証明）まで提供する必要があるかどうかは，以下のとおりとなります（平2.11.8民三.5000）。

・通知を発した日から1週間を経過した後に申請する場合　→　不要（上記申請例 119）
・通知を発した日から1週間以内に申請する場合　　　　　→　必要

※登記原因証明情報は，提供しません（不登令7条3項2～4号。Ⅰのテキスト第1編第6章第2節4「登記原因証明情報の提供が不要となる場合④」）。同時に上記2/2の登記を申請するため，真正な登記であることが明らかだからです。

※登記識別情報は，提供しません（不登法 22 条参照）。単独申請だからです（Ⅰのテキスト第1編第6章第3節3 1.「登記識別情報の提供の要否の基本的な判断基準」）。

※印鑑証明書は，提供しません。所有権の登記名義人が登記義務者とならないからです（Ⅰのテキスト第1編第6章第4節3 2.「『認印でよいか』『実印で押印し印鑑証

明書の提供が要求されるか』の判断基準」)。単独申請ですので，登記義務者はいません。

※住所証明情報は，提供しません。Iのテキスト第1編第6章第5節3「住所証明情報の提供が要求される場合①～③」のいずれにも当たらないからです。

(5) 登録免許税

抹消の登記として，不動産1個につき1000円です（登免法別表第1．1．(15))。

2．一部失効

申請例120 ―― 仮処分による一部失効の登記
判決による登記

事例：Aは，令和5年7月8日，所有している建物（甲区1番でA名義の所有権の保存の登記がされている）の所有権の一部3分の2をBに売却した。しかし，AがBへの所有権の一部移転の登記に協力しない。そこで，Bは，Aを相手方として訴えを提起することにしたが，Aが不動産の名義を知人などに移すことを恐れ，所有権一部移転登記請求権を保全するために処分禁止の仮処分の申立てをし，所有権の一部についての仮処分の登記が甲区2番でされた。その後，AはCに不動産を贈与し，Cへの所有権の移転の登記が甲区3番でされた。そして，Bが以下の確定判決を得た。

「Aは，Bに対して，別紙物件目録記載の建物について，令和5年7月8日売買を原因とする所有権一部移転登記手続をせよ。」

そこで，Bは，令和5年12月10日，Cに所有権の移転の登記を更正する旨の通知をした。登記申請日は，令和5年12月21日である。この建物の課税標準の額は，900万円である。

1/2

登記の目的	3番所有権更正
原　　因	仮処分による一部失効
更正後の事項	目的　所有権一部移転
	共有者　持分3分の1　C
義 務 者	C
申 請 人	B
添 付 情 報	代理権限証明情報（Bの委任状）
	通知証明情報（BのCへの通知書）
登録免許税	金1000円

2/2

登記の目的	Ａ持分全部移転
原　　因	令和５年７月８日売買
権 利 者	（申請人）持分３分の２　Ｂ
義 務 者	Ａ
添付情報	登記原因証明情報（判決書正本及び確定証明書） 住所証明情報（Ｂの住民票の写し） 代理権限証明情報（Ｂの委任状）
課税価格	移転した持分の価格　金600万円
登録免許税	金12万円

権利部（甲区）（所有権に関する事項）			
順位番号	登記の目的	受付年月日・受付番号	権利者その他の事項
1	所有権保存	令和５年６月28日 第12456号	所有者　Ａ
2	所有権の一部３分の２処分禁止仮処分	令和５年７月11日 第13152号	原因　令和５年７月10日東京地方裁判所仮処分命令 債権者　Ｂ
3	所有権移転	令和５年７月12日 第13215号	原因　令和５年７月12日贈与 所有者　Ｃ
付記１号	３番所有権更正	令和５年12月21日 第19987号	原因　仮処分による一部失効 目的　所有権一部移転 共有者　持分３分の１　Ｃ
4	Ａ持分全部移転	令和５年12月21日 第19987号	原因　令和５年７月８日売買 共有者　持分３分の２　Ｂ
5	２番仮処分登記抹消	余　白	仮処分の目的達成により令和５年12月21日登記

Ｂが保全している登記請求権は，所有権の一部３分の２ですので，Ｃへの所有権の移転の登記のうち３分の１については，抵触しません。よって，Ｃへの所有権の移転の登記を抹消するのではなく，３分の１の移転に更正します。この更正の登記も，仮処分に後れる登記の抹消の登記と同じく，Ｂが単独で申請できます（昭41.2.16民事甲386，平2.11.8民三.5000）。

申請情報の記載事項ですが，これも，2/2の登記は判決による登記であり，P328～335[2]で説明しました。よって，ここでも，1/2の登記（仮処分の登記に後れる登記の更正の登記）の申請情報の記載事項を説明していきます。なお，以下の点を除いて，P356～359の全部失効の場合の仮処分に後れる登記の抹消の登記と同じです。

（1）登記の目的

「○番所有権更正」など，仮処分の登記に後れる登記を更正する旨を記載します。

（2）登記原因及びその日付

年月日は，記載しません（平2.11.8民三.5000。Ⅰのテキスト第2編第2章第2節[9]2.（1）「登記原因は記載するが登記原因日付は記載しない登記④」）。

原因は，「仮処分による一部失効」と記載します（平2.11.8民三.5000）。

（3）更正後の事項

更正後の事項として，正しい登記事項を記載します。

更正後の事項の書き方は，Ⅰのテキスト第2編第4章[2]3.の方法によります。

（4）登録免許税

更正の登記として，不動産1個につき1000円です（登免法別表第1.1.（14））。

7 処分禁止の仮処分の登記の職権抹消

仮処分の債権者が保全していた登記請求権についての登記をした場合，処分禁止の仮処分の登記（P357の甲区2番やP360の甲区2番の登記）が職権で抹消されるかという問題があります。以下の2つに分けて考える必要があります。

1.「処分禁止の仮処分の登記のみ」がされている場合（P347①，②）

この場合，処分禁止の仮処分の登記が職権で抹消されるかは，以下のとおりです。

（1）仮処分の登記に後れる登記を単独で抹消する場合

処分禁止の仮処分の登記は，職権で抹消されます（不登法111条3項）。上記[6]でみた申請例119と申請例120がこの例ですが，P357の甲区6番，P360の甲区5番で職権抹消の登記がされています。

P347①，②の仮処分の登記は，その後で登記がされた場合にその登記を抹消するためにします。よって，仮処分の債権者が仮処分の登記に後れる登記を単独で抹消する場合，仮処分の効力が使われたことが明らかなので，職権で抹消されるのです。

（2）仮処分の登記に後れる登記を単独で抹消しない場合

この場合は，処分禁止の仮処分の登記は，職権で抹消されません（不登法111条3項参照)。「仮処分の登記に後れる登記を単独で抹消しないなんてことがあるの？」と思われたかもしれません。しかし，たとえば，P351のex.のように，保全している登記が所有権の登記請求権で，仮処分の登記に後れる登記が仮処分の債務者が設定した抵当権の設定の登記であれば，抵触しないため，後れる登記である抵当権の設定の登記を抹消しなくてもOKです。

上記（1）と異なり，仮処分の債権者が仮処分の登記に後れる登記を単独で抹消しないと，仮処分の効力が使われたことが明らかではないため，職権で抹消されないのです。

この場合，処分禁止の仮処分の登記は，仮処分の債権者の申立てを受け，裁判所書記官が抹消の登記を嘱託します（民保規48条1項)。

2．「処分禁止の仮処分の登記＋保全仮登記」がされている場合（P347③）

保全仮登記に基づく本登記がされた場合，仮処分の債権者が仮処分の登記に後れる登記を単独で抹消したかどうかにかかわらず，処分禁止の仮処分の登記は職権で抹消されます（不登法114条)。

保全仮登記の余白（P349）に本登記がされるため，仮処分の効力が使われたことが明らかだからです。

8　保全仮登記の更正の登記

ちょっと変わったハナシですが，保全仮登記（P349）がされた後，判決などに基づいて本登記を申請しようとする場合に，登記された保全仮登記の登記事項と判決などに記載された登記事項が異なる場合があります。保全仮登記に誤りがあるわけです。この場合，本登記の前提として，保全仮登記の更正の登記をする必要があります。この更正の登記は，当事者の共同申請によることはできず（平2.11.8民三.5000)，仮処分命令を発した裁判所の更正決定に基づき，裁判所書記官の嘱託によってする必要があります（民保法60条1項，3項)。

【MEMO】

第6章 代位による登記

民法423条（債権者代位権の要件）

1　債権者は，自己の債権を保全するため必要があるときは，債務者に属する権利（以下「被代位権利」という。）を行使することができる。ただし，債務者の一身に専属する権利及び差押えを禁じられた権利は，この限りでない。

1 実体（民法）→登記

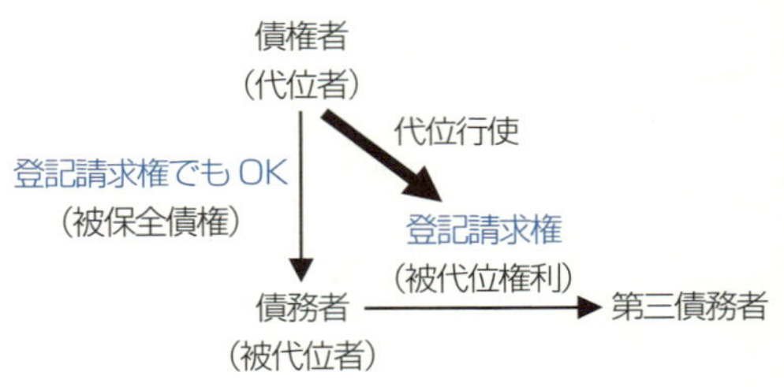

債権者が債権を保全する必要がある場合に，債権者が債務者の権利（被代位権利）を代わりに行使するというのが，債権者代位です（民法423条1項本文）。―― 民法Ⅲのテキスト第5編第3章第3節[1]1．債権者が代わりに行使する債務者の権利が登記請求権である場合に，不動産登記のハナシとなります。

なお，債権者の被保全債権は，金銭債権（債務者が無資力である場合）に限られず，登記請求権でも構いません（民法423条の7前段）。―― 民法Ⅲのテキスト第5編第3章第3節[1]4.（1）

2 申請情報の記載事項

申請例121 ―― 代位による登記

事例：Aは，令和5年7月8日，所有している建物（甲区1番でA名義の所有権の保存の登記がされている）をBに売却した。その後の令和5年10月28日，BはCにこの建物を売却した。しかし，BがAからBへの所有権の移転の登記に協力しない。Aは登記申請に協力する（＊）。この建物の課税標準の額は，1000万円である。

＊Aの登記申請意思は申請により，Bの登記申請意思は代位により用意します。Aも協力しないのであれば，CはAを相手方として訴えを提起して，Aの登記申請意思も用意する必要があります（P327の「登記申請意思をすべて用意する」）。

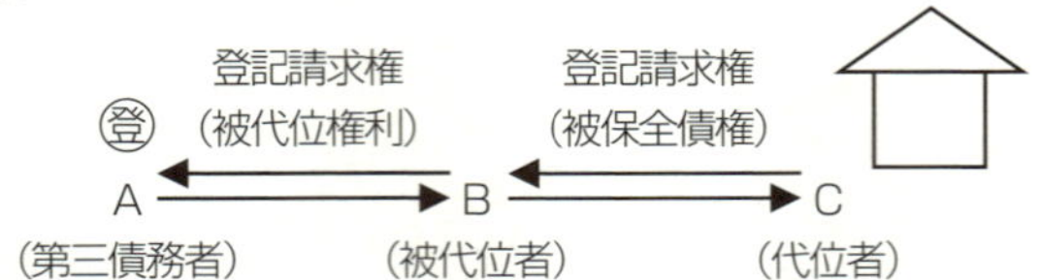

登記の目的	所有権移転
原　　因	令和5年7月8日売買
権 利 者	（被代位者）B
代 位 者	C
代位原因	令和5年10月28日売買の所有権移転登記請求権
義 務 者	A
添付情報	登記原因証明情報（AB間の売買契約書） 登記識別情報（Aの甲区1番の登記識別情報） 印鑑証明書（Aの印鑑証明書） 住所証明情報（Bの住民票の写し） 代理権限証明情報（C及びAの委任状） 代位原因証明情報（BC間の売買契約書）
課税価格	金1000万円
登録免許税	金20万円

権利部（甲区）（所有権に関する事項）			
順位番号	登記の目的	受付年月日・受付番号	権利者その他の事項
1	所有権保存	令和5年6月28日 第12456号	所有者　A
2	所有権移転	令和5年12月21日 第19987号	原因　令和5年7月8日売買 所有者　B 代位者　C 代位原因　令和5年10月28日売買の所有権移転登記請求権

※登記識別情報の通知

上記の登記がされても，Bには登記識別情報は通知されません。Bは新たに登記名義人となっていますが，申請人ではないからです（Ⅰのテキスト第1編第6章第3節 2 1.（1）の①の要件を充たしません）。

よって，この後，Bが登記識別情報を提供すべき登記を申請するときは，Ⅰのテキスト第1編第6章第3節 5 2.（1）～（3）のいずれかの方法によります。「代位による登記→登記識別情報を提供できない→Ⅰのテキスト第1編第6章第3節 5 2.（1）～（3）のいずれかの方法になる（（2）の資格者代理人による本人確認情報の提供の方法になることが多いです）」は，記述の典型的な出題方法です。あらかじめ思考過程を準備しておいてください。

代位による登記も原型の登記を修正する登記

上記申請例121は，売買を原因とする所有権の移転の登記の代位による登記であり，以下の説明も，この登記を基にしていきます。しかし，やはりこれもあくまで例にすぎません。**代位による登記も原型の登記を修正する登記であり，どのように修正しているのかを身につける**という学習方法となります。判決による登記と同じく，本試験では以下のように思考することになります。

P329＝
P407
P421

①**原型の登記**を思い出す

ex. 上記申請例121では，ＡＢ間の売買を原因とする所有権の移転の登記（Ⅰのテキスト第２編第２章第２節 1 2.の申請例７）

②上記①の登記を**代位による登記によって修正する**

代位による登記は複雑にみえますが，実は原型の登記に以下の３点（「代位」による登記であるため必要となる３点）を加えただけです。

i　代位者（および「(被代位者)」の記載）

ii　代位原因

iii　代位原因証明情報

１．登記の目的

「所有権移転」など原型の登記（上記申請例121ではＡＢ間の売買を原因とする所有権の移転の登記）の登記の目的を記載します。

２．登記原因及びその日付

「年月日売買」など原型の登記の登記原因及びその日付を記載します。上記申請例121では，ＡＢ間の売買を登記原因及びその日付として記載します。

３．申請人

代位者が被代位者の代わりに申請しますので，上記申請例121のように，

「権利者　（被代位者）Ｂ

　代位者　Ｃ

　義務者　Ａ」

などと，代位者を記載し，代位される者に「(被代位者)」と記載します（不登令３条４号。上記ｉ）。

４．代位原因（不登令３条４号。上記ⅱ）

代位原因を記載します。「代位原因」とは，被保全債権（代位者の被代位者に対する債権）の発生原因のことです。

上記申請例 121 では，ＣのＢに対する登記請求権が被保全債権ですので（民法 423 条の７前段），ＣのＢに対する登記請求権の発生原因である「令和５年 10 月 28 日売買の所有権移転登記請求権」と記載します（記録例 637）。

他の典型的な代位原因の例を３つほど挙げておきます。

①「年月日設定の抵当権（根抵当権）設定登記請求権」（記録例 639）

たとえば，Ｃは，Ｂが所有している不動産に抵当権（根抵当権）の設定を受けました。しかし，不動産の名義はまだ前所有者のＡにあり，ＢがＡからＢへの所有権の移転の登記に協力しません。そこで，Ｃが抵当権（根抵当権）設定登記請求権を保全するために，Ｂに代位してＡからＢへの所有権の移転の登記を申請する場合の代位原因がこの①です。

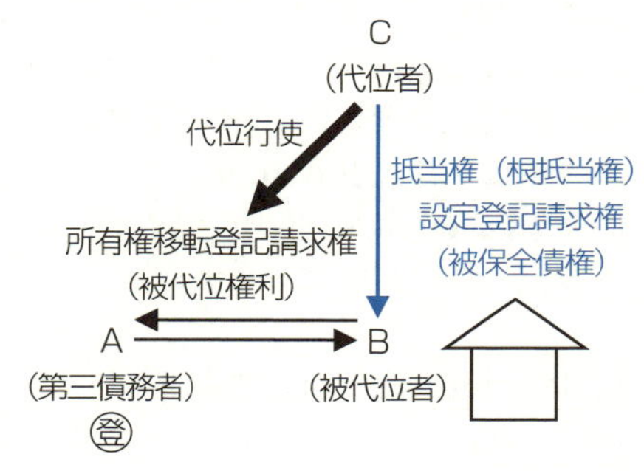

②「年月日金銭消費貸借の強制執行」（記録例 638）

たとえば，Ｃは，Ｂに金銭消費貸借に基づく貸金返還請求権を有しています。Ｂが弁済期を過ぎても返済しないため，ＣはＢに対する勝訴判決に基づいてＢの不動産を競売（強制執行）しようと考えています。しかし，不動産の名義はまだ前所有者のＡにあり，ＢがＡからＢへの所有権の移転の登記に協力しません。そこで，Ｃが強制執行をするために，Ｂに代位してＡからＢへの所有権の移転の登記を申請する場合の代位原因がこの②です。

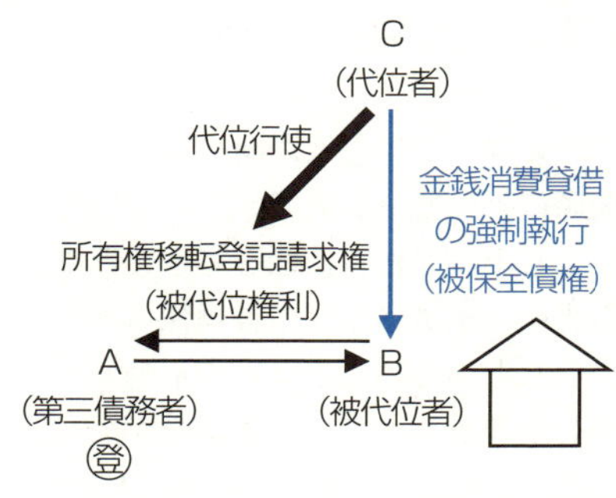

③「年月日設定の抵当権（根抵当権）の実行による競売」

この③の代位原因がどのような場合かは，下記5.③で説明します。

5. 添付情報

以下の添付情報が加わる点を除いて，原型の登記と同じです。

・代位原因証明情報（不登令7条1項3号。上記iii）

上記4.の代位原因（被保全債権の発生原因）を証する必要があります。

上記申請例121では，CのBに対する登記請求権が被保全債権ですので，それを証するBC間の売買契約書が代位原因証明情報となります。

このように，代位原因証明情報は，公務員が職務上作成した情報でなければならないわけではなく，登記官が被保全債権が存在することを確認できるものであればOKです（昭23.9.21民事甲3010）。

他の典型的な代位原因証明情報の例を4つほど挙げておきます。下記①～③は，上記4.の①～③に対応しています。

①抵当権（根抵当権）設定契約書

上記4.の①の例だと，BC間の抵当権（根抵当権）設定契約書が当たります。

②金銭消費貸借契約書

上記4.の②の例だと，BC間の金銭消費貸借契約書が当たります。

③競売申立受理証明書

代位によって相続登記をする場合に，競売申立受理証明書が必要となることがあります。

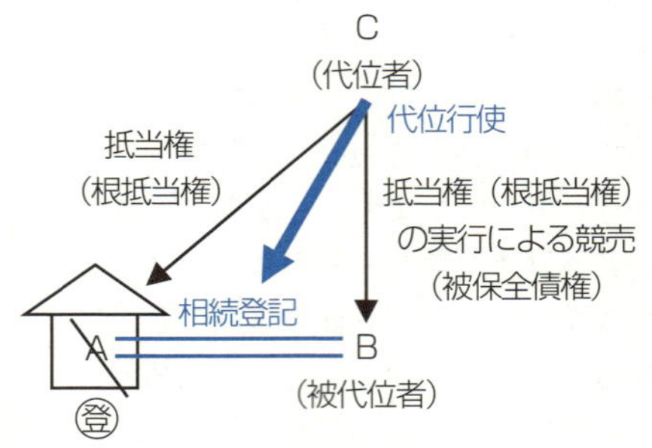

たとえば，Cは，Aが所有している不動産に抵当権（根抵当権）の設定を受けました。Aが弁済期を過ぎてもこの抵当権（根抵当権）の被担保債権の返済をしないため，CはAの不動産を競売しようと考えています。しかし，Aが死亡してしまいました。相続人は，Bのみです。この場合，Bへの相続登記をしなければ，競売手続を進めることができません。死者名義の不動産に民事執行をすることはできないからです。

このように，競売しようとしている不動産の所有者が死亡している場合の競売手続は，通常の競売手続よりも踏まなければならないステップが多くなります。

まず競売の申立てをする点は同じですが，所有者が死亡しているため，すぐに競売開始決定はされません。抵当権者（根抵当権者）が代位によって相続登記をする必要があります。この相続登記の際，競売申立受理証明書が代位原因証明情報となります（昭62.3.10民三.1024）。

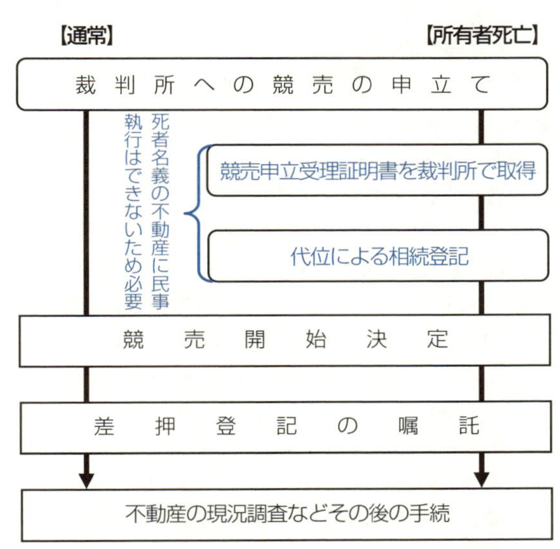

④仮差押決定の正本

不動産の買主の仮差押債権者が，買主への所有権の移転の登記を代位申請する場合に，これが代位原因証明情報となります。

6．登録免許税

原型の登記と同じです。

3 代位による登記の可否

この3では，事案ごとに代位による登記が認められるかを考えていきます。

代位による登記の可否の基本的な判断基準

（原則）債権者は，**債務者ができることしかできません**。債務者の権利を代わりに行使するのが，債権者代位だからです。言い換えると，**債務者ができることはできます**。よって，基本的には，**代位による登記はできる方向**にいきます。

（例外）債務者ができることでも，**共同申請の申請人の一方が他方に代位すること（ex. 登記権利者が登記義務者に代位すること）はできません**。これができると，共同申請による登記はすべて単独でできることになってしまい，共同申請主義が崩れてしまうからです。

1．所有権に関する登記

（1）所有権の保存の登記

所有権の保存の登記のような単独申請による登記も，債権者が代位して単独で申請できます。債務者が単独でできる登記だからです（P369 の「代位による登記の可否の基本的な判断基準」原則）。

ex1. Aが所有している不動産に抵当権の設定を受けたBは，Aが所有権の保存の登記を申請しない場合，抵当権の設定の登記請求権を保全するために，所有権の保存の登記を代位によって単独で申請できます（大4.11.6民1701，昭23.9.21民事甲3010）。

ex2. 株式会社Aが所有している工場財団に抵当権の設定を受けたBは，Aが工場財団の所有権の保存の登記を申請しない場合，抵当権の設定の登記請求権を保全するために，工場財団の所有権の保存の登記を代位によって単独で申請できます（大11.11.30 民 4264）。工場財団の所有権の保存の登記であっても，債務者が単独でできる登記に変わりはないからです。

ex3. 未登記の国有地について，私人Bが国に対して時効取得を原因とする所有権移転登記手続請求訴訟を提起し，勝訴しました。この場合，Bは，所有権の移転の登記請求権を保全するために，国に代位して，国名義の所有権の保存の登記を申請できます（昭 55.11.25 民三.6757）。債務者が国であっても，債務者が単独でできる登記に変わりはないからです。なお，判決があるので，B名義で所有権の保存の登記をすることもできます（昭 55.11.25 民三.6757。不登法 74 条1項2号〔Ⅰのテキスト第2編第1章3 3.〕）。

ただし，代位によってできない所有権の保存の登記もあります。

敷地権付き区分建物の表題部所有者Bが，この敷地権付き区分建物をAに売却しました。同時に，BとAは，このBの売買代金債権を担保するために，Aの所有となったこの敷地権付き区分建物にBの抵当権を設定しました。しかし，Aが所有権の保存の登記を申請しません。この場合でも，BはAに代位して，所有権の保存の登記を単独で申請することはできません（昭63.1.19民三.325）。

Bは，自分の名義で所有権の保存の登記ができ（Ⅰのテキスト第2編第1章3 5.（4）），それをしたうえで，Aに所有権の移転の登記をすればよいからです。つまり，他の手段があるのです。また，表題部所有者から区分建物の所有権を取得した者による所有権の保存の登記（不登法 74 条2項）は，実質的にはAとBの共同申請に近い登記です（添付情報でBが関わります）。よって，代位による登記が認められると，共同申請主義の考え方が崩れてしまうともいえます（P369 の「代位による登記の可否の基本的な判断基準」例外）。

(2) 所有権の移転の登記

(a) 登記権利者が登記義務者に代位すること

たとえば，Aが所有している建物をBに売却しました。Aが所有権の移転の登記を申請しない場合でも，BがAに代位して所有権の移転の登記を申請することはできません（P369の「代位による登記の可否の基本的な判断基準」例外）。

ただし，AがBに対して，売買代金債権とは別の債権（ex. 貸金返還請求権）を有している場合，Bが所有権の移転の登記を申請しないときは，AがBに代位して所有権の移転の登記を申請することができます（昭24.2.25民事甲389）。

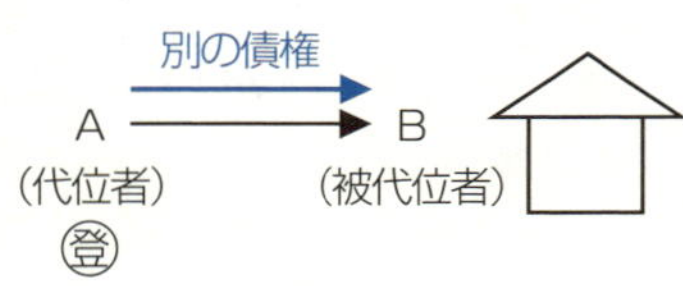

別の債権を被保全債権とするからです。また，Bは，別の債権に基づくAの申立てによる競売を恐れて所有権の移転の登記をしないと考えられます。そこで，Aとしては，Bに所有権の移転の登記をし，競売の申立てをする必要があるのです。

(b) 相続登記

相続登記のような単独申請による登記も，債権者が代位して単独で申請できます。債務者が単独でできる登記だからです（P369の「代位による登記の可否の基本的な判断基準」原則）。

ex. Aが死亡し，子BCがAを相続しました。共同相続人の1人Bの債権者Dは，Bに代位して，BC名義の相続登記を申請できます（昭49.2.12民三.1018）。

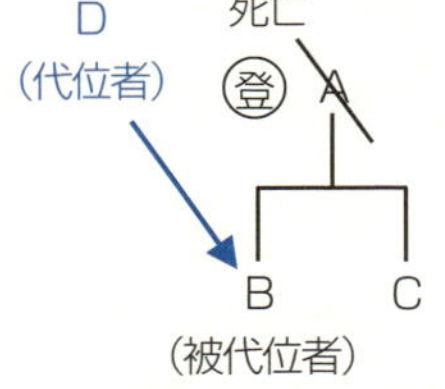

Dは，Bの債権者であって，Cの債権者ではありません。にもかかわらず，BC名義の相続登記を申請できるのは，Bが保存行為としてBC名義の相続登記を申請できるからです（Ⅰのテキスト第2編第2章第3節1 2.(3)(b)）。B（債務者）ができることをD（債権者）はできます。

なお，被代位者であるBが法定代理人のない未成年者であっても，Dは代位によって相続登記を申請できます（昭14.12.11民事甲1359）。相続登記であるため，未成年者に不利益はないと考えられるからです。

※債権者代位によってされた相続登記の更正の登記・抹消の登記

上記 ex.のように，Dの代位によって相続登記がされました。その後，Cが相続放棄をしていたことが判明した場合のB単有にする更正の登記や，BCが相続放棄をしていたことが判明した場合の抹消の登記も，Dが代位して単独で申請できるでしょうか。

できません（登研 504P199。昭 52.4.15 民三.2379）。

相続登記は単独申請によりますが，その更正の登記や抹消の登記は原則として共同申請によります（Ⅰのテキスト第２編第４章[3]，[2]４.（１）（ａ）「更正される登記がどのような申請構造によって申請されたかは関係がない」，第５章第２節[2]３.（１），（２）「抹消される登記がどのような申請構造によって申請されたかは関係がない」）。よって，Bが単独でできる登記ではないからです（P369 の「代位による登記の可否の基本的な判断基準」原則）。

（ｃ）すでに所有権を有していない者の債権者による代位

たとえば，不動産が「Ａ→Ｂ→Ｃ」と売却されましたが，まだ登記名義がＡにあります。この場合，Ｂの債権者Ｄは，Ｂに代位してＡとともにＡからＢへの所有権の移転の登記を申請できるでしょうか。

できます（最判昭 46.11.30）。

Ｂはすでに所有権を有していませんが，ＢはＡに対する登記請求権を失いません（大判大５.４.１）。── 民法Ⅱのテキスト第３編第１章第３節[4]5.（1）（b）③ex.　よって，Ｂができる登記となります。そして，Ｂができる登記はＤが代位によってできます（P369 の「代位による登記の可否の基本的な判断基準」原則）。

（ｄ）代位行使する権利の代位行使

代位行使する権利を，さらに代位行使することもできます（最判昭 39.4.17）。── 民法Ⅲのテキスト第５編第３章第３節[1]4.（1）（b）

ex. 不動産が「Ａ→Ｂ→Ｃ→Ｄ」と売却されましたが，まだ登記名義がＡにあります。
この場合に，Ｄは，Ｃの債権者として，ＣがＢに代位してＡに対し行使できる所有権の移転の登記請求権を，さらに代位行使できます（登研 305P75 参照）。

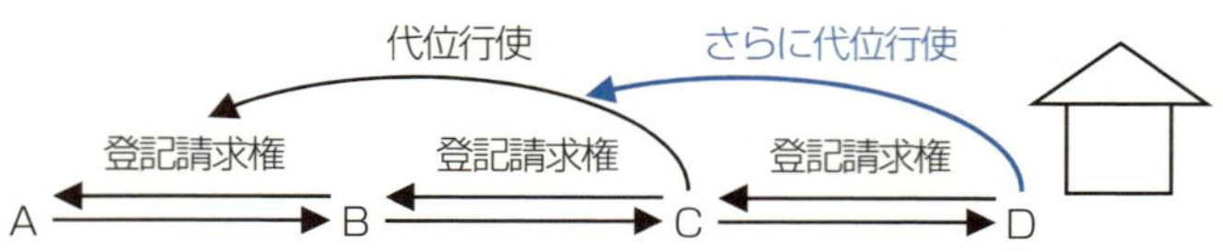

Cは，Bに代位してAに対しBの所有権の移転の登記請求権を行使できます。Dは，Cの債権者であり，Cができることはできるので，Cの代位行使する権利をさらに代位行使することもできるのです（P369 の「代位による登記の可否の基本的な判断基準」原則）。

（3）所有権の抹消の登記

「A→B→C」と所有権の移転の登記がされていますが，B，Cに所有権が移転した事実はなく，Aが所有権を有しています。この場合に，以下の判決が確定したときは，どのような方法で登記を申請すべきでしょうか。

「当該不動産は，原告Aの所有であることを確認する。」

「被告Bは，被告名義の所有権取得登記の抹消手続をせよ。」

「被告B，同Cは，被告C名義の所有権取得登記の抹消手続をせよ。」

Aは，以下の登記を申請すべきです（昭 43.5.29 民事甲 1830）。登記申請意思は，以下のように用意されているため，Aが単独で申請できます（P327 の「登記申請意思をすべて用意する」）。

<u>1/2　C名義の所有権の移転の登記の抹消の登記</u>

登記権利者B：代位で登記申請意思が用意

登記義務者C：判決で登記申請意思が用意

<u>2/2　B名義の所有権の移転の登記の抹消の登記</u>

登記権利者A：申請で登記申請意思が用意

登記義務者B：判決で登記申請意思が用意

上記2件の登記を申請する必要があるのは，抹消の登記は巻戻抹消の方法で行う必要があるからです（Iのテキスト第2編第5章第2節[2]3.（3））。

（4）買戻権の抹消の登記

たとえば，買戻期間の満了などにより買戻権が消滅した場合，抵当権の実行による競売開始決定に基づく差押えの登記がされている抵当権者は，所有権の登記名義人に代位して買戻権者と共同で買戻権の抹消の登記を申請できます（平 8.7.29 民三.1367）。

買戻権の抹消の登記は，所有権の登記名義人と買戻権者が共同で申請すべき登記です。よって，抵当権者が所有権の登記名義人に代位して買戻権者と共同で申請できるのです（P369 の「代位による登記の可否の基本的な判断基準」原則）。

2．抵当権に関する登記

抵当権の登記事項に変更が生じた場合または錯誤（間違い）・遺漏（モレ）があった場合に，抵当権の変更の登記または更正の登記を抵当権者が設定者に代位して申請することはできません。

ex. Aが所有している不動産に，Cを債務者とするBの抵当権の設定の登記がされています。Cの氏名（名称）・住所に変更または錯誤・遺漏がある場合に，BはAに代位して，Cの氏名（名称）・住所の変更の登記または更正の登記を申請することはできません（昭36.8.30民事三.717）。

抵当権の変更の登記または更正の登記は，抵当権者と設定者が共同で申請する登記です。そこで，抵当権者が設定者に代位できると，共同申請による登記はすべて単独でできることになってしまい，共同申請主義が崩れてしまうからです（P369の「代位による登記の可否の基本的な判断基準」例外）。

3．賃借権の設定登記請求権を保全するため

たとえば，Cは，Bが所有している不動産に賃借権の設定を受けました。しかし，不動産の名義はまだ前所有者のAにあり，BがAからBへの所有権の移転の登記に協力しません。この場合，Cは，賃借権の設定登記請求権を保全するため，Bに代位して，AとともにAからBへの所有権の移転の登記を申請できるでしょうか。

債権者代位権を行使するには被保全債権が必要であるため，これは，Cに賃借権の設定登記請求権があるかどうかによります。賃借権の設定登記請求権は，登記をする特約がある場合に生じます（大判大10.7.11）。―― 民法Ⅲのテキスト第7編第5章第3節1 1.(2)(a)

・賃借権の設定の登記をする特約がある

→　Cは，代位によって登記を申請できます。

・賃借権の設定の登記をする特約がない

→　Cは，代位によって登記を申請できません。

4. 名変登記

(1) 抵当権者による所有権の登記名義人の名変登記の代位

抵当権の設定者である所有権の登記名義人の氏名(名称)・住所に変更または錯誤・遺漏がある場合に，抵当権者は，設定者に代位して，所有権の登記名義人の名変登記を申請することができます(大4.11.6民1701)。抵当権者が競売を申し立てる前提として，この代位の登記をすることがあります。

所有権の登記名義人の名変登記は，所有権の登記名義人が単独で申請できる登記です(不登法64条1項。P316の4.)。よって，抵当権者が代位によって単独で申請できるのです(P369の「代位による登記の可否の基本的な判断基準」原則)。上記2.のex.との違いにご注意ください。上記2.のex.と違い，これは所有権の登記名義人が単独で申請できる登記ですので，共同申請主義が崩れることにはなりません。

(2) 仮登記権利者による仮登記義務者の名変登記の代位

仮登記をする場合に，仮登記義務者の氏名(名称)・住所に変更または錯誤・遺漏があるときは，仮登記の前提として名変登記を申請する必要があります(登研215P68。P318(1))。この名変登記は，仮登記権利者が，仮登記義務者の仮登記の申請についての承諾証明情報(P254⑤)を代位原因証明情報として提供して，仮登記義務者に代位して単独で申請できます。

この名変登記は，仮登記義務者が単独で申請できる登記です(不登法64条1項。P316の4.)。よって，仮登記権利者が代位によって単独で申請できるのです(P369の「代位による登記の可否の基本的な判断基準」原則)。

5. 分筆の登記

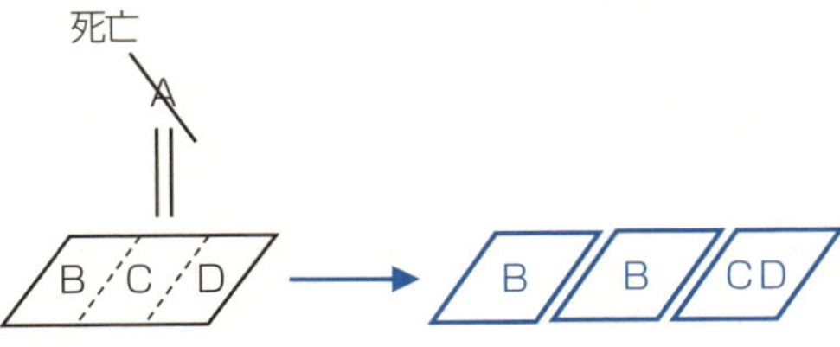

たとえば，土地を所有しているAが死亡し，子BCDへの相続を原因とする所有権の移転の登記がされました。その後，この土地を三筆に分筆し，二筆の土地をBが取得し，一筆の土地をCDが取得する遺産分割調停が成立した場合，BはCDに代位して分筆の登記をすることができるでしょうか。

できます(平2.4.24民三.1528)。

BはCDに対して持分移転登記請求権を有しており，遺産分割調停の内容を実現するには分筆の登記をする必要があるからです。

第７章 区分建物の登記

所有権の保存の登記（Ⅰのテキスト第２編第１章[3]５.）で簡単に区分建物について説明しましたが，この第７章ではより詳しくみていきましょう。

1 区分建物とは？

区分建物の典型例はマンションの１室なので，マンションを例に説明していきます。まず，以下の用語が何を指すのかを押さえてください。

・一棟の建物　　　　　：たとえば，マンション自体のこと

・区分建物（専有部分）：一棟の建物の構造上区分された部分で独立して住居，店舗などの用途に供することができるもの(不登法２条22号)。たとえば，マンションの１室のことです。

＊「区分建物」と「専有部分」は，同じ意味です。手続法（不動産登記法）では「区分建物」といい（不登法２条 22 号），実体法（区分所有法）では「専有部分」といいます（区分所有法２条３項）。

・敷地利用権　　　　　：区分建物（専有部分）を所有するための建物の敷地（土地）に関する権利（区分所有法２条６項)。たとえば，土地の所有権，地上権，賃借権。土地上に適法に建物を所有するためには，その敷地を利用できる権利が必要です。

マンションは，区分建物（503 号室など）ごとに所有権が成立します。敷地は，各部屋の住人全員で共有しており，住人は敷地に持分を有しています。敷地利用権が所有権であれば所有権を，地上権であれば地上権を住人全員で共有しています。1000 ㎡の１つの敷地を 50 人で共有しているなどというのが，マンションの敷地の権利関係です。

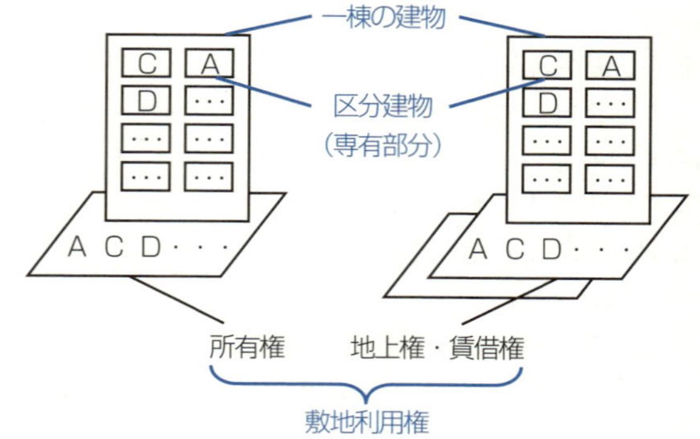

2 敷地権付き区分建物と敷地権の登記のない区分建物

区分建物には，下記１.と２.の２種類があります。

1．原則 —— 敷地権付き区分建物

（1）敷地権付き区分建物とは？

敷地権付き区分建物：区分建物と敷地利用権の分離処分が原則として禁止される区分建物（区分所有法22条1項本文）

敷地利用権が共有の場合，区分建物と敷地利用権を別々に処分することは原則としてできません（区分所有法22条1項本文）。一軒家と異なり，区分建物は敷地利用権と別々に処分する必要性が低いからです。よって，たとえば，マンションの1室を売るには，敷地利用権の持分も一緒に売る必要があります。

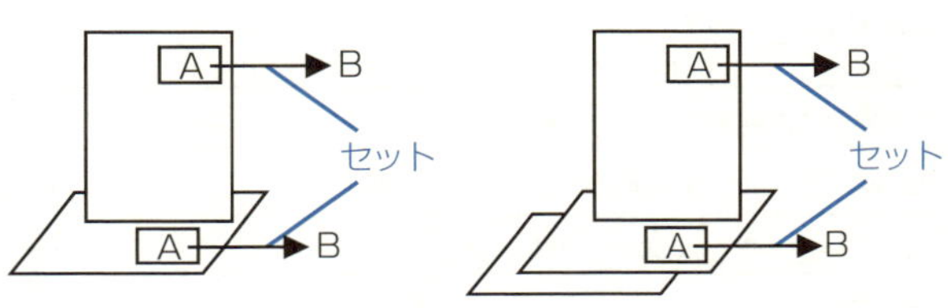

（2）敷地権

（a）敷地権とは？

敷地権：区分建物の敷地利用権（登記されたものに限る）であって，区分建物と分離して処分することができないもの（不登法44条1項9号）

上記（1）のとおり，敷地権付き区分建物は，原則として区分建物と敷地利用権を別々に処分することができません。このような敷地利用権を「敷地権」といいます。つまり，敷地権は，敷地利用権の一種で，敷地利用権よりも狭い概念です。では，「敷地権ではない敷地利用権はあるのか？」ということですが，それが後記2.の敷地権の登記のない区分建物の敷地利用権です。

（b）敷地権の登記

敷地権は，区分建物の登記記録および敷地の登記記録に登記されます。

区分建物の表題部に敷地権の登記がされると，登記官が職権で，敷地の権利部に，所有権，地上権または賃借権が敷地権である旨の登記をします（不登法46条）。この敷地の権利部にされる敷地権である旨の登記は，地上権・賃借権であっても主登記でされます。

……といわれてもイメージが湧かないでしょうから，登記記録をみてみましょう。以下が，敷地権が所有権である場合の区分建物と敷地の登記記録です。敷地権付き区分建物の登記記録は複雑なので，以下の登記記録のどの部分が，敷地権付き区分建物のどの部分を表しているのか，先に図を示し番号をふっておきました。右の図の番号

は，登記記録の横にふった番号に対応します。

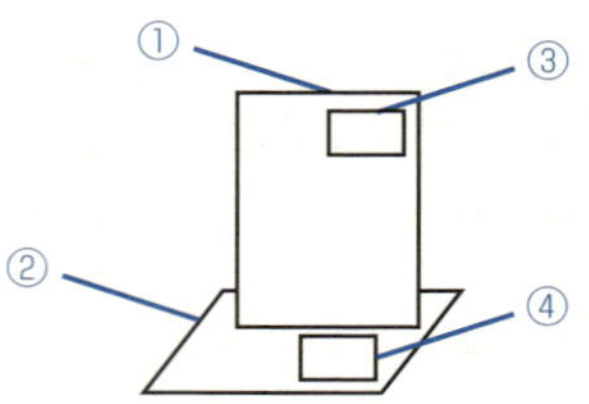

【区分建物の登記記録】

＊これは 503 号室の登記記録ですが，部屋ごとにこのような登記記録が作成されます。

①

専有部分の家屋番号	3－101 ～ 3－506		
表　題　部　（一棟の建物の表示）	調製　余　白	所在図番号	余　白
所　　在	新宿区新宿三丁目３番地	余　白	
建物の名称	リアリスティックリバーサイド	余　白	

①　構　造	②　床　面　積　㎡			原因及びその日付〔登記の日付〕
鉄筋コンクリート造陸屋根５階建	１階	600	25	〔令和５年６月24日〕
	２階	580	52	
	３階	580	52	
	４階	580	52	
	５階	437	23	

②

表　題　部　（敷地権の目的である土地の表示）					
①土地の符号	②所在及び地番	③地目	④地積㎡		登記の日付
1	新宿区新宿三丁目３番	宅地	1000	00	令和５年６月24日

③

表　題　部　（専有部分の建物の表示）				不動産番号	0100012345678
家屋番号	新宿三丁目　３番の503			余　白	
建物の名称	503			余　白	
①　種　類	②　構　造	③　床　面　積　㎡		原因及びその日付〔登記の日付〕	
居宅	鉄筋コンクリート造１階建	５階部分　83	55	令和５年６月23日新築 〔令和５年６月24日〕	

④

表　題　部　（敷地権の表示）			
①土地の符号	②敷地権の種類	③　敷　地　権　の　割　合	原因及びその日付〔登記の日付〕
1	所有権	10000分の500	令和５年６月23日敷地権 〔令和５年６月24日〕
所　有　者	株式会社Ａホーム		

権 利 部 （甲 区） （所 有 権 に 関 す る 事 項）			
順位番号	登記の目的	受付年月日・受付番号	権 利 者 そ の 他 の 事 項
1	所有権保存	令和５年６月28日 第12456号	所有者　株式会社Ａホーム（＊）

＊令和６年４月１日から，会社法人等番号も登記事項となります（不登法73条の２第１項１号）。

区分建物の表題部は，上記のように，「①②」（一棟の建物と敷地全体）と「③④」（区分建物とその敷地権の持分）に大きく分かれます。④について説明を加えます。

「所有権」　：敷地権の種類（地上権なら「地上権」，賃借権なら「賃借権」と記録されます）

「10000分の500」　：敷地権の割合。敷地は，各部屋の住人全員で共有していますが，その敷地の持分割合のことです。

「令和５年６月23日敷地権」　：敷地が敷地権となった日

【敷地の登記記録】

②

表 題 部 （土地の表示）		調製	余 白	不動産番号	0205416548412
地図番号	余 白	筆界特定	余 白		
所　在	新宿区新宿三丁目			余 白	
① 地 番	② 地 目	③ 地 積 ㎡		原因及びその日付［登記の日付］	
3番	宅地	1000	00	余 白	
所 有 者	株式会社Ａホーム				

権 利 部 （甲 区） （所 有 権 に 関 す る 事 項）			
順位番号	登記の目的	受付年月日・受付番号	権 利 者 そ の 他 の 事 項
1	所有権保存	令和４年６月28日 第11542号	所有者　株式会社Ａホーム（＊）
2	所有権敷地権	余 白	建物の表示　新宿区新宿三丁目３番地 一棟の建物の名称　リアリスティックリバーサイド 令和５年６月24日登記

＊令和６年４月１日から，会社法人等番号も登記事項となります（不登法73条の２第１項１号）。

土地について，上記の甲区２番のように敷地権である旨の登記がされると，その後は，原則として土地の権利部について登記がされません。敷地権付き区分建物の場合，区分建物についてされた権利に関する登記は，原則として敷地権についてされた登記としての効力も有するからです（不登法73条１項柱書本文）。敷地権付き区分建物は分離処分が禁止されるため，区分建物と敷地利用権が同じ運命をたどります。よって，このような扱いとなっています。つまり，「敷地権である旨の登記（上記の甲区２番の登記）で敷地の登記は締め切るよ。敷地の運命は区分建物と原則として同じだから，区分建物の登記記録を見てね。」ということです。

２．例外 ―― 敷地権の登記のない区分建物

敷地権の登記のない区分建物：区分所有者同士で定めた規約により，区分建物と敷地利用権の分離処分が認められている区分建物（区分所有法22条１項ただし書）

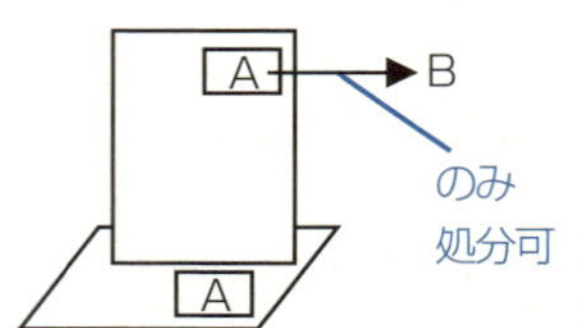

区分所有者同士で分離処分を認める規約を定めれば，区分建物のみまたは敷地のみを処分することができるとすることもできます。

敷地権の登記のない区分建物だと，P378～379のような敷地権の登記がされません。よって，各部屋の住人全員で共有している敷地は，１人の住人が持分を処分する度に，１つ１つ登記されることになります。よって，敷地の権利部には，「甲区87番」「乙区90番」など，ものすごい数の登記がされることになります……。

＊3以降は，敷地権付き区分建物に絞って説明をしていきます。

3　分離処分の禁止の「処分」とは？

敷地権付き区分建物は，区分建物と敷地利用権を別々に処分することは原則としてできません（区分所有法22条１項本文。P377（1））。よって，たとえば，敷地権の種類が所有権である場合に，敷地についてのみ所有権の移転の登記をするといったことはできません。

しかし，すべての登記がこの「処分」に当たるわけではありません。登記ごとに，分離処分の禁止に当たり登記ができないのかを考えていく必要があります。

考え方

区分建物のみまたは敷地のみについてしかできない登記，あるいは，**区分建物のみまたは敷地のみについてするべき登記**であれば，区分建物のみまたは敷地のみについての登記を申請することができます。

Realistic rule

①**敷地が敷地権（所有権）の目的となった後**は，区分建物のみまたは敷地のみについて，**所有権（持分）の移転の登記（仮登記を除きます）**を申請することは**できません**。

試験では，「判決があればできそう」「相続だったらできそう」などと思わせるひっかけが出題されますが，とにかくこの①はダメです。

②敷地権が所有権である場合，**利用権の登記**は，**登記原因日付と敷地が敷地権の目的となった日の前後に関係なく**，区分建物のみまたは敷地のみについて申請することが**できます**（これは利用権の仮登記でも同じです）。

ex1. 敷地権付き区分建物について，区分建物のみまたは敷地のみを目的とする賃借権の設定の登記を申請することができます。

ex2. 敷地権付き区分建物について，敷地のみを目的とする区分地上権（地下を目的とするもの）の設定の登記を申請することができます。

利用権は，建物のみまたは土地のみを目的とする権利だからです。

＊この第７章において以下，特に記載のない限り，敷地権の種類は所有権とさせていただきます。

1．所有権

以下の時系列の場合，所有権の移転の仮登記をすることができるでしょうか。

①区分建物のみまたは敷地のみについて売買契約がされた

②敷地が敷地権の目的となり敷地権の登記（P378④）がされた

③上記①に基づいて区分建物のみまたは敷地のみについて所有権の移転の仮登記の申請がされた

できます。所有権でも仮登記であれば，仮登記の登記原因（①）が敷地が敷地権の目的となる（②）前に生じていれば，申請（③）は敷地が敷地権の目的となった（②）後でも構いません（不登法73条２項ただし書，３項ただし書）。（※）

所有権（持分）の移転の登記であればダメです（上記の「Realistic rule ①」）。しかし，仮登記なら，仮登記をした後にすぐに本登記ができるわけではありません。本登記は，上記の Realistic rule ①があるため，敷地権の登記が抹消されないとできません。また，敷地権の登記が抹消されたときに備え，順位保全（仮登記）をしておく意味があります。

※「敷地が敷地権の目的となった日」とは？

「敷地が敷地権の目的となった日」が基準です。この後も，この日が基準になることがあります。これは，P378 の登記記録でいうと，「令和5年6月 23 日敷地権」のことです。その下に記録されている「〔令和5年6月 24 日〕」ではありませんので，ご注意ください。平成 28 年度第 20 問は，ここまで正確にわかっていないと解けない問題でした。

2．担保物権

（1）抵当権

（a）抵当権の設定の登記

以下の時系列の場合，抵当権の設定の登記をすることができるでしょうか。

①区分建物のみまたは敷地のみについて抵当権の設定契約がされた
②敷地が敷地権の目的となり敷地権の登記（P378④）がされた
③上記①に基づいて区分建物のみまたは敷地のみについて抵当権の設定の登記の申請がされた

できます。抵当権の設定の登記原因（①）が敷地が敷地権の目的となる（②）前に生じていれば，申請（③）は敷地が敷地権の目的となった（②）後でも構いません（不登法 73 条2項ただし書，3項ただし書）。

敷地が敷地権の目的となる前に抵当権の設定契約がされたのであれば，区分建物のみまたは敷地のみについて抵当権が設定されているため，その登記を認める必要があるからです。

※これは抵当権の設定の仮登記でも同じです（不登法 73 条2項ただし書，3項ただし書）。
※これは不動産質権の設定の登記でも同じです（不登法 73 条2項ただし書，3項ただし書）。

（b）共同抵当権の追加設定の登記

以下の時系列の場合，共同抵当権の追加設定の登記をすることができるでしょうか。

①敷地のみについて抵当権の設定の登記がされた
②敷地が敷地権の目的となり敷地権の登記（P378④）がされた
③上記①の抵当権の追加担保として，区分建物のみを目的として，共同抵当権の追加設定の契約がされ，共同抵当権の追加設定の登記の申請がされた

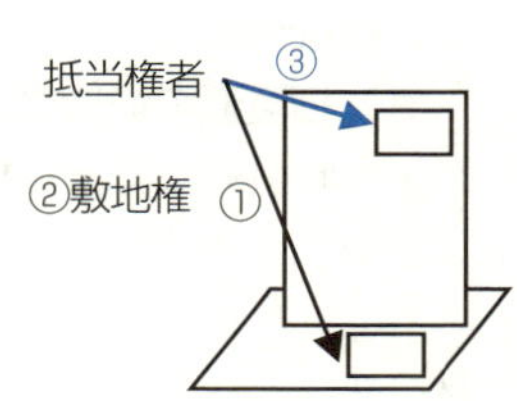

できます（昭59.9.1民三.4675）。

上記の事例から，区分建物と敷地が入れ替わっても（先に区分建物に抵当権の設定の登記がされており，敷地が敷地権の目的となった後に敷地に共同抵当権の追加設定の登記の申請がされても），できます（登研525P210参照）。

たしかに，敷地が敷地権の目的となった後に，敷地のみまたは区分建物のみに抵当権の設定をしていることになります。しかし，共同抵当権になったほうが区分建物と敷地が分離処分される確率が低くなり，かえって分離処分禁止の趣旨にかないます。共同抵当権であれば，同時に競売される確率が高いです。

※追加された敷地への共同抵当権の追加設定の登記

以下の時系列の場合，共同抵当権の追加設定の登記をすることができるでしょうか。

①敷地権付き区分建物の区分建物および敷地を目的として共同抵当権の設定の登記がされた
②敷地権を追加する表示の変更の登記がされた
③上記①の抵当権の追加担保として，②で追加された敷地のみを目的として，共同抵当権の追加設定の契約がされ，共同抵当権の追加設定の登記の申請がされた

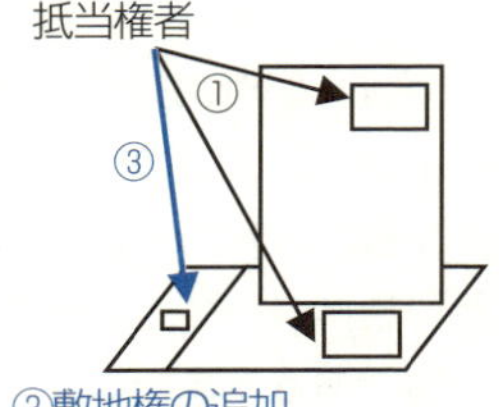

できます（登研525P210）。

②の敷地権を追加するというハナシですが，これまで敷地権は１つの例で説明してきましたが，１つではなく複数でも構いません。たとえば，マンションの敷地が複数ある例としては，マンションのゴミ捨て場は別の土地であるということがあります。

敷地が敷地権の目的となった後に，追加された敷地のみに抵当権の設定をしていることになります。しかし，この場合も，共同抵当権になったほうが分離処分される確率が低くなり，かえって分離処分禁止の趣旨にかないます。

（２）根抵当権

（ａ）極度額の増額の変更の登記

以下の時系列の場合，根抵当権の極度額の増額の変更の登記をすることができるでしょうか。

①区分建物のみまたは敷地のみについて根抵当権の設定の登記がされた
②敷地が敷地権の目的となり敷地権の登記（P378④）がされた
③上記①の根抵当権について，極度額の増額の変更契約がされ，極度額の増額の変更の登記の申請がされた

できません（登研444P106）。

極度額の増額の変更の登記は，増額部分については，新たな根抵当権の設定の登記と同視できるからです（P64（６）の登録免許税でこの考え方が出てきました)。敷地が敷地権の目的となった後に，区分建物のみまたは敷地のみを目的として根抵当権の設定の登記をすることは，原則としてできません。

ただし，敷地が敷地権の目的となる（②）前の日を登記原因日付とする（変更契約などを敷地が敷地権の目的となる前にしている）極度額の増額の変更の登記であれば，できます。敷地が敷地権の目的となる前の日を登記原因日付とするのならば，設定の登記でもできるからです（不登法73条２項ただし書，３項ただし書。P382（ａ))。

（ｂ）債権の範囲の変更の登記・債務者の変更の登記

上記（ａ）と異なり，債権の範囲の変更の登記または債務者の変更の登記であれば，敷地権付き区分建物の区分建物のみまたは敷地のみについて設定の登記がされた根抵当権について，変更の登記ができます。登記原因日付が，敷地が敷地権の目的となる前であるか後であるか関係なくできます。

債権の範囲の変更の登記と債務者の変更の登記は，極度額の増額のように，新たな根抵当権の設定の登記と同視できる登記ではないからです。

(3) 先取特権

敷地が敷地権の目的となった後に，区分建物のみまたは敷地のみについて先取特権の保存の登記ができるかは，以下のとおり先取特権の種類によって変わります。

可（○）	不可（×）
①不動産の保存の先取特権の保存の登記 （昭58.11.10民三.6400） 区分建物のみまたは敷地のみを修繕するのが普通であるため，区分建物のみまたは敷地のみに成立します。―― **民法Ⅱのテキスト第4編第3章第2節4 2.**	**①一般の先取特権の保存の登記**（登研442P84） 一般の先取特権は，債務者の総財産の上に成立するため，区分建物のみまたは敷地のみに成立しないからです。―― **民法Ⅱのテキスト第4編第3章第2節2 1.**
②不動産の工事の先取特権の保存の登記 （昭58.11.10民三.6400） 区分建物のみまたは敷地のみを工事するのが普通であるため，区分建物のみまたは敷地のみに成立します。―― **民法Ⅱのテキスト第4編第3章第2節4 2.**	**②不動産の売買の先取特権の保存の登記** 不動産の売買の先取特権の保存の登記は，売買を原因とする所有権の移転の登記と同時に申請する必要があります（P159②※）。所有権の移転の登記は，区分建物のみまたは敷地のみについてできません（P381の「Realistic rule ①」）。よって，同時にすべき不動産の売買の先取特権の保存の登記も，区分建物のみまたは敷地のみについてできないのです。

3. 処分制限の登記

(1) 差押えの登記

(a) 強制競売の開始決定に基づく差押えの登記 ―― 一般債権者の申立て

これは，一般債権者の申立てによる競売です。

敷地権付き区分建物の区分建物のみまたは敷地のみについて，強制競売開始決定に基づく差押えの登記をすることができるでしょうか。

基本的にはできません。

一般債権者は，特定の財産（区分建物のみ，敷地のみ）を目的としているのではありません。よって，区分建物と敷地の双方を競売にかけることができるからです。

（b）担保権の実行としての競売の開始決定に基づく差押えの登記

これは，担保権者の申立てによる競売です。

以下の時系列の場合，差押えの登記をすることができるでしょうか。

①区分建物のみまたは敷地のみについて担保物権の設定（保存）の登記がされた
②敷地が敷地権の目的となり敷地権の登記（P378④）がされた
③上記①に基づいて区分建物のみまたは敷地のみについて担保権の実行としての競売の開始決定がされた
④上記③に基づいて区分建物のみまたは敷地のみについて差押えの登記が嘱託された

できます。

敷地が敷地権の目的となる（②）前に，区分建物のみまたは敷地のみに担保物権の設定（保存）の登記がされています（①)。よって，区分建物のみまたは敷地のみ競売されることになるからです。また，上記（a）の一般債権者と異なり，担保権者は特定の財産（区分建物のみ，敷地のみ）を目的としています。

（2）仮処分の登記

敷地権付き区分建物の区分建物のみまたは敷地のみについて，処分禁止の仮処分の登記をすることができるでしょうか。

できます（昭58.11.10民三.6400)。

処分禁止の仮処分の登記は，特定の不動産について争いが生じた場合にする登記です（P345～346 の1.)。区分建物のみまたは敷地のみについて争いが生じることもあるからです。

4．敷地権が地上権または賃借権である場合

（1）所有権の移転の登記

敷地権が地上権または賃借権である場合，土地のみについて所有権の移転の登記をすることができるでしょうか。

できます。

敷地権が地上権または賃借権である場合，分離処分が禁止されるのは，区分建物と地上権または賃借権の持分です。所有権との分離処分は禁止されません。

P381の「Realistic rule ①」は，敷地権が所有権の場合のルールですので，ご注意ください。

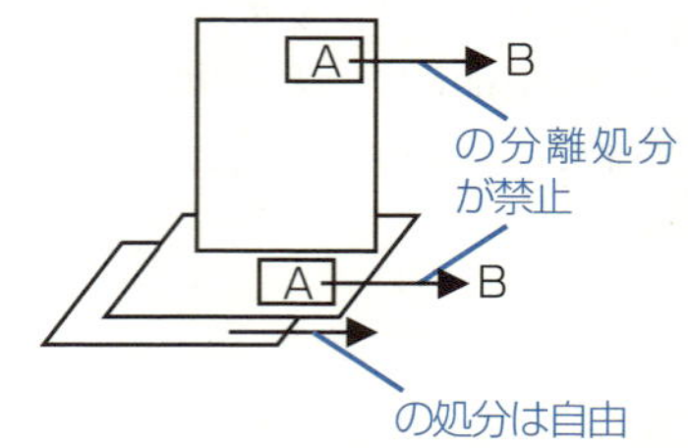

なお，所有権の移転の登記ができることは，登記記録上，地上権の存続期間が満了している場合でも同じです（平30.10.16民二.490）。

たしかに，地上権が消滅していれば，区分建物と敷地の所有権の分離処分が禁止されます。しかし，借地権の存続期間が満了しても，地上権者が土地の使用を継続し，建物があれば，借地契約を更新したものとみなされます（借地借家法5条2項）。よって，地上権が存続していると考えられるのです。

（2）地上権または賃借権の抹消の登記

敷地権が地上権または賃借権である場合に，地上権または賃借権の抹消の登記をすることができるでしょうか。

できます。

分離処分の禁止とは，権利の消滅をも禁ずるものではありません。実体上，権利が消滅したのであれば，抹消の登記をすべきです。消えた権利が登記記録上残っているのは，おかしいからです。

4 建物のみに関する旨の付記登記（いわゆる「のみ付記」）

敷地権付き区分建物の場合，区分建物についてされた権利に関する登記は，敷地権についてされた登記としての効力も有するのが原則です（不登法73条1項柱書本文。P380）。

しかし，上記3のとおり，例外的に区分建物のみについてしか効力が及ばない登記もあります。そこで，「建物のみに関する旨の付記登記」（俗に「のみ付記」と呼ばれていますので以下「のみ付記」といいます）という登記があります。これは，以下のように区分建物の登記記録に職権で登記されます（不登規123条1項本文，156条）。

権利部（乙区）（所有権以外の権利に関する事項）			
順位番号	登記の目的	受付年月日・受付番号	権利者その他の事項
1	抵当権設定	令和5年6月28日 第12457号	原因　令和5年6月28日金銭消費貸借同日設定 債権額　金1000万円 債務者　株式会社Aホーム 抵当権者　B
付記1号	1番登記は建物のみに関する	余白	令和5年6月28日付記

この付記1号の登記は，「この登記は，例外的に区分建物についてしか効力が及んでいませんよ～」という登記なのです。

ただし，区分建物のみについてしか効力が及ばない登記でも，常にのみ付記がされるわけではありません。

のみ付記がされるかの判断基準

①区分建物のみに効力が及んでいるが，**区分建物のみに効力が及んでいることが明らか**

→　登記されません

区分建物のみに効力が及んでいることが明らかなので，のみ付記をしなくても敷地に効力が及んでいないことがわかるからです。

②区分建物のみに効力が及んでいるが，**区分建物のみに効力が及んでいることが明らかではない**

→　登記されます（該当し得る権利は，**所有権，抵当権，根抵当権，不動産質権のみ**です〔不登規156条，不登法73条3項ただし書〕）

区分建物のみに効力が及んでいることが明らかではないので，のみ付記をしないと敷地に効力が及んでいないことがわからないからです。

ex1. 敷地権が賃借権である場合に，区分建物を目的とする抵当権の設定の登記がされたときは，のみ付記はされません。賃借権に抵当権は設定できないため（Ⅰのテキスト第3編第1章第1節1※），区分建物のみに効力が及んでいることが明らかだからです（上記の「のみ付記がされるかの判断基準①」）。

ex2. 以下の時系列の場合，のみ付記はされます。

①敷地のみについて抵当権の設定の登記がされた

②敷地が敷地権の目的となり，敷地権の登記（P378 ④）がされた

③上記①の抵当権の追加担保として，区分建物のみを目的として，共同抵当権の追加設定の契約がされ，共同抵当権の追加設定の登記の申請がされた

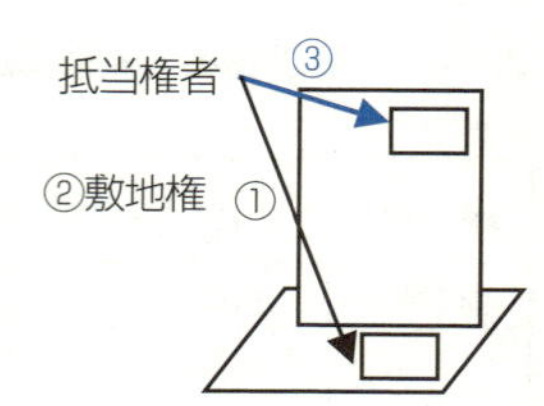

上記③の共同抵当権の追加設定の登記は，区分建物のみにしか効力が及びません（P383（b））。区分建物についてされた抵当権の設定の登記は，通常は敷地にも効力が及ぶため，のみ付記をしないと，敷地に二重に抵当権が設定されたことになってしまうからです（上記の「のみ付記がされるかの判断基準②」）。

※敷地権の登記がされる前に区分建物および敷地に登記された抵当権など

敷地が敷地権の目的となり敷地権の登記（P378④）がされる前に，区分建物および敷地に登記された抵当権，根抵当権，不動産質権，一般の先取特権の登記の目的，受付年月日・受付番号および登記原因及びその日付が同一であるときは，のみ付記はされず（不登規 123 条1項ただし書），敷地の抵当権，根抵当権，不動産質権，一般の先取特権の登記が職権で抹消されます（不登規 123 条2項）。

この場合，区分建物についての登記が敷地権についての登記の効力も有するからです。

【3と4のまとめ】（区分建物のみについての登記の可否とのみ付記の有無）

のみ付記がされるか登記ごとにみていきますが，3で説明した知識も（すべてではありませんが）併せてまとめておきます。

＊すべて登記申請時点では敷地権の登記がされている前提です。

	登記原因日付が敷地が敷地権の目的となるよりも前	登記原因日付が敷地が敷地権の目的となったよりも後	のみ付記
①所有権の移転の登記	× （P381 の「Realistic rule①」）	× （P381 の「Realistic rule①」）	＊
②所有権の移転の仮登記	○ （P381～382 の1.）	× （P381～382 の1.）	される （上記の「のみ付記がされるかの判断基準②」）
③抵当権または不動産質権の設定の登記（仮登記も含む）	○ （P382（a））	× （P382（a））	される （上記の「のみ付記がされるかの判断基準②」）
④不動産保存の先取特権の保存の登記，不動産工事の先取特権の保存の登記	○ （P385（3））	○ （P385（3））	されない （上記の「のみ付記がされるかの判断基準①」）
⑤一般の先取特権の保存の登記，不動産売買の先取特権の保存の登記	× （P385（3））	× （P385（3））	＊
⑥賃借権の設定の登記（仮登記も含む）	○ （P381 の「Realistic rule②」）	○ （P381 の「Realistic rule②」）	されない （上記の「のみ付記がされるかの判断基準①」）

＊区分建物のみについての登記はできませんので，のみ付記は問題となりません。

※土地のみに関する旨の付記登記

「土地のみに関する旨の付記登記」は，存在しません。土地の登記の効力が建物に及ぶことはなく，土地のみにしか効力が及ばないことは当たり前だからです。

5　敷地権付き区分建物の登記の登録免許税

敷地権付き区分建物の登記の登録免許税は，登録免許税の計算に注意する必要があります。区分建物についての登記をする場合でも，敷地権に効力が及ぶものであるときは，区分建物だけでなく，敷地権についても登録免許税が課されます。

これを前提に，「不動産の価額を課税標準とする登記」（下記１.），「不動産の個数を課税標準とする登記」（下記２.），「権利の件数を課税標準とする登記」（下記３.）に分けてみていきます。

１．不動産の価額を課税標準とする登記

（１）区分建物と敷地権の税率が同じ場合

この場合，「区分建物の価額」と「敷地権の目的である土地の価額に敷地権の割合をかけた価額」の合計額を課税標準とし，それに「税率」をかけます。……といわれても，わかりにくいですよね。こういうのは具体例で体得するのが１番です。

ex. P378～379の敷地権付き区分建物の課税標準の額が，区分建物5,000,000円，土地100,000,000円であったとしましょう。この場合に，株式会社Ａホームから Ｂに売買を原因とする所有権の移転の登記をする場合の登録免許税の計算は，以下のとおりです。

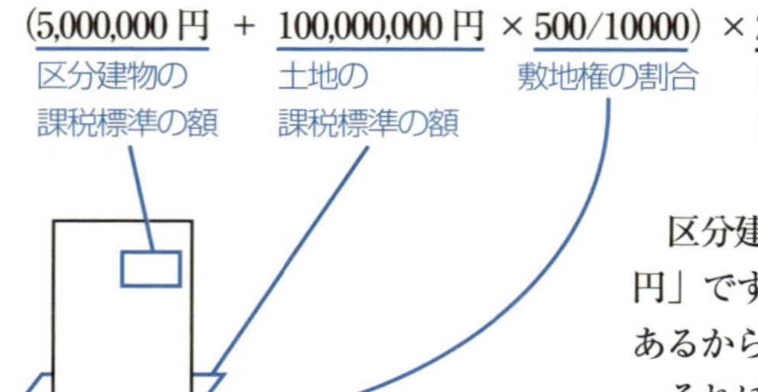

区分建物は，単に課税標準の額「5,000,000円」です。区分建物ごとの課税標準の額はあるからです。

それに対して，敷地権は「100,000,000円×500/10000」と面倒な計算をしています。敷地は，マンションの各部屋の住人全員で共有しているため，敷地権の割合をかけているのです。土地の課税標準の額はありますが（100,000,000円），敷地権の「持分」の課税標準の額などというものはないため，敷地権の割合をかけて計算しないといけないのです。

(2) 区分建物と敷地権の税率が異なる場合

敷地権が地上権または賃借権だと，区分建物と敷地権の税率が異なることになります。この場合は，「区分建物の登録免許税」と「敷地権の登録免許税」を別々に計算し，その合計額が登録免許税の額となります。……といわれてもわかりにくいと思いますので，これも具体例で体得しましょう。

ex. P378～379 の敷地権付き区分建物の敷地権が，賃借権であったとします。課税標準の額は，区分建物 5,000,000 円，土地 100,000,000 円です。この場合に，株式会社Aホームから B に売買を原因とする所有権の移転の登記をする場合の登録免許税の計算は，以下のとおりです。なお，敷地権については，賃借権のAホームの持分がBに移転することになります。

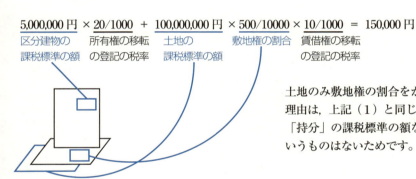

5,000,000 円 × 20/1000 ＋ 100,000,000 円 × 500/10000 × 10/1000 ＝ 150,000 円

- 5,000,000 円：区分建物の課税標準の額
- 20/1000：所有権の移転の登記の税率
- 100,000,000 円：土地の課税標準の額
- 500/10000：敷地権の割合
- 10/1000：賃借権の移転の登記の税率

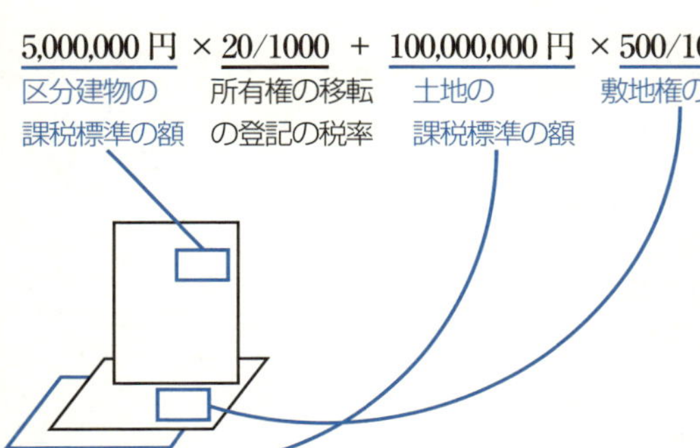

土地のみ敷地権の割合をかける理由は，上記（1）と同じです。「持分」の課税標準の額などというものはないためです。

2．不動産の個数を課税標準とする登記

考え方

不動産の個数を課税標準とする登記ですから，**不動産の個数を数えます**。その際，以下のように数える点がポイントです（昭 58.11.10 民三.6400）。

- 区分建物：**区分建物ごとに 1 個**。区分建物が 1 つの不動産だからです。
- 敷地権　：**持分ごとではなく，土地で 1 個**。持分が不動産なのではなく，土地が不動産だからです。

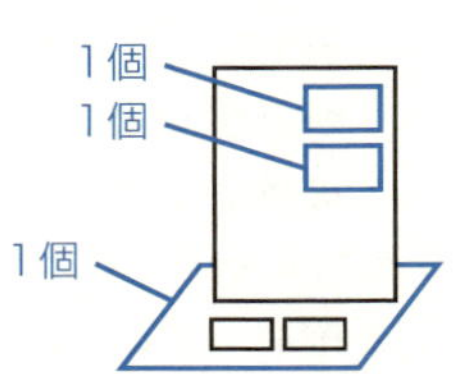

ex1. 敷地権の目的が一筆の土地である区分建物１個の所有権の登記名義人が住所の変更の登記を申請する場合，登録免許税の額は2000円です（登免法別表第１．１．(14)）。「区分建物１個，土地１個」で不動産の個数が２個だからです（上記の「考え方」）。

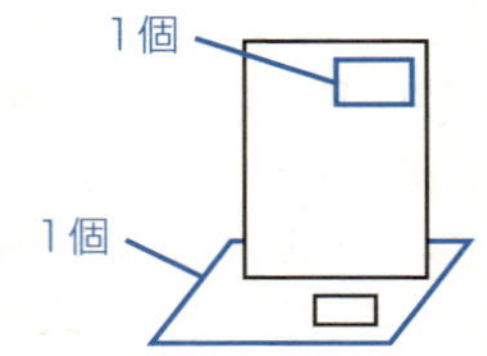

ex2. 敷地権の目的が一筆の土地である区分建物２個の所有権の登記名義人が住所の変更の登記を申請する場合，登録免許税の額は3000円です（登免法別表第１．１．(14)）。「区分建物２個，土地１個」で不動産の個数が３個だからです（上記の「考え方」）。持分ごとではなく，土地で１個ですので，土地について「２個」とならない点にご注意ください。

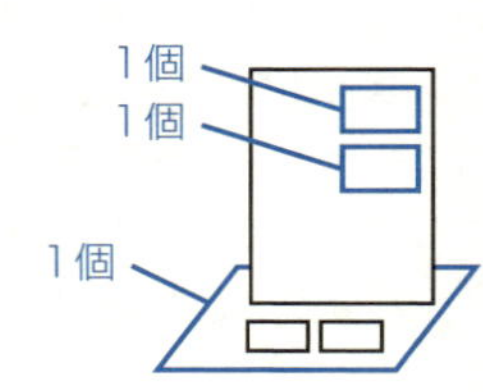

ex3. 敷地権の目的が二筆の土地である区分建物１個の所有権の登記名義人が住所の変更の登記を申請する場合，登録免許税の額は3000円です（登免法別表第１.１．(14)）。「区分建物１個，土地２個」で不動産の個数が３個だからです（上記の「考え方」）。敷地権の目的が二筆の土地である場合とは，P383～384※で説明したような場合です。

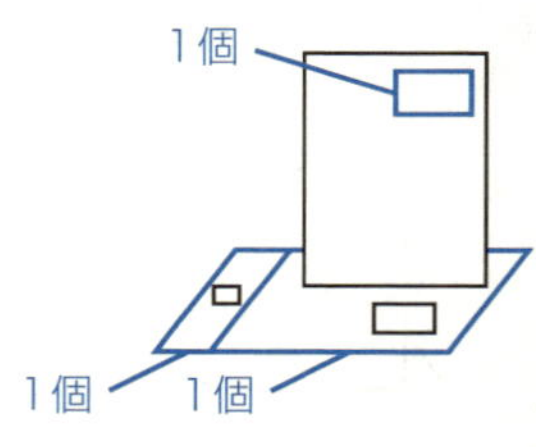

ex4. 敷地権の目的が一筆の土地の地上権である区分建物１個に設定された抵当権の抹消の登記を申請する場合，登録免許税の額は2000円です（登免法別表第１.１．(15)）。「区分建物１個，土地１個」で不動産の個数が２個だからです（上記の「考え方」）。敷地権が地上権ですので，抵当権を設定することができ（民法369条２項。Ⅰのテキスト第３編第１章第１節[1]※），敷地権にも抵当権の効力が及んでいます。

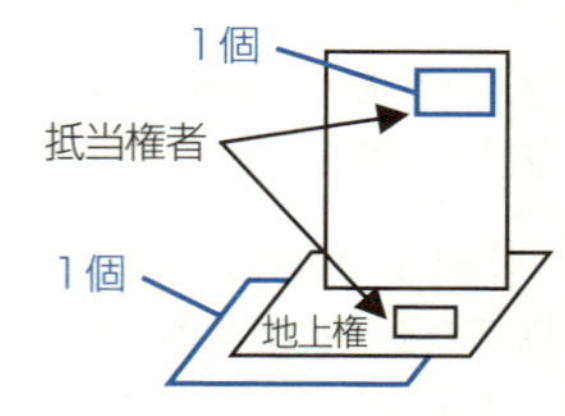

※敷地権が賃借権であれば，登録免許税の額は1000円となります。抵当権の効力は賃借権には及ばないため（Ⅰのテキスト第３編第１章第１節[1]※），土地を不動産の個数に入れないことになるからです。

ex5. 敷地権の目的が地上権と賃借権（二筆の土地）である区分建物１個に設定された抵当権の抹消の登記を申請する場合，登録免許税の額は2000円です（登免法別表第1.1.(15)）。抵当権の効力は，地上権には及んでいますが，賃借権には及んでいないため（Ⅰのテキスト第３編第１章第１節[1]※），「区分建物１個，土地１個」で不動産の個数が２個だからです（上記の「考え方」）。

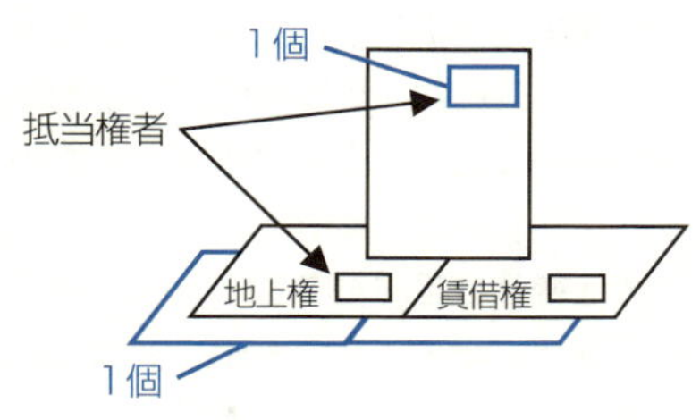

3．権利の件数を課税標準とする登記

権利の件数を課税標準とする登記は，権利の数を数えていくことになります。

ex1. 別の不動産に設定された抵当権の追加担保として，敷地権の目的が一筆の土地である３個の区分建物に共同抵当権の追加設定の登記を申請する場合，登録免許税の額は6000円です。共同担保物権の追加設定の登記は，権利の件数１件につき1500円です（登免法13条２項）。「区分建物に設定された抵当権が３件，土地に設定された抵当権が１件」で抵当権の件数が４件となります。

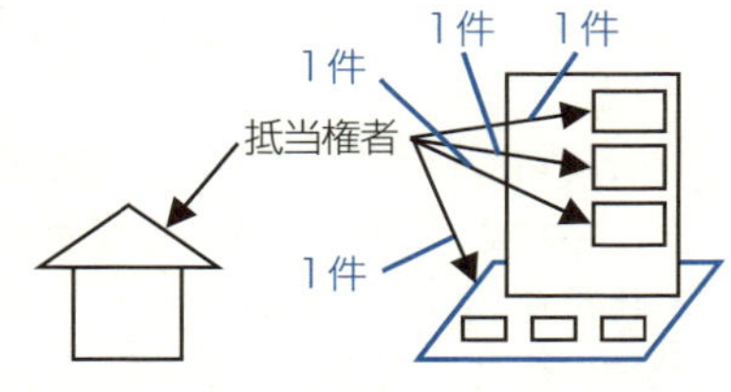

ex2. 敷地権の目的が一筆の土地である区分建物１個に設定された１番抵当権と２番抵当権の順位変更の登記を申請する場合，登録免許税の額は4000円です。順位変更の登記は，順位変更をする担保物権の件数１件につき1000円です（登免法別表第1.1.(8)）。「１番抵当権について区分建物に１件・土地に１件，２番抵当権について区分建物に１件・土地に１件」で抵当権の件数が４件となります。

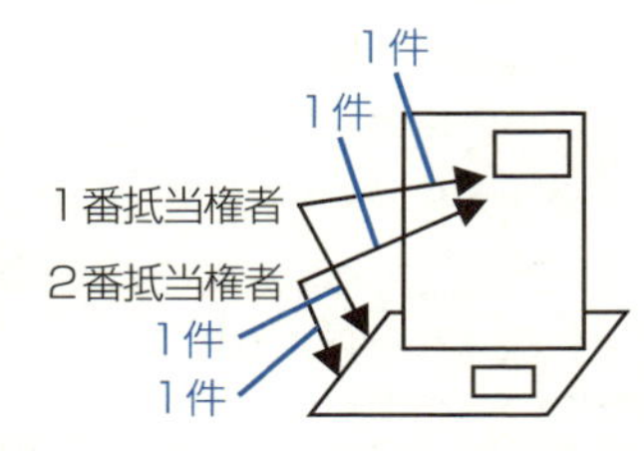

6 敷地権付き区分建物の登記の不動産の表示

本章の最後に，敷地権付き区分建物の登記の不動産の表示をみます。敷地権付き区分建物の表題部は登記事項が多いため（P378），申請情報に記載する不動産の表示も多くなります。

敷地権付き区分建物についての登記を申請する場合の申請情報に記載する不動産の表示は下記①～⑧ですが，すべてを記憶する必要はありません。以下のポイントを押さえていただければ結構です。

・⑥の一棟の建物の構造および床面積は，一棟の建物の名称（P378 の例では「リアリスティックリバーサイド」）を記載すれば，記載する必要はありません（不登令３条８号へかっこ書）。
・⑧の敷地権の表示は，敷地権について効力が及ぶ登記を申請する場合のみ記載し，敷地権について効力が及ばない登記を申請する場合は記載しません（昭 59.9.1 民三.4674。Ⅰのテキスト第３編第１章第１節4 2.（5）「不動産の表示の記載の趣旨」）。

①区分建物における，その区分建物が属する一棟の建物の所在する市，区，郡，町，村，字（あざ）および土地の地番（不登令３条８号イかっこ書）
②家屋番号（不登令３条８号ロ）
③建物の種類，構造および床面積（不登令３条８号ハ）
④建物の名称があるときは，その名称（不登令３条８号ニ）
⑤区分建物である附属建物にあっては，その附属建物が属する一棟の建物の所在する市，区，郡，町，村，字および土地の地番，並びに，種類，構造および床面積（不登令３条８号ホかっこ書）
⑥区分建物である建物または附属建物が属する一棟の建物の構造および床面積（不登令３条８号へ）
⑦区分建物である建物または附属建物が属する一棟の建物の名称があるときは，その名称（不登令３条８号ト）

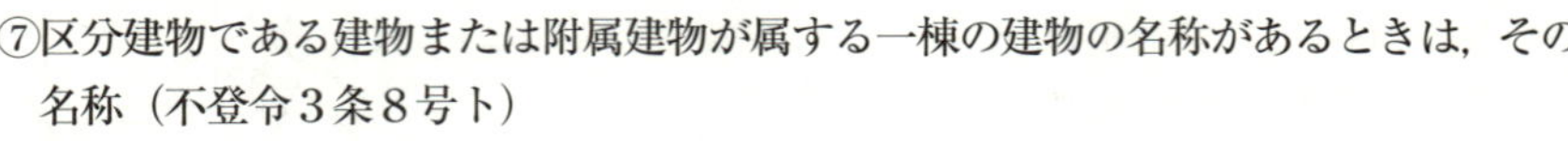

⑧敷地権について次に掲げる事項（不登令３条 11 号へ）
ⅰ　敷地権の目的となる土地の所在する市，区，郡，町，村および字並びにその土地の地番，地目および地積
ⅱ　敷地権の種類および割合

※共用部分（エレベーター，廊下など）の表示は記載しません。共用部分の持分は，専有部分の処分に当然に従うからです（区分所有法 15 条１項）。

第8章 抹消の登記

各論で所有権の移転の登記の抹消の登記など，各登記の抹消の登記をみてきました。この第８章では，基本的に全登記に関係する抹消の登記をみていきます。

Realistic rule

すべての抹消の登記に共通することですが，**抹消の登記は主登記**でされます。権利が消えたことをわかりやすく公示するためです。

1 共同して登記の抹消の申請をすべき者の所在が知れない場合の抹消の登記

不動産登記法 70 条（除権決定による登記の抹消等）

1　登記権利者は，共同して登記の抹消の申請をすべき者の所在が知れないためその者と共同して権利に関する登記の抹消を申請することができないときは，非訟事件手続法（平成 23 年法律第 51 号）第 99 条に規定する公示催告の申立てをすることができる。

2　前項の登記が地上権，永小作権，質権，賃借権若しくは採石権に関する登記又は買戻しの特約に関する登記であり，かつ，登記された存続期間又は買戻しの期間が満了している場合において，相当の調査が行われたと認められるものとして法務省令で定める方法により調査を行ってもなお共同して登記の抹消の申請をすべき者の所在が判明しないときは，その者の所在が知れないものとみなして，同項の規定を適用する。

下記3.(1)　3　前２項の場合において，非訟事件手続法第 106 条第１項に規定する除権決定があったときは，第 60 条の規定〔共同申請の規定〕にかかわらず，当該登記権利者は，単独で第１項の登記の抹消を申請することができる。

下記3.(2)　4　第１項に規定する場合において，登記権利者が先取特権，質権又は抵当権の被担保債権が消滅したことを証する情報として政令で定めるものを提供したときは，第 60 条の規定〔共同申請の規定〕にかかわらず，当該登記権利者は，単独でそれらの権利に関する登記の抹消を申請することができる。

下記3.(3)　同項に規定する場合において，被担保債権の弁済期から 20 年を経過し，かつ，その期間を経過した後に当該被担保債権，その利息及び債務不履行により生じた損害の全額に相当する金銭が供託されたときも，同様とする。

下記3.(4)

不動産登記法 70 条の2（解散した法人の担保権に関する登記の抹消）

登記権利者は，共同して登記の抹消の申請をすべき法人が解散し，前条第2項に規定する方法により調査を行ってもなおその法人の清算人の所在が判明しないためその法人と共同して先取特権，質権又は抵当権に関する登記の抹消を申請することができない場合において，被担保債権の弁済期から 30 年を経過し，かつ，その法人の解散の日から 30 年を経過したときは，第 60 条の規定にかかわらず，単独で当該登記の抹消を申請することができる。

1．共同して登記の抹消の申請をすべき者の所在が知れない場合とは？

大正時代や昭和初期には，町の有力者（個人）が町民にお金を貸し，抵当権者になるなどということがありました。その後，弁済はされたが，抵当権の抹消の登記をせずに現在まで放置してしまっていることがあります。所有者が不動産を売却しようとする際，抵当権の抹消の登記をする必要性が生じます。抵当権の登記がされた不動産を購入する人はほとんどいないからです。しかし，抵当権者であるその町の有力者の相続人が見つからないことは，よくあります。実務でも，相談件数がそれなりにある事案です。

「共同して登記の抹消の申請をすべき者の所在が知れない場合」とは，このように相続関係が不明である場合が典型例ですが，共同して登記の抹消の申請をすべき者は法人でも構いません（昭 63.7.1 民三.3456，3499）。法人の所在が知れないこともあるからです。典型例は，消滅した法人の閉鎖登記簿が廃棄されている場合です（昭 63.7.1 民三.3456）。

2．趣旨

上記1.のような場合，登記義務者の協力が得られませんので，本来は第4章でみた判決による登記による必要があります。しかし，訴訟を提起するのは負担になるため，下記3.の4つの単独申請による抹消の登記が認められています。

3．4つの単独抹消

	対象となる登記	要件
（1）除権決定による単独抹消（不登法70条1項～3項）	権利に関する登記	①共同して登記の抹消の申請をすべき者の所在不明（登記された存続期間が満了している地上権などは要件緩和） ②除権決定
（2）被担保債権の消滅による単独抹消（不登法70条4項前段）	・抵当権（転抵当権，根抵当権） ・先取特権 ・不動産質権	①共同して登記の抹消の申請をすべき者の所在不明 ②被担保債権の消滅（を証する情報がある）
（3）弁済期から20年の経過および供託による休眠担保権の単独抹消（不登法70条4項後段）	・抵当権（転抵当権，根抵当権） ・先取特権 ・不動産質権	①共同して登記の抹消の申請をすべき者の所在不明 ②被担保債権の弁済期（※1）から20年の経過 ③上記②の期間経過後に，元本，利息および損害金（※2）の全額（※3）に相当する金銭を供託すること
（4）弁済期から30年の経過および解散から30年の経過による法人の休眠担保権の単独抹消（不登法70条の2）	・抵当権（転抵当権，根抵当権） ・先取特権 ・不動産質権	①共同して登記の抹消の申請をすべき法人の清算人の所在不明（要件が緩和） ②被担保債権の弁済期から30年の経過 ③法人の解散の日から30年の経過

※1　根抵当権の弁済期

確定前根抵当権は決まった債権がないため，いつが弁済期となるでしょうか。

根抵当権の弁済期は，元本確定の日とされます（昭63.7.1民三.3499）。確定しても1つ1つの債権の弁済期が到来しているとは限りませんが，確定は取引停止などですから，弁済期とみなすこととされています。この「元本確定の日」が登記記録からわかればいいのですが，わからない場合もあります。そこで，以下の日が元本確定の日とされます（昭63.7.1民三.3499）。

・登記記録から元本の確定の日が明らかな場合

　→　その日

・登記記録から元本の確定の日が明らかでない場合

　→　設定の日から3年を経過した日

確定期日がない場合，設定の日から3年を経過すると設定者から確定請求ができるため（民法398条の19第1項前段，3項。P124（1）），設定の日から3年を経過した日とされました。

※2　利息および損害金の記録がないとき

登記記録に利息および損害金のいずれの記録もないときは，法定利率による利息および損害金に相当する金銭を供託する必要があります（昭63.7.1民三.3499）。

※3　「全額」とは？

この「全額」とは，登記記録から考えられる最高額のことです。よって，たとえば，過去に債権の一部を弁済しているため残部の弁済をする，というのではダメです（昭63.7.1民三.3499）。「全額」というと「相当高額になるのでは……」と思われるかもしれませんが，大正時代や昭和初期に設定された担保物権であれば，物価が安かったため「300円」などです。

（1）除権決定による単独抹消（不登法70条1項～3項）

共同して登記の抹消の申請をすべき者の所在が知れない場合，公示催告の申立て（非訟事件手続法99条）というものをすることができます（不登法70条1項）。

公示催告とは，裁判所が行う「権利があるんなら申し出てください～」といった手続です。裁判所の掲示場に「権利があるんなら申し出てください～」という主旨の紙を掲示するとともに，官報に掲載します（非訟事件手続法102条1項）。「官報」とは，国の機関紙（新聞）で，法律の公布や省庁の人事などが掲載されます。多分，この国で最もつまらない新聞です……。

この公示催告がされ，期間内に権利を申し出る人がいないと（普通はいません），権利が失権した旨の「除権決定」がされます（非訟事件手続法106条1項）。

この除権決定がされると，登記権利者は単独で登記義務者の権利を抹消できます（不登法70条3項）。

※対象となる登記

この手続の対象は担保物権に限られず，権利に関する登記は対象となります。たとえば，地上権などでも構いません。公示催告・除権決定の対象は，「権利」だからです。

共同して登記の抹消の申請をすべき者の「所在が知れない」と認められるには，一定の期間を要し，相当な労力がかかります。具体的には，現地調査まで要求されるのが一般的です。そのため，地上権などの抹消の登記をすることができず，その不動産の取引がしにくいといった問題がありました。

そこで，令和３年の改正で，以下の①～③のいずれにも該当する場合には，「所在が知れない」とみなされるという規定ができました（不登法70条２項)。

①地上権，永小作権，質権，賃借権もしくは採石権に関する登記または買戻特約に関する登記である

②登記された存続期間または買戻期間が満了している

登記された存続期間または買戻期間が満了しているのなら，その権利が消滅していることが強く推認されるからです。また，登記された存続期間または買戻期間が満了している登記は，第三者に対抗することができません。

③相当の調査が行われたと認められるものとして法務省令で定める方法により調査を行ってもなお共同して登記の抹消の申請をすべき者の所在が判明しない

この「調査」は，以下のような内容が定められることが予定されています。

・自然人　→　登記記録上の住所における住民登録の有無などの調査

・法人　　→　登記事項証明書や閉鎖登記簿の調査

現地調査は不要とされる予定なのです。

＊この改正規定は，令和５年４月１日から施行されます。

（2）被担保債権の消滅による単独抹消（不登法70条4項前段）

上記（1）の除権決定は，裁判所の手続は必要なので，少し大変です。そこで，被担保債権が消滅していることを証する情報（具体的にはP402のⅰ・ⅱの情報）を提供すれば，登記権利者が単独で登記義務者の権利を抹消できます（不登法70条４項前段)。被担保債権が消滅していることを確認できるため，単独抹消が認められるのです。

（3）弁済期から20年の経過および供託による休眠担保権の単独抹消（不登法70条4項後段）

ただ，実際は，上記（2）の被担保債権が消滅していることを証する情報がない場合が多いです。そこで，被担保債権の弁済期から20年が経過しており，その20年経過後に，元本，利息および損害金の全額に相当する金銭を供託すれば，登記権利者が単独で登記義務者の権利を抹消できるとされています（不登法70条４項後段)。「全額を供託しときゃいいでしょ」ということです。

実務では，この（3）の方法を使うことが最も多いです。

※仮登記

仮登記が，この（3）の単独抹消の対象になるかは，以下のとおりです（登研493P133）。

・1号仮登記　→　対象となります

・2号仮登記　→　既発生の債権を担保するものであれば，対象となります

生じていない債権を供託により消滅させることはできないからです。

よって，停止条件付債権を被担保債権とする抵当権の設定の仮登記でも，その停止条件が成就していれば，この（3）の単独抹消ができます（登研493P133）。

（4）弁済期から30年の経過および解散から30年の経過による法人の休眠担保権の単独抹消（不登法70条の2）

ただ，共同して登記の抹消の申請をすべき者の「所在が知れない」と認められるには，現地調査まで要求されるなど，労力や時間がかかります。また，上記（3）の「供託」は，「全額」の供託が要求されますが，平成以降は物価があまり変わっていないので，今後，全額の供託が難しいケースが増えてくると考えられます。

そこで，令和3年の改正で，共同して登記の抹消の申請をすべき者が法人であり，被担保債権の弁済期から30年を経過し，かつ，法人の解散の日から30年を経過しているときは，相当の調査が行われたと認められるものとして法務省令で定める方法により調査を行ってもなおその法人の清算人の所在が判明しないときは，登記権利者が単独で登記義務者の権利を抹消できるという規定ができました（不登法70条の2）。

被担保債権の弁済期から30年を経過している場合，被担保債権が消滅時効にかかっている場合が多いと考えられます。また，法人の解散の日から30年を経過していれば，法人としての実質を喪失していると考えられます。

＊この（4）の改正規定は，令和5年4月1日から施行されます。

※対象となる登記

上記（2）～（4）の手続の対象は，**乙区の担保物権**です。被担保債権が消滅した（だろう）または被担保債権を消滅させるというハナシですので，債権額（に相当するもの）が登記されている乙区の担保物権に限定されているのです。

対象となる登記（○）	対象とならない登記（×）
①抵当権 ②転抵当権 ③根抵当権 ④先取特権 ⑤不動産質権 → 乙区に登記されます	①譲渡担保権 ②仮登記担保権 → 甲区に登記されます （登研493P133参照）

4．申請情報の記載事項

申請例122 ―― 休眠担保権の単独抹消

事例：Aが所有している建物に，乙区１番で被担保債権を300円とするBの抵当権の設定の登記がされている。この抵当権は，昭和５年に設定されたもので，すでに弁済期から20年以上が経過している。Aは，Bの登記記録上の住所に，被担保債権の受領催告書を配達証明付郵便で送ったが，Bはその住所に居住していなかったため，その郵便はAの元に返送された。そこで，Aは，令和５年11月28日，この抵当権の元本，利息，損害金の全額をBの住所地の供託所に供託した。

登記の目的	１番抵当権抹消
原　　因	令和５年11月28日弁済
権 利 者	（申請人）A
義 務 者	B
添付情報	登記原因証明情報（金銭消費貸借契約書及び供託書正本） 代理権限証明情報（Aの委任状） 所在不明証明情報（被担保債権の受領催告書が不到達であったことを証する情報〔配達証明付郵便〕）
登録免許税	金1000円

権利部（乙区）（所有権以外の権利に関する事項）			
順位番号	登記の目的	受付年月日・受付番号	権利者その他の事項
1	抵当権設定	昭和５年６月28日 第2546号	原因　昭和５年６月25日付借用証書 債権額　金300円 抵当権者　B
2	１番抵当権抹消	令和５年12月21日 第19987号	原因　令和５年11月28日弁済

（1）登記の目的

「○番抵当権抹消」など通常の抹消の登記の登記の目的を記載します。

（2）登記原因及びその日付

年月日は，「弁済（供託）をした日」などを記載します。

原因は，「弁済」と記載します。

（3）申請人

登記権利者の単独申請です（不登法70条２項，３項前段，３項後段）。

上記申請例122では，登記権利者Ａの単独申請となります。なお，本来は共同申請による登記ですので，申請していない登記義務者Ｂも申請人欄には記載します（Ｉのテキスト第２編第２章第３節８２.（２）（b）「元が共同申請・合同申請なら申請していない者も記載」)。実際に申請しているのはＡのみなので，Ａに「(申請人)」と記載します。

（4）添付情報

①登記原因証明情報

【除権決定による単独抹消】（不登令別表26添付情報ロ）

除権決定があったことを証する情報

【被担保債権の消滅による単独抹消】（不登令別表26添付情報ハ（１））

i　債権証書

ii　被担保債権及び最後の２年分の利息その他の定期金（債務不履行により生じた損害を含む）の完全な弁済があったことを証する情報

【弁済期から 20 年の経過および供託による休眠担保権の単独抹消】（不登令別表 26 添付情報ニ（１）（２））

i　被担保債権の弁済期を証する情報

弁済期から20年経過していることが要件であるため（P397（３）②)，弁済期を証するために提供します。

具体的には，金銭消費貸借契約書や債務者の申述書（印鑑証明書付）などが当たります（昭 63.7.1民三.3456)。「債務者の申述書」とは，どうしても弁済期を証する契約書などが見つからない場合に，債務者が「○年○月○日が弁済期でした。間違いありません。」などと記載した書面のことです。

ii　上記ｉの弁済期から 20 年を経過した後に元本，利息および損害金の全額に相当する金銭が供託されたことを証する情報これも要件であるため（P397（3）③），提供します。

具体的には，供託書正本が当たります（昭63.7.1民三.3456）。「供託書正本」とは，供託がされると供託官が発行するもので（供託規18条1項など），供託された証明書となります。

②代理権限証明情報（不登令7条1項2号）

③会社法人等番号（不登令7条1項1号イ）

④承諾証明情報（不登法68条，不登令別表26添付情報ヘ）

登記上の利害関係を有する第三者がいるときは，必ずその第三者が作成した承諾を証する情報などを提供する必要があります。抹消の登記だからです（不登法68条。Ⅰのテキスト第1編第6章第8節2 1.①）。

⑤所在不明証明情報（不登令別表26添付情報ハ（2），ニ（3））

【被担保債権の消滅による単独抹消】（不登令別表26添付情報ハ（2））

【弁済期から20年の経過および供託による休眠担保権の単独抹消】（不登令別表26添付情報ニ（3））

具体的には，登記義務者が登記記録上の住所に居住していないことを市区町村長が証明した情報（不在籍・不在住証明書といいます）や，登記義務者の登記記録上の住所に宛てた被担保債権の受領催告書が不到達であったことを証する情報（配達証明付郵便）などが当たります（昭63.7.1民三.3456）。

※登記識別情報は，提供しません（不登法22条参照）。単独申請だからです（Ⅰのテキスト第1編第6章第3節3 1.「登記識別情報の提供の要否の基本的な判断基準」）。

※印鑑証明書は，提供しません。所有権の登記名義人が登記義務者とならないからです（Ⅰのテキスト第1編第6章第4節3 2.「『認印でよいか』『実印で押印し印鑑証明書の提供が要求されるか』の判断基準」）。

※住所証明情報は，提供しません。Ⅰのテキスト第1編第6章第5節3「住所証明情報の提供が要求される場合①～③」のいずれにも当たらないからです。

（5）登録免許税

抹消の登記として，不動産1個につき1000円です（登免法別表第1．1．（15））。

2 死亡または解散による抹消の登記

1．権利消滅の定めの登記 —— 所有権以外

不動産登記法69条（死亡又は解散による登記の抹消）

権利が人の死亡又は法人の解散によって消滅する旨が登記されている場合において，当該権利がその死亡又は解散によって消滅したときは，第60条の規定〔共同申請の規定〕にかかわらず，登記権利者は，単独で当該権利に係る権利に関する登記の抹消を申請することができる。

当事者は，権利者など人の死亡または法人の解散（＊）によって所有権以外の権利が消滅する旨の特約をし，その定めを登記するということができます（不登法59条5号）。

＊法人の解散については，Ⅰのテキスト第2編第2章第2節10 4.をご参照ください。

ex. BとAは，Aが所有している土地にBの地上権を設定する契約を締結しました。
BとAは，この地上権設定契約の際，「Bが死亡したときは地上権が消滅する」旨の特約をすることができ，以下のようにその定めを登記できます。

権利部（乙区）（所有権以外の権利に関する事項）			
順位番号	登記の目的	受付年月日・受付番号	権利者その他の事項
1	地上権設定	令和5年6月28日 第12457号	原因　令和5年6月28日設定 目的　建物所有 地上権者　B
付記1号	1番地上権消滅の定	余　白	地上権者が死亡した時は地上権が消滅する 令和5年6月28日付記

権利消滅の定めの登記は，設定時から存在する場合でも，上記のように付記登記でされます（不登規3条6号。Ⅰのテキスト第1編第4章第3節2 3.③イ）。権利が消滅するという非常に重要な内容であるため，登記記録を見た人が見落とさないよう，別途，付記登記でされるのです。

上記のような登記がされた後，人が死亡または法人が解散すると，登記権利者は，単独で権利消滅の定めの登記がされた登記を抹消できます（不登法69条）。この抹消の登記がされると，権利消滅の定めの登記は職権で抹消されます（不登規149条）。

単独抹消が認められているのは，以下の理由によります。

①権利消滅の定めの登記は，共同申請によってされている（上記 ex.でいうと，BとAの共同申請によってされています）
②登記権利者が単独抹消する際，人の死亡または法人の解散を証する市区町村長，登記官その他の公務員が職務上作成した情報，つまり，公文書を提供する必要があり（不登令別表26 添付情報イ），登記の真正が確保される
ex. 上記 ex.の登記がされた後，Bが死亡した場合，Aは，Bの死亡を証する戸籍一部事項証明書等を提供し，単独で地上権の抹消の登記を申請できます。

2．権利失効の定めの登記 ―― 所有権

上記１.の不動産登記法69条の規定は，所有権には適用されません（大決大３.８.24）。地上権など所有権以外の権利は，単純に消滅します。それに対して，所有権は，ある人の所有権が消滅すれば基本的に前所有者の所有権が復活するため，権利"消滅"の定めそのものとはいえないからです。

しかし，所有権でも，「権利の消滅に関する定め」（不登法 59 条５号）として（昭32.９.21 民事甲 1849），「権利失効の定めの登記」というものが認められています。売買・贈与などの契約に解除条件や終期が付けられた場合に，この登記をします。
ex. Aが，所有している建物をBに売却しました。AとBは，この売買契約の際，「Bが死亡したときは所有権の移転が失効する」旨の定めをすることができ，以下のようにその定めを登記できます。

権利部（甲区）（所有権に関する事項）			
順位番号	登記の目的	受付年月日・受付番号	権利者その他の事項
1	所有権保存	令和４年６月28日 第11542号	所有者　A
2	所有権移転	令和５年６月28日 第12457号	原因　令和５年６月28日売買 所有者　B
付記１号	２番所有権移転 失効の定	余　白	買主Bが死亡した時は所有権移転が失効する 令和５年６月28日付記

この登記も，所有権が失効するという非常に重要な内容であるため，登記記録を見た人が見落とさないよう，上記のように付記登記でされます。

上記のような登記がされた後，所有者が死亡または解散した場合，死亡または解散した所有者から前所有者への所有権の移転の登記を申請します。所有権の移転の登記

の抹消の登記ではない点にご注意ください。不動産登記法 69 条（P404）の規定は，所有権には適用されないと解されているからです（大決大3.8.24）。

＊この所有権の移転の登記を共同申請によるか単独申請によるかは，争いがあります。

ex. 上記 ex.の登記がされた後，Bが死亡した場合，以下の登記を申請します。

1/1　BからAへの所有権の移転の登記

3 詐害行為取消しに基づく抹消の登記

1．実体（民法）→登記

債務者が詐害行為に当たる法律行為を行った場合，詐害行為取消権の行使の要件を充たせば，債権者は詐害行為の取消しを裁判所に請求することができます（民法 424 条）。── 民法Ⅲのテキスト第5編第3章第3節2

詐害行為を取り消し，詐害行為によってされた登記の抹消を命じる判決が確定すると，詐害行為によってされた登記の抹消の登記を申請できます。

2．申請情報の記載事項

申請例123 ── 詐害行為取消判決を原因とする所有権の移転の登記の抹消の登記

事例：Aは，令和3年7月8日，Bに1000 万円を貸し渡した。Bは，Aに競売の申立てをされることを恐れ，令和5年7月8日，唯一の財産である建物をCに贈与し，Cへの所有権の移転の登記が甲区2番でされた。Cは，この贈与がAを害することを知っていた。その後，Aは，Cを被告として詐害行為取消訴訟を提起した。そして，令和5年11 月 28 日，以下の判決が確定した。

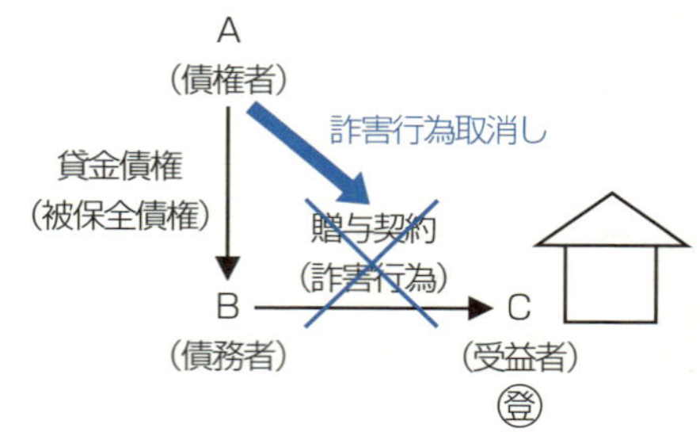

「BとCとの間の別紙物件目録記載の建物についての令和5年7月8日付贈与契約を取り消す。Cは，別紙物件目録記載の建物について，所有権移転抹消登記手続をせよ。」

登記の目的	2番所有権抹消
原　　因	令和5年11月28日詐害行為取消判決
権 利 者	（被代位者）B
代 位 者	（申請人）A
代位原因	令和3年7月8日金銭消費貸借の強制執行
義 務 者	C
添付情報	登記原因証明情報（判決書正本及び確定証明書） 代理権限証明情報（Aの委任状） 代位原因証明情報（判決書正本及び確定証明書）
登録免許税	金1000円

権 利 部 （甲 区） （所 有 権 に 関 す る 事 項）			
順位番号	登記の目的	受付年月日・受付番号	権 利 者 そ の 他 の 事 項
1	所有権保存	令和4年6月28日 第11542号	所有者　B
2	所有権移転	令和5年7月8日 第12987号	原因　令和5年7月8日贈与 所有者　C
3	2番所有権抹消	令和5年12月21日 第19987号	原因　令和5年11月28日詐害行為取消判決 代位者　A 代位原因　令和3年7月8日金銭消費貸借の強制執行

詐害行為取消しに基づく抹消の登記も原型の登記を修正する登記

詐害行為取消しに基づく抹消の登記も，**原型の登記を修正する登記**です。原型の登記は，各論で学習した各権利の抹消の登記です。原型の登記を，判決による登記と代位による登記で（合わせ技で）修正していきます。これも，**どのように修正しているのかを身につける**という学習方法となります。

=P329
P366
P421

（1）登記の目的

「○番所有権抹消」「○番抵当権抹消」など通常の抹消の登記の登記の目的を記載します。

（2）登記原因及びその日付

年月日は，「詐害行為取消判決が確定した日」を記載します。

原因は，「詐害行為取消判決」と記載します。

詐害行為取消しの効果は，判決の確定によって生じるからです。―― **民法Ⅲのテキスト第5編第3章第3節2 3.（1）（a）**

（3）申請人

上記申請例123だと，BからCへの所有権の移転の登記の抹消の登記ですので，登記権利者と登記義務者は，以下のとおりです。

・登記権利者：B
・登記義務者：C

しかし，BもCも詐害行為をした当事者ですので，登記申請をしないと思われます。そこで，以下のように登記申請意思を用意し，Aが単独で申請することになるのが通常です。

「B」：Aが代位することにより登記申請意思を用意（昭38.3.14民事甲726）
「C」：判決により登記申請意思を用意

※債権者の1人のみについて勝訴判決が確定した場合

上記申請例123では，債権者はAしか出てきませんでした。しかし，以下のような事案がありました。

ex. Bは，Cに対する債務を担保するために，所有している建物にCの抵当権を設定し，その登記をしました。これが詐害行為に当たるとして，Bの債権者ADEが（＊），Cを相手方として詐害行為取消訴訟を提起しました。そして，Aについてのみ勝訴判決が確定しました。この場合に，Aは，抵当権の抹消の登記を申請することができるでしょうか。

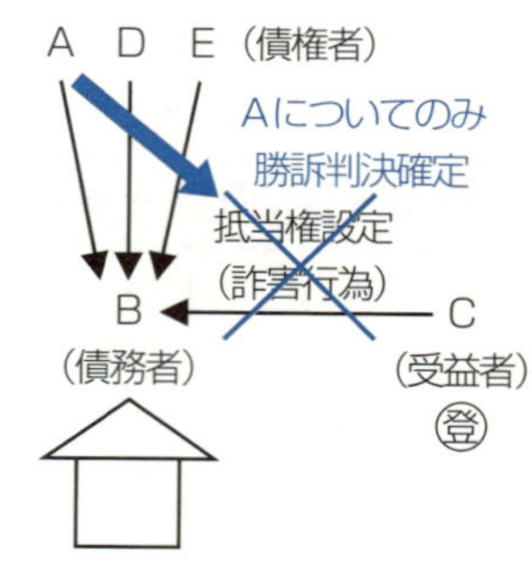

＊実際の事案は，26名もの債権者が訴えを提起したのですが，簡略化して3名にしています。

できます（昭35.5.18民事甲1118）。Cの申請意思は判決で，Bの申請意思は代位で用意します。

詐害行為取消権は，（だいぶ例外もありますが）債権者が総債権者のために債務者の財産を保全する制度です。―― **民法Ⅲのテキスト第5編第3章第3節「債権者代位権と詐害行為取消権に共通する視点」**　よって，1人でも勝訴判決が確定すればOKなのです。

(4) 代位原因

上記（3）のとおり，通常は債権者が債務者に代位することになりますので，代位原因を記載します。「年月日金銭消費貸借の強制執行」（P367②）などと記載します。

(5) 添付情報

①登記原因証明情報（不登法61条，不登令7条1項5号ロ（1））

Ⅰのテキスト第1編第6章第2節4の「登記原因証明情報の提供が不要となる場合」に当たりませんので，登記原因証明情報を提供する必要があります。

詐害行為取消訴訟の判決書正本および確定証明書となります。判決による登記だからです（P331①）。判決は，確定していなければなりません。

②代理権限証明情報（不登令7条1項2号）

③会社法人等番号（不登令7条1項1号イ）

④承諾証明情報（不登法68条，不登令別表26添付情報ヘ）

登記上の利害関係を有する第三者がいるときは，必ずその第三者が作成した承諾を証する情報などを提供する必要があります。抹消の登記だからです（不登法68条。Ⅰのテキスト第1編第6章第8節2 1.①）。

⑤代位原因証明情報（不登令7条1項3号）

代位による登記でもあるため，代位原因証明情報を提供します（P368）。

具体的には，詐害行為取消訴訟の判決書正本および確定証明書が当たります。詐害行為取消訴訟の判決書には，代位原因（被保全債権の発生原因）が記載されているからです。上記申請例123でいえば，AはBの債権者であり被保全債権があるため詐害行為取消訴訟を提起しているわけですから，AのBに対する債権（被保全債権）は判決書に記載されます。

※登記識別情報は，提供しません（不登法22条参照）。債権者の単独申請だからです（Ⅰのテキスト第1編第6章第3節3 1.「登記識別情報の提供の要否の基本的な判断基準」）。

※印鑑証明書は，提供しません。債権者の単独申請によるため，所有権の登記名義人が登記義務者とならないからです（Ⅰのテキスト第1編第6章第4節3 2.「『認印でよいか』『実印で押印し印鑑証明書の提供が要求されるか』の判断基準」）。

※住所証明情報は，提供しません。Ⅰのテキスト第1編第6章第5節3「住所証明情報の提供が要求される場合①～③」のいずれにも当たらないからです。

(6) 登録免許税

抹消の登記として，不動産1個につき1000円です（登免法別表第1．1．(15)）。

第９章　抹消回復の登記

1　意義

抹消回復の登記：不適法な原因に基づいて抹消された登記を回復し，抹消されなかったのと同様の効果を発生させる登記（不登法72条，不登規155条参照）

誤って登記の全部または一部が抹消された場合，当事者は，誤って抹消された登記の全部または一部の回復を申請できます。これが「抹消回復の登記」です。

なお，不適法な抹消の登記がされても，それが結果的に実体に合致しているのであれば，抹消回復の登記をすることはできません。

ex. もともと存在しない債権を被担保債権として抵当権の設定の登記がされました。その後，委任状が偽造され，その抵当権の登記が抹消されました。偽造された委任状に基づく不適法な抹消の登記ですが，被担保債権が存在せず抵当権が存在しないため，抵当権の抹消回復の登記はできません（東京高判昭30.6.29）。実体を公示するのが登記です。抵当権という実体がないため，回復して公示すべきではないのです。

2　申請情報の記載事項

申請例124　―― 錯誤を原因とする抵当権の設定の登記の抹消回復の登記

事例：Aが所有している建物（甲区１番でA名義の所有権の保存の登記がされている）に，抵当権者B・債務者Aとする，令和５年６月28日金銭消費貸借に基づく債権額1000万円，利息年２％，損害金年14％の債権を担保するため，乙区１番（令和５年６月28日受付第12457号）で抵当権の設定の登記がされている。AがBに被担保債権を弁済していないにもかかわらず，弁済を原因とする抵当権の抹消の登記がされた。なお，乙区２番で，Cの抵当権の設定の登記がされている。

登記の目的　　１番抵当権回復
原　　因　　錯誤
回復すべき登記
　令和５年６月28日受付第12457号抵当権設定
　原　　因　　令和５年６月28日金銭消費貸借同日設定
　債 権 額　　金1000万円
　利　　息　　年2％
　損 害 金　　年14％
　債 務 者　　A
　抵当権者　　B
権 利 者　　B
義 務 者　　A
添付情報　　登記原因証明情報（抵当権の設定の登記が錯誤によって抹消されたことを記載した書面）
　　　　　　登記識別情報（Aの甲区１番の登記識別情報）
　　　　　　印鑑証明書（Aの印鑑証明書）
　　　　　　代理権限証明情報（B及びAの委任状）
　　　　　　承諾証明情報（Cの承諾書）
登録免許税　　金1000円

権利部（乙区）（所有権以外の権利に関する事項）			
順位番号	登記の目的	受付年月日・受付番号	権利者その他の事項
1	抵当権設定	令和5年6月28日 第12457号	原因　令和5年6月28日金銭消費貸借同日設定 債権額　金1000万円 利息　年2% 損害金　年14% 債務者　A 抵当権者　B
1	抵当権設定	令和5年6月28日 第12457号	原因　令和5年6月28日金銭消費貸借同日設定 債権額　金1000万円 利息　年2% 損害金　年14% 債務者　A 抵当権者　B 令和5年12月21日登記

2	抵当権設定	令和5年7月8日 第12987号	原因　令和5年7月8日金銭消費貸借同日設定 債権額　金800万円 債務者　A 抵当権者　C
3	1番抵当権抹消	令和5年11月28日 第19451号	原因　令和5年11月28日弁済
4	1番抵当権回復	令和5年12月21日 第19987号	原因　錯誤

上記のように，元の順位（1番）で抹消された登記と同一の登記がされます（不登規155条）。4番や5番で抹消された登記が記録されるわけではありません。4番や5番になってしまうなら意味がありません。「後順位抵当権者のCは納得するの？」と思われたかもしれませんが，下記5.（2）で説明しますが，後順位担保権者などがいれば，その承諾を得ている必要がありますので，問題ありません。

なお，元の順位（1番）で抹消された登記と同一の登記がされるのであって，抹消の登記（3番）が抹消されるわけではありません。抹消回復の登記は，抹消の登記（3番）を抹消する登記ではなく，抹消された登記（1番）を回復する登記です。

主登記でされるか付記登記でされるかは，以下のとおりです。

・登記事項のすべてを回復する場合　→　主登記でされます（上記申請例124）
・登記事項の一部を回復する場合　→　付記登記でされます（不登規3条3号。Iのテキスト第1編第4章第3節2 3.①イ）

ex. 地上権の登記のうち，地代のみを廃止する変更の登記が誤ってされた場合，その回復の登記は付記登記でされます。

1．登記の目的

「○番所有権回復」「○番抵当権回復」などと記載しますが，これは，以下の3つの項目からなり，3つの組み合わせで登記の目的ができます。

①順位番号	②権利	③回復
○番 （登記済みだからです）	所有権 抵当権 など	回復

2. 登記原因及びその日付

登記原因及びその日付は，原則として，以下のようになります。

年月日は，記載しません（Ⅰのテキスト第２編第２章第２節[9] 2.（1）「登記原因は記載するが登記原因日付は記載しない登記⑤」）。抹消回復の登記は，抹消の登記がされた後に回復すべき登記となったわけではなく，最初から抹消すべき登記ではなかったため，「この日に回復したよ」という登記原因日付がないからです。

原因は，「錯誤」と記載します。

3. 登記事項

上記申請例124のように，回復すべき登記の内容を記載します。

所有権だと，以下のように記載します。

「回復すべき登記
　年月日受付第○○号所有権移転
　原　　因　年月日売買
　所 有 者　○○　　　　」

4. 申請人

以下の者の共同申請です（不登法60条）。

・登記権利者：回復される登記の登記名義人

上記申請例 124 だとBが当たります。Bの抵当権の設定の登記を回復しますので，Bが登記権利者になるのは当たり前ですね。

・登記義務者：回復により登記記録上直接に不利益を受ける者

上記申請例124だとAとなりますが，必ずしも抵当権の設定の登記をした際の所有者が登記義務者となるとは限りません。たとえば，上記申請例124において，Dに所有権の移転の登記がされていれば，登記義務者はDとなります。「回復により登記記録上直接に不利益を受ける者」は，現在の所有権の登記名義人だからです（昭 57.5.7民三.3291）。

5. 添付情報

（1）必要となる添付情報

①[登記原因証明情報]（不登法61条，不登令別表27添付情報イ）

Ⅰのテキスト第１編第６章第２節[4]の「登記原因証明情報の提供が不要となる場合」に当たりませんので，登記原因証明情報を提供する必要があります。

②登記識別情報（不登法22条本文）

登記義務者である回復により登記記録上直接に不利益を受ける者の登記識別情報を提供します。共同申請だからです（Ⅰのテキスト第1編第6章第3節3 1.「登記識別情報の提供の要否の基本的な判断基準」）。

③印鑑証明書（不登令16条2項，18条2項）

所有権の登記名義人が登記義務者になる場合，登記義務者の印鑑証明書を提供します（Ⅰのテキスト第1編第6章第4節3 2.「『認印でよいか』『実印で押印し印鑑証明書の提供が要求されるか』の判断基準」）。

④代理権限証明情報（不登令7条1項2号）

⑤会社法人等番号（不登令7条1項1号イ）

⑥承諾証明情報（不登法72条，不登令別表27添付情報ロ）

登記上の利害関係を有する第三者がいるときは，必ずその第三者が作成した承諾を証する情報などを提供する必要があります。抹消回復の登記だからです（不登法 72条。Ⅰのテキスト第1編第6章第8節2 1.③）。

具体的に誰が登記上の利害関係を有する第三者に当たるかは，少し長いハナシとなりますので，別途項目を設け，下記（2）で説明します。

※住所証明情報は，提供しません。Ⅰのテキスト第1編第6章第5節3「住所証明情報の提供が要求される場合①〜③」のいずれにも当たらないからです。

（2）登記上の利害関係を有する第三者（不登法72条）

抹消回復の登記をすることにより，登記記録上（形式的に）不利益を受ける者が当たります。**基本的には，回復される登記の後順位で登記されている者**（上記申請例124では後順位抵当権者C）が当たりますが，事案ごとにみていく必要があります。

登記上の利害関係を有する第三者に厳しい

抹消回復の登記は，**登記上の利害関係を有する第三者に厳しい**です。

具体的には，登記上の利害関係を有する第三者は，抹消の登記が不適法であったことに善意でも，抹消回復の登記によって損害を受ける場合でも，承諾義務を負います（最判昭36.6.16，最大判昭43.12.4）。

「不適法な抹消であるため，抹消された登記は対抗力を喪失しない」ということが理由なのですが，登記上の利害関係を有する第三者には酷ですね……。

（a）抵当権の登記の回復

抵当権の登記が不適法に抹消された場合，後順位担保権者は，不適法な抹消の登記の前に登記されたか後に登記されたかにかかわらず，登記上の利害関係を有する第三者に当たるでしょうか。

【抹消の登記の前に登記】（上記申請例 124）

乙区	
1	抵当権設定　B
2	抵当権設定　C
3	1番抵当権抹消

【抹消の登記の後に登記】

乙区	
1	抵当権設定　B
2	1番抵当権抹消
3	抵当権設定　C

当たります（昭 52.6.16 民三.2932〔抹消の登記の前に登記された事例〕）。

抹消の登記の後に登記された後順位担保権者は，「最先順位の担保権者だ！」などと思って登記したところ，実は「1番抵当権がありましたよ～」などといわれるわけですから，当然に当たります。

抹消の登記の前に登記された後順位担保権者も当たるのは，登記上の利害関係を有するかは，**抹消回復の登記をする時を基準**に考えるからです（抹消回復登記基準時説）。抹消回復の登記をする時を基準に形式的に判断します（Ⅰのテキスト第1編第6章第8節 1 「『登記上の利害関係を有する第三者』に当たるかを考える視点」）。後順位担保権者は，「最先順位の担保権者になった！」と思っていますから，当たります。

なお，後順位担保権者だけでなく，後順位の利用権者も利害関係人に当たります。民事執行法で学習することですが，先順位に担保物権が登記されているかどうかで，競売によって利用権が消滅するかが決まるからです（民執法 59 条2項）。

（b）仮登記の回復

まず，仮登記も，不適法に抹消された場合，抹消回復の登記をすることができます。仮登記は，順位保全のためにする登記です（P250 2）。抹消されると順位保全ができませんので，順位保全をするために回復する意味があるからです（最大判昭 43.12.4）。

では本題ですが，所有権移転請求権の仮登記が不適法に抹消された場合，後順位の仮登記名義人は，不適法な抹消の登記の前に登記されたか後に登記されたかにかかわらず，登記上の利害関係を有する第三者に当たるでしょうか。

【抹消の登記の前に登記】

甲区	
2	所有権移転請求権仮登記　B
3	所有権移転請求権仮登記　C
4	２番仮登記抹消

【抹消の登記の後に登記】

甲区	
2	所有権移転請求権仮登記　B
3	２番仮登記抹消
4	所有権移転請求権仮登記　C

当たります（昭29.8.27民事甲1539〔抹消の登記の前に登記された事例〕）。

上記（a）の抵当権の登記の回復と同じ理由です。登記上の利害関係を有するかは，抹消回復の登記をする時を基準に考えるため（抹消回復登記基準時説），抹消の登記の前に登記された仮登記名義人も当たります。

（c）処分制限の登記

強制競売による差押えの登記が不適法に抹消された後，所有権移転請求権の仮登記がされています。この場合に，差押えの登記の抹消回復の登記を裁判所書記官が嘱託するとき，所有権移転請求権の仮登記名義人は，登記上の利害関係を有する第三者に当たるでしょうか。

当たります（昭39.11.20民事甲3756）。

これも民事執行法で学習することですが，差押えの登記の前に登記されているか後に登記されているかで，競売によって仮登記が消滅するかが決まるからです（民執法59条2項）。

差押えや仮差押えの登記が不適法に抹消された後，所有権の移転の登記がされています。この場合に，差押えや仮差押えの登記の抹消回復の登記を裁判所書記官が嘱託する場合，現在の所有権の登記名義人は，登記上の利害関係を有する第三者に当たるでしょうか。

当たります（昭32.12.27民事甲2439）。

通常，現在の所有権の登記名義人は，登記義務者となるため（P413の4.），登記上の利害関係を有する第三者には当たりません。しかし，差押えや仮差押えの登記の抹消回復の登記は，申請ではなく裁判所書記官の嘱託でされるため，現在の所有権の登記名義人は申請人になりません。よって，登記上の利害関係を有する第三者となるのです。

（d）登記官の過誤により抹消の登記がされた場合

抹消の登記が登記官の過誤（ミス）によってされることもあります。登記官も人間ですから。この場合には，登記上の利害関係を有する第三者の承諾は不要です（昭 39.8.10 民事甲 2737，昭 41.10.6 民事甲 2898）。

登記が抹消されたのは登記官のミスです。にもかかわらず，登記上の利害関係を有する第三者の承諾がないと抹消回復の登記ができないとなると，落ち度のない誤って抹消された登記の登記名義人にとってあまりに不合理だからです。

登記官のミスによって抹消の登記がされたため，この抹消回復の登記は登記官の職権によってするのが原則です（昭 39.8.10 民事甲 2737）。

しかし，職権によって抹消回復の登記ができないとされた事案があります。以下のような事案です。

ex. Aが所有している不動産に，乙区１番でBの抵当権の設定の登記，乙区２番でCの抵当権の設定の登記がされています。AからBに売買を原因とする所有権の移転の登記がされました。そして，混同を原因とする乙区１番の抵当権の抹消の登記が申請されました。乙区２番にCの抵当権の設定の登記があるため，混同の例外（民法 179 条１項ただし書 ── 民法Ⅱのテキスト第３編第１章第３節7 4.（1）（b）ⅰ）に当たり，Bの抵当権は混同で消滅しません。しかし，この登記が誤って受理されました。この場合，乙区１番でBの抵当権の抹消回復の登記を職権によってすることはできません（昭 41.10.6 民事甲 2898）。

乙区	
1	抵当権設定　B
2	抵当権設定　C
3	１番抵当権抹消　混同

これがあるため
←誤り

抹消回復の登記をする時点でもBの抵当権の被担保債権が存在するかは，登記官にはわからないからです。不適法な抹消の登記でも，それが結果的に実体に合致しているのであれば，抹消回復の登記をするべきではありません（P410 1）。

よって，被担保債権が存在するのであれば，申請によって抹消回復の登記をすべきです。上記のとおり，このとき，後順位抵当権者Cの承諾は不要です（昭 41.10.6 民事甲 2898）。

6．登録免許税

抹消回復の登記として，不動産１個につき 1000 円です（登免法別表第１．１．(14)）。

第10章　一般承継人による申請

不動産登記法 62 条（一般承継人による申請）

登記権利者，登記義務者又は登記名義人が権利に関する登記の申請人となることができる場合において，当該登記権利者，登記義務者又は登記名義人について相続その他の一般承継があったときは，相続人その他の一般承継人は，当該権利に関する登記を申請することができる。

1　一般承継人による申請とは？

1．意義

これは，Ⅰのテキスト第１編第５章第２節[3] 3.でも簡単に説明しました。登記権利者，登記義務者または登記名義人が登記を申請する前に死亡したまたは合併された（合併によって消滅した）場合には（※），これらの者の相続人または存続会社（吸収合併の場合）・設立会社（新設合併の場合）が代わりに登記を申請できます（不登法 62 条）。

※会社分割は含まれません。会社分割は，合併と異なり，分割会社が消滅しないため，分割会社が申請できるからです。

「登記名義人」ともありますとおり，共同申請に限らず，合同申請や単独申請による登記も対象となります。

※以下は，基本的な共同申請を例に説明していきます。基本的な売買を原因とする所有権の移転の登記を例にしていますが，他の登記（ex. 抵当権の抹消の登記）でも考え方は同じです。

2．相続人が複数いる場合

相続の場合，相続人が複数いることもあります。その場合に，相続人の１人または一部の者が一般承継人による申請をすることができるかが問題となります。

（1）登記権利者の相続人による申請

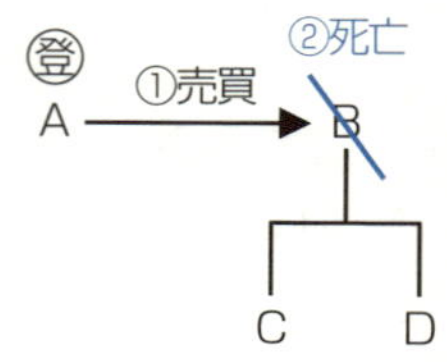

たとえば，Aが，所有している建物をBに売却しました。しかし，Bへの所有権の移転の登記をする前にBが死亡し，Bの子CDがBを相続しました。この場合，Cのみ（またはDのみ）で一般承継人による申請をすることができます（登研 308P77）。

登記権利者側であるため，保存行為（民法252条5項）といえるからです。── **民法Ⅱのテキスト第3編第3章第4節3 2.（1）**

なお，この場合，AからCDに1件で所有権の移転の登記をすることはできず，以下の2件の登記を申請する必要があります。

1/2　Bへの売買を原因とする所有権の移転の登記

2/2　CDへの相続を原因とする所有権の移転の登記

権利変動の過程を公示するのが登記ですので，「A→B→CD」と所有権が移転したことを公示するため，Bへの所有権の移転の登記もする必要があるのです。

（2）登記義務者の相続人による申請

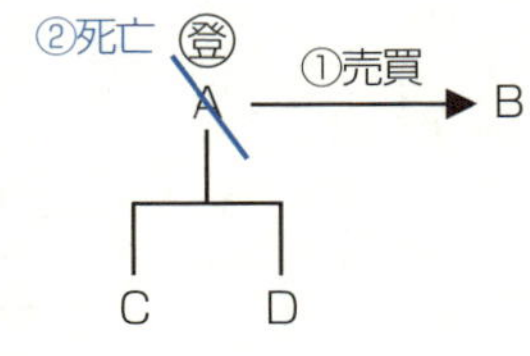

たとえば，Aが，所有している建物をBに売却しました。しかし，Bへの所有権の移転の登記をする前にAが死亡し，Aの子CDがAを相続しました。この場合，Cのみ（またはDのみ）で一般承継人による申請をすることはできず，CおよびD（相続人全員）で一般承継人による申請をする必要があります（昭27.8.23民事甲74，昭37.2.22民事甲321。登研85P40）。

登記義務を相続人全員（CおよびD）が承継しているからです。また，登記義務者側であるため，保存行為（民法252条5項）とはいえません。

なお，遺産分割協議などによって特定の相続人がこの登記義務を承継しないことになるかは，以下の表のとおりです。

登記義務を承継する	登記義務を承継しない
①遺産分割協議 遺産分割協議によって，登記義務を相続人の1人が承継すると定めることはできません(昭34.9.15民事甲2067)。登記義務は，遺産分割の対象とならないからです。	**①相続放棄** 相続放棄をした者は，登記義務を承継しません（昭34.9.15民事甲2067。登研258P74）。相続放棄の効果は，絶対的だからです。── **民法Ⅱのテキスト第3編第1章第3節4 4.（3）（e）**
②特別受益 特別受益者も，義務は承継するため，登記義務を承継します（登研194P73）。── **民法Ⅲのテキスト第10編第3章第2節4 1.（1）**	

2 申請情報の記載事項

申請例125 ―― 一般承継人による登記（登記権利者の死亡）

＊事例は，上記1 2.（1）の例に合わせています。

事例：Aは，令和5年7月8日，所有している建物（甲区1番でA名義の所有権の保存の登記がされている）をBに売却した。しかし，Bへの所有権の移転の登記をする前の令和5年10月28日にBが死亡し，Bの子CDがBを相続した。この建物の課税標準の額は，1000万円である。

登記の目的	所有権移転
原　　因	令和5年7月8日売買
権 利 者	亡B
	上記相続人　C
	上記相続人　D
義 務 者	A
添付情報	登記原因証明情報（売買契約書）
	登記識別情報（Aの甲区1番の登記識別情報）
	印鑑証明書（Aの印鑑証明書）
	住所証明情報（Bの住民票の除票の写し）
	代理権限証明情報（C，D及びAの委任状）＊
	一般承継証明情報（Bの戸籍全部事項証明書等，C及びDの戸籍一部事項証明書等）
課税価格	金1000万円
登録免許税	金20万円

＊上記1 2.（1）のとおり，CまたはDのみから申請することもできます。Cのみから申請した場合にはDの委任状は不要となり，Dのみから申請した場合にはCの委任状は不要となります。

※登記識別情報の通知

上記の登記がされると，CおよびDに対し，B名義の登記識別情報が通知されます（平18.2.28民二.523）。

申請例126 ―― 一般承継人による登記（登記義務者の死亡）

＊事例は，上記1 2.（2）の例に合わせています。

事例：Aは，令和5年7月8日，所有している建物（甲区1番でA名義の所有権の保存の登記がされている）をBに売却した。しかし，Bへの所有権の移転の登記をする前の令和５年10月28日にＡが死亡し，Ａの子ＣＤがＡを相続した。この建物の課税標準の額は，1000万円である。

登記の目的	所有権移転
原　　因	令和５年７月８日売買
権 利 者	Ｂ
義 務 者	亡Ａ相続人　Ｃ
	亡Ａ相続人　Ｄ
添付情報	登記原因証明情報（売買契約書） 登記識別情報（Ａの甲区１番の登記識別情報） 印鑑証明書（Ｃ及びＤの印鑑証明書） 住所証明情報（Ｂの住民票の写し） 代理権限証明情報（Ｂ，Ｃ及びＤの委任状） 一般承継証明情報（Ａの戸籍全部事項証明書等，Ｃ及びＤの戸籍一部事項証明書等）
課税価格	金1000万円
登録免許税	金20万円

一般承継人による登記も原型の登記を修正する登記

上記申請例125，申請例126は，売買を原因とする所有権の移転の登記であり，以下の説明も，この登記を基にしていきます。しかし，これはあくまで例にすぎません。一般承継人による登記も，**原型の登記を修正する登記**です。原型の登記は，各論で学習した各登記です。よって，これも，**どのように修正しているのかを身につける**という学習方法となります。 =P329 P366 P407

1．登記の目的

「所有権移転」など原型の登記の登記の目的を記載します。

上記申請例125，申請例126でいえば，ＡからＢへの所有権の移転の登記をしています。一般承継人による登記だからといって，権利の変動の内容が変わるわけではありません。

2．登記原因及びその日付

「年月日売買」など原型の登記の登記原因及びその日付を記載します。上記申請例125，申請例126ではＡＢ間の売買を登記原因及びその日付として記載します。申請している登記は，ＡからＢへの売買を原因とする所有権の移転の登記だからです。

3．申請人

死亡した登記権利者または登記義務者については，被相続人に加え相続人を記載します（不登令3条11号ロ，ハ）。記載方法は，上記申請例125，申請例126のとおりです。

4．添付情報

①登記原因証明情報（不登法61条，不登令別表30添付情報イ）

Ｉのテキスト第1編第6章第2節4の「登記原因証明情報の提供が不要となる場合」に当たりませんので，登記原因証明情報を提供する必要があります。

具体的には，上記申請例125，申請例126ではＡＢ間の売買契約書が当たります。申請している登記は，ＡからＢへの売買を原因とする所有権の移転の登記だからです。

②登記識別情報（不登法22条本文）

【登記権利者の死亡】

この場合は，登記義務者は死亡していませんので，問題なく登記義務者の登記識別情報を提供できます。

【登記義務者の死亡】

登記義務者は死亡していますが，この場合でも，登記義務者の登記識別情報を提供します。上記申請例126では，死亡したＡに通知された登記識別情報を提供する必要があります。登記名義人は死亡したＡだからです。また，相続人ＣＤは登記名義人ではありませんので，登記識別情報は通知されていません。Ａは死亡していますので，ＣＤがＡの金庫などに保管されている登記識別情報を引っ張りだしてくることになります。

③印鑑証明書（不登令16条2項，18条2項）

【登記権利者の死亡】

この場合は，登記義務者は死亡していませんので，問題なく登記義務者の印鑑証明書を提供できます。

【登記義務者の死亡】

登記義務者は死亡しています。この場合，登記義務者の相続人の印鑑証明書を提供します。上記申請例126では，ＣＤの印鑑証明書を提供する必要があります。申請情報または委任状を作成しているのは，ＣＤだからです（Ｉのテキスト第2編第2章第3節2 2．（4）③「誰の印鑑証明書を提供するかの判断基準」）。

④住所証明情報（不登令別表30添付情報ロ）

【登記権利者の死亡】

登記権利者は死亡していますが，この場合でも，登記権利者の住所証明情報を提供します。上記申請例125では，死亡したＢの住民票の除票の写しを提供する必要があります。B名義の登記をするからです。Bは死亡しており，住民登録が抹消されているため，住民票の除票の写しとなります。

【登記義務者の死亡】

この場合は，登記権利者は死亡していませんので，問題なく登記権利者の住所証明情報（住民票の写しなど）を提供できます。

⑤代理権限証明情報（不登令7条1項2号）

⑥会社法人等番号（不登令7条1項1号イ）

⑦一般承継証明情報（不登法62条，不登令7条1項5号イ）

被相続人と相続人の関係を証するため，提供します。具体的には，戸籍全部事項証明書等が当たります。

5．登録免許税

原型の登記と同じです。上記申請例125，申請例126では，不動産の価額の20/1000です（登免法別表第1.1.（2）ハ）。申請している登記は，AからBへの売買を原因とする所有権の移転の登記だからです。

※被相続人の委任に基づいて登記申請をする場合

上記ではいずれも，相続人から委任を受けて申請する前提で説明をしてきました。しかし，被相続人の生前に，司法書士などが被相続人から登記申請の委任を受けていた場合，その委任に基づいて登記申請をすることもできます。司法書士など登記申請の任意代理人の権限は，本人が死亡しても消滅しないからです（不登法17条。Ⅰのテキスト第1編第5章第2節3 2.（1）（c）①）。

この場合，以下の表の点が上記から変わります。なお，上記から変わらないことのうち注意していただきたい点も，併せて記載しておきます。

上記から変わること	上記から変わらないこと
①【登記義務者の死亡】の場合の印鑑証明書は，被相続人の印鑑証明書となる この印鑑証明書も，原則どおり，申請時点で作成後3か月以内のものである必要があります（平6.1.14民三.366。不登令16条3項，18条3項。Ⅰのテキスト第1編第6章第4節3 3.）。	**①申請人欄の記載方法** 被相続人は死亡しているため，申請人欄には，上記申請例125，申請例126のように相続人も記載します。
②委任状は，被相続人が作成したものとなる	**②一般承継証明情報は提供する** （平6.1.14民三.366）

cf. 合併の場合

上記の申請情報の記載事項の説明は，相続の場合について記載しました。合併の場合でも，（申請人や添付情報の内容が少し変わりますが）**考え方は同じ**です。以下に合併の場合の申請例を示しておきます。

申請例127 —— **一般承継人による登記（登記権利者の合併）**

事例：Aは，令和５年７月８日，所有している建物（甲区１番でA名義の所有権の保存の登記がされている）を株式会社Bに売却した。しかし，株式会社Bへの所有権の移転の登記をする前の令和５年10月28日に，株式会社C（会社法人等番号 3456-01-901232，代表取締役E）が株式会社Bを合併して存続し，株式会社Bが解散する旨の吸収合併がされた。この建物の課税標準の額は，1000万円である。

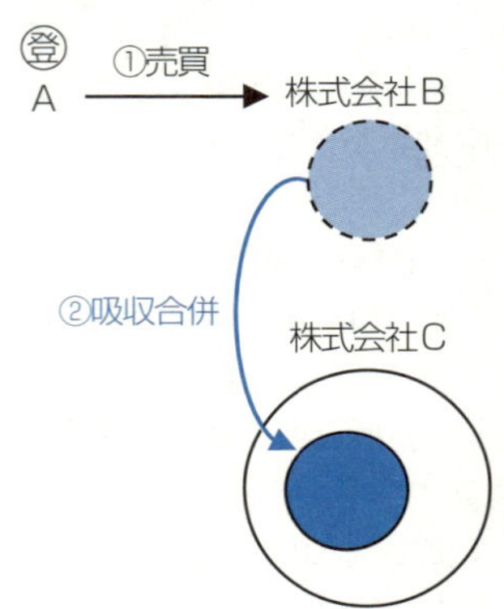

登記の目的	所有権移転
原　　因	令和5年7月8日売買
権 利 者	株式会社B 上記権利義務承継会社　株式会社C （会社法人等番号　3456−01−901232） 代表取締役　E
義 務 者	A
添 付 情 報	登記原因証明情報（売買契約書） 登記識別情報（Aの甲区1番の登記識別情報） 印鑑証明書（Aの印鑑証明書） 住所証明情報（株式会社Bの登記事項証明書） 代理権限証明情報（株式会社Cの代表取締役E及びAの委任状） 会社法人等番号（株式会社Cの会社法人等番号） 一般承継証明情報（株式会社Cの登記事項証明書）
課 税 価 格	金1000万円
登録免許税	金20万円

申請例128 ── 一般承継人による登記（登記義務者の合併）

事例：株式会社Aは，令和5年7月8日，所有している建物（甲区1番で株式会社A名義の所有権の保存の登記がされている）をBに売却した。しかし，Bへの所有権の移転の登記をする前の令和5年10月28日に，株式会社C（会社法人等番号 3456-01-901232，代表取締役E）が株式会社Aを合併して存続し，株式会社Aが解散する旨の吸収合併がされた。この建物の課税標準の額は，1000万円である。

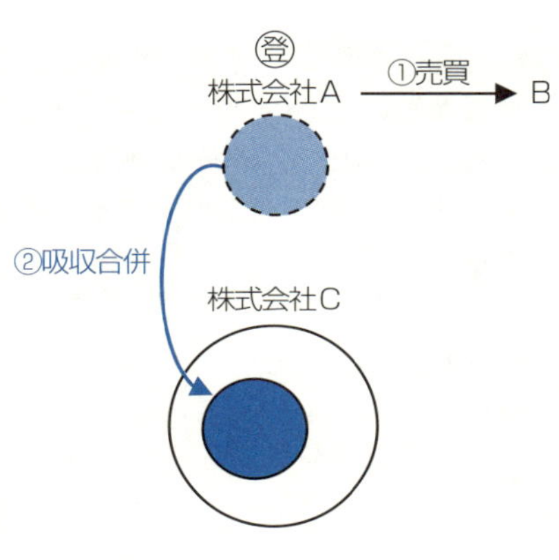

登記の目的	所有権移転
原　　因	令和5年7月8日売買
権 利 者	B
義 務 者	株式会社A　権利義務承継会社　株式会社C （会社法人等番号　3456−01−901232） 代表取締役　E
添 付 情 報	登記原因証明情報（売買契約書） 登記識別情報（株式会社Aの甲区1番の登記識別情報） 印鑑証明書（株式会社Cの代表取締役Eの印鑑証明書） 住所証明情報（Bの住民票の写し） 代理権限証明情報（B及び株式会社Cの代表取締役Eの委任状） 会社法人等番号（株式会社Cの会社法人等番号） 一般承継証明情報（株式会社Cの登記事項証明書）
課 税 価 格	金1000万円
登録免許税	金20万円

第11章　一の申請情報による申請

不動産登記令４条（申請情報の作成及び提供）

申請情報は，登記の目的及び登記原因に応じ，１の不動産ごとに作成して提供しなければならない。ただし，同一の登記所の管轄区域内にある２以上の不動産について申請する登記の目的並びに登記原因及びその日付が同一であるときその他法務省令で定めるときは，この限りでない。

1　登記申請の件数

１．原則

登記申請は，１個の不動産ごと，１個の権利ごとに，一つの申請情報でするのが大原則です（不登令４条本文。一件一申請情報主義）。そのほうがわかりやすく，誤った登記がされることが少なくなるからです。

よって，下記2のいずれかの要件を充たさない場合は，１個の不動産ごと，１個の権利ごとに，一つの申請情報でする必要があります。

２．例外

しかし，１個の不動産ごと，１個の権利ごとに申請情報を作成するのは大変です。登記官からしても，登記申請の件数が多くなるのは大変です。そこで，複数の不動産，複数の権利が関係する（下記2の要件を充たす）のであれば，複数の不動産，複数の権利についての登記を一の申請情報で（１件で）申請できるとされています。これを「一括申請」ということがあります。

2　要件

複数の不動産，複数の権利について，一の申請情報で（１件で）申請できるのは，下記１.～４.の４つのいずれかの要件を充たす場合です。

Realistic rule

４つのいずれにも共通している要件は，管轄登記所が同一であるということです。不動産登記は管轄登記所ごとにしますので，管轄登記所が異なる場合は，物理的に一の申請情報で（１件で）申請できません。たとえば，１人が新宿出張所に，１人が渋谷出張所に行って，電話で連絡を取り合って「『いっせいのせ！』で申請情報を出そうぜ」と言っても，物理的に二の申請情報で（２件で）の申請となります。

1. パターン1（不登令4条ただし書）

①複数の不動産について管轄登記所が同一である ②登記の目的が同一である ③登記原因及びその日付が同一である 　「登記原因……が同一である」とは，申請人が同一であることも含む

ここまで同一事項が多い申請情報であれば，一の申請情報で（1件で）申請できます。

ex. Aは，所有している甲建物と乙建物（管轄登記所は同一）を，同一の売買契約でBに売却しました。この場合，甲建物と乙建物について，一の申請情報で（1件で）Bへの所有権の移転の登記を申請することができるでしょうか。

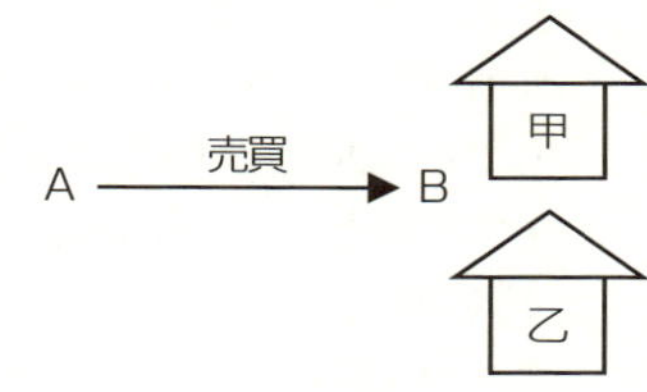

できます。

管轄登記所が同一であり（上記①），登記の目的が「所有権移転」で同一であり（上記②），登記原因及びその日付も同一の「年月日売買」「申請人BとA」で同一である（上記③）からです。

なお，甲建物については登記識別情報を提供できるが，乙建物については登記識別情報を提供することができないために事前通知（Ⅰのテキスト第1編第6章第3節5 2.（1））による手続を利用して申請する場合であっても，一の申請情報で（1件で）申請できます（昭37.4.19民事甲1173）。要求されるのは，上記①～③であり，添付情報の提供方法は関係ないからです。

上記のように具体例を示して，この要件を検討していきます。しかし，（下記2.～4.も同じですが）必ずしもテキストの具体例どおりに出題されるとは限りません。よって，**考え方を習得する意識**を持ってください。

（1）申請人の同一性

上記③は，申請人も同一であって初めて「登記原因及びその日付が同一である」といえます。

ex1. Aが所有している甲建物をCに，Bが所有している乙建物（管轄登記所は同一）をCに，同時に売却しました。この場合，甲建物と乙建物について，一の申請情報で（1件で）Cへの所有権の移転の登記を申請することができるでしょうか。

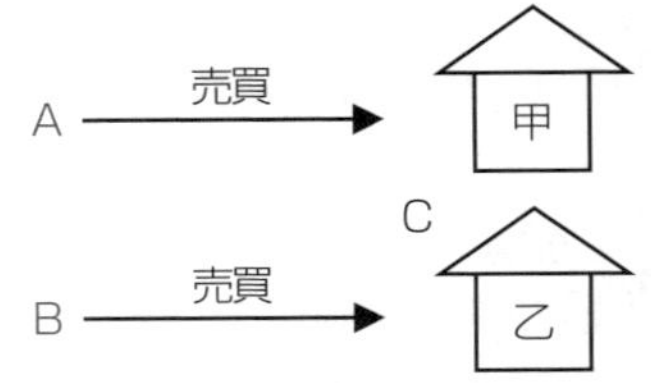

できません（明33.8.21民刑1176）。上記ex.との違いにご注意ください。

申請人が「CとA」「CとB」と異なり，上記③の要件を充たさないからです。他の要件は充たします。

ex2. Bが所有している甲土地を要役地，Aが所有している乙土地およびCが所有している丙土地（管轄登記所は同一）を承役地とする通行地役権の設定契約が同時にされました。この場合，乙土地と丙土地について，一の申請情報で（1件で）地役権の設定の登記を申請することができるでしょうか。

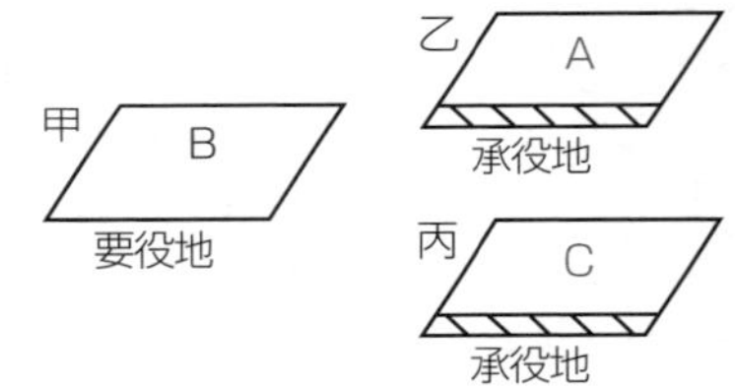

できません（昭33.2.22民事甲421）。

申請人が「BとA」「BとC」と異なり（P187〜188（4）），上記③の要件を充たさないからです。他の要件は充たします。

ex3. Bが所有している甲土地およびCが所有している丙土地を要役地，Aが所有している乙土地を承役地とする通行地役権の設定契約が同時にされました。この場合，乙土地について，一の申請情報で（1件で）地役権の設定の登記を申請することができるでしょうか。

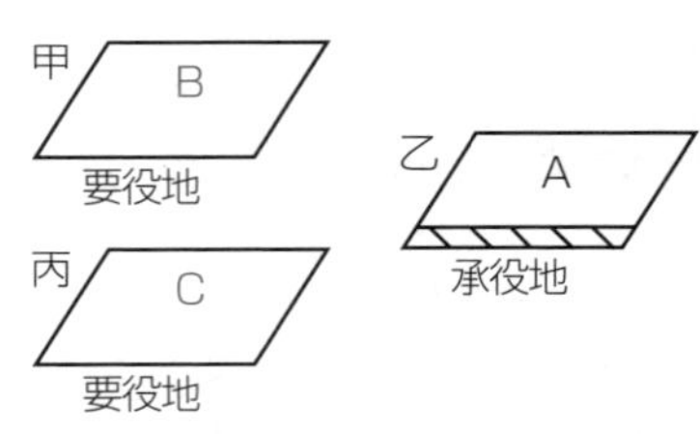

できません（登研522P158）。

申請人が「BとA」「CとA」と異なり（P187〜188（4）），上記③の要件を充たさないからです。他の要件は充たします。

ex4. Aが所有している甲建物およびCが所有している乙建物（管轄登記所は同一）を目的として，Bを受託者とする信託契約が同時に締結されました。この場合，甲建物と乙建物について，一の申請情報で（1件で）所有権の移転の登記および信託の登記を申請することができるでしょうか。

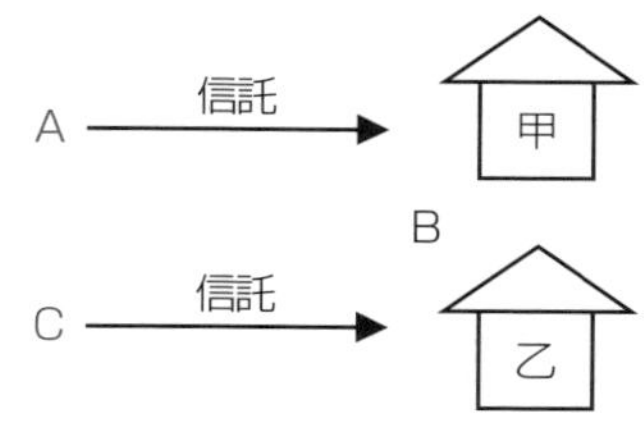

できません。

所有権の移転の登記の申請人が「BとA」「BとC」と異なり（P234（1）），上記③の要件を充たさないからです。他の要件は充たします。

（2）登記事項の同一性

登記事項の同一性も要求されるでしょうか。

ex. Aは，所有している甲建物と乙建物（管轄登記所は同一）に，同一の賃貸借契約でBの賃借権を設定しました。しかし，甲建物と乙建物の賃料や存続期間は異なります。この場合，甲建物と乙建物について，一の申請情報で（1件で）Bの賃借権の設定の登記を申請することができるでしょうか。

できます（登研463P85）。

登記事項（賃料や存続期間）の同一性は要求されません。管轄登記所が同一であり（上記①），登記の目的が「賃借権設定」で同一であり（上記②），登記原因及びその日付も同一の「年月日設定」「申請人BとA」で同一なので（上記③）OKです。

2．パターン2（不登規35条8号）

①複数の不動産についての登記の場合は管轄登記所が同一である ②1または2以上の不動産についての2以上の登記である ③同一の登記名義人の氏名（名称）・住所の変更の登記または更正の登記である

これは，名変登記の一の申請情報による申請のハナシです。

要件として，登記の目的，登記原因及びその日付の同一性が要求されていません。要は，同一の登記名義人の名変登記であれば，一の申請情報で（1件で）申請することができるということです（複数の不動産についての登記の場合は，管轄登記所が同一である必要があります）。名変は権利変動ではないため（P314），現在の氏名（名称）・住所が登記に公示されればよいので，要件が緩和されているのです。

ex. P317～318 の※で ex.として挙げた例ですが，不動産の所有者Aが，登記後に住所を移転しました。また，登記申請時点で，Aの氏名が誤って登記されていました。この場合，Aの住所の変更の登記と氏名の更正の登記を一の申請情報で（1件で）申請できるでしょうか。

できます。

1の不動産についての2の登記（住所の変更の登記と氏名の更正の登記）であり（上記②），同一の登記名義人Aの名変登記（上記③）だからです。

（1）単有不動産と共有不動産

登記の対象となる不動産は，「単有不動産と共有不動産」でも構わないでしょうか。

ex. 甲建物はAが単有で所有権の登記名義人として，乙建物はABが共有で所有権の登記名義人として登記されています（管轄登記所は同一）。Aは，登記後に住所を移転しました。この場合，甲建物と乙建物について，一の申請情報で（1件で）Aの住所の変更の登記を申請することができるでしょうか。

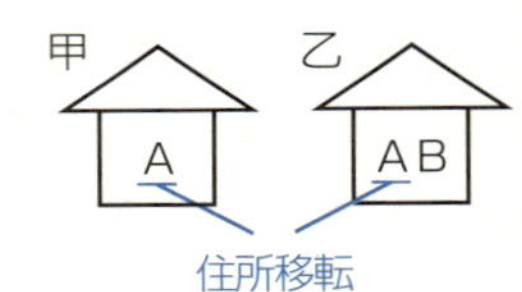

できます。

対象が単有不動産と共有不動産ですが，管轄登記所が同一であり（上記①），2の不動産についての2の登記（住所の変更の登記と住所の変更の登記）であり（上記②），同一の登記名義人Aの名変登記（上記③），という要件は充たしているからです。

この場合，登記の目的と変更後の事項は，以下のように記載します。

「登記の目的　○番所有権登記名義人住所変更」

「変更後の事項　所有者及び共有者Aの住所　横浜市中区羽衣二丁目2番地」

（2）共有者の名変登記

以下のような場合でも，一の申請情報で（1件で）申請することができるでしょうか。

ex1. 建物を夫婦ABが共有しています。住所は同一です。ABが，同時に同一の住所に移転しました。夫婦で不動産の購入代金を出し合い，不動産を共有していることは，よくあります。そして，夫婦ですから，同時に同一の場所に住所を移転することもあります。この場合，一の申請情報で（1件で）ABの住所の変更の登記を申請することができるでしょうか。

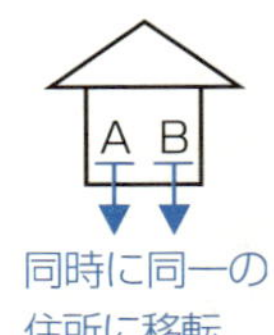

できます（登研 409P85，455P91）。

ＡＢと複数の登記名義人の名変登記ですが，登記原因及びその日付と変更後の事項がまったく同一となるので，認められています。

これに対して，ＡＢが別の住所に移転した場合は，一の申請情報で（１件で）申請することはできないと解されています。

ex2. ＣからＡおよびＢへの所有権の移転の登記をする際，申請情報にＡの住所とＢの住所とを誤って逆に記載し，そのまま登記されてしまいました。この場合，一の申請情報で（１件で）ＡＢの住所の更正の登記を申請することができるでしょうか。

できます（昭 38.9.25 民事甲 2654）。

※登録免許税

名変登記の登録免許税は，変更の登記または更正の登記として不動産１個につき 1000 円です（登免法別表第１.１.（14）。P318 の６.）。

では，１つの不動産について，同一の登記名義人についての複数の名変登記を一の申請情報で（１件で）申請する場合の登録免許税は，どうなるでしょうか。たとえば，以下のパターンがあります（昭 42.7.26 民事三.794）。

申請する登記			登録免許税
①	氏名（名称）の変更の登記	氏名（名称）の更正の登記	1000 円
②	住所の変更の登記	住所の更正の登記	1000 円
③	氏名（名称）の変更の登記	住所の変更の登記	1000 円
④	氏名（名称）の変更の登記	住所の更正の登記	2000 円
⑤	氏名（名称）の更正の登記	住所の変更の登記	2000 円
⑥	氏名（名称）の更正の登記	住所の更正の登記	1000 円

「2000 円」となる④⑤に着目してください。④⑤のみ「氏名（名称）」「住所」「変更」「更正」がすべて出てきます。「氏名（名称）」「住所」「変更」「更正」がすべて揃うと，2000 円となります。この場合には，同一区分とはいえないからです。

3．パターン3（不登規35条9号）

①同一不動産についての2以上の権利に関する登記である ②登記の目的が同一である ③登記原因及びその日付が同一である 　「登記原因……が同一である」とは，申請人が同一であることも含む

パターン1（P427）は①が「複数の不動産について管轄登記所が同一である」でしたが，それが「同一不動産についての2以上の権利に関する登記である」（上記①）に変わりました。それ以外の要件（②③）は，同じです。つまり，パターン1が複数の不動産のハナシで，このパターン3が1つの不動産のハナシなわけです。

なお，「『管轄登記所が同一である』という要件がないな？」と思われたかもしれません。このパターン3は，1つの不動産のハナシであるため，管轄登記所は同一であるに決まっているので，要件に入っていないだけです。

ex1. Aが所有している建物に，株式会社Bの1番抵当権と2番抵当権が設定されています。株式会社Bが株式会社Cに吸収合併されました。この場合，1番抵当権と2番抵当権について，一の申請情報で（1件で）株式会社Cへの抵当権の移転の登記を申請することができるでしょうか。

できます（昭10.9.16民事甲946，昭28.4.6民事甲547）。

同一不動産についての2以上の権利（抵当権と抵当権）に関する登記であり（上記①），登記の目的が「抵当権移転」で同一であり（上記②），登記原因及びその日付も同一の「年月日合併」「申請人株式会社C」で同一である（上記③）からです。

なお，登記の目的の「1番抵当権移転」「2番抵当権移転」の違いはOKです。

登記の目的はちょっとユルイ

一の申請情報による申請の**「登記の目的の同一性」の要件は，他の要件よりもちょっとユルくなることがあります。**

ex2. Aが所有している建物に，Aを債務者とするBの1番抵当権と2番抵当権が設定されています。AがBに，これらの抵当権の被担保債権の全部を同時に弁済しました。この場合，1番抵当権と2番抵当権について，一の申請情報で（1件で）抵当権の抹消の登記を申請することができるでしょうか。

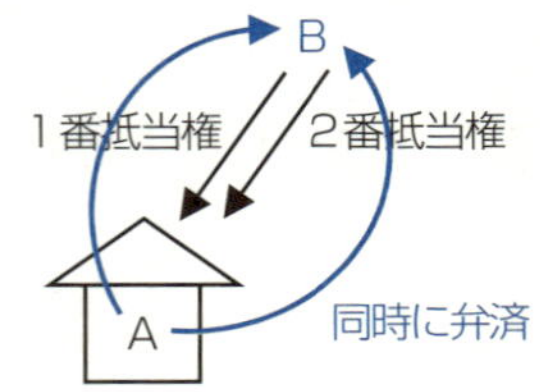

できます（登研 401P162）。

同一不動産についての２以上の権利（抵当権と抵当権）に関する登記であり（上記①），登記の目的が「抵当権抹消」で同一であり（上記②），登記原因及びその日付も同一の「年月日弁済」「申請人ＡとＢ」で同一である（上記③）からです。

なお，登記の目的の「１番抵当権抹消」「２番抵当権抹消」の違いは OK です（上記の「登記の目的はちょっとユルイ」）。

（1）申請人の同一性

上記③は，申請人も同一であって初めて「登記原因及びその日付が同一である」といえます。

ex. Ａが所有している建物に，Ａを債務者とするＢの１番抵当権とＣの２番抵当権の設定の登記がされています。ＡがＢおよびＣに，これらの抵当権の被担保債権の全部を同時に弁済しました。この場合，１番抵当権と２番抵当権について，一の申請情報で（１件で）抵当権の抹消の登記を申請することができるでしょうか。

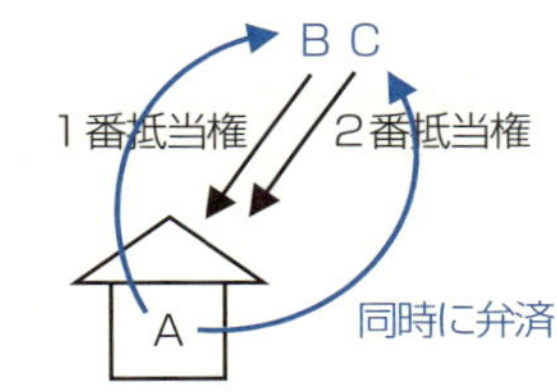

できません（登研 421P107）。上記 ex2.との違いにご注意ください。

申請人が「ＡとＢ」「ＡとＣ」と異なり，上記③の要件を充たさないからです。他の要件は充たします。

（2）抵当権と根抵当権

ここまで，「２以上の権利」はいずれも抵当権の例でした。では，抵当権と根抵当権でも構わないのでしょうか。

ex. Ａが所有している建物に，Ｂの１番抵当権と２番根抵当権の設定の登記がされています。この抵当権と根抵当権が，同時に解除されました。この場合，１番抵当権と２番根抵当権について，一の申請情報で（１件で）抹消の登記を申請することができるでしょうか。

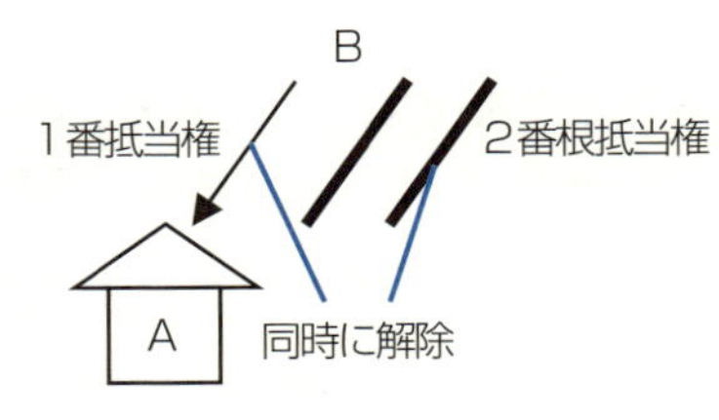

できます（登研 434P146）。

上記①～③の要件が揃っていれば，抵当権と根抵当権でも構いません。

この場合，登記の目的は，以下のように記載します。

「登記の目的　1番抵当権及び2番根抵当権抹消」

このような登記の目的となりますが，登記の目的の同一性の要件はちょっとユルくなるのでOKです（上記の「登記の目的はちょっとユルイ」）。

(3) 仮登記およびその仮登記に基づく本登記の抹消

仮登記およびその仮登記に基づく本登記の抹消も，一の申請情報で（1件で）申請することができるでしょうか。

ex. Aが所有していた建物に，Bの所有権の移転の仮登記およびその仮登記に基づく本登記がされています。しかし，AB間の所有権の移転の登記原因である売買が解除されました。この場合，Bの所有権の移転の仮登記およびその仮登記に基づく本登記の抹消の登記を一の申請情報で（1件で）申請することができるでしょうか。

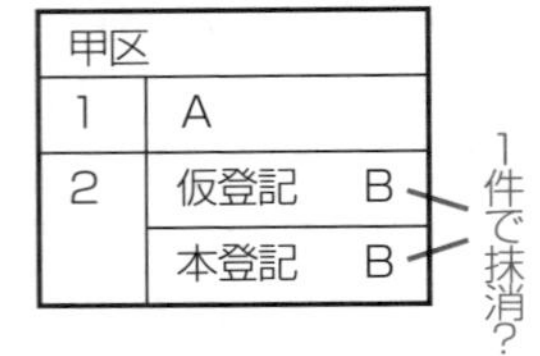

できます（昭36.5.8民事甲1053）。

上記①〜③の要件が揃っていれば，仮登記およびその仮登記に基づく本登記の抹消でも構いません。

この場合，登記の目的は，以下のように記載します（昭36.5.8民事甲1053参照）。

「登記の目的　○番所有権本登記及び仮登記抹消」

このような登記の目的となりますが，登記の目的の同一性の要件はちょっとユルくなるのでOKです（P432の「登記の目的はちょっとユルイ」）。

4. パターン4（不登規35条10号）

①複数の不動産について管轄登記所が同一である
②2以上の不動産についての2以上の登記である
③同一債権を担保する先取特権，質権または抵当権（根抵当権）に関する登記である
④登記の目的が同一である

これは，共同担保の登記の一の申請情報による申請のハナシです。

要件として，登記原因及びその日付（申請人）の同一性が要求されていません。要は，共同担保の登記であれば，登記の目的が同一なら一の申請情報で（1件で）申請することができるということです（管轄登記所が同一である必要があります）。共同担保ですから，同時に登記が発生することが多いので，要件が緩和されているのです。

ex. Ⅰのテキスト第3編第1章第1節4 2.の申請例41，P22の申請例67，P55の申請例74，P87の申請例82が，この例です。

（1）登記原因及びその日付の同一性

登記原因及びその日付の同一性は，要求されていません。

ex. Aが所有している甲建物とCが所有している乙建物（管轄登記所は同一）に，Bの純粋共同根抵当権の設定の登記がされています（確定前根抵当権です）。Bがこの根抵当権をDに全部譲渡しました。しかし，その後，AとCは異なる日に，この根抵当権の全部譲渡について承諾しました。この場合，一の申請情報で（1件で）共同根抵当権の移転の登記を申請することができるでしょうか。

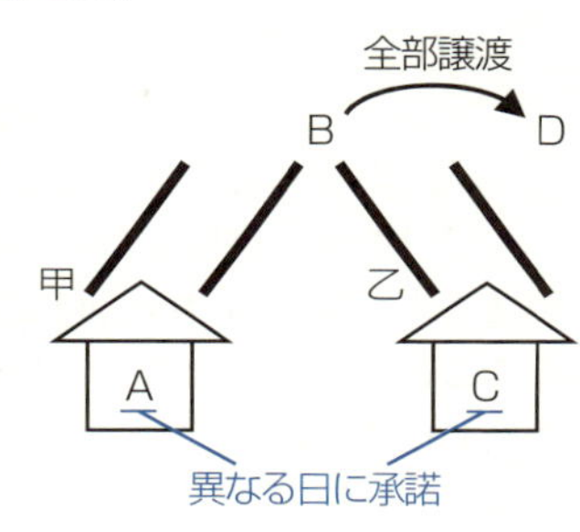

できます（昭46.10.4民事甲3230）。全部譲渡の登記原因日付は，合意と承諾が揃った日（P35～36（2））ですので，甲建物と乙建物の根抵当権で，登記原因日付が異なることになります。しかし，登記原因日付が異なるのはOKです。

管轄登記所が同一であり（上記①），2以上の不動産についての2以上の登記（根抵当権の移転の登記と根抵当権の移転の登記）であり（上記②），同一債権を担保する根抵当権に関する登記であり（上記③），登記の目的が「根抵当権移転」で同一なので（上記④）OKです。

（2）申請人の同一性

申請人の同一性も，要求されていません。

ex1. Aが所有している甲建物の乙区1番，Cが所有している乙建物（管轄登記所は同一）の乙区2番で，Aを債務者とするBの共同抵当権の設定の登記がされています。Aが，この抵当権の被担保債権の全部を弁済しました。この場合，甲建物の1番抵当権と乙建物の2番抵当権について，一の申請情報で（1件で）共同抵当権の抹消の登記を申請することができるでしょうか。

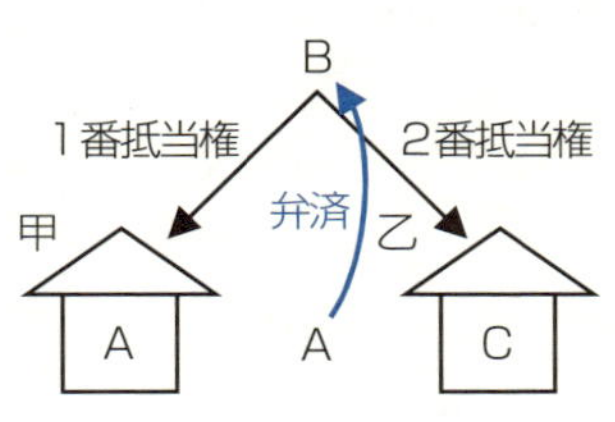

できます。申請人が異なることになりますが，共同担保の登記ですので，上記①～④の要件を充たしているためOKです。

ex2. 令和５年６月 28 日に，令和５年６月 28 日付け金銭消費貸借に基づくＢのＡに対する債権を担保するため，Ａが所有している甲建物を目的として，Ｂの抵当権を設定する契約が締結されました。その抵当権の設定の登記を申請する前の令和５年７月８日，Ｃが所有している乙建物（甲建物と管轄登記所は同一）に，同一の債権を担保するためにＢの抵当権を設定する契約が締結されました。この場合，一の申請情報で（１件で）共同抵当権の設定の登記を申請することができるでしょうか。

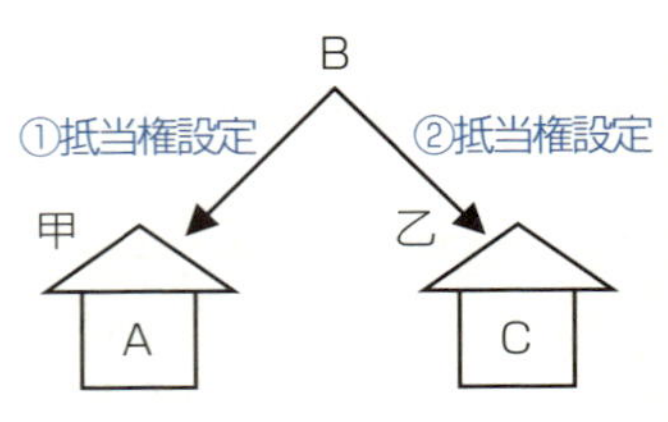

できます（明 32.6.29 民刑 1191，昭 39.3.7 民事甲 588）。登記原因日付と申請人が異なることになりますが，共同担保の登記ですので，上記①～④の要件を充たしているため OK です。

（3）順位変更の登記

複数の不動産についての抵当権の順位変更の登記は，不動産ごとに申請するのが原則です。しかし，以下の①～③の要件を充たす場合，一の申請情報で（１件で）申請できます（昭 46.12.27 民事三.960）。

①「共同担保」である
②順位変更をする抵当権の「順位番号」が複数の不動産についてまったく同一である
　順位番号が異なると，登記の目的が変わるからです。
③順位変更をする抵当権の「変更後の順位」が複数の不動産についてまったく同一である

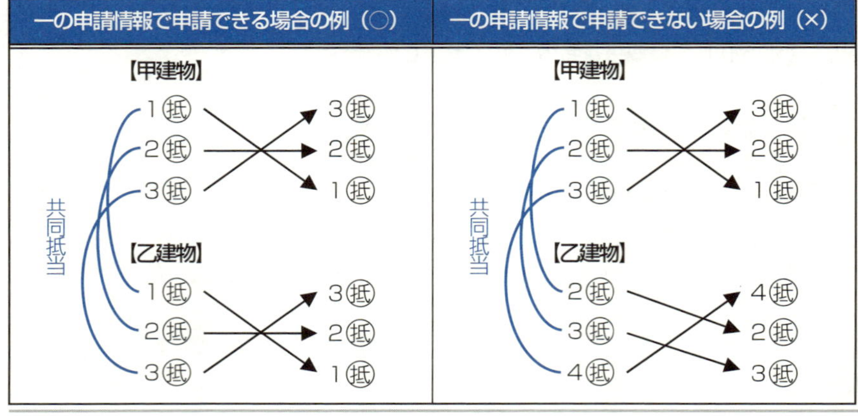

3 不動産の表示

複数の不動産について一の申請情報で（1件で）申請する場合には，申請情報の「不動産の表示」に，以下のように複数の不動産を記載します。不動産の表示には，基本的に登記の効力が及ぶ不動産を記載するからです（Ⅰのテキスト第3編第1章第1節 4 2．(5)「不動産の表示の記載の趣旨」）。

不動産の表示

所　　在	新宿区新宿一丁目	所　　在	新宿区新宿二丁目
地　　番	1番	地　　番	2番
地　　目	宅地	地　　目	宅地
地　　積	131.12平方メートル	地　　積	115.24平方メートル

4 不動産ごとに順位番号・登記原因及びその日付が異なる場合の申請情報の記載方法

上記 2 でいくつも事例をみましたが，不動産ごとに「順位番号」や「登記原因及びその日付」が異なる登記を一の申請情報で（1件で）申請する場合もありました。「申請情報はどうやって書くんだ？」と思われたかもしれません。この 4 で書き方を説明します。

1．順位番号が異なる場合

不動産ごとに順位番号が異なる登記を一の申請情報で（1件で）申請する場合，登記の目的には，順位番号を記載せず，「(順位番号後記記載のとおり)」とします。そして，不動産の表示に順位番号を記載します。

ex. P435のex1.の共同抵当権の抹消の登記を申請する場合，申請情報に以下のように記載します（申請人欄についても併せて記載しておきます）。

登記の目的　　抵当権抹消（順位番号後記記載のとおり）

（中略）

権 利 者　　A

　　　　　　C

義 務 者　　B

（中略）

不動産の表示

所　　在	新宿区新宿一丁目１番地	所　　在	新宿区新宿二丁目２番地
家屋番号	１番	家屋番号	２番
種　　類	居宅	種　　類	居宅
構　　造	木造かわらぶき２階建	構　　造	木造かわらぶき２階建
床 面 積	１階　72.55 平方メートル	床 面 積	１階　84.94 平方メートル
	２階　60.11 平方メートル		２階　68.51 平方メートル
（順位番号１番）		（順位番号２番）	

2．登記原因及びその日付が異なる場合

不動産ごとに登記原因及びその日付が異なる登記を一の申請情報で（１件で）申請する場合，原因を「後記のとおり」とします。そして，不動産の表示に登記原因及びその日付を記載します。

ex. P436 の ex2.の共同抵当権の設定の登記を申請する場合，申請情報に以下のように記載します（申請人欄についても併せて記載しておきます）。

（中略）

原　　因　　後記のとおり

（中略）

抵当権者　　B

設 定 者　　A

C

（中略）

不動産の表示

所　　在	新宿区新宿一丁目１番地	所　　在	新宿区新宿二丁目２番地
家屋番号	１番	家屋番号	２番
種　　類	居宅	種　　類	居宅
構　　造	木造かわらぶき２階建	構　　造	木造かわらぶき２階建
床 面 積	１階　72.55 平方メートル	床 面 積	１階　84.94 平方メートル
	２階　60.11 平方メートル		２階　68.51 平方メートル
原　　因	（令和5年6月28日金銭消費貸借同日設定）	原　　因	（令和5年6月28日金銭消費貸借令和5年7月8日設定）

第12章 法定相続情報証明制度

1 法定相続情報証明制度とは？

法定相続情報証明制度：相続人などが登記官に法定相続情報一覧図の保管および写しの交付の申出をし，登記官が法定相続情報一覧図の写し（P442の見本参照）の交付をする制度（不登規247条）

これは，平成 29 年4月の不動産登記規則の改正で新設された制度です（施行は平成29年5月です）。

相続が開始すると，相続人は，色々な機関で手続をする必要があります。相続登記のために登記所へ，被相続人の預金の払戻しのために銀行へなど。これまでは，機関ごとに戸籍全部事項証明書などを提出する必要があり，かなり大変でした。しかし，登記官に法定相続情報一覧図の保管および写しの交付の申出をし，登記官から法定相続情報一覧図の写しの交付を受け，法定相続情報一覧図の写しを戸籍全部事項証明書などの代わりとすることができます。

なお，かつてのように，手続ごとに戸籍全部事項証明書などを提出することも問題ありません。

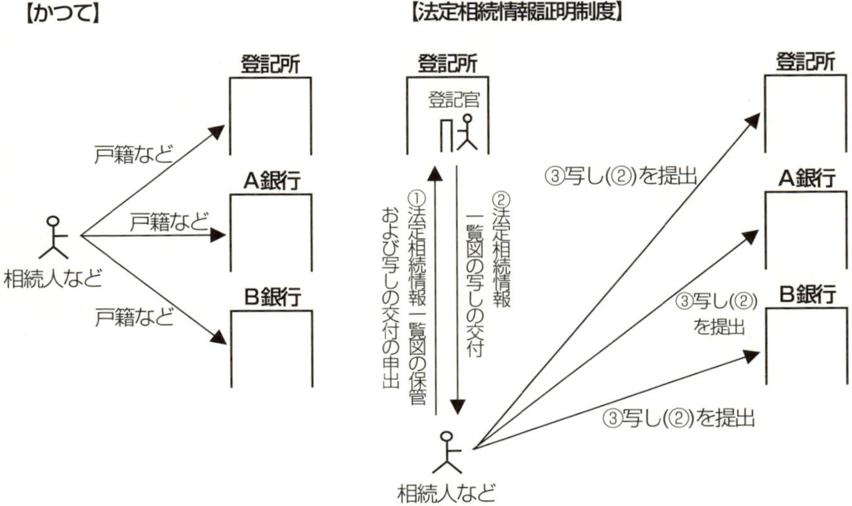

2 趣旨

近年，相続登記がされずに放置されている不動産が増え，所有者が不明となってしまう不動産や空き家問題が社会問題になっています。そこで，相続関係の手続を簡便にし，「相続登記などをしてくださいね～」という趣旨（相続登記の促進）でこの制度ができました。

なお，上記1に銀行に対する預金の払戻しとあるとおり，使い道は相続登記に限られるわけではありません。よって，不動産の権利を有していない被相続人についての相続でも，この制度が使えます（不登規247条1項柱書「その他の者」）。

3 手続

1．申出をすべき登記所

以下のいずれかの地を管轄する登記所の登記官に対して申出をします（不登規247条1項柱書）。

①被相続人の本籍地
②被相続人の最後の住所地
③申出人の住所地
④被相続人を表題部所有者または所有権の登記名義人とする不動産の所在地

④の不動産の所在地に限られないのは，使い道が相続登記に限られるわけではないからです（上記2）。また，申出人がこの制度を使いやすいよう選択肢を増やしているという理由もあります。法務省は，「ぜひ使ってください！」という姿勢なので。

2．申出ができる者

登記官に法定相続情報一覧図の保管および写しの交付の申出ができるのは，基本的には相続人です（不登規247条1項柱書）。

ただし，相続人が死亡し数次相続が生じている場合は，相続人の相続人も申出ができます（不登規 247 条1項柱書）。相続登記がされずに放置されている不動産は，数次相続が生じていることも多いからです。

※代理人による申出

代理人によって申出をすることもできます。代理人となれるのは，たとえば，以下の者です（不登規247条2項2号かっこ書）。
①申出人の法定代理人（ex. 申出人が未成年者である場合の親権者）
②申出人の親族

③資格者代理人（弁護士，司法書士など）

司法書士も含まれているので，将来みなさんが相続案件の依頼を受けたときに代理手続をするかもしれません。

3．添付する書面

上記2.の者が，上記1.の登記所の登記官に法定相続情報一覧図の保管および写しの交付の申出書を提供します（不登規 247 条2項）。申出書の提供は，郵送によることもできます（平 29.4.17 民二.292）。

この申出書には，以下の書面を添付する必要があります（不登規 247 条3項）。

①法定相続情報一覧図

以下のような情報が記載されたもので，P442 の証明書の基となるものです。

・被相続人の氏名，生年月日，最後の住所および死亡年月日（不登規 247 条1項1号）

・相続開始の時における同順位の相続人の氏名，生年月日および被相続人との続柄（不登規 247 条1項2号。相続人の住所の記載は任意です）

・作成をした申出人または代理人の記名

②被相続人の出生時からの戸籍全部事項証明書など

③被相続人の最後の住所を証する書面

住民票の除票の写しなどが当たります（平 29.4.17 民二.292）。

④相続人の戸籍一部事項証明書など

⑤申出人が相続人の地位を相続により承継した者であるときは，これを証する書面

数次相続が生じている場合に添付します。戸籍全部事項証明書などが当たります（平 29.4.17 民二.292）。

⑥申出書に記載されている申出人の氏名および住所と同一の氏名および住所が記載されている市町村長その他の公務員が職務上作成した証明書（その申出人が原本と相違がない旨を記載した謄本を含みます）

申出人の本人確認のために添付します。運転免許証の写しなどが当たります（平 29.4.17 民二.292）。

⑦代理人が申出をするときは，その代理人の権限を証する書面

上記の書面が添付され，申出が適法にされると，以下のような法定相続情報一覧図の写しが交付されます。交付の手数料はかかりません（無料です）。「相続登記などをしてくださいね～」という趣旨の制度であり，ドンドン利用してもらいたいため，無料とされているのです。

実際の書面を見てみよう ―― **法定相続情報一覧図の写し**

法定相続情報番号 0000-00-00000

被相続人松本雅典法定相続情報

最後の住所　新宿区新宿一丁目1番1号
最後の本籍　新宿区新宿一丁目1番1号
出生　昭和61年10月28日
死亡　令和5年11月1日
（被相続人）
松　本　雅　典

住所　新宿区新宿一丁目1番1号
出生　昭和59年12月12日
（妻）
松　本　優　美（申出人）

住所　新宿区新宿一丁目1番1号
出生　令和2年9月27日
（長男）
松　本　聡

住所　新宿区新宿一丁目1番1号
出生　令和3年9月26日
（長女）
松　本　麻　子

以下余白

作成日：令和5年12月1日
作成者：司法書士　法務　太郎
（事務所：新宿区高田馬場一丁目1番地1）

これは，令和5年12月1日に申出のあった当局保管に係る法定相続情報一覧図の写しである。

令和5年12月5日
東京法務局新宿出張所

登記官　新宿　太郎　印

注）本書面は，提出された戸除籍謄本等の記載に基づくものである。相続放棄に関しては，本書面に記載されない。また，相続手続以外に利用することはできない。

整理番号S00000 1／1

4 不動産登記での使用

上記の法定相続情報一覧図の写しは，法定相続人を証する情報を提供する不動産登記での手続の際に，相続があったことを証する市町村長その他の公務員が職務上作成した情報の提供に代えることができます（不登規 37 条の 3。平 29.4.17 民二.292）。登記申請に限りません（ex. 以下の⑤）。たとえば，以下の手続で使えます。

①所有権の保存の登記
②相続を原因とする権利の移転の登記
③相続を原因とする債務者の変更の登記
④一般承継人による申請（不登法 62 条）
⑤登記識別情報の失効の申出・有効証明請求（不登規 65 条 5 項本文，68 条 6 項本文。Ⅰのテキスト第 1 編第 6 章第 3 節 4）

戸籍全部事項証明書などを提供しなくてよくなると考えてください。よって，法定相続情報一覧図の写しを提供すれば，相続人の中で廃除された者がいる場合でも，別途廃除されたことを証する情報を提供する必要はありません。廃除されたことは被廃除者の戸籍の身分事項欄に記載されるからです。それに対して，相続人の中に相続放棄をした者がいる場合には，相続放棄申述受理証明書などを提供する必要があります（平 29.4.17 民二.292）。この点は，前ページの見本の 1 番下にも「注)」として書かれていますね。相続放棄をしたことは，戸籍に記載されないからです。

なお，戸籍全部事項証明書などの提供を省略するには，法定相続情報一覧図の写しを提供する必要があり，法定相続情報番号（前ページの見本の 1 番上に記載）を提供するだけではダメです。

法定相続情報一覧図の写しに相続人の住所が記載されていれば，相続人の住所証明情報としても使えます（平 30.3.29 民二.166）。

これは，相続登記を促進するため，平成 30 年に法定相続情報一覧図の写しの用途が拡大された点です。

—第6編—

純粋な総論手続
（総論③）

第1章　取下げ・却下・審査請求

登記の申請から完了までの大まかな流れは，以下のとおりでした（Ⅰのテキスト第1編第５章第１節）。この第１章では，Ⅰのテキストではみていない「取下げ」「却下」「審査請求」をみていきます。

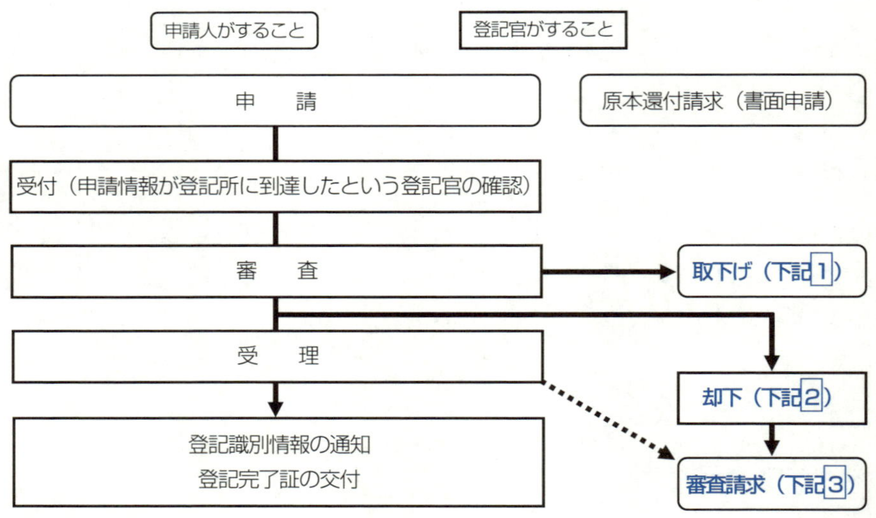

1　取下げ

1．取下げとは？

取下げ：登記の申請後，登記が完了するまでに，申請人の意思で申請を取り下げること（不登規39条）

「申請人の意思で」，つまり，主体が申請人である点が，下記2の却下との違いです。

取下げには，以下の２種類があります。

①登記の申請を中止するための取下げ（不登規39条）
②補正のための取下げ（不登規60条，不登法25条柱書ただし書参照）

①は，まさに申請を止（や）めるという取下げです。

②が「何これ？」と思われたと思いますが，「補正」とは，申請に軽微な誤りがあ

る場合に直すことです。たとえば，登録免許税の計算を間違え，納付額が足りなかった場合，登記官から代理人の司法書士に「登録免許税，間違っていますよ～」と電話がかかってきます。司法書士は，「申し訳ありません！すぐ行きます！」と言って，法務局に走って行き，申請情報の登録免許税の額を修正し，不足額を納付します。どの司法書士も，補正の経験はあると思います。補正のために取り下げる，簡単にいうと，ちょっと直させてもらうために取り下げるのが，②です。これは，すぐに申請し直しますので，①と違い，申請を止めるための取下げではありません。

2．方法

取下げの方法は，書面申請か電子申請かによって異なります。

書面申請	電子申請（特例方式を含む）
申請を取り下げる旨の情報を記載した書面を登記所に提出する方法によります（不登規 39 条1項2号，60 条2項2号）。	申請を取り下げる旨の情報を登記所にオンラインで送信する方法によります（不登規 39 条1項1号，60 条2項1号。平 20.1.11 民二.57。Ⅰのテキスト第1編第5章第4節 1 2.「電子申請の場合の基本的な考え方」）。

3．任意代理人が行う場合の特別の授権の要否

司法書士などの任意代理人が取下げを行うには，登記申請の代理権以外に，取下げの代理権も必要でしょうか（登記申請の委任に取下げの代理権が含まれているでしょうか）。

①登記の申請を中止するための取下げ

必要です（昭 29.12.25 民事甲 2637）。

お客様は，登記が実行されることを望み登記申請を委任したのであって，中止することは想定していません。よって，勝手に取り下げられるわけがありません。

②補正のための取下げ

不要です（昭 29.12.25 民事甲 2637）。

お客様は登記が実行されることを望み登記申請を委任したため，登記が実行されるように補正することは，委任の範囲内と考えられるからです。

2 却下

1．却下とは？

却下：登記の申請に不備があるため登記官が申請を却下すること（不登法 25 条）

主体が登記官である点が，上記1の取下げとの違いです。登記官は，登記の申請に不備があるときは，その不備が補正できるものであり申請人が補正した場合を除き，理由を付した決定で申請を却下します（不登法 25 条柱書）。理由を付す必要があるのは，登記官の勝手な判断ではなく，下記 2.の却下事由に基づく却下であることを，申請人にきちんと知らせるためです。

2．却下事由

却下事由は，不動産登記法 25 条１号から 13 号に規定されています。ただ，13 号が政令（不動産登記令）に委任しており，不動産登記令 20 条に８個規定されているため，却下事由は 20 個となります。

「1～3号，13号」と「4～12号」

まず，不動産登記法 25 条１～３号，13 号に当たるかどうかは，判断できるようにしてください。

１～３号，13 号（下記の表の（1）～（3），(13)）は，あまりにヒドい却下事由です。よって，仮に見過ごされて登記されたとしても，絶対的に無効であり，職権抹消されます（不登法 71 条。P468（1））。また，審査請求の対象にもなります（P456 の表の左の②）。

それに対して，４～12 号（下記の表の（4）～（12））は，そこまでヒドい却下事由ではありません。よって，仮に見過ごされて登記された場合，その登記は真実と合致している範囲において有効となります。たとえば，12 号（下記の表の（12））の「登録免許税を納付しないとき」に，それが見過ごされて登記された場合，された登記自体は真実と合致していると考えられます。よって，抹消や更正の必要があるのであれば，申請によってします。また，審査請求の対象になりません（P456 の表の右の②）。

このように，１～３号，13 号に当たるかどうかで扱いが異なるため，１～３号，13 号に当たるかどうかは，判断できるようにする必要があります。

却下事由と具体例を結びつけられるかを問う問題の対処法

却下事由の典型的な出題に，却下事由と具体例をいくつか示し，却下事由と具体例を結びつけられるかを問う問題があります（ex. 平成 23 年度第 14 問，平成 30 年度第 16 問）。出題され得る具体例をすべて記憶するのは無理なので，ある程度その場で判断を求められることになります。その場合，判断しやすい却下事由のみを考えられると正答率が上がります。以下の却下事由が判断しやすいので，本試験では以下の却下事由から判断してください。

・不動産登記法25条1号，2号，3号，4号，6号，7号，10号，12号，不動産登記令20条1号，2号，4号，5号，6号

却下事由

（1）申請にかかる不動産の所在地が申請を受けた登記所の管轄に属しないとき（不登法25条1号）

不動産登記は，登記所ごとに管轄があり，登記所は管轄内の不動産に関する登記しか扱わないため（不登法6条1項。Ⅰのテキスト第1編第3章1），管轄外の申請は却下されます。

法務局での手続　→　管轄外は却下

不動産登記，商業登記，供託は**法務局での手続**ですが，これらは**管轄外だと却下されます。**なお，登記事項証明書の交付の請求（Ⅰのテキスト第1編第4章第2節4 2.）など，例外もあります。

（2）申請が登記事項以外の事項の登記を目的とするとき（不登法25条2号）

ex1. 入会権の登記の申請は，却下されます（明34.4.15民刑434）。入会権を登記することはできないからです（Ⅰのテキスト第1編第4章第1節）。

ex2. 違約金の定めを登記事項とする抵当権の設定の登記の申請は，却下されます（昭34.7.25民事甲1567）。違約金を抵当権の登記事項とすることはできないからです（Ⅰのテキスト第3編第1章第1節2 3.（2）②ⅰ。P167の2.）。

（3）申請にかかる登記がすでに登記されているとき（不登法25条3号）

ex. 所有権の保存の登記を申請しようとしたところ，すでに所有権の保存の登記がされていたら，却下されます。

（4）申請の権限を有しない者の申請によるとき（不登法25条4号）

ex. 第三者が申請人になりすまして登記の申請をした場合，却下されます。

（5）申請情報またはその提供の方法が不動産登記法に基づく命令またはその他の法令の規定により定められた方式に適合しないとき（不登法25条5号）

ex1. インクを消すことができるボールペンで記載された手書きの申請情報は，却下されます。

ex2. 抵当権の設定の登記の登記原因証明情報として提供された抵当権設定契約書に利息に関する定めがある場合に，申請情報に利息の記載がないときは，却下されます。

(6)申請情報の内容である不動産または登記の目的である権利が登記記録と合致しないとき(不登法25条6号)
ex1. 申請情報に誤った不動産の表示が記載されている場合，却下されます。 ex2. １番抵当権しか登記されていないのにもかかわらず，「２番抵当権移転」を登記の目的とする申請は，却下されます。
（7）申請情報の内容である登記義務者などの氏名（名称）・住所が登記記録と合致しないとき（不登法25条7号）
これは，前提としての名変登記が必要であるにもかかわらず（P318～321の1.），それをしていない，ということです。 この規定があるため，名変登記を抜かすと申請が却下されます。これが，「たかが名変されど名変」といわれる理由でもあります。
（8）申請情報の内容が登記原因証明情報の内容と合致しないとき（不登法25条8号）
この場合，実体関係と異なる登記がされてしまうおそれが大きいので，却下されます。 ex. 存続期間の定めがある地上権設定契約書を登記原因証明情報として提供しているにもかかわらず，存続期間を申請情報の内容としない地上権の設定の登記の申請は，却下されます。
(9)法令の規定により申請情報と併せて提供しなければならないものとされている情報が提供されないとき（不登法25条9号）
ex. 提供する必要があるにもかかわらず，登記原因証明情報や登記識別情報を提供しない申請は，却下されます。
（10）事前通知に対する申出の期間内に申出がないとき（不登法25条10号）
事前通知がされた場合，それに対する申出には期間制限がありました（Ⅰのテキスト第１編第６章第3節5 2.（1）（c）ii）。その期間内に申出をしないと，却下されます。
（11）（表示に関する登記の規定なので，不登法25条11号については省略）
（12）登録免許税を納付しないとき（不登法25条12号）
登録免許税を納付しない申請（納付額が不足するときも含みます）は，却下されます。
（13）①申請が不動産以外のものについての登記を目的とするとき（不登令20条１号）
ex. 橋を目的とする登記の申請は，却下されます。 この「不動産」には，法令により不動産とみなされるものも含まれます。 ex. 立木法上の立木は不動産とみなされるため（立木法2条１項 ── **民法Ⅰのテキスト第2編第3章2 1.（2）（c）①**），立木を目的とする登記の申請は，却下されません。

(13) ②その登記をすることにより表題部所有者または登記名義人となる者（一般承継人が申請する場合を除く）が権利能力を有しないとき（不登令 20 条2号）
権利能力を有しない者を表題部所有者または登記名義人とする申請は却下されるということです。 ex1. 権利能力なき社団が登記名義人となる申請は，却下されます。 ex2. 組合が登記名義人となる申請は，却下されます。 なお，「(一般承継人が申請する場合を除く)」とは，一般承継人による申請の場合，死者や被合併会社名義で登記されることがあるため（P420 の申請例 125，P424 の申請例 127），それは OK という意味です。
(13) ③以下の登記など（不登令 20 条 3 号） **i　相続を原因とする根抵当権の移転の登記または根抵当権の債務者の変更の登記をする前の，指定根抵当権者の合意の登記または指定債務者の合意の登記** **ii　要役地について所有権の登記がされていない場合の，承役地についての地役権の設定の登記** **iii　敷地権付き区分建物についての，区分建物のみまたは敷地のみについての登記**
これらは，認められていませんでした。 i　→　P90，P98（不登法 92 条） ii　→　P186（不登法 80 条3項。昭 35.3.31 民事甲 712） iii　→　P380（不登法 73 条2項，3項） ただし，敷地権付き区分建物でも，区分建物のみまたは敷地のみについての登記ができる場合があります（P380～387 3）。その場合は，もちろん却下されません。
(13) ④申請が 1 個の不動産の一部についての登記（承役地についてする地役権の登記を除く）を目的とするとき（不登令 20 条4号）
Ⅰのテキスト第3編第 1 章第 1 節 3 2.「不動産の一部を目的とする登記の可否」のハナシです。承役地への地役権の設定の登記以外，不動産の一部に権利を設定したことを登記することはできません。 ex. 一筆の土地の一部に対する処分の制限の登記の嘱託は，却下されます。
(13) ⑤申請にかかる登記の目的である権利が他の権利の全部または一部を目的とする場合に，その他の権利の全部または一部が登記されていないとき（不登令 20 条5号）
ex. 未登記の地上権を目的とする賃借権の登記の申請は，却下されます。
(13) ⑥同一の不動産に関し同時に2以上の申請がされた場合に，登記の目的である権利が相互に矛盾するとき（不登令 20 条 6 号）
通常は，矛盾する登記が同時に申請されることはありませんが，たとえば，矛盾する2つの申請が郵送でされ，同時に登記所に到達した場合などではあり得ます。

ex. 同一の不動産を目的として，Bを登記権利者とする所有権移転請求権の仮登記と，Cを登記権利者とする所有権移転請求権の仮登記が同時に申請されたときは，同一の受付番号を付して受け付けられるとともに，双方の登記の申請が却下されます（昭30.4.11民事甲693）。たしかに，仮登記は複数登記することができます。しかし，同時だと優先関係がわからなくなってしまうからです。

「相互に矛盾する」ときに却下されるので，２つの抵当権の設定の登記を同時に申請する場合（Ⅰのテキスト第３編第１章第１節[2]3.（1）①iii「Realistic 15」）や同時申請による必要がある登記（ex. P230[1]）は却下されません。

（13）⑦申請にかかる登記の目的である権利が同一の不動産についてすでにされた登記の目的である権利と矛盾するとき（不登令20条7号）

ex. A所有の土地にBの地上権の設定の登記がされている場合に，重ねてCの地上権の設定の登記を申請すると，却下されます。地上権が設定された土地に重ねて地上権を設定することはできないからです（昭37.5.4民事甲1262。P174の表の右①）

（13）⑧上記①～⑦に掲げるもののほか，申請にかかる登記が民法その他の法令の規定により無効とされることが申請情報，添付情報または登記記録から明らかであるとき（不登令20条8号）

ex1. 登記記録上，地上権の存続期間が満了しています。しかし，実体上は存続期間が延長されています。この場合に，存続期間の変更の登記をせずに，地上権の移転の登記を申請すると，却下されます（昭35.5.18民事甲1132。P178～179[2]）。

ex2. 利息制限法の制限利率を超える利息の定めを登記事項とする抵当権の設定の登記の申請は，却下されます（昭29.6.2民事甲1144，昭29.6.28民事甲1357）。

３．却下決定書の交付方法

登記官が，登記の申請に不備があり却下する場合，申請が書面申請か電子申請かにかかわらず，却下決定書を書面で交付します（不登規38条１項本文）。行政処分は原則として当事者に到達しないと効力が生じないので，確実に効力を生じさせるため，書面で交付するとされているのです。

なお，送付の方法（郵送）によることはできます（不登規38条２項）。

登記官は，却下決定書を申請人ごとに交付する必要があります（不登規38条１項本文）。すべての申請人に伝える必要があるからです。

ただし，代理人によって申請がされた場合は，代理人に交付すればOKです（不登規38条１項ただし書）。代理人がいる場合，代理人に対する行為の効果は，申請人本人に帰属するからです。

【取下げ・却下の場合に還付される書面】

取下げ（1）・却下（2）とみてきました。最後に，書面申請がされた後，取下げまたは却下がされた場合に，申請書または添付書面が還付されるかを比較してみます。

	還付される書面	例外
取下げ	・**申請書**（不登規39条3項前段） ・**添付書面**（不登規39条3項前段） 取下げは，申請を「やっぱ止めた」ということですから，申請書も添付書面も返ってきます。	左記の書面でも，偽造された書面その他の不正な登記の申請のために用いられた疑いがある書面は，還付されません（不登規38条3項ただし書，39条3項後段）。 怪しい書面は返ってこないということです。これらの書面は，証拠物として登記所に保存する必要があるからです。
却下	・**添付書面**（不登規38条3項本文） 却下は，「やっぱ止めた」のではなく，申請したうえで「それがダメ」ということですから，"申請"書は返ってきません。 ただし，添付書面は再度登記を申請する際に使用するため，返ってきます。	

3 審査請求

不動産登記法156条（審査請求）

1　登記官の処分に不服がある者又は登記官の不作為に係る処分を申請した者は，当該登記官を監督する法務局又は地方法務局の長に審査請求をすることができる。

1．審査請求とは？

審査請求：登記官の処分または不作為について，その登記官を監督する法務局または地方法務局の長に不服申立てをすること（不登法156条1項）

「法務局または地方法務局の長」とは，その都道府県の法務局のトップということです（＊）。「法務局」と「地方法務局」の呼び方の違いですが，高等裁判所がある都道府県にあるのが「法務局」であり（ex. 東京法務局），高等裁判所がない都道府県にあるのが「地方法務局」です（ex. 横浜地方法務局）。

＊北海道のみ，都道府県単位ではなく，4つに分かれています。

簡単にいうと，登記官の上司に文句を言うのが「審査請求」です。

なお，「登記官の不作為」とは，登記の申請を受けた登記官が登記の受理も却下もしないことです。不作為について審査請求できるか，かつては明確ではありませんでした。そこで，平成26年の改正（平成28年4月施行）で明記されました。

※課税標準の額について不服がある場合

課税標準の額について不服がある場合は，（地方）法務局の長ではなく，国税不服審判所長に対し審査請求すべきです（国税通則法75条1項3号）。不動産登記法の審査請求の対象にはなりません。

課税標準の額を決めることは，登記官の処分ではないからです。

行政不服審査法の特別法

不動産登記法の審査請求は，**行政不服審査法の特別法**です。「行政不服審査法」という法律が，審査請求について規定した一般法です。不動産登記法は，不動産登記の特殊性から，行政不服審査法の審査請求の規定を修正している箇所があります。

ただ，みなさんは行政不服審査法の勉強をしないため（行政書士試験ではします），どの規定が特別規定なのかを気にする必要はありません。

よっぽどのこと

審査請求は，**「よっぽどのこと」**というイメージを持ってください。

審査請求をするのは，「登記の申請を却下され，このままでは事務所が潰れかねないため（銀行が絡む案件であればあり得ます），登記官の上司に文句を言って戦うしかない」といった場合です。通常は考えられない事態です。一度も経験したことがない司法書士がほとんどですし，誰もが経験せずにすむことを願っています。

よって，資格者代理人（司法書士など）が審査請求をする場合，お客様から，登記申請の代理権とは別に，審査請求の代理権を与えてもらう必要があります。こんな重大なことを当然にできるわけがありません。

【審査請求の手続の流れ】

審査請求の手続を１つ１つみていく前に，流れをチャート図で確認しましょう。

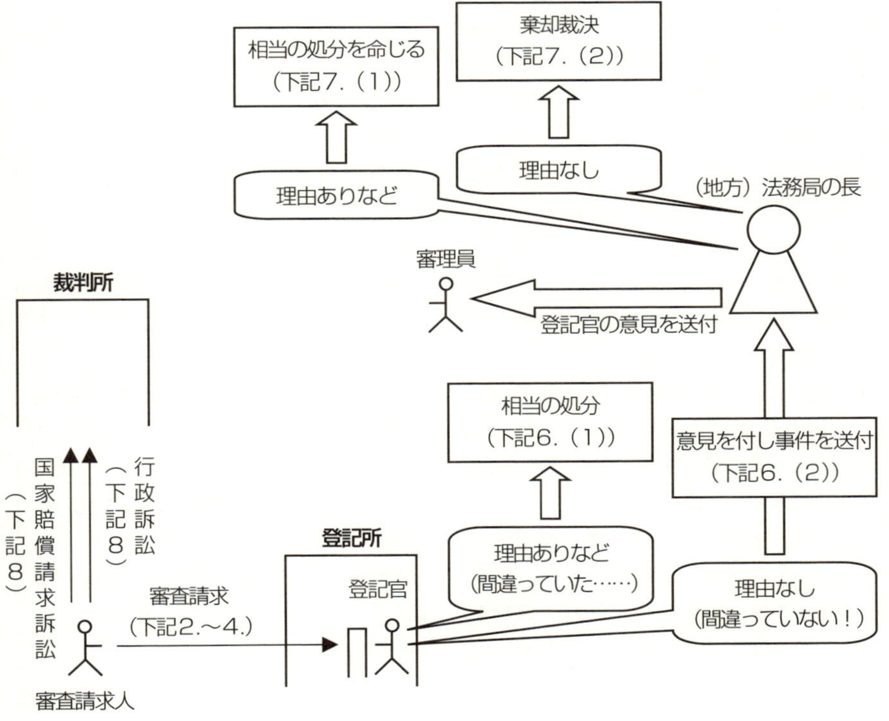

2．請求権者

審査請求ができる者は，「登記官の処分に不服がある者」または「登記官の不作為にかかる処分を申請した者」ですが，審査請求が認められることで直接に利益を受ける者である必要があります。

審査請求ができる場合（○）	審査請求ができない場合（×）
①登記申請が却下された場合，または，登記官の不作為によって登記がなされない場合の登記権利者または登記義務者 登記義務者もできるのは，登記義務者が登記を望むこともあるからです（ex. P325～326 の ex1.や ex2.の場合）。	**①登記申請が受理された場合**（長野地決明44.2.27，和歌山地決大9.3.23） 登記官は，申請どおりの登記をしたにすぎないため，文句を言われる筋合いはないからです。
②不動産登記法 25 条1～3号，13 号（P449（1）～（3），P450～452（13））の却下事由が見過ごされて登記が受理された場合（大判大5.12.26，最判昭38.2.19 等参照） 登記が受理された場合は，基本的には審査請求の対象にはなりません（右の①）。しかし，これらは，あまりにヒドい却下事由です（P448）。入会権を登記したとかですから。そのため，登記されても絶対的に無効であり，審査請求の対象となるのです。	**②不動産登記法 25 条4～12 号（P449（4）～450（12））の却下事由が見過ごされて登記された場合** ex. 登記申請の代理権が消滅しているにもかかわらず，すでに交付されていた委任状に基づいて所有権の移転の登記がされました。この場合でも，審査請求はできません。 不動産登記法25条4～12号は，そこまでヒドい却下事由ではないため（P448），登記されると，真実と合致している範囲において有効となるからです。
③代位による登記によって相続登記がされたが（P371（b）），債務者（相続人）によってその相続登記が抹消された場合の債権者（大決大9.10.13） 債権者からすると，自分がした登記が抹消されてしまったからです。	**③審査請求の目的である処分にかかる権利を譲り受けた者**（不登法 158 条，行服法 15 条6項）
④登記事項証明書の交付（Ⅰのテキスト第1編第4章第2節4）を受けられなかった者	**④抵当権の移転の登記についての設定者**（大決大6.4.25） 抵当権の移転の登記について，設定者は関係ないからです（Ⅰのテキスト第3編第1章第2節1 3.※）。

※審査請求人が死亡した場合

審査請求人が死亡した場合，相続人などが審査請求人の地位を承継します（行服法15条1項）。

審査請求人の地位を承継した相続人などが2人以上いるときは，その1人に対する通知などは，全員に対してされたものとみなされます（行服法15条5項）。

3．審査請求の方法

登記官を監督する（地方）法務局の長に審査請求をしますが，それは登記官を経由してします（不登法156条2項）。文句を言う相手は登記官の上司なのですが，文句の提出先は登記官なんです（P455のチャート図をご覧ください）。

「なんで？」と思われると思いますが，下記6.（1）でみますとおり，登記官が審査請求に理由があるなど（自分が間違っていた……）と考えたら，上に上げずに（後で報告はします）相当の処分ができるんです。そのために，登記官に出します。

審査請求は，書面でする必要があり，口頭ではできません（行服法19条1項）。審査請求は「よっぽどのこと」ですから（P455の「よっぽどのこと」），口頭でできるわけがありません。

4．審査請求をすることができる期間

不動産登記法の審査請求に期間制限は特になく，不当な処分の是正が可能であり，その利益があれば，いつでもできます（不登法158条，行服法18条）。登記所における申請情報や添付情報の保存期間が満了していてもできます。

通常の審査請求は期間制限があります（行服法18条）。しかし，登記は，国が主体的に行うものではなく，申請を待ってするものです。登記官は登記所で"待っているだけ"です。それに対応して，審査請求も待っていてくれるのです。

5．審査請求の取下げ

審査請求人は，下記7.の（地方）法務局の長の裁決があるまでは，いつでも審査請求を取り下げることができます（行服法27条1項）。

この審査請求の取下げも，書面でする必要があり，口頭ではできません（行服法27条2項）。やはり審査請求は，「よっぽどのこと」だからです（P455の「よっぽどのこと」）。

6. 登記官の措置

(1) 理由ありなど（登記官「私が間違っていた……」）

登記官は，自らの処分についての審査請求を理由があると認め，または，審査請求がされた不作為にかかる処分をすべきものと認めるときは，相当の処分をしなければなりません（不登法 157 条1項）。つまり，登記官が「私が間違っていた……」と考えた場合，登記の受理などをするわけです。そして，登記官は審査請求人に対し，その処分の内容を通知します（不登規 186 条）。

このように，登記官が上に上げずに（後で報告はします）相当の処分ができるのは，対抗力（民法 177 条）の問題があるためです。登記をするのであれば，急いでしないと第三者の登記がされてしまうかもしれません。

(2) 理由なし（登記官「私は間違っていない！」）

上記（1）に対して，登記官が，審査請求には理由がない（「私は間違っていない！」）と考える場合もあります。この場合には，登記官は，審査請求の日から3日以内に意見をつけて事件を（地方）法務局の長に送付しなければなりません（不登法 157 条2項前段）。この場合は，上に上げて，上の判断をあおぐわけです（P455 のチャート図をご覧ください）。

7. （地方）法務局の長の処分

上記6.（2）により事件の送付を受けた（地方）法務局の長は，登記官の意見を審理員に送付しなければなりません（不登法 157 条2項後段）。

「審理員」とは，平成 26 年の行政不服審査法などの改正により新たにできた制度です。審査請求の事件を実際に仕切る“別のライン（別の省）の”職員のことです。平成 26 年の改正の１つのテーマが「公平性の確保」であるため，別のライン（別の省）の職員が審査請求の事件を実際に仕切ることとされたんです。平成 28 年4月から施行され，この審理員の制度がスタートしたので，一部の公務員の方は，平成 27 年度は審理員についての研修で忙しかったそうです……。

なお，この審理において，審査請求人が申立てをしても審査請求人に口頭で意見を述べる機会は与えられませんし（不登法 158 条，行服法 31 条），利害関係人が参加人として参加することもできません（不登法 158 条，行服法 13 条）。

通常の審査請求は，これらのことが認められます（行服法 31 条，13 条）。しかし，登記は書面審理です。それに対応して，審査請求も書面審理となるのです。

この審理を受け，（地方）法務局の長は以下の（1）（2）いずれかの判断をします。

（1）理由ありなど（「登記官が間違っている！」）

（地方）法務局の長は，処分についての審査請求を理由があると認め，または，審査請求をされた不作為にかかる処分をすべきものと認めるときは（「登記官が間違っている！」と考えたときは），登記官に相当の処分をするよう命じます。そして，その旨を審査請求人と登記上の利害関係人に通知します（不登法157条3項）。

※仮登記

（地方）法務局の長は，上記の相当の処分を命じる前に，登記官に仮登記を命じることができます（不登法157条4項）。対抗力（民法177条）の問題があるためです。第三者の登記がされるおそれがあるのであれば，仮登記で順位を確保しておく必要があるのです。

（2）理由なし（「登記官は間違っていない！」）

（地方）法務局の長は，審査請求には理由がないと考えたときは（「登記官は間違っていない！」と考えたときは），審査請求を棄却します（行服法45条2項，49条2項）。

登記官の不作為についての審査請求であった場合には，（地方）法務局の長は，登記官に不作為にかかる処分についての申請を却下する処分を命じます（不登法157条5項）。却下せずに放置しておくのはおかしいので，「却下してやれ」ということです。

※再審査請求の可否

（地方）法務局の長の裁決に不服があっても，再審査請求をすることはできません（行服法6条1項参照）。（地方）法務局の長の上は法務大臣ですが，さすがに法務大臣にまで文句を言うことはできません。

8．行政訴訟・国家賠償請求訴訟との関係

審査請求は，登記官の上司である（地方）法務局の長に文句を言うことでした。それ以外にも，裁判所に訴えを提起することができます。それが，「行政訴訟」「国家賠償請求訴訟」です。

「行政訴訟」は，行政事件訴訟法という法律に規定されています。たとえば，都道府県知事から営業の不許可処分を受けた場合に，その処分の取消しを求める訴えなどが行政訴訟です。国や地方公共団体を相手方とする訴えです。登記官の処分の取消しを求めて，裁判所に訴えを提起することもできます。

「国家賠償請求訴訟」とは，国家賠償法という法律を根拠とします。公務員の不法行為（故意または過失による違法行為）によって損害を受けた者が，国や地方公共団体に賠償を請求する訴えです。登記官の処分によって損害を受けたとして，国に対して賠償を求める訴えを裁判所に提起することもできます。

テクニック

試験で最も出題されるのは，「審査請求」「行政訴訟」「国家賠償請求訴訟」の順番です。審査請求の種類によっては，「行政訴訟を提起する前に審査請求をし，その裁決を経なければならない」というものもあります（行訴法８条１項ただし書）。

しかし，司法書士試験で出題されるものは，**「審査請求」「行政訴訟」「国家賠償請求訴訟」の順番はカンケーありません**。どれから行うかも自由ですし，これらを併行して行うこともできます。

第2章 再使用証明

1 再使用証明とは？

1．意義

実務で頻繁にあるハナシではありませんが，再使用証明というものがあります。

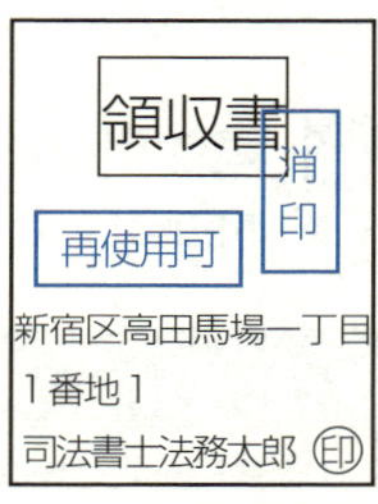

登録免許税の納付方法に，「現金納付」「印紙納付」というものがありました。右の図のように，「現金納付」は郵便局などで登録免許税を支払ってその領収書を申請情報に貼り付ける方法，「印紙納付」は印紙を申請情報に貼り付ける方法です（Ｉのテキスト第１編第７章4①，②）。これらの納付方法で登記の申請をすると，右の図のように，すぐに領収書・印紙に消印が押されます。再度使えなくするためです。

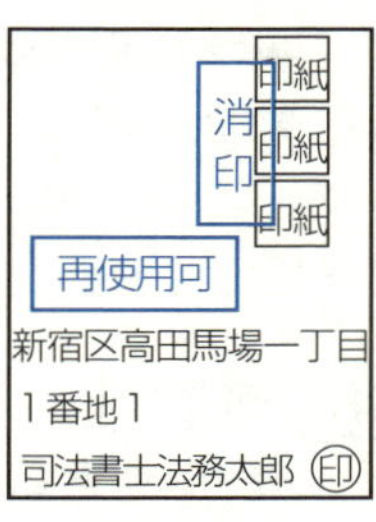

しかし，申請人は，登記の申請を取り下げた場合，消印が押された領収書・印紙を再使用することができる旨の証明を受けることができます（登免法 31 条３項前段）。これが，「再使用証明」です。再使用証明を受け，他の登記申請に使用することができるのです。他の登記申請のほうが取り下げた申請よりも登録免許税が低ければ，差額は現金で還付されます（昭 42.6.13 民事甲 1864）。

2．再使用証明ができる場合とできない場合

常に再使用証明ができるわけではありません。以下の表の左の①②の双方を充たす場合のみ再使用証明ができます。

再使用証明ができる（○）	再使用証明ができない（×）
①取下げ	①却下
再使用証明は，申請書に貼り付けた領収書・印紙を再使用するためにします。取下げであれば，原則として申請書が還付されますので，できます。それに対して，却下であれば，申請書が還付されないので，できません（P453）。	
②現金納付または印紙納付	②電子納付
再使用証明は，申請書に貼り付けた領収書（現金納付）・印紙（印紙納付）を再使用するというハナシです。電子納付は，ネットバンキングでの納付であり（Ｉのテキスト第１編第７章4③），領収書や印紙がないため，できません。	

※再度の再使用証明の可否

再使用証明を受けた領収書・印紙を使って申請をした後，また取り下げた場合，再度の再使用証明の申出をすることもできます(昭43.1.8民事甲3718)。この場合でも，上記の表の左の①②の要件を充たすからです。

2　再使用証明を受けた領収書・印紙を使える申請

再使用証明を受けた領収書・印紙を使える申請と使えない申請があります。

使える申請（○）	使えない申請（×）
①再使用証明を受けた登記所での不動産登記の申請 ②再使用証明を受けた登記所での商業登記の申請	①他の登記所での申請（登研321P71）
再使用証明がされると，再使用証明を受けた登記所に再使用証明の申出書が保管されます。よって，再使用証明を受けた登記所であれば，不動産登記の申請に限らず，商業登記の申請でも使えます。しかし，他の登記所には再使用証明の申出書が保管されていないため，ダメです。	

3　期間制限

再使用証明を受けた領収書・印紙を使える期間は，1年です（登免法31条3項前段)。

1年を過ぎた場合には再使用証明を受けた領収書・印紙を使えなくなりますが，取下げの日から5年以内であれば登録免許税の還付を請求することができます（登免法31条8項3号，国税通則法74条1項)。つまり，5年以内であれば登録免許税を返してもらうことはできるのです。

4　再使用証明を受けた後に還付請求をする場合の代理人の授権の要否

ややこしいですが……，こんなハナシです。領収書・印紙について再使用証明を受けました。しかし，「やっぱ，再使用ではなく，登録免許税の還付請求をしよう」と考えました（Ⅰのテキスト第1編第7章[6] 1.③)。では，この還付請求を司法書士などの登記申請の任意代理人が行う場合，還付請求をすることについて授権を受けた旨が記載された委任状が必要でしょうか。

必要です（登研509P152)。

登記申請の代理権に，還付請求の代理権が当然に含まれているとは考えられないからです。

第3章　嘱託による登記

ここまで,「当事者の申請」によって登記手続が開始される場合を中心にみてきました。しかし，それだけでなく,「官庁または公署の嘱託」によって登記手続が開始される場合もありました（Ⅰのテキスト第１編第５章第２節1 1.)。この第３章では，その「嘱託による登記」をみていきます。

1　国または地方公共団体が登記権利者となる登記

不動産登記法 116 条（官庁又は公署の嘱託による登記）

1　国又は地方公共団体が登記権利者となって権利に関する登記をするときは，官庁又は公署は，遅滞なく，登記義務者の承諾を得て，当該登記を登記所に嘱託しなければならない。

2012 年に，尖閣（せんかく）諸島の土地を地権者から国や東京都が購入するといったニュースがありました。政治的な問題は置いておきますが，国や地方公共団体が不動産の登記名義人となることもできます。尖閣諸島の土地は国が購入したそうなので，国が登記名義人となっているのでしょう。「国有地」などと聞いたことがあるでしょうか。国は，かなりの数の不動産を所有しています。

1．登記の方法

国または地方公共団体が登記権利者となる登記は，官庁（国の機関。ex. 財務省）または公署（国の機関以外の公的機関。ex. 都道府県，市町村）が，登記義務者（上記の尖閣諸島の例だと地権者）の承諾を得て，登記所に嘱託します（不登法 116 条１項)。つまり，官庁または公署が単独で行います。「官庁または公署だから，大丈夫でしょ（虚偽の登記はしないでしょ)」ということで，単独で行うことが認められています。

2．添付情報

これまで使ってきた添付情報の判断基準は，基本的に嘱託による登記でも使えます。

①登記原因証明情報（不登令別表 73 添付情報イ）

Ⅰのテキスト第１編第６章第２節4の「登記原因証明情報の提供が不要となる場合」に当たりませんので，登記原因証明情報を提供する必要があります。

②承諾証明情報（不登令別表73添付情報ロ）

上記1.のとおり，官庁または公署が登記義務者の承諾を得て登記所に嘱託しますので，登記義務者が作成した承諾を証する情報を提供する必要があります。

※この登記の後に更正の登記を嘱託する場合

国または地方公共団体が登記権利者となる登記がされた後，登記事項の一部に錯誤（間違い）または遺漏（モレ）があることが判明し，更正の登記を嘱託する場合，改めて登記義務者が作成した承諾を証する情報を提供する必要があります。

※登記識別情報は，提供しません（不登法22条参照。昭33.5.1民事甲893）。官庁または公署が単独で行う登記だからです（Ⅰのテキスト第1編第6章第3節3 1.「登記識別情報の提供の要否の基本的な判断基準」）。

※印鑑証明書は，提供しません（不登令16条4項，18条4項）。所有権の登記名義人が登記義務者とならないからです（Ⅰのテキスト第1編第6章第4節3 2.「『認印でよいか』『実印で押印し印鑑証明書の提供が要求されるか』の判断基準」）。官庁または公署が単独で行う登記ですので，登記義務者はいません。

※住所証明情報は，提供しません（昭36.4.19民事甲895）。Ⅰのテキスト第1編第6章第5節3「住所証明情報の提供が要求される場合①～③」のいずれかに当たる場合であっても（ex. 所有権の移転の登記でも），不要です。そもそも国または地方公共団体には住所がありませんし，住所証明情報もありません。「国や東京都の住所ってどこ？」ってハナシです。国会議事堂や都庁がある所が住所であるわけではなく，日本全体や東京全体が国や東京都です。よって，「所有者　東京都」などと登記され，住所は登記されません。

3．登録免許税

登録免許税は，不要です（登免法4条1項）。Ⅰのテキスト第1編第7章7で説明しますが，国や地方公共団体などが自己のために登記をする場合には，非課税となるからです。

2 国または地方公共団体が登記義務者となる登記

不動産登記法116条（官庁又は公署の嘱託による登記）
2 国又は地方公共団体が登記義務者となる権利に関する登記について登記権利者の請求があったときは，官庁又は公署は，遅滞なく，当該登記を登記所に嘱託しなければならない。

国有地を民間に払い下げるといった場合に，国または地方公共団体が登記義務者となります。

1．登記の方法

国または地方公共団体が登記義務者となる登記は，登記権利者（私人）の請求があったときに，官庁または公署が登記所に嘱託します（不登法116条2項）。これも，官庁または公署が単独で行うことが認められています。やはり「官庁または公署だから，大丈夫でしょ（虚偽の登記はしないでしょ）」ということです。ただ，上記1と異なり，官庁または公署は，登記権利者（私人）の請求があって初めて嘱託します。権利に関する登記をするか（対抗力を備えるか）は私人の自由だからです。この2は，私人が登記名義人となるなどというハナシなので，登記をするかの選択が私人に委ねられているのです。

2．添付情報

ここでも，これまで使ってきた添付情報の判断基準が基本的に使えます。

①登記原因証明情報（不登法61条）
Ｉのテキスト第1編第6章第2節4の「登記原因証明情報の提供が不要となる場合」に当たりませんので，登記原因証明情報を提供する必要があります。
②住所証明情報（不登令別表30添付情報ロ。昭43.4.1民三.290）
所有権の移転の登記など，住所証明情報が必要となる登記であれば，提供する必要があります。私人が登記名義人となるため，固定資産税の徴収先を把握する必要があるからです（Ｉのテキスト第1編第6章第5節2）。また，私人ですから，住所も登記されます。
※登記識別情報は，提供しません（不登法22条参照。昭15.7.25民事甲949）。官庁または公署が単独で行う登記だからです（Ｉのテキスト第1編第6章第3節3 1.「登記識別情報の提供の要否の基本的な判断基準」）。なお，この登記を，私人と官庁または公署が共同で申請することもできます。この場合でも，登記識別情報は不

要です（昭 42.4.6民事三.150）。官庁または公署が申請人となるため，虚偽の登記である確率が低いからです。

※印鑑証明書は，提供しません（不登令16条4項，18条4項）。所有権の登記名義人が登記義務者とならないからです（Ⅰのテキスト第1編第6章第4節3 2.「『認印でよいか』『実印で押印し印鑑証明書の提供が要求されるか』の判断基準」）。官庁または公署が単独で行う登記ですので，登記義務者はいません。

3．登録免許税

登録免許税は，通常どおり納付する必要があります（登免法4条1項参照）。国や地方公共団体などが自己のために登記をするわけではなく（Ⅰのテキスト第1編第7章7），私人のためにする登記ですので，非課税とはなりません。

4．登記識別情報の通知

私人が登記名義人となる登記の場合，私人の登記識別情報は，官庁または公署に通知されます（下記の図①。不登法 117 条1項）。登記を嘱託したのは官庁または公署であるため，申請をしていない私人に直接に登記識別情報を通知するのは危ない（本人確認ができない）からです。

そして，官庁または公署が，この登記識別情報を私人に通知します（下記の図②。不登法117条2項）。

登記官と私人の間に官庁または公署が入る形になりますが，官庁または公署ですから，パスワード（登記識別情報）を盗み見たり悪用したりすることは考えられないため，大丈夫です。

不動産登記法が上記のように規定しているため，官庁または公署が私人の登記識別情報の通知を受けることについて，私人から特別の委任を受ける必要はありません。

なお，私人は申請人となっていないにもかかわらず登記識別情報の通知がされるため，上記はⅠのテキスト第1編第6章第3節2 1.（1）「登記識別情報が通知される要件」の例外です。

3 公売処分による登記

官庁または公署は，公売処分をした場合に，登記権利者の請求があったときは，以下の①〜③の登記を嘱託します。この登記の嘱託は，オンラインで行うこともできます（不登規43条1項4号参照）。

①公売処分による権利の移転の登記（不登法115条1号）
②公売処分により消滅した権利の登記の抹消（不登法115条2号）
③滞納処分に関する差押えの登記の抹消（不登法115条3号）

「公売処分」とは，官庁または公署が税金の滞納者の財産を差し押さえ，強制的に売却して，その売却代金から滞納金を徴収する処分のことです（国税徴収法94条以下）。

第4章　職権抹消・職権更正

これまでも出てきましたが，この第４章で「職権抹消」（下記1），「職権更正」（下記2）についてみていきます。

1　職権抹消

1．却下事由が見過ごされて登記された場合

不動産登記法 71 条（職権による登記の抹消）

1　登記官は，権利に関する登記を完了した後に当該登記が第 25 条第１号から第３号まで又は第 13 号に該当することを発見したときは，登記権利者及び登記義務者並びに登記上の利害関係を有する第三者に対し，１月以内の期間を定め，当該登記の抹消について異議のある者がその期間内に書面で異議を述べないときは，当該登記を抹消する旨を通知しなければならない。

（1）職権抹消の対象となる却下事由

却下事由が見過ごされて登記された場合に職権抹消の対象となる却下事由は，不動産登記法 25 条１～３号，13 号（P449（１）～（３），450～452（13））です（不登法 71 条１項）。これらは，あまりにヒドい却下事由です（P448）。入会権を登記したとかですから。そのため，登記されても絶対的に無効であり，職権抹消の対象となるのです。

それ以外の却下事由（P449（４）～450（12））が見過ごされて登記された場合に抹消の必要があるのであれば，申請によってします。

（2）職権抹消の手続

登記官が登記を完了した後に上記（１）の却下事由を発見した場合，以下の手続を経る必要があります。登記官の判断が必ずしも正しいとは限らないため，すぐに職権抹消することはできないんです。

要は

下記の手続の流れの結論は，要は以下のとおりです。

①適法な異議あり　→　職権抹消されない
②適法な異議なし　→　職権抹消される

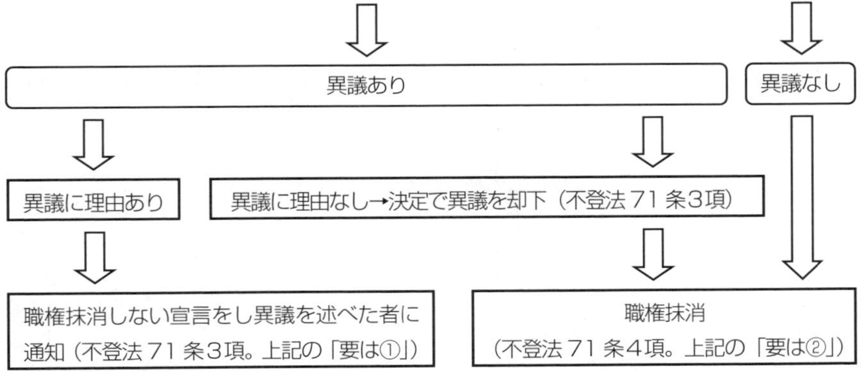

2．その他の職権抹消

上記１.以外の場合に，職権抹消されることがあるというハナシは，これまでも出てきました。たとえば，抹消の登記が申請された場合に，承諾証明情報が提供された登記上の利害関係を有する第三者の権利を職権抹消する（不登規 152 条２項前段）といったハナシです。この２.では，これまで説明していない職権抹消をみていきます。

（1）重複登記

１つの建物について誤って２つの表題登記がされてしまうといったことが，まれにあります。これが「重複登記」という問題です。１つの不動産について２つの登記があると混乱するため，１つを職権抹消します。そこで，どちらを職権抹消するかが問題となりますが，「利害関係人に与える影響を少なくする」という考え方で考えます。

（a）原則

いずれの登記記録にも権利の登記がされていない場合，後にされた表題登記を職権で抹消します（昭 37.10.4 民事甲 2820 参照）。後にされた表題登記のほうが，登記記録を見た人も少なく，利害関係人が少ないと考えられるからです。

（b）例外

前にされた登記の登記記録には所有権の保存の登記のみ，後にされた登記の登記記録には所有権の保存の登記に加え抵当権の設定の登記などが登記されている場合，前にされた登記記録を職権で抹消します（昭39.2.21民事甲384）。この場合は，前にされた登記のほうが利害関係人が少ないからです。

（2）順位の譲渡の登記・順位の放棄の登記

以下のような場合に，順位の譲渡の登記や順位の放棄の登記が職権抹消されるかが問題となります。

たとえば，1番抵当権から2番抵当権への順位の譲渡の登記がされた後，2番抵当権の登記が抹消されました。この場合，順位の譲渡の登記は，職権抹消されるでしょうか。

職権抹消されます（記録例453）。

乙区	
1	抵当権
1-1	1番抵当権の2番抵当権への順位譲渡 ― 職権抹消？
2	抵当権
3	2番抵当権抹消

たとえば，1番抵当権から2番抵当権への順位の譲渡の登記や順位の放棄の登記がされた後，1番抵当権と2番抵当権の順位を変更する登記がされました。この場合，順位の譲渡の登記や順位の放棄の登記は，職権抹消されるでしょうか。

職権抹消されません（昭46.12.27民事三.960）。

乙区	
1	抵当権
1-1	1番抵当権の2番抵当権への順位譲渡 ― 職権抹消？
2	抵当権
3	1番，2番順位変更

（3）優先の定めの登記

たとえば，確定前根抵当権について，一部譲渡を原因とする根抵当権の一部移転の登記がされ，優先の定めの登記もされました。その後，根抵当権の一部移転の登記の抹消の登記がされました。この場合，優先の定めの登記は，職権抹消されるでしょうか。

職権抹消されません（登研540P169）。

乙区	
1	根抵当権
1-1	1番根抵当権一部移転
1-2	1番根抵当権優先の定 ― 職権抹消？
2	1番付記1号根抵当権一部移転抹消

2 職権更正

1．原則 —— 申請による更正

登記官は，登記に錯誤（間違い）または遺漏（モレ）を発見したときは，その登記の登記権利者，登記義務者，登記名義人および代位者（代位による登記によってされた場合）に通知します（不登法67条1項本文，4項前段）。登記権利者，登記義務者，登記名義人および代位者がそれぞれ2人以上いるときは，その1人に通知すればOKです（不登法67条1項ただし書，4項後段）。登記官が誤った登記を発見しても，登記官が更正するわけではなく，当事者の申請による更正を促すのが原則なのです。

権利に関する登記は私的自治の原則が働く分野ですので，更正も当事者の申請によるのが原則とされているんです。

2．例外 —— 職権更正

(1) 職権更正による場合

ただし，錯誤または遺漏が登記官の過誤（ミス）によるものである場合は，登記官は，監督する（地方）法務局の長の許可を得て，登記の更正をします（不登法 67 条2項本文)。これが，「職権更正」です。

登記官のミスによってされた誤った登記を当事者の申請によって更正させるのは，筋違いだからです。

(2) 登記上の利害関係を有する第三者の承諾

職権更正は，登記上の利害関係を有する第三者がいる場合には，その第三者の承諾がなければできません（不登法67条2項ただし書)。更正の登記ですが，Ⅰのテキスト第1編第4章第3節3のように「登記上の利害関係を有する第三者の承諾が得られないため，主登記でする」ことはできません。主登記されるのは，申請している当事者が主登記されることを納得しているからです（申請している時点で納得しているといえます)。しかし，職権更正は，当事者は申請していませんので，納得がありません。よって，勝手に主登記で登記できないのです。

ex. 1番抵当権の債権額が 2000 万円であるにもかかわらず，登記官のミスで「1500 万円」と登記されました。その後，2番抵当権の設定の登記がされました。登記官が1番抵当権の債権額を「2000 万円」に職権更正しようとしましたが，2番抵当権者が承諾しませんでした。この場合に，職権で，乙区3番で主登記で債権額の更正の登記をすることはできません。1番抵当権者からすると「勝手に3番で登記するな！私が2番抵当権者を説得する！」となるからです。

※登記事項の一部についての誤りである必要があるか？

更正の登記は，登記事項の一部についての誤りである必要があります（Ⅰのテキスト第２編第４章1②）。しかし，職権更正の場合は，この要件は不要となります（昭36.2.17民事甲358など）。

職権更正は，登記官のミスが原因です。申請情報や添付情報は問題がないため，申請情報や添付情報をみれば，どのような登記が正しい登記か簡単にわかります。よって，一部についての誤りに限定されないのです。

（3）職権更正後

登記官が職権更正をしたときは，そのことを登記権利者，登記義務者，登記名義人および代位者に通知します（不登法67条３項前段，１項本文かっこ書，４項前段）。登記権利者，登記義務者，登記名義人および代位者がそれぞれ２人以上いるときは，その１人に通知すればOKです（不登法67条３項後段，４項後段）。

【職権抹消と職権更正の比較】

最後に，職権抹消（上記1）と職権更正（上記2）の手続について，比較できる事項を比較します。

	職権抹消	職権更正
職権ですることについて（地方）法務局の長の許可	不要	要 （不登法67条2項本文。上記（1））
職権で登記をした後の関係者への通知	不要	要 （不登法67条3項前段，1項本文かっこ書，4項前段。上記（3））

事項索引

あ

【い】
遺言執行者……Ⅰ253，255～261
遺言書……Ⅰ244，246，253，254，256～258，262～264
遺産分割協議書……Ⅰ145，246，270，275，Ⅱ95
一の申請情報……Ⅰ148，149，152，158，159，191，192，Ⅱ426～438
一般承継人による申請……Ⅰ44，140，501，Ⅱ418，419
委任状……Ⅰ42，68，92，95，104～106
委任の終了……Ⅰ224
違約金の定め……Ⅰ391，Ⅱ164，449
入会権……Ⅰ9，Ⅱ449，456，468
遺留分侵害額請求……Ⅰ283
印鑑証明書……Ⅰ90～99，143，145，146

【お】
乙区……Ⅰ11，16，17
オンライン申請……Ⅰ49，153
オンライン庁……Ⅰ73

か

【か】
外国裁判所の判決……Ⅱ333
会社と取締役などの利益相反取引……Ⅰ118
会社分割……Ⅰ312，422，Ⅱ113
会社法人等番号……Ⅰ96，109～112
解除……Ⅰ132，239，347，Ⅱ141
買戻権の行使……Ⅰ132，203，364，506
買戻特約……Ⅰ355，506，Ⅱ159
価格賠償……Ⅰ210
書留郵便……Ⅰ53，87
確定証明書……Ⅰ177，303，Ⅱ328，356，409
確認判決……Ⅰ175，176，Ⅱ334
課税標準の額……Ⅰ147～151
仮執行宣言付判決……Ⅱ333
仮処分……Ⅰ25，39，69，188，Ⅱ345～362
——による一部失効……Ⅱ359，360
——の登記に後れる登記の抹消……Ⅰ69，Ⅱ350
仮登記……Ⅰ114，Ⅱ249～308

【き】
吸収合併……Ⅰ140，171，307，Ⅱ106，418，424
吸収分割……Ⅰ172，312，422，Ⅱ113
給付判決……Ⅰ175，176，Ⅱ333，334
行政区画の変更……Ⅰ158，159，Ⅱ315
行政訴訟……Ⅱ455，460
共同申請……Ⅰ34
——主義……Ⅰ36
共有者全員持分全部移転……Ⅰ190，210

共有物分割……Ⅰ121，132，209〜214，342，Ⅱ320
共有物分割禁止の定め……Ⅰ37，317
寄与分……Ⅰ246，247，339

【く】
区分建物の所有権の保存の登記……Ⅰ118，182，185，333

【け】
形式的確定力……Ⅰ5
形式的審査主義……Ⅰ54
形成判決……Ⅰ175，176，Ⅱ334
契約費用……Ⅰ355，358，359，369，374
原始取得……Ⅰ203，204，208
現物分割……Ⅰ209，212
原本還付……Ⅰ32，143〜146，Ⅱ446
権利失効の定め……Ⅰ25，Ⅱ405
権利消滅の定め……Ⅰ25，Ⅱ404，405
権利推定力……Ⅰ5
権利能力なき社団……Ⅰ90，132，224，389
権利部……Ⅰ12，15〜17

【こ】
合意解除……Ⅰ132，347，348，451
甲区……Ⅰ11，12，15〜17
公証人による認証……Ⅰ84，89
公信力……Ⅰ5
更正の登記……Ⅰ327，330，332，480
合同申請……Ⅰ34，37，302，319，445，Ⅱ82
公務員が職務上作成した情報……Ⅰ140，243，Ⅱ405
戸籍謄本……Ⅰ51，140，244
国家賠償請求……Ⅱ455，460
混同……Ⅰ220，488，494〜498，Ⅱ193

さ

【さ】
債権者代位……Ⅰ59，74，337，Ⅱ364，369，408
財産分与……Ⅰ132，221，301，Ⅱ259，333
再使用証明……Ⅰ154，Ⅱ461，462
債務引受……Ⅰ126，466〜476
詐害行為取消判決を原因とする所有権の移転の登記の抹消の登記……Ⅱ406

【し】
死因贈与……Ⅰ132，266，Ⅱ256
資格者代理人による本人確認情報の提供……Ⅰ84，88
資格証明情報……Ⅰ110
敷地権……Ⅰ181〜186，Ⅱ376〜394
敷地権付き区分建物……Ⅰ180〜187，Ⅱ376，394，451
時効取得……Ⅰ203〜209，251，295，Ⅱ370
事前通知……Ⅰ57，85〜89，Ⅱ427，450
質権の設定の登記……Ⅱ163，382，389
失効……Ⅰ81〜83，Ⅱ308，355〜361，405，443
執行文……Ⅱ338〜344
実質的審査主義……Ⅰ55

失念……Ⅰ84
氏名変更……Ⅰ287，288，Ⅱ315
借地借家法……Ⅱ199，208～215，223
受遺者……Ⅰ133，152，172，253，
255，256，258，294，Ⅱ261
住居表示の実施……Ⅰ158，Ⅱ315
住所証明情報……Ⅰ100，101，
141～143，164，166
住民票コード
……Ⅰ63，69，101，Ⅱ317
収用による所有権の移転の登記
……Ⅰ37，238
受益者……Ⅰ434，Ⅱ226～229
受託者……Ⅰ38，39，Ⅱ226～245
主登記……Ⅰ21～27
順位番号……Ⅰ21～24
順位変更の登記
……Ⅰ442～451，Ⅱ321，327，436
承役地……Ⅰ151，396，
Ⅱ184～195，428，451
承継会社……Ⅰ141，172，312，
422，Ⅱ113
承継執行文……Ⅱ340～344
譲渡担保……Ⅰ238，Ⅱ260，400
嘱託による登記……Ⅰ46，Ⅱ463，465
除権決定……Ⅰ40，506，507，
Ⅱ395～402
職権更正……Ⅰ335，336，480，
Ⅱ468，471，472
職権主義……Ⅰ12，33
職権による所有権の保存の登記
……Ⅰ188
職権による登記……Ⅱ468
職権抹消……Ⅰ209
処分禁止の仮処分
……Ⅰ39，69，Ⅱ347～362
処分制限の登記……Ⅰ188，193，238，
Ⅱ345，346
署名証明書……Ⅰ99
書面申請……Ⅰ47
所有権……Ⅰ9
——の移転の登記……Ⅰ189
——の移転の登記の抹消
……Ⅰ114，347，Ⅱ406
——の更正の登記……Ⅰ323，325
——の保存の登記……Ⅰ162
所有者不明不動産
……Ⅰ8，111，256，264
所有不動産記録証明書……Ⅰ20
親権者と子の利益相反行為
……Ⅰ118，127
審査請求……Ⅰ32，Ⅱ454～460
申請適格者……Ⅰ37，163，167，173
真正な登記名義の回復……Ⅰ232～235
申請人……Ⅰ33～53
新設合併……Ⅰ140，171，307，501，
Ⅱ106，418
新設分割……Ⅰ172，312，422，Ⅱ113
信託……Ⅰ38，39，43，Ⅱ226～248

【す】

数次相続
……Ⅰ173，249，250，277，282

【せ】

設計書……Ⅱ160，162
先取特権……Ⅰ9，162，386，
449，Ⅱ156～166，385

占有権……………… Ⅰ9

【そ】
相続財産管理人……………… Ⅰ295
相続財産清算人……………… Ⅰ295
相続財産法人……………… Ⅰ294～306
相続登記の義務化……………… Ⅰ264
相続人による申請……………… Ⅱ418，419
相続人不存在
……………… Ⅰ293，299，302，305
相続分の譲渡……………… Ⅰ132，246，
247，279～283
相続放棄……………… Ⅰ246，327，Ⅱ95，419
——申述受理証明書……………… Ⅰ246
疎明……………… Ⅱ253

た

【た】
代位原因……………… Ⅰ60，Ⅱ367
——証明情報……………… Ⅱ368
代位による登記……………… Ⅰ41，Ⅱ364～375
代金分割……………… Ⅰ210
対抗力……………… Ⅰ5，14，15，17
胎児……………… Ⅰ8，284～293
代表者事項証明書……………… Ⅰ100
代物弁済……………… Ⅰ67，218～221，493，
497，Ⅱ291，301～305，307，335
代理権限証明情報
……………… Ⅰ104，105，107，108
代理権の不消滅……………… Ⅰ43
代理人による申請
……………… Ⅰ41，44，92，104，257
単独申請……………… Ⅰ35，37

【ち】
地役権……………… Ⅰ396，Ⅱ184～195
地役権図面……………… Ⅱ185，188
地上権……………… Ⅰ5，9，24，25，
162，504，Ⅱ170～182
地番……………… Ⅰ14
中間省略登記
……………… Ⅰ234，Ⅱ314，335，336，343
仲裁判断……………… Ⅱ333
調停調書……………… Ⅰ176，177，271，
272，Ⅱ319，333，334
賃借権……………… Ⅰ9，132，181，512，
513，Ⅱ196～207
——の移転の登記……………… Ⅱ200，203
——の設定の登記……………… Ⅰ25，
Ⅱ196，200，374，389
——の抵当権に優先する
同意の登記
……………… Ⅰ151，Ⅱ204，205，207
——の変更の登記……………… Ⅱ203

【つ】
追加設定……………… Ⅰ402，403，Ⅱ25，26

【て】
抵当権……………… Ⅰ378
抵当証券……………… Ⅰ503～507
電子情報処理組織……………… Ⅰ46
電子証明書……………… Ⅰ49，50
電子署名……………… Ⅰ49，50
電子申請……………… Ⅰ46，49～53
電磁的記録……………… Ⅰ11，Ⅱ229
添付情報……………… Ⅰ64
転付命令……………… Ⅰ417，Ⅱ332

【と】
登記官……I 6
——の処分
……I 32, II 454, 456, 460
登記完了証……I 32, 58～63, II 446
登記義務者……I 34
登記記録……I 11, 13
登記原因証明情報……I 65
登記原因について第三者の許可，同意又は承諾を証する情報……I 116
登記権利者……I 34
登記識別情報……I 70
——についての失効の申出……I 81
——の通知……I 73
——の提供……I 77
登記事項証明書……I 19, 53
——に代わる情報の送信……I 53
登記所……I 6
登記上の利害関係を有する第三者の承諾を証する情報……I 113, 114
登記申請意思
……I 40, 41, II 325, 327
（登記申請の）却下
……I 32, II 446, 448
（登記申請の）取下げ
……I 32, II 446, 447
登記済証……I 70, 72, 73, 84
登記することができる権利……I 7
登記の効力……I 5
登記の順位……I 22～25, II 250, 290
登記の申請を中止するための取下げ
……II 446, 447
登記簿……I 11, 103, 511, 513, II 396
（当事者）申請主義……I 12, 33
同時申請……I 355, 359, 361, II 159, 452
登録免許税の還付
……I 154～156, II 462
特定財産承継遺言……I 38, 245, 256, 259, 263, 264, 330, 333, II 216
特別縁故者
……I 132, 297, 298, 301～306
——不存在……I 304, 305
特別受益……I 246, 247, 339, II 95, 419
——証明書……I 246, II 95
特例方式……I 46, 51～53, 58
取消し……I 239, 347, 451

な

【に】
任意代理人による申請
……I 41, 92, 104, 105, 257
任意売却……I 97, 229～231, 252
認諾調書……I 176, 177, II 332

【ね】
根抵当権……I 122～126, 129, 130, 159, 353, 378, 449, II 2

【の】
農地法所定の許可……I 130～139
——と当事者の死亡……I 135

は

【は】

配偶者居住権……Ⅰ２，９，150，151，Ⅱ216～224

——の移転の登記……Ⅱ220

——の設定の登記……Ⅱ217

——の変更の登記……Ⅱ221

——の抹消の登記……Ⅱ221

売買代金……Ⅰ197，199，355，357

破産手続開始の決定……Ⅰ228，229，Ⅱ131，237

判決書正本……Ⅰ174，177，Ⅱ319，331

判決による登記……Ⅰ35，39，176，Ⅱ325

半ライン申請……Ⅰ46，51

【ひ】

被害者保護のための住所の公開の制限……Ⅰ20

非課税……Ⅰ157～160，Ⅱ235，240，464，466

表示に関する登記……Ⅰ11

表題登記……Ⅰ13

表題部……Ⅰ12

表題部所有者がする所有権の保存の登記……Ⅰ164，166

表題部所有者の相続人その他の一般承継人がする所有権の保存の登記……Ⅰ170，344

【ふ】

（付記）……Ⅰ453，454，459，461，484

付記登記……Ⅰ22～27，29～30

復号……Ⅰ50，105，106

不動産質権……Ⅰ449，Ⅱ163～165，177，353

不動産番号……Ⅰ48

墳墓地に関する登記……Ⅰ159

【ほ】

法定解除……Ⅰ132，348，349，352

法定相続情報証明制度……Ⅱ439

法定代理人による申請……Ⅰ44，104，107

法務局……Ⅰ６，Ⅱ442，447，471，472

補正のための取下げ……Ⅱ446，447

保全仮登記……Ⅰ40，Ⅱ347，352，353，355，362

本人確認情報……Ⅰ84，88，89，146

本人限定受取郵便……Ⅰ87

ま

【ま】

前の住所地への通知……Ⅰ57

抹消回復登記……Ⅱ415，416

抹消の登記……Ⅱ395

回り電子記録債権……Ⅱ９

【み】

未成年者……Ⅰ43，104，107，127，246

民法第958条の２の審判……Ⅰ301，302

【め】
名変登記……… Ⅰ231，288，299，300，Ⅱ309～324，346，375，429～431，450
——の義務化…………………… Ⅱ312

【も】
持分の放棄…………………… Ⅰ490，Ⅱ48

や

【ゆ】
優先の定め…………………… Ⅰ25，37，Ⅱ44，80～84，140

【よ】
要役地…………………… Ⅱ184～195，428

ら

【り】
利益相反取引…………………… Ⅰ118～130
利害関係人の承諾…………………… Ⅰ447，Ⅱ60，63，64
利息…………………… Ⅰ388，459，Ⅱ158，164，395～402
留置権…………………… Ⅰ9，162

【れ】
連件申請……… Ⅰ75，142，361，362

わ

【わ】
和解調書…………………… Ⅰ176，Ⅱ319，332，338，339

条文索引

【不登法】

不登法２条３号……Ⅰ12
不登法２条４号……Ⅰ12
不登法２条５号……Ⅰ11，395
不登法２条７号……Ⅰ12
不登法２条８号……Ⅰ12
不登法２条９号……Ⅰ11
不登法２条10号……Ⅰ15，16，Ⅱ310
不登法２条11号……Ⅰ113，389，Ⅱ310
不登法２条12号……Ⅰ330，456
不登法２条13号……Ⅰ34，78，456，Ⅱ36，44，162
不登法２条14号……Ⅰ70
不登法２条15号……Ⅰ26，317
不登法２条16号……Ⅰ27，323
不登法２条20号……Ⅰ13
不登法２条22号……Ⅱ376
不登法２条23号……Ⅰ395
不登法３条……Ⅰ9
不登法３条８号……Ⅰ2
不登法３条９号……Ⅰ2，Ⅱ216
不登法４条１項……Ⅰ21
不登法４条２項……Ⅰ22～24，Ⅱ290
不登法５条２項……Ⅰ65
不登法６条１項……Ⅰ6，Ⅱ449
不登法９条……Ⅰ6
不登法10条……Ⅰ6
不登法12条……Ⅰ11
不登法16条１項……Ⅰ33
不登法17条……Ⅰ43，Ⅱ423
不登法17条１号……Ⅰ43
不登法17条２号……Ⅰ43
不登法17条３号……Ⅰ43
不登法17条４号……Ⅰ43
不登法18条……Ⅰ47
不登法18条１号……Ⅰ46，49
不登法18条２号……Ⅰ46
不登法19条１項……Ⅰ16，54
不登法19条３項……Ⅰ16
不登法21条……Ⅰ70，74，76，77，242
不登法22条……Ⅰ77，78，268，Ⅱ139，159，193，272，299，414，422
不登法23条１項……Ⅰ84，86
不登法23条２項……Ⅰ86，87
不登法23条４項１号……Ⅰ84，88，89
不登法23条４項２号……Ⅰ84，89
不登法24条１項……Ⅰ55，56
不登法24条２項……Ⅰ55
不登法25条……Ⅱ446，448
不登法25条１号……Ⅰ6，154，Ⅱ449
不登法25条２号……Ⅱ449
不登法25条３号……Ⅱ449
不登法25条４号……Ⅱ449
不登法25条５号……Ⅱ449
不登法25条６号……Ⅱ450
不登法25条７号……Ⅱ318，450
不登法25条８号……Ⅱ450
不登法25条９号……Ⅱ450
不登法25条10号……Ⅱ450
不登法25条11号……Ⅱ450
不登法25条12号……Ⅰ153，Ⅱ450
不登法28条……Ⅰ12

不登法39条１項……Ⅱ326
不登法41条６号……Ⅰ80
不登法44条１項９号……Ⅱ377
不登法46条……Ⅱ377
不登法47条１項……Ⅰ13
不登法54条１項１号……Ⅰ395
不登法54条１項３号……Ⅰ80
不登法56条５号……Ⅰ80
不登法59条４号……Ⅰ７，Ⅱ309
不登法59条５号……Ⅱ404，405
不登法59条６号……Ⅰ317
不登法60条……Ⅰ34～36，329，426，465，473，Ⅱ67，137，279，298，413
不登法61条……Ⅰ69，256，Ⅱ138，159，193，465
不登法62条……Ⅰ44，137，138，Ⅱ418
不登法63条１項……Ⅰ35，39，41，205，224，234，Ⅱ220，298，325，327
不登法63条２項……Ⅰ37，38，241，310，349，370，421，Ⅱ95
不登法63条３項……Ⅰ37，255
不登法64条１項……Ⅰ39，288，300，Ⅱ316，375
不登法64条２項……Ⅰ38，507
不登法65条……Ⅰ34，35，37，319
不登法66条……Ⅰ25，27，114，320，334，457，486，Ⅱ181
不登法67条１項……Ⅱ469，471，472
不登法67条２項……Ⅱ471，472
不登法67条３項……Ⅱ472
不登法67条４項……Ⅱ471，472
不登法68条……Ⅰ114，232，Ⅱ154，295
不登法69条……Ⅰ40，Ⅱ404
不登法69条の２……Ⅰ38，376
不登法70条１項……Ⅰ40，Ⅱ397，398
不登法70条２項……Ⅰ40，Ⅱ397，399，402
不登法70条３項……Ⅰ40，Ⅱ397，398，402
不登法70条４項……Ⅰ40，Ⅱ397，399
不登法70条の２……Ⅰ40，Ⅱ397，400
不登法71条……Ⅱ448
不登法71条１項……Ⅰ154，Ⅱ468，469
不登法71条２項……Ⅱ469
不登法71条３項……Ⅱ469
不登法71条４項……Ⅱ469
不登法72条……Ⅰ114，Ⅱ410，414
不登法73条１項……Ⅰ181，184，Ⅱ380，387
不登法73条２項……Ⅱ381，382，384，451
不登法73条３項……Ⅱ381，382，384，388，451
不登法73条の２第１項１号……Ⅰ111，309，314，Ⅱ379
不登法73条の２第１項２号……Ⅰ７
不登法74条……Ⅰ37，163，167，Ⅱ236
不登法74条１項１号前段……Ⅰ163，164，166～168，182，183，362
不登法74条１項１号後段……Ⅰ163，169，170，172
不登法74条１項２号……Ⅰ163，174，177，Ⅱ370
不登法74条１項３号……Ⅰ163，178，179

不登法74条２項……Ⅰ163，180，182，183，185，333，363，Ⅱ370
不登法75条……Ⅰ179，180
不登法76条１項……Ⅰ165，166，184
不登法76条２項……Ⅰ188
不登法76条の２第１項……Ⅰ12，264
不登法76条の２第２項……Ⅰ270
不登法76条の３第１項……Ⅰ265
不登法76条の３第２項……Ⅰ265
不登法76条の３第３項……Ⅰ25，265
不登法76条の３第４項……Ⅰ265
不登法76条の４……Ⅰ266
不登法76条の５……Ⅰ12，Ⅱ312
不登法76条の６……Ⅱ312
不登法77条……Ⅰ38，345
不登法78条１号……Ⅱ172
不登法78条２号……Ⅱ172
不登法78条３号……Ⅱ172
不登法78条５号……Ⅱ176
不登法79条１号……Ⅱ183
不登法79条２号……Ⅱ183
不登法79条３号……Ⅱ183
不登法79条４号……Ⅱ183
不登法80条１項……Ⅱ187
不登法80条１項１号……Ⅱ187
不登法80条１項２号……Ⅱ187
不登法80条１項３号……Ⅱ187
不登法80条２項……Ⅱ16，185，188
不登法80条３項……Ⅱ186，451
不登法80条４項……Ⅱ186
不登法81条……Ⅱ201
不登法81条１号……Ⅱ197
不登法81条２号……Ⅱ198
不登法81条３号……Ⅱ198
不登法81条４号……Ⅱ199
不登法81条５号……Ⅱ199
不登法81条６号……Ⅱ199
不登法81条の２第１号……Ⅱ219
不登法81条の２第２号……Ⅱ219
不登法83条１項……Ⅰ431
不登法83条１項１号……Ⅰ387，Ⅱ158，161，164
不登法83条１項２号……Ⅰ113，389，Ⅱ13，158，161，164
不登法83条１項４号……Ⅰ402，Ⅱ25
不登法83条１項５号……Ⅰ389
不登法83条２項……Ⅰ400
不登法85条……Ⅱ158，161
不登法86条１項……Ⅱ162
不登法86条２項……Ⅱ160
不登法87条１項……Ⅱ161
不登法88条１項……Ⅰ431
不登法88条１項１号……Ⅰ390
不登法88条１項２号……Ⅰ391
不登法88条１項３号……Ⅰ392
不登法88条１項４号……Ⅰ392
不登法88条１項５号……Ⅰ392
不登法88条１項６号……Ⅰ392
不登法88条２項１号……Ⅱ13
不登法88条２項２号……Ⅱ14
不登法88条２項３号……Ⅱ14
不登法89条１項……Ⅰ34，35，37，445
不登法89条２項……Ⅰ34，37，Ⅱ82
不登法92条……Ⅱ90，98，451
不登法93条……Ⅰ38，Ⅱ137
不登法94条１項……Ⅰ505
不登法95条１項１号……Ⅱ164
不登法95条１項２号……Ⅱ164

不登法95条１項３号……Ⅱ164
不登法95条１項４号……Ⅱ164
不登法95条１項５号……Ⅱ165
不登法95条１項６号……Ⅱ165
不登法95条１項７号……Ⅱ164
不登法96条……Ⅰ358，360
不登法97条１項……Ⅱ231
不登法97条１項１号……Ⅱ233
不登法97条１項２号……Ⅱ233
不登法97条１項３号……Ⅱ233
不登法97条１項４号……Ⅱ233
不登法97条１項５号……Ⅱ234
不登法97条１項６号……Ⅱ234
不登法97条１項７号……Ⅱ234
不登法97条１項８号……Ⅱ234
不登法97条１項９号……Ⅱ234
不登法97条１項10号……Ⅱ234
不登法97条１項11号……Ⅱ234
不登法97条２項……Ⅱ234
不登法97条３項……Ⅱ231，233，235
不登法98条１項……Ⅱ230，236
不登法98条２項
……Ⅰ38，Ⅱ234，236，243
不登法98条３項……Ⅰ38，Ⅱ234
不登法99条……Ⅱ235，241，243
不登法100条……Ⅱ240
不登法100条１項……Ⅰ39
不登法100条２項……Ⅰ39
不登法101条……Ⅱ238
不登法103条１項……Ⅰ39，Ⅱ241
不登法103条２項……Ⅱ241
不登法104条１項……Ⅱ244，248
不登法104条２項……Ⅰ39，Ⅱ245
不登法104条の２第１項……Ⅱ248
不登法104条の２第２項……Ⅱ247，248
不登法105条１号……Ⅱ250
不登法105条２号……Ⅱ255
不登法106条……Ⅱ250
不登法107条１項……Ⅰ39，Ⅱ252
不登法108条……Ⅰ39
不登法108条１項……Ⅰ188，Ⅱ253
不登法108条２項……Ⅱ253
不登法108条３項……Ⅱ253
不登法109条……Ⅱ305
不登法109条１項
……Ⅰ114，Ⅱ283，284，295
不登法109条２項……Ⅰ136，Ⅱ284
不登法110条……Ⅰ39，Ⅱ298
不登法111条１項
……Ⅰ39，Ⅱ350，352，358
不登法111条２項
……Ⅰ40，Ⅱ350，352，358
不登法111条３項……Ⅱ361，362
不登法113条……Ⅰ40，Ⅱ353
不登法114条……Ⅱ362
不登法115条１号……Ⅱ467
不登法115条２号……Ⅱ467
不登法115条３号……Ⅱ467
不登法116条１項……Ⅱ463
不登法116条２項……Ⅰ33，Ⅱ465
不登法117条１項……Ⅱ466
不登法117条２項……Ⅱ466
不登法118条１項……Ⅰ37，237
不登法118条２項……Ⅰ238
不登法118条４項……Ⅰ238
不登法118条６項……Ⅰ238
不登法119条１項……Ⅰ19
不登法119条６項……Ⅰ20

不登法119条の２第１項……Ⅰ20
不登法119条の２第２項……Ⅰ20
不登法121条１項……Ⅱ189
不登法121条２項……Ⅱ189
不登法151条……Ⅰ266
不登法156条１項……Ⅱ454
不登法156条２項……Ⅱ457
不登法157条１項……Ⅱ458
不登法157条２項……Ⅱ458
不登法157条３項……Ⅱ459
不登法157条４項……Ⅱ459
不登法157条５項……Ⅱ459
不登法158条……Ⅱ456～458
不登法164条……Ⅰ12
不登法164条１項……Ⅰ265，271
不登法164条２項……Ⅱ312
不登法附則６条１項……Ⅰ73

【不登令】
不登令２条１号……Ⅰ47
不登令３条１号……Ⅱ188
不登令３条２号……Ⅰ111
不登令３条４号……Ⅱ366，367
不登令３条７号……Ⅰ408
不登令３条８号……Ⅰ408
不登令３条８号イ……Ⅱ394
不登令３条８号ロ……Ⅱ394
不登令３条８号ハ……Ⅱ394
不登令３条８号ニ……Ⅱ394
不登令３条８号ホ……Ⅱ394
不登令３条８号ヘ……Ⅱ394
不登令３条８号ト……Ⅱ394
不登令３条９号……Ⅰ226，411，Ⅱ16，95
不登令３条11号ロ……Ⅱ422
不登令３条11号ハ……Ⅱ422
不登令３条11号ヘ……Ⅱ394
不登令３条12号……Ⅰ84
不登令４条……Ⅰ83，Ⅱ24，426，427
不登令５条２項……Ⅱ230，236
不登令５条３項……Ⅱ244，248
不登令５条４項……Ⅱ248
不登令６条１項……Ⅰ48
不登令７条１項柱書……Ⅰ47
不登令７条１項１号かっこ書……Ⅰ108，112
不登令７条１項１号イ……Ⅰ107，110
不登令７条１項１号ロ……Ⅰ94，112
不登令７条１項２号……Ⅰ94，104
不登令７条１項３号……Ⅱ368，409
不登令７条１項５号イ……Ⅰ140，258，269，Ⅱ423
不登令７条１項５号ロ（１）……Ⅰ303，Ⅱ331，409
不登令７条１項５号ロ（２）……Ⅱ253
不登令７条１項５号ハ……Ⅰ231，447，Ⅱ37，44
不登令７条１項６号……Ⅱ331
不登令７条２項……Ⅰ108，112
不登令７条３項１号……Ⅰ69，166，185
不登令７条３項２号……Ⅰ69，Ⅱ358
不登令７条３項３号……Ⅰ69，Ⅱ358
不登令７条３項４号……Ⅰ69，Ⅱ358
不登令８条１項……Ⅱ332
不登令８条１項４号……Ⅰ78，319
不登令８条１項５号……Ⅰ345
不登令８条１項６号……Ⅰ78，446
不登令８条１項７号……Ⅰ78，Ⅱ83

不登令８条１項９号……Ⅱ299
不登令９条……Ⅰ69，101，112，178，289，Ⅱ317
不登令10条……Ⅰ49，51
不登令11条……Ⅰ53
不登令12条……Ⅰ49，83
不登令12条１項……Ⅰ50
不登令12条２項……Ⅰ51
不登令14条……Ⅰ49，83，88
不登令16条１項……Ⅰ82，92，95
不登令16条２項……Ⅰ82，143，145，146
不登令16条３項……Ⅰ93，94，Ⅱ423
不登令16条４項……Ⅱ464，466
不登令17条１項……Ⅰ94
不登令18条１項……Ⅰ82，92，95
不登令18条２項……Ⅰ143，145，146，
不登令18条３項……Ⅰ93，94，Ⅱ423
不登令18条４項……Ⅱ464，466
不登令19条１項……Ⅰ97
不登令19条２項……Ⅰ97，98，145，146
不登令20条１号……Ⅱ450
不登令20条２号……Ⅱ451
不登令20条３号……Ⅱ451
不登令20条４号……Ⅰ396，Ⅱ174，176，190，200，349，451
不登令20条５号……Ⅱ451
不登令20条６号……Ⅱ451
不登令20条７号……Ⅱ452
不登令20条８号……Ⅱ174，452
不登令21条１項……Ⅱ189
不登令22条１項……Ⅰ82，83
不登令附則５条１項……Ⅰ51，52
不登令附則５条２項……Ⅰ52
不登令附則５条４項……Ⅰ52
不登令別表22添付情報……Ⅰ243，310，370，421
不登令別表23添付情報……Ⅰ289，300，Ⅱ316
不登令別表25添付情報イ……Ⅰ292，319，333，Ⅱ62，68，73
不登令別表25添付情報ロ……Ⅰ320，334，457，486，Ⅱ181
不登令別表25添付情報ニ……Ⅰ506
不登令別表26添付情報イ……Ⅱ405
不登令別表26添付情報ロ……Ⅱ402
不登令別表26添付情報ハ（１）……Ⅱ402
不登令別表26添付情報ハ（２）……Ⅱ403
不登令別表26添付情報ニ（１）（２）……Ⅱ402
不登令別表26添付情報ニ（３）……Ⅱ403
不登令別表26添付情報ホ……Ⅰ345，352，376，497，Ⅱ154
不登令別表26添付情報ヘ……Ⅰ346，352，367，376，490，498，Ⅱ154，182，300，403，409
不登令別表26添付情報チ……Ⅰ506
不登令別表26添付情報リ……Ⅰ506
不登令別表27添付情報イ……Ⅱ413
不登令別表27添付情報ロ……Ⅱ414
不登令別表28申請情報イ……Ⅰ167，177，179
不登令別表28添付情報イ……Ⅰ172
不登令別表28添付情報ロ……Ⅰ176，177
不登令別表28添付情報ハ……Ⅰ179

不登令別表28添付情報ニ …… Ⅰ101，143，166
不登令別表28添付情報ホ …… Ⅰ180
不登令別表28添付情報ヘ …… Ⅰ180
不登令別表29申請情報 …… Ⅰ167，186，187
不登令別表29添付情報イ …… Ⅰ187
不登令別表29添付情報ロ …… Ⅰ185
不登令別表29添付情報ハ …… Ⅰ101
不登令別表30添付情報イ …… Ⅰ199，205，212，Ⅱ422
不登令別表30添付情報ロ …… Ⅰ101，200，334，Ⅱ283
不登令別表31添付情報ロ …… Ⅰ180
不登令別表32添付情報ロ …… Ⅰ180
不登令別表33添付情報ロ …… Ⅱ212
不登令別表33添付情報ニ …… Ⅱ173
不登令別表35添付情報ロ …… Ⅱ188
不登令別表35添付情報ハ …… Ⅱ189
不登令別表36添付情報ハ …… Ⅱ191
不登令別表37添付情報イ …… Ⅱ193
不登令別表37添付情報ロ …… Ⅱ195
不登令別表37添付情報ハ …… Ⅱ194
不登令別表38添付情報ロ …… Ⅱ212
不登令別表39申請情報 …… Ⅱ201
不登令別表39添付情報イ …… Ⅱ202
不登令別表39添付情報ロ …… Ⅱ202
不登令別表40申請情報 …… Ⅱ201
不登令別表40添付情報イ …… Ⅱ202
不登令別表40添付情報ロ …… Ⅱ202
不登令別表42添付情報 …… Ⅱ159
不登令別表43添付情報イ …… Ⅱ162
不登令別表43添付情報ロ …… Ⅱ162
不登令別表46添付情報 …… Ⅱ165
不登令別表55添付情報 …… Ⅰ393
不登令別表55申請情報イ …… Ⅰ402，408
不登令別表55申請情報ハ …… Ⅰ407
不登令別表56申請情報イ …… Ⅱ25
不登令別表56申請情報ハ …… Ⅱ24，28
不登令別表56申請情報ニ …… Ⅱ29
不登令別表56申請情報ニ（4） …… Ⅱ29
不登令別表56添付情報イ …… Ⅱ14
不登令別表56添付情報ロ …… Ⅱ28
不登令別表57申請情報 …… Ⅰ415
不登令別表57添付情報 …… Ⅰ416
不登令別表58申請情報イ …… Ⅰ435
不登令別表58申請情報ロ …… Ⅰ435
不登令別表58添付情報イ …… Ⅰ432，436，440
不登令別表60申請情報 …… Ⅱ43
不登令別表60添付情報 …… Ⅱ44
不登令別表61添付情報 …… Ⅱ139
不登令別表62添付情報 …… Ⅱ139
不登令別表63添付情報 …… Ⅱ139
不登令別表64申請情報 …… Ⅰ358，360
不登令別表64添付情報 …… Ⅰ361
不登令別表65添付情報ハ …… Ⅱ235
不登令別表66添付情報 …… Ⅱ240
不登令別表67添付情報 …… Ⅱ240
不登令別表68添付情報イ …… Ⅱ253
不登令別表68添付情報ロ …… Ⅱ254
不登令別表69添付情報イ …… Ⅱ283
不登令別表69添付情報ロ …… Ⅱ283
不登令別表70添付情報ロ …… Ⅱ300
不登令別表70添付情報ハ …… Ⅱ300
不登令別表71添付情報 …… Ⅱ358

不登令別表72添付情報……Ⅱ358
不登令別表73添付情報イ……Ⅱ463
不登令別表73添付情報ロ……Ⅱ464
不登令別表74添付情報イ……Ⅰ237

【不登規】

不登規２条１項……Ⅰ16
不登規３条１号……Ⅰ25
不登規３条２号……Ⅰ25，450，Ⅱ136
不登規３条２号イ……Ⅰ25，504
不登規３条２号ロ……Ⅰ25
不登規３条２号ハ……Ⅰ25
不登規３条２号ニ……Ⅰ25
不登規３条３号……Ⅰ25，Ⅱ412
不登規３条４号
……Ⅰ24，25，370，379，Ⅱ204
不登規３条５号……Ⅰ23，25，Ⅱ42
不登規３条６号……Ⅰ25，Ⅱ404
不登規３条７号……Ⅰ25
不登規３条８号……Ⅰ505
不登規３条９号……Ⅰ25，356
不登規４条４項……Ⅰ11，12
不登規35条８号……Ⅱ317，429
不登規35条９号……Ⅱ432
不登規35条10号……Ⅰ399，Ⅱ22，24，54，55，85，87，434
不登規36条１項１号……Ⅰ112
不登規36条１項２号……Ⅰ108
不登規36条２項……Ⅰ94，108，112
不登規36条４項……Ⅰ69，101，112，178，289，Ⅱ317
不登規37条１項……Ⅰ142
不登規37条２項……Ⅰ142
不登規37条の２……Ⅰ107，112
不登規37条の３……Ⅱ443
不登規38条１項……Ⅱ452
不登規38条２項……Ⅱ452
不登規38条３項……Ⅱ453
不登規39条……Ⅱ446
不登規39条１項１号……Ⅱ447
不登規39条１項２号……Ⅱ447
不登規39条３項……Ⅱ453
不登規43条１項４号……Ⅰ46，Ⅱ467
不登規44条１項……Ⅰ53
不登規44条２項……Ⅰ53
不登規44条３項……Ⅰ53
不登規47条２号……Ⅰ95
不登規47条３号……Ⅰ95
不登規47条３号イ（１）
……Ⅰ466，470
不登規47条３号イ（５）……Ⅱ299
不登規48条１号……Ⅰ96，98，316
不登規48条２号……Ⅰ97，98
不登規48条３号……Ⅰ97，145
不登規48条４号……Ⅰ96
不登規48条５号……Ⅰ95，96，466，470，Ⅱ299
不登規49条１項１号……Ⅰ95
不登規49条１項２号……Ⅰ95
不登規49条２項１号……Ⅰ96，316
不登規49条２項２号……Ⅰ97
不登規49条２項３号……Ⅰ97，145
不登規49条２項４号……Ⅰ95，96，466，470，Ⅱ299
不登規50条２項……Ⅰ98
不登規51条１項……Ⅰ46
不登規51条３項……Ⅰ46
不登規53条……Ⅰ46，56

不登規55条１項……Ⅰ143，144
不登規55条２項……Ⅰ143
不登規55条３項……Ⅰ143
不登規60条……Ⅱ446
不登規60条２項１号……Ⅱ447
不登規60条２項２号……Ⅱ447
不登規61条……Ⅰ75
不登規62条１項１号……Ⅰ105，292
不登規63条１項……Ⅰ76
不登規63条３項……Ⅰ105
不登規64条１項１号……Ⅰ76，84
不登規64条１項２号……Ⅰ76，84
不登規64条１項３号……Ⅰ76，84
不登規64条１項４号……Ⅰ77
不登規65条……Ⅰ84
不登規65条１項……Ⅰ81
不登規65条２項３号……Ⅰ83
不登規65条３項……Ⅰ82
不登規65条５項……Ⅰ83，Ⅱ443
不登規65条６項……Ⅰ83
不登規65条８項……Ⅰ83
不登規65条10項……Ⅰ82
不登規66条１項１号……Ⅰ78
不登規66条１項２号……Ⅰ78
不登規66条２項……Ⅰ78
不登規66条３項……Ⅰ78
不登規67条……Ⅰ361
不登規68条１項３号……Ⅰ83
不登規68条２項……Ⅰ82，83
不登規68条３項……Ⅰ82
不登規68条６項……Ⅰ83，Ⅱ443
不登規68条７項……Ⅰ83
不登規68条９項……Ⅰ83
不登規68条11項……Ⅰ82
不登規68条15項……Ⅰ83
不登規70条１項……Ⅰ86
不登規70条１項１号……Ⅰ87
不登規70条１項２号……Ⅰ87
不登規70条１項３号……Ⅰ87
不登規70条５項１号……Ⅰ88
不登規70条５項２号……Ⅰ88
不登規70条６項……Ⅰ88
不登規70条８項……Ⅰ88
不登規71条２項２号……Ⅰ87
不登規71条２項３号……Ⅰ87
不登規71条２項４号……Ⅰ89
不登規72条１項……Ⅰ89
不登規72条１項１号……Ⅰ89
不登規72条２項……Ⅰ89
不登規72条３項……Ⅰ89
不登規105条２号……Ⅰ80
不登規123条１項……Ⅱ387，389
不登規123条２項……Ⅱ389
不登規131条１号……Ⅰ80
不登規149条……Ⅱ404
不登規152条２項……Ⅰ115，209，346，352，Ⅱ469
不登規155条……Ⅱ410，412
不登規156条……Ⅱ387，388
不登規157条……Ⅰ180
不登規157条１項……Ⅰ180
不登規158条……Ⅰ16
不登規159条１項……Ⅱ186
不登規159条３項……Ⅱ192
不登規165条１項……Ⅰ25，Ⅱ42
不登規165条２項……Ⅱ42
不登規165条４項……Ⅱ42，44
不登規168条１項……Ⅰ407，Ⅱ29

不登規168条２項……Ⅰ405
不登規169条１項……Ⅱ44
不登規174条……Ⅰ365，373
不登規176条３項……Ⅱ241
不登規178条……Ⅱ249，250
不登規181条１項……Ⅰ58，59
不登規181条２項４号……Ⅰ61
不登規181条２項７号……Ⅰ61，63
不登規182条１項１号……Ⅰ58
不登規182条１項２号……Ⅰ58
不登規182条２項……Ⅰ58
不登規182条の２第１項１号……Ⅰ58
不登規182条の２第１項２号……Ⅰ58
不登規183条１項２号……Ⅰ59
不登規183条２項……Ⅰ59
不登規184条１項……Ⅰ60
不登規186条……Ⅱ458
不登規189条２項……Ⅰ158，Ⅱ231
不登規189条３項……Ⅰ406，Ⅱ224，290
不登規193条１項５号……Ⅰ400，Ⅱ231
不登規194条１項……Ⅰ19
不登規194条３項……Ⅰ19
不登規196条……Ⅰ19
不登規196条１項１号……Ⅰ19
不登規196条１項２号……Ⅰ19
不登規197条３項……Ⅰ400，Ⅱ231
不登規247条……Ⅱ439
不登規247条１項……Ⅱ440
不登規247条１項１号……Ⅱ441
不登規247条１項２号……Ⅱ441
不登規247条２項……Ⅱ441
不登規247条２項２号……Ⅱ440
不登規247条３項……Ⅱ441
不登規附則21条１項……Ⅰ52
不登規附則21条２項……Ⅰ53
不登規附則21条４項……Ⅰ53
不登規附則22条１項……Ⅰ52
不登規附則22条３項……Ⅰ52

【不登準則】

不登準則33条１項１号……Ⅰ56
不登準則33条１項２号……Ⅰ57
不登準則33条１項３号……Ⅰ57
不登準則33条１項４号……Ⅰ57
不登準則33条１項５号……Ⅰ57
不登準則33条１項６号……Ⅰ57
不登準則33条１項７号……Ⅰ57
不登準則34条１項……Ⅰ55
不登準則35条１項……Ⅰ57
不登準則37条４項……Ⅰ96
不登準則42条１項１号……Ⅰ84
不登準則42条１項２号……Ⅰ84
不登準則42条１項３号……Ⅰ84
不登準則43条２項……Ⅰ87
不登準則46条１項……Ⅰ88
不登準則49条２項１号……Ⅰ89
不登準則49条２項２号……Ⅰ89
不登準則49条２項３号……Ⅰ89，94
不登準則49条２項５号……Ⅰ94
不登準則49条３項……Ⅰ89，94
不登準則118条13号……Ⅰ59
不登準則118条14号……Ⅰ60

【民法】

民法３条２項……Ⅰ7
民法５条１項……Ⅰ117，206，246
民法５条２項……Ⅰ117

民法13条１項９号……Ⅱ199
民法17条１項……Ⅱ199
民法25条１項……Ⅰ107，276
民法28条……Ⅰ276，295
民法31条……Ⅰ340
民法35条……Ⅰ７
民法94条２項……Ⅰ５，Ⅱ344
民法103条……Ⅰ295
民法104条……Ⅰ105
民法108条１項……Ⅰ42
民法111条１項１号……Ⅰ43
民法121条……Ⅰ239
民法127条１項……Ⅰ67
民法129条……Ⅱ285
民法140条……Ⅰ53
民法144条……Ⅰ204，206～209，494
民法145条……Ⅰ203，205
民法162条……Ⅰ203，205
民法176条……Ⅰ94，199，221
民法177条……Ⅰ５，14，15，17，22，43，443，Ⅱ250，341，342
民法179条１項……Ⅰ494，496，Ⅱ193，417
民法179条２項……Ⅰ494，496
民法187条１項……Ⅰ208
民法192条……Ⅰ５
民法251条１項……Ⅰ464，Ⅱ68，73，81，96，126
民法252条５項……Ⅰ383，496，Ⅱ188，337，419
民法255条……Ⅰ215，298，Ⅱ48，141，270
民法256条１項……Ⅰ209，317，319
民法264条……Ⅰ317，Ⅱ48，141
民法265条……Ⅱ170，172
民法269条の２第１項……Ⅱ174，176，178
民法269条の２第２項……Ⅱ174，177
民法270条……Ⅱ183
民法272条……Ⅱ183
民法280条……Ⅱ184
民法281条１項……Ⅱ187，192，194，223
民法284条１項……Ⅱ188
民法285条１項……Ⅱ187，223
民法286条……Ⅱ187，192，223
民法287条……Ⅱ193
民法294条……Ⅰ９
民法328条……Ⅱ158
民法338条１項……Ⅱ158，160
民法344条……Ⅱ163
民法346条……Ⅱ165
民法356条……Ⅱ165，177
民法357条……Ⅱ165
民法359条……Ⅱ165，177
民法361条……Ⅱ164
民法369条……Ⅰ504，506
民法369条１項……Ⅰ379，Ⅱ６
民法369条２項……Ⅰ379，Ⅱ392
民法370条……Ⅰ392，508，Ⅱ14，44，164
民法374条……Ⅰ442
民法374条１項……Ⅰ442，443，445，447
民法374条２項……Ⅰ443，450
民法375条……Ⅱ10
民法375条１項……Ⅰ29，30，388

民法375条２項……… Ⅰ29，391，Ⅱ164
民法376条１項……… Ⅰ428，429，433，436
民法376条２項……… Ⅰ25，428，438
民法377条１項……… Ⅱ56
民法377条２項……… Ⅱ56
民法379条……… Ⅰ494
民法381条……… Ⅱ152
民法386条……… Ⅰ494
民法387条１項……… Ⅱ204
民法387条２項……… Ⅱ204，206
民法388条……… Ⅱ170，171
民法392条……… Ⅱ17，30
民法392条１項……… Ⅰ397
民法392条２項……… Ⅰ410，426，427，Ⅱ30
民法393条……… Ⅰ426，Ⅱ17，30
民法396条……… Ⅰ494
民法398条の２……… Ⅱ２，６
民法398条の２第１項……… Ⅱ２
民法398条の２第２項……… Ⅱ７
民法398条の２第３項……… Ⅱ８
民法398条の３第１項……… Ⅱ10
民法398条の３第２項……… Ⅱ10
民法398条の４……… Ⅱ64，69
民法398条の４第１項……… Ⅱ64，69，140
民法398条の４第２項……… Ⅱ64，69，76，89，140
民法398条の４第３項……… Ⅱ64
民法398条の５……… Ⅱ59～61，63，141
民法398条の６……… Ⅱ76
民法398条の６第１項……… Ⅱ11，76
民法398条の６第２項……… Ⅱ76
民法398条の６第３項……… Ⅱ11
民法398条の６第４項……… Ⅱ77，140
民法398条の７……… Ⅱ142
民法398条の７第１項……… Ⅱ58，140，142
民法398条の７第２項……… Ⅱ58，74，140
民法398条の７第３項……… Ⅱ58，140
民法398条の７第４項……… Ⅱ58，140
民法398条の８……… Ⅱ89，97
民法398条の８第１項……… Ⅱ89，90
民法398条の８第２項……… Ⅱ98
民法398条の８第３項……… Ⅱ89
民法398条の８第４項……… Ⅱ89，90，98，99
民法398条の９……… Ⅱ106，109
民法398条の９第１項……… Ⅱ107
民法398条の９第２項……… Ⅱ109
民法398条の９第３項……… Ⅱ107，110，115，119
民法398条の９第４項……… Ⅱ107，110，115，119
民法398条の９第５項……… Ⅱ107，110，115，119
民法398条の10……… Ⅱ113，117
民法398条の10第１項……… Ⅱ114
民法398条の10第２項……… Ⅱ117，118
民法398条の10第３項……… Ⅱ115，119
民法398条の11……… Ⅱ56
民法398条の11第１項……… Ⅱ56，140，141
民法398条の11第２項……… Ⅱ56
民法398条の12……… Ⅱ31，38，47

民法398条の12第１項……Ⅱ31，36，37，39，43，44，47，51，52，140
民法398条の12第２項……Ⅱ38～40，43，44，140
民法398条の12第３項……Ⅱ39，43，45
民法398条の13……Ⅱ32，33，36，37，140
民法398条の14……Ⅱ15，47，80
民法398条の14第１項……Ⅱ47，80，81，140
民法398条の14第２項……Ⅱ47，51，52，140
民法398条の15……Ⅱ141
民法398条の16……Ⅱ17，18
民法398条の17……Ⅱ20，53，84
民法398条の17第１項……Ⅱ53，84
民法398条の17第２項……Ⅱ20，127，135
民法398条の18……Ⅱ17
民法398条の19……Ⅱ124，125
民法398条の19第１項……Ⅱ124，125，398
民法398条の19第２項……Ⅰ38，Ⅱ125，137
民法398条の19第３項……Ⅱ11，79，124，125，398
民法398条の20……Ⅱ127，128，131
民法398条の20第１項１号……Ⅱ127，128
民法398条の20第１項２号……Ⅱ128
民法398条の20第１項３号……Ⅰ38，Ⅱ129，130，137
民法398条の20第１項４号……Ⅰ38，Ⅱ132，137
民法398条の20第２項……Ⅱ129，132
民法398条の21……Ⅱ149
民法398条の21第１項……Ⅱ140，149
民法398条の21第２項……Ⅱ149
民法398条の22……Ⅱ151
民法398条の22第１項……Ⅱ140，151，152
民法398条の22第２項……Ⅱ152
民法398条の22第３項……Ⅱ152
民法405条……Ⅰ30，459
民法415条……Ⅱ70
民法420条……Ⅰ384
民法423条……Ⅰ41，59，74，Ⅱ364
民法423条１項……Ⅱ364
民法423条の７……Ⅱ364，367
民法424条……Ⅱ406
民法441条……Ⅰ474
民法466条１項……Ⅰ411，Ⅱ142
民法467条……Ⅰ413，416
民法467条２項……Ⅰ503，Ⅱ271
民法470条１項……Ⅰ467，469
民法472条１項……Ⅰ467
民法472条２項……Ⅰ469
民法472条３項……Ⅰ469
民法472条の４第１項……Ⅰ467，470
民法472条の４第２項……Ⅰ467，470
民法482条……Ⅰ218，493
民法489条……Ⅰ460
民法490条……Ⅰ460
民法501条１項……Ⅰ411，Ⅱ143
民法501条２項……Ⅰ411，Ⅱ143
民法513条……Ⅰ476

民法513条２号……Ⅰ476
民法514条１項……Ⅰ476，478
民法518条１項……Ⅰ476，477，479
民法518条２項……Ⅰ476
民法520条……Ⅰ494
民法537条……Ⅰ202
民法539条の２……Ⅰ202
民法545条……Ⅰ239，364，368
民法554条……Ⅰ266，Ⅱ216
民法555条……Ⅰ197
民法558条……Ⅰ358
民法579条……Ⅰ355，357，358，362，364，372
民法580条１項……Ⅰ360，376
民法580条３項……Ⅰ373
民法581条１項……Ⅰ355
民法583条１項……Ⅰ364，366
民法597条３項……Ⅱ219
民法601条……Ⅱ196，197
民法602条……Ⅱ199
民法605条……Ⅱ216
民法612条１項……Ⅰ181，443，Ⅱ198，200，202
民法646条２項……Ⅰ132，235，Ⅱ260
民法667条１項……Ⅰ235
民法768条１項……Ⅰ221
民法768条２項……Ⅰ221
民法771条……Ⅰ221
民法787条……Ⅱ261
民法824条……Ⅰ246
民法826条１項……Ⅰ127
民法859条１項……Ⅰ246
民法882条……Ⅰ243
民法886条……Ⅰ8
民法886条１項……Ⅰ284
民法886条２項……Ⅰ285
民法889条１項１号……Ⅰ291
民法890条……Ⅰ291
民法893条……Ⅰ248
民法896条……Ⅰ194，240，351，418，Ⅱ178，220
民法899条の２第１項……Ⅰ259
民法900条２号……Ⅰ291
民法905条……Ⅰ279
民法909条……Ⅰ248，250，269，270，471
民法939条……Ⅰ248，250，340
民法951条……Ⅰ293，294，299
民法952条１項……Ⅰ295
民法952条２項……Ⅰ296
民法953条……Ⅰ295
民法957条１項……Ⅰ297
民法958条……Ⅰ297
民法958条の２……Ⅰ132，297，302
民法958条の２第１項……Ⅰ297
民法959条……Ⅰ298
民法965条……Ⅰ8
民法985条……Ⅰ255，Ⅱ218
民法985条１項……Ⅰ248，253，256，257，266，338
民法990条……Ⅰ133，294
民法1006条１項……Ⅰ257
民法1010条……Ⅰ258
民法1012条……Ⅰ259
民法1012条１項……Ⅰ255，259
民法1012条２項……Ⅰ255
民法1014条２項……Ⅰ259
民法1028条１項……Ⅱ216

民法1028条１項１号……Ⅱ216
民法1028条１項２号……Ⅱ216
民法1029条……Ⅱ216
民法1030条……Ⅰ10，Ⅱ216
民法1031条１項……Ⅱ216
民法1031条２項……Ⅱ216
民法1032条２項……Ⅱ220
民法1032条３項……Ⅱ219
民法1036条……Ⅱ219
民法1037条……Ⅱ216
民法1046条１項……Ⅰ283

【旧民法】
旧民法437条……Ⅰ475

【借地借家法】
借地借家法１条……Ⅱ214
借地借家法２条１号……Ⅱ208
借地借家法３条……Ⅱ210，213
借地借家法５条１項……Ⅱ208
借地借家法５条２項……Ⅱ387
借地借家法７条１項……Ⅱ208
借地借家法７条２項……Ⅱ208
借地借家法13条１項……Ⅱ208
借地借家法22条１項……Ⅱ209
借地借家法22条２項……Ⅱ209
借地借家法23条１項……Ⅱ209，211，212
借地借家法23条２項……Ⅱ209，211，212
借地借家法23条３項……Ⅱ210
借地借家法24条……Ⅱ213
借地借家法24条１項……Ⅱ213
借地借家法25条……Ⅱ213
借地借家法26条１項……Ⅱ214
借地借家法38条１項……Ⅱ214
借地借家法38条２項……Ⅱ214
借地借家法39条１項……Ⅱ214
借地借家法39条２項……Ⅱ215
借地借家法39条３項……Ⅱ215
借地借家法40条……Ⅱ215

【会社法】
会社法２条27号……Ⅰ307
会社法２条28号……Ⅰ307
会社法２条29号……Ⅰ312
会社法２条30号……Ⅰ312
会社法10条……Ⅰ107
会社法11条１項……Ⅰ108
会社法28条１号……Ⅰ236
会社法34条１項……Ⅰ236
会社法49条……Ⅰ100，236
会社法295条……Ⅰ119
会社法356条……Ⅰ118
会社法356条１項……Ⅰ119
会社法356条１項２号……Ⅰ120
会社法356条１項３号……Ⅰ120，122
会社法362条１項……Ⅰ119
会社法365条……Ⅰ118
会社法365条１項……Ⅰ119
会社法475条１号……Ⅰ236
会社法478条……Ⅰ236
会社法481条……Ⅰ236
会社法578条……Ⅰ236
会社法579条……Ⅰ100，236
会社法595条……Ⅰ119
会社法595条１項……Ⅰ119
会社法644条１号……Ⅰ236

会社法647条……… Ⅰ236
会社法649条……… Ⅰ236
会社法750条1項
……… Ⅰ307，418，Ⅱ178
会社法752条1項
……… Ⅰ307，418，Ⅱ178
会社法754条1項
……… Ⅰ307，418，Ⅱ178
会社法756条1項
……… Ⅰ307，418，Ⅱ178
会社法758条2号……… Ⅰ313，422
会社法759条1項……… Ⅰ313，422
会社法760条2号……… Ⅰ313，422
会社法761条1項……… Ⅰ313，422
会社法763条1項5号……… Ⅰ313，422
会社法764条1項……… Ⅰ313，422
会社法765条1項5号……… Ⅰ313，422
会社法766条1項……… Ⅰ313，422

【登免法】

登免法2条……… Ⅰ147
登免法3条……… Ⅰ147
登免法4条1項……… Ⅰ157，Ⅱ464，466
登免法5条1号……… Ⅰ157
登免法5条2号……… Ⅰ157
登免法5条4号……… Ⅰ158
登免法5条5号……… Ⅰ158
登免法5条10号……… Ⅰ159
登免法5条11号……… Ⅰ160
登免法5条12号……… Ⅰ160
登免法7条1項1号……… Ⅱ235
登免法7条1項2号……… Ⅱ245
登免法7条1項3号……… Ⅱ240
登免法12条1項……… Ⅰ458，Ⅱ59，64
登免法13条1項……… Ⅰ398
登免法13条2項……… Ⅰ159，406，407，487，Ⅱ28，29，86，87，393
登免法15条……… Ⅰ148
登免法17条1項……… Ⅱ290，295
登免法17条4項……… Ⅱ224
登免法19条……… Ⅰ149，Ⅱ290
登免法21条……… Ⅰ153
登免法22条……… Ⅰ153
登免法24条の2第1項……… Ⅰ153
登免法28条1項……… Ⅰ153
登免法29条……… Ⅰ153
登免法29条2項……… Ⅰ153
登免法31条1項……… Ⅰ155
登免法31条1項1号……… Ⅰ154
登免法31条1項2号……… Ⅰ154
登免法31条1項3号……… Ⅰ154
登免法31条2項……… Ⅰ155
登免法31条3項……… Ⅱ461，462
登免法31条5項……… Ⅰ154，155
登免法31条8項3号……… Ⅱ462
登免法35条1項……… Ⅰ154
登免法別表第1.1.……… Ⅰ150
登免法別表第1.1.（1）
……… Ⅰ167，186
登免法別表第1.1.（2）イ……… Ⅰ247
登免法別表第1.1.（2）ロ……… Ⅰ213
登免法別表第1.1.（2）ハ
……… Ⅰ152，186，200，212，258，282，Ⅱ243，290，423
登免法別表第1.1.（3）イ
……… Ⅱ173，199，203
登免法別表第1.1.（3）ロ……… Ⅱ203

登免法別表第1.1.（3）ニ
……Ⅰ186，Ⅱ203
登免法別表第1.1.（3の2）……Ⅱ220
登免法別表第1.1.（4）……Ⅱ189
登免法別表第1.1.（5）……Ⅰ394，401，458，Ⅱ14，24，59，64，86，160，162，165，235
登免法別表第1.1.（6）イ
……Ⅰ422，Ⅱ94，109
登免法別表第1.1.（6）ロ
……Ⅰ416，425，Ⅱ37，45，52
登免法別表第1.1.（7）……Ⅱ37，117
登免法別表第1.1.（8）
……Ⅰ448，Ⅱ393
登免法別表第1.1.（9）……Ⅱ207
登免法別表第1.1.（10）イ
……Ⅱ236，243
登免法別表第1.1.（10）ロ……Ⅱ236
登免法別表第1.1.（12）ロ（3）
……Ⅱ254，258，265，268
登免法別表第1.1.（12）ホ（2）
……Ⅱ236
登免法別表第1.1.（14）
……Ⅰ271，289，293，301，320，337，362，371，428，432，436，440，459，466，470，491，Ⅱ59，64，69，74，80，83，86，97，113，122，139，149，191，236，272，275，318，361，392，417，431
登免法別表第1.1.（15）
……Ⅰ152，346，354，376，500，Ⅱ155，195，246，300，359，392，393，403，409
登免法別表第1.5.（1）……Ⅰ511
登免法別表第1.5.（2）……Ⅰ512
登免法附則7条……Ⅰ148

【登免法施行令】

登免法施行令9条……Ⅰ213

【登免法施行規】

登免法施行規11条……Ⅰ406，Ⅱ28，86

【民訴法】

民訴法13条1項……Ⅱ253
民訴法89条……Ⅱ332
民訴法134条……Ⅰ273
民訴法253条1項……Ⅱ329
民訴法253条1項1号……Ⅱ335
民訴法255条1項……Ⅱ331
民訴法257条……Ⅱ331
民訴法267条……Ⅰ177，Ⅱ332

【民執法】

民執法25条……Ⅱ338
民執法27条1項……Ⅱ340
民執法27条2項……Ⅱ340
民執法42条……Ⅰ21
民執法48条1項……Ⅰ33
民執法49条2項……Ⅱ139
民執法59条2項……Ⅰ458，Ⅱ415，416
民執法79条……Ⅱ171
民執法82条1項……Ⅰ426，Ⅱ171
民執法159条1項……Ⅰ417，Ⅱ332
民執法161条1項……Ⅰ417
民執法164条1項……Ⅰ417，Ⅱ332
民執法177条1項……Ⅱ338，339
民執法177条2項……Ⅱ340
民執法180条2号……Ⅱ127
民執法188条……Ⅱ139，171

民執法193条１項……Ⅱ134
民執法193条２項……Ⅱ134

【民保法】
民保法７条……Ⅱ332
民保法53条１項……Ⅱ347，352～354
民保法53条２項……Ⅱ347，352，355
民保法58条１項……Ⅱ350
民保法58条２項
……Ⅰ39，40，Ⅱ350，352，358
民保法58条４項……Ⅰ40，Ⅱ352
民保法59条１項……Ⅱ358
民保法59条２項……Ⅱ358
民保法60条１項……Ⅱ362
民保法60条３項……Ⅱ362

【民保規】
民保規48条１項……Ⅱ362

【仮登記担保法】
仮登記担保法１条……Ⅱ304
仮登記担保法２条１項……Ⅱ304
仮登記担保法４条１項……Ⅱ306
仮登記担保法７条１項……Ⅱ306
仮登記担保法11条……Ⅱ308
仮登記担保法15条１項……Ⅱ306
仮登記担保法18条……Ⅱ306

【区分所有法】
区分所有法２条３項……Ⅱ376
区分所有法２条６項……Ⅱ376
区分所有法15条１項……Ⅱ394
区分所有法22条１項
……Ⅰ180，181，Ⅱ377，380

【法人法】
法人法84条１項……Ⅰ119
法人法84条１項２号……Ⅰ119
法人法84条１項３号……Ⅰ119
法人法92条……Ⅰ119
法人法92条１項……Ⅰ119
法人法197条……Ⅰ119

【土地収用法】
土地収用法45条の２……Ⅰ238
土地収用法45条の３第１項……Ⅰ238

【民事調停法】
民事調停法16条……Ⅰ177

【抵当証券法】
抵当証券法１条１項……Ⅰ504
抵当証券法２条１号……Ⅰ505
抵当証券法２条２号……Ⅰ505
抵当証券法２条３号……Ⅰ506
抵当証券法２条４号……Ⅰ506
抵当証券法15条１項……Ⅰ503
抵当証券法15条２項……Ⅰ503

【工場抵当法】
工場抵当法２条１項……Ⅰ508
工場抵当法２条２項……Ⅰ508
工場抵当法３条２項……Ⅰ508
工場抵当法３条３項……Ⅰ508
工場抵当法３条４項……Ⅰ38，509
工場抵当法８条１項……Ⅰ510
工場抵当法８条２項……Ⅰ510
工場抵当法８条３項……Ⅰ511
工場抵当法９条……Ⅰ511
工場抵当法10条……Ⅰ511，Ⅱ262
工場抵当法11条……Ⅰ510
工場抵当法12条……Ⅰ510
工場抵当法13条１項……Ⅰ510

工場抵当法13条２項…… Ⅰ513
工場抵当法14条…… Ⅰ398
工場抵当法14条１項…… Ⅰ510
工場抵当法14条２項…… Ⅰ510，513
工場抵当法21条１項…… Ⅰ511
工場抵当法21条１項４号…… Ⅰ511
工場抵当法21条２項…… Ⅰ511
工場抵当法22条…… Ⅰ511
工場抵当法38条１項…… Ⅰ38，509，512
工場抵当法38条２項…… Ⅰ509，512
工場抵当法44条の２…… Ⅰ38，513

【公証人法】
公証人法58条…… Ⅰ89

【商登法】
商登法７条…… Ⅰ110

【商登規】
商登規１条の２第１項…… Ⅰ110
商登規30条１項…… Ⅰ100
商登規30条１項４号…… Ⅰ100

【国税徴収法】
国税徴収法16条…… Ⅰ499
国税徴収法55条…… Ⅱ139
国税徴収法94条…… Ⅱ467

【国税通則法】
国税通則法56条１項…… Ⅰ155
国税通則法74条１項…… Ⅰ156，Ⅱ462
国税通則法75条１項３号…… Ⅱ454
国税通則法118条１項…… Ⅰ148
国税通則法119条１項…… Ⅰ149

【破産法】
破産法10条１項…… Ⅱ139
破産法15条…… Ⅰ228
破産法30条…… Ⅰ228
破産法32条１項…… Ⅱ139
破産法34条…… Ⅰ228
破産法74条１項…… Ⅰ228
破産法78条１項…… Ⅰ228，231
破産法78条２項１号…… Ⅰ229，231
破産法160条…… Ⅰ229
破産法184条１項…… Ⅰ229
破産法257条１項…… Ⅰ228
破産法258条１項…… Ⅰ228

【地方自治法】
地方自治法260条の２…… Ⅰ90

【信託法】
信託法２条１項…… Ⅱ226
信託法２条３項…… Ⅱ227
信託法２条４項…… Ⅱ227
信託法２条５項…… Ⅱ227
信託法２条６項…… Ⅱ227
信託法２条８項…… Ⅱ227
信託法３条…… Ⅱ226
信託法３条１号…… Ⅱ228
信託法３条２号…… Ⅱ228
信託法３条３号…… Ⅱ229
信託法４条３項１号…… Ⅱ229
信託法４条３項２号…… Ⅱ229
信託法６条１項…… Ⅱ228
信託法31条１項１号…… Ⅱ247
信託法31条１項２号…… Ⅱ247
信託法31条２項…… Ⅱ247
信託法40条１項２号…… Ⅱ242
信託法56条１項…… Ⅱ237
信託法75条１項…… Ⅱ237，239

信託法75条２項……Ⅱ237
信託法79条……Ⅱ234，239
信託法86条４項……Ⅱ238
信託法123条……Ⅱ233
信託法125条１項……Ⅱ233
信託法139条１項……Ⅱ233
信託法163条……Ⅱ244
信託法164条……Ⅱ244
信託法182条……Ⅱ244
信託法185条１項……Ⅱ234

【供託規】
供託規18条１項……Ⅱ306，403

【行服法】
行服法６条１項……Ⅱ459
行服法13条……Ⅱ458
行服法15条１項……Ⅱ457
行服法15条５項……Ⅱ457
行服法15条６項……Ⅱ456
行服法18条……Ⅱ457
行服法19条１項……Ⅱ457
行服法27条１項……Ⅱ457
行服法27条２項……Ⅱ457
行服法31条……Ⅱ458
行服法45条２項……Ⅱ459
行服法49条２項……Ⅱ459

【行訴法】
行訴法８条１項……Ⅱ460

【電子記録債権法】
電子記録債権法２条１項……Ⅱ６，９

【採石法】
採石法４条１項……Ⅰ10，Ⅱ222
採石法４条３項……Ⅰ10，Ⅱ222

【農地法】
農地法３条……Ⅱ250
農地法３条１項……Ⅰ130，132
農地法３条１項16号……Ⅰ133

【農地法施行規】
農地法施行規15条５号……Ⅰ133

【非訟事件手続法】
非訟事件手続法99条……Ⅱ398
非訟事件手続法102条１項……Ⅱ398
非訟事件手続法106条１項……Ⅱ398

【商法】
商法513条１項……Ⅰ390
商法847条１項……Ⅰ398

【家事事件手続法】
家事事件手続法194条……Ⅰ252
家事事件手続法204条１項……Ⅰ305

【家事事件手続規則】
家事事件手続規則４条１項……Ⅰ296

【利息制限法】
利息制限法１条……Ⅰ390

【立木法】
立木法２条１項……Ⅱ450

【自動車抵当法】
自動車抵当法２条……Ⅰ398
自動車抵当法３条……Ⅰ398

判例索引

最高裁

大判明36.11.26……Ⅰ43
大判明40.3.12……Ⅱ172
大判明44.12.22……Ⅱ334
大判大2.6.16……Ⅰ5
大決大3.8.24……Ⅱ405，406
大判大3.11.3……Ⅰ215
大決大4.10.23……Ⅰ386
大判大5.4.1……Ⅱ372
大判大5.12.26……Ⅱ456
大決大6.4.25……Ⅱ456
大決大6.7.18……Ⅱ255
大判大6.8.22……Ⅰ220
大判大6.10.22……Ⅰ500
大判大8.10.8……Ⅰ496
大判大9.1.29……Ⅰ453
大決大9.10.13……Ⅱ456
大判大10.7.11……Ⅰ379，Ⅱ196，374
大判大15.6.23……Ⅰ176
大判大15.12.25……Ⅰ5
大判昭6.2.27……Ⅱ255
大判昭7.4.28……Ⅱ198
大判昭7.10.6……Ⅰ284
大判昭8.3.28……Ⅱ292
大判昭10.2.25……Ⅰ118
大判昭10.10.1……Ⅰ385
最判昭30.10.25……Ⅱ345
最判昭31.6.28……Ⅱ292
最判昭32.6.18……Ⅱ292
最判昭33.6.20……Ⅰ199
最判昭34.1.18……Ⅰ5
最判昭35.4.21……Ⅰ54
最判昭35.11.24……Ⅱ271
最判昭36.6.16……Ⅱ414
最判昭36.11.24……Ⅱ325
最判昭38.2.19……Ⅱ456
最判昭38.10.8……Ⅱ292
最判昭39.4.17……Ⅱ372
最判昭39.11.26……Ⅰ220，493
最判昭40.4.30……Ⅰ220，494
最判昭40.9.21……Ⅱ336
最判昭41.6.2……Ⅱ341
最判昭42.8.25……Ⅰ209
最判昭43.3.8……Ⅰ42
最大判昭43.12.4……Ⅱ414，415
最判昭45.4.16……Ⅱ344
最判昭45.7.24……Ⅰ5
最判昭46.1.26……Ⅰ270，275
最判昭46.11.30……Ⅱ372
最判昭47.6.2……Ⅰ224
最判昭48.6.28……Ⅱ344
最判昭52.10.11……Ⅱ292
最判昭61.3.17……Ⅰ203
最判平元.11.24……Ⅰ298
最判平4.11.6……Ⅰ426
最判平6.5.31……Ⅰ224
最判平7.1.24……Ⅰ259
最判平7.7.18……Ⅱ188
最判平9.9.12……Ⅰ294
最判平12.1.27……Ⅰ323，341
最判平13.7.10……Ⅰ132
最決平17.10.11……Ⅰ279
最判平17.11.11……Ⅰ495
最判平17.12.15……Ⅰ323，341

最判平22.12.16……Ⅰ235

高 裁

東京高判昭30. 6 .29……Ⅱ410
東京高判平26. 9 .30……Ⅰ278

地 裁

長野地決明44. 2 .27……Ⅱ456
和歌山地決大 9 . 3 .23……Ⅱ456
東京地決昭48. 5 .31……Ⅱ199
東京地判平26. 3 .13……Ⅰ278

先例索引

明31.10.19民刑1406……Ⅰ284，286
明32.6.27民刑1162……Ⅰ44
明32.6.29民刑1191……Ⅱ436
明32.7.7民刑1184……Ⅱ250
明32.8.8民刑1311……Ⅰ169
明32.9.12民刑1636……Ⅰ416
明32.11.1民刑1904……Ⅰ452
明32.12.22民刑2080……Ⅰ396
明33.1.17民刑……Ⅱ332
明33.2.2民刑局長回答……Ⅱ174，250
明33.3.7民刑260……Ⅰ249
明33.4.28民刑414……Ⅱ322
明33.8.21民刑1176……Ⅱ428
明33.9.24民刑1390……Ⅱ334
明33.12.18民刑1661……Ⅰ169
明34.1.17民刑……Ⅱ296
明34.4.15民刑434……Ⅱ449
明35.7.1民刑637……Ⅱ332
明37.2.13民刑1057……Ⅰ395
明40.1.14民刑1414……Ⅰ171
明44.6.22民事414……Ⅰ203
明44.10.30民刑904……Ⅰ247
大元.9.30民444……Ⅰ364
大4.11.6民1701……Ⅱ370，375
大9.3.18民事931……Ⅰ68
大9.5.4民事1307……Ⅰ255
大11.11.30民4264……Ⅱ370
昭6.10.21民事1028……Ⅰ417，Ⅱ332
昭10.1.14民事甲39……Ⅰ295
昭10.9.16民事甲946……Ⅱ432
昭14.12.11民事甲1359……Ⅱ371
昭15.7.25民事甲949……Ⅱ465
昭19.10.19民事甲692……Ⅰ269
昭22.6.23民事甲560……Ⅰ107，117
昭22.10.13民事甲840……Ⅱ331
昭23.9.21民事甲3010……Ⅱ368，370
昭23.10.4民事甲3018……Ⅰ132
昭23.11.5民事甲2135……Ⅰ128
昭24.2.25民事甲389……Ⅱ371
昭24.10.1民事甲2272……Ⅱ345
昭25.6.22民事甲1735……Ⅰ440
昭26.3.8民事甲463……Ⅰ389
昭26.12.4民事甲2268……Ⅰ327
昭27.6.13民事甲834……Ⅰ440
昭27.8.23民事甲74……Ⅱ419
昭27.9.19民事甲308……Ⅱ349
昭28.3.16民事甲383……Ⅰ237
昭28.3.31民事甲535……Ⅰ513
昭28.4.6民事甲547……Ⅱ432
昭28.4.6民事甲556……Ⅰ482，483
昭28.8.10民事甲1392……Ⅰ270
昭28.10.14民事甲1869……Ⅱ326
昭28.11.6民事甲1940……Ⅰ439
昭29.1.6民事甲2560……Ⅱ333
昭29.5.8民事甲938……Ⅱ330，333
昭29.5.22民事甲1037……Ⅰ277
昭29.6.2民事甲1144……Ⅱ452
昭29.6.28民事甲1357……Ⅱ452
昭29.7.5民事甲1395……Ⅰ122
昭29.7.13民事甲1459……Ⅰ390
昭29.8.27民事甲1539……Ⅱ416
昭29.12.25民事甲2637……Ⅱ447

昭30. 2 . 4 民事甲226 …… Ⅰ497
昭30. 2 .19民事甲355 …… Ⅰ132
昭30. 4 . 8 民事甲683 …… Ⅰ382, 387
昭30. 4 .11民事甲693 …… Ⅱ452
昭30. 4 .20民事甲695 …… Ⅱ349
昭30. 4 .23民事甲742 …… Ⅰ145, 246, 272
昭30. 4 .30民事甲835 …… Ⅰ397
昭30. 5 .16民事甲929 …… Ⅱ163
昭30. 5 .21民事甲972 …… Ⅱ200
昭30. 5 .23民事甲973 …… Ⅰ283
昭30. 5 .30民事甲1123 …… Ⅰ470
昭30. 5 .31民事甲1029 …… Ⅰ431
昭30. 6 .10民事甲1161 …… Ⅰ319
昭30. 7 .11民事甲1427 …… Ⅰ440
昭30. 8 .10民事甲1705 …… Ⅰ351
昭30. 8 .25民事甲1721 …… Ⅱ349
昭30.10.15民事甲2216 …… Ⅰ193, 194, 242
昭30.11.21民事甲2469 …… Ⅰ327
昭30.11.29民事甲2514 …… Ⅱ285
昭30.12.16民事甲2670 …… Ⅰ250, 251, 277
昭31. 2 .28民事甲431 …… Ⅰ131
昭31. 3 .14民事甲504 …… Ⅰ482
昭31. 3 .14民事甲506 …… Ⅰ390
昭31. 6 .13民事甲1317 …… Ⅰ389
昭31. 6 .19民事甲1247 …… Ⅰ132
昭31. 6 .25民事甲1444 …… Ⅰ299
昭31. 8 . 4 民事甲1772 …… Ⅰ133
昭31. 9 .20民事甲2202 …… Ⅱ321
昭31.10.17民事甲2370 …… Ⅱ321
昭31.12.14民事甲2831 …… Ⅱ341
昭31.12.18民事甲2838 …… Ⅰ156
昭31.12.24民事甲2916 …… Ⅰ496
昭32. 1 .14民事甲76 …… Ⅱ260
昭32. 2 .21民事甲365 …… Ⅱ256
昭32. 3 .22民事甲423 …… Ⅱ314
昭32. 3 .27民事甲596 …… Ⅱ260, 261
昭32. 4 .13民事三.379 …… Ⅰ127
昭32. 4 .22民事甲793 …… Ⅱ255
昭32. 6 .27民事甲1220 …… Ⅰ142, 143
昭32. 6 .28民事甲1249 …… Ⅱ322
昭32. 8 .26民事甲1610 …… Ⅰ295
昭32. 9 .21民事甲1849 …… Ⅱ405
昭32.10.18民事甲1953 …… Ⅰ168
昭32.12.27民事甲2439 …… Ⅱ416
昭32.12.27民事甲2440 …… Ⅰ502
昭33. 1 .10民事甲 4 …… Ⅰ245
昭33. 2 .13民事甲206 …… Ⅱ335
昭33. 2 .14民事甲369 …… Ⅰ25
昭33. 2 .22民事甲421 …… Ⅱ428
昭33. 4 . 4 民事甲715 …… Ⅰ129
昭33. 4 .10民事甲768 …… Ⅱ187
昭33. 4 .11民事甲765 …… Ⅱ236
昭33. 4 .28民事甲779 …… Ⅰ255
昭33. 5 . 1 民事甲893 …… Ⅱ464
昭33. 5 .10民事甲964 …… Ⅰ471
昭33. 5 .29民事甲1086 …… Ⅱ337
昭33. 7 . 9 民事甲1379 …… Ⅰ276
昭33. 7 . 9 民事三.468 …… Ⅰ481
昭33.10.24民事甲2221 …… Ⅰ97
昭34. 1 .27民事甲126 …… Ⅰ360
昭34. 5 . 6 民事甲900 …… Ⅰ387, 393
昭34. 5 .12民甲929 …… Ⅰ231
昭34. 6 .20民事甲1131 …… Ⅰ371, 376
昭34. 7 .25民事甲1567 …… Ⅰ391, Ⅱ449
昭34. 9 .15民事甲2067 …… Ⅱ419

昭34. 9.15民事甲2068……Ⅱ262
昭34. 9.21民事甲2071……Ⅰ172
昭34.11.13民事甲2438……Ⅱ291
昭34.11.24民事甲2542……Ⅰ99
昭34.12.16民事甲2906……Ⅰ93
昭34.12.18民事甲2842……Ⅱ330
昭35. 2. 3 民事甲292……Ⅱ335
昭35. 2. 5 民事甲285……Ⅱ270
昭35. 3.31民事甲712
……Ⅰ237, 355, 356, 389,
Ⅱ174, 176, 186, 190, 200, 451
昭35. 4. 2 民事甲787……Ⅰ99
昭35. 5.10民事三.328……Ⅰ136, Ⅱ282
昭35. 5.18民事甲1118……Ⅱ408
昭35. 5.18民事甲1132……Ⅱ179, 452
昭35. 6. 1 民事甲1340……Ⅰ396
昭35. 6. 3 民事甲1355……Ⅰ481
昭35. 8. 1 民事甲1934……Ⅰ358, 359
昭35. 8. 2 民事甲1971……Ⅰ358
昭35. 8. 4 民事甲1929……Ⅰ123
昭35. 8. 4 民事甲1976……Ⅰ354, Ⅱ288
昭35. 8.20民事三.842……Ⅱ16, 349
昭35. 9. 7 民事甲2221……Ⅰ188
昭35.12.27民事甲3280……Ⅰ383, Ⅱ15
昭35.12.27民事甲3327……Ⅰ273
昭36. 1.17民事甲106……Ⅰ396
昭36. 1.20民事甲168……Ⅰ143
昭36. 2.17民事甲358……Ⅱ472
昭36. 3.25民事甲676……Ⅰ388
昭36. 3.31民事甲773……Ⅱ293
昭36. 4.19民事甲895……Ⅱ464
昭36. 4.22民事甲954……Ⅱ146
昭36. 5. 8 民事甲1053……Ⅱ434
昭36. 5.10民事甲1042……Ⅰ129
昭36. 5.17民事甲1134……Ⅰ392, Ⅱ14
昭36. 5.30民事甲1257……Ⅰ363
昭36. 6.16民事甲1425……Ⅰ351
昭36. 8.30民事三.717……Ⅱ374
昭36. 9.14民甲2277……Ⅰ38
昭36. 9.15民事甲2324……Ⅱ184
昭36. 9.18民事甲2323……Ⅰ169, 173
昭36.10.14民事甲2604……Ⅰ331
昭36.12.23民事甲3184……Ⅰ436
昭36.12.27民事甲1600
……Ⅱ264, 270, 275
昭37. 1.23民事甲112……Ⅰ192
昭37. 1.26民事甲74……Ⅰ340
昭37. 2.13民事三.75……Ⅱ293
昭37. 2.22民事甲321……Ⅱ419
昭37. 3. 8 民事甲638……Ⅰ201, Ⅱ342
昭37. 3.26民事甲844……Ⅱ174
昭37. 4.19民事甲1173……Ⅱ427
昭37. 5. 4 民事甲1262
……Ⅰ5, Ⅱ174, 452
昭37. 5.31民事甲1489……Ⅰ271
昭37. 6.15民事甲1606……Ⅰ38, 302
昭37. 6.18民事甲1562……Ⅱ350, 357
昭37. 6.26民事甲1718……Ⅰ139
昭37. 6.27民事甲1657……Ⅰ121
昭37. 6.28民事甲1717……Ⅰ260
昭37. 7.26民事甲2074……Ⅰ479
昭37. 7.28民事甲2116……Ⅱ331
昭37. 7.30民事甲2117……Ⅱ285
昭37. 8. 1 民事甲2206……Ⅰ499
昭37. 9.29民事甲2751……Ⅰ217
昭37.10. 4 民事甲2820……Ⅱ469
昭37.10. 9 民事甲2819……Ⅰ129
昭37.10.11民事甲2810……Ⅱ294

昭37.11.29民事甲3422……Ⅰ79
昭37.12.28民事甲3727……Ⅰ385
昭38.1.29民事甲310……Ⅰ408
昭38.2.12民事甲390……Ⅱ189
昭38.3.14民事甲726……Ⅱ408
昭38.4.9民事甲965……Ⅰ409
昭38.4.10民事甲966……Ⅰ188
昭38.5.6民事甲1285……Ⅰ132
昭38.7.19民事甲2117……Ⅰ154
昭38.8.29民事甲2540……Ⅰ362
昭38.9.25民事甲2654……Ⅱ431
昭38.11.20民事甲3119……Ⅰ263
昭38.11.22民事甲3116……Ⅱ198
昭38.12.27民事甲3315……Ⅱ322
昭38.12.27民事甲3346……Ⅱ148
昭39.2.17民事三.125……Ⅰ232〜234
昭39.2.21民事甲384……Ⅱ470
昭39.2.27民事甲204……Ⅱ285
昭39.2.28民事甲422……Ⅰ300
昭39.3.7民事甲588……Ⅱ24，436
昭39.4.6民事甲1291……Ⅰ385
昭39.4.14民事甲1498……Ⅰ337，354
昭39.5.14民事甲1759……Ⅱ350
昭39.5.21民事三.425
……Ⅰ291，326，455，Ⅱ315
昭39.7.30民事甲2702……Ⅰ80
昭39.7.31民事甲2700……Ⅱ184
昭39.8.7民事甲2736……Ⅱ265，272
昭39.8.7民事三.597……Ⅰ276
昭39.8.10民事甲2737……Ⅱ417
昭39.8.12民事甲2789……Ⅰ353
昭39.8.24民事甲2864……Ⅰ106
昭39.8.27民事甲2885……Ⅱ336
昭39.11.20民事甲3756……Ⅱ416
昭39.11.21民事甲3749……Ⅰ144
昭39.11.30民事三.935……Ⅰ142
昭40.3.1民事甲482……Ⅰ155
昭40.4.14民事甲851……Ⅰ384
昭40.6.18民事甲1096……Ⅰ99
昭40.6.19民事甲1120……Ⅱ338
昭40.7.13民事甲1857……Ⅰ417
昭40.8.26民事甲2429……Ⅰ330
昭40.8.31民事甲1476……Ⅰ42
昭40.9.24民事甲2824……Ⅰ132，134
昭40.10.11民事甲2915……Ⅰ158
昭40.12.7民事甲3320……Ⅰ248
昭40.12.7民事甲3409……Ⅱ291
昭40.12.9民事甲3435……Ⅰ132，134
昭40.12.17民事甲3433……Ⅰ138
昭40.12.25民事甲3710……Ⅱ309
昭41.2.12民事甲369……Ⅰ100
昭41.2.16民事甲386……Ⅱ360
昭41.3.29民事三.158……Ⅱ262
昭41.4.15民事三.193……Ⅱ198
昭41.4.18民事甲1126……Ⅰ225
昭41.5.13民事三.191……Ⅰ7
昭41.6.8民事三.397……Ⅰ122〜124
昭41.6.17民事甲1763……Ⅱ288
昭41.8.3民事甲2367……Ⅱ346
昭41.8.24民事甲2446……Ⅰ373
昭41.9.29民事三.1010……Ⅱ198
昭41.10.6民事甲2898……Ⅱ417
昭41.10.31民事甲2970……Ⅱ243
昭41.11.1民事甲2979……Ⅰ132
昭41.11.7民事甲3252……Ⅰ386
昭41.11.14民事甲1907
……Ⅱ177，178，180
昭41.12.1民事甲3322……Ⅰ409

昭41.12.1民事甲3323……Ⅰ452
昭41.12.13民事甲3615……Ⅱ248
昭41.12.20民事三851……Ⅰ513
昭42.2.8民事甲293……Ⅰ366
昭42.4.6民事三.150……Ⅱ466
昭42.6.13民事甲1864……Ⅱ461
昭42.6.19民事甲1787……Ⅱ346
昭42.7.26民事三.794
……Ⅰ148，Ⅱ290，431
昭42.8.23民事甲2437……Ⅱ279
昭42.11.7民事甲3142……Ⅰ452
昭43.1.8民事甲3718……Ⅱ462
昭43.2.9民三.34……Ⅰ372
昭43.2.21民事甲335……Ⅰ359
昭43.4.1民三.290……Ⅱ465
昭43.4.2民事三.88……Ⅰ154
昭43.5.7民事甲1260……Ⅱ323
昭43.5.29民事甲1830……Ⅰ351，Ⅱ373
昭43.8.3民事甲1837……Ⅰ260
昭43.10.14民事甲3152……Ⅰ407
昭43.12.27民事甲3671……Ⅱ189
昭44.3.3民事甲373……Ⅰ245
昭44.5.1民事甲895……Ⅱ343
昭44.5.29民事甲1134……Ⅰ218
昭44.6.17民事甲1214……Ⅰ132
昭44.8.15民事三.675……Ⅰ384
昭44.10.31民事甲2337……Ⅰ260
昭45.4.11民事甲1426……Ⅰ7
昭45.4.27民事三.394……Ⅰ383
昭45.5.30民事三.435……Ⅰ260
昭45.10.5民事甲4160……Ⅰ260，261
昭46.10.4民事甲3230
……Ⅰ25，37，445，450，451，507，Ⅱ7，8，10，16，19，21，30，67，72～74，80，83，95，311，435
昭46.11.11民事甲3400……Ⅱ68
昭46.12.11民事三.532……Ⅱ287
昭46.12.24民事甲3630……Ⅰ451
昭46.12.27民事三.960……Ⅰ446，Ⅱ7，8，40，95，133，151，436，470
昭47.4.4民事三.301……Ⅱ7，8
昭47.4.13民事甲1439……Ⅰ142
昭47.4.17民事甲1442……Ⅰ263
昭47.5.1民事甲1765……Ⅰ336
昭47.8.21民事甲3565……Ⅰ263
昭47.8.4民事三.608……Ⅱ7，8
昭47.9.19民事三.447……Ⅱ172
昭47.10.20民事三.559……Ⅰ222
昭47.11.25民事甲4945……Ⅱ20
昭48.7.21民三.5608……Ⅱ284
昭48.9.19民三.7380……Ⅰ392，Ⅱ14
昭48.10.13民三.7694……Ⅱ200
昭48.10.31民三.8188……Ⅰ157
昭48.11.17民三.8525……Ⅰ99
昭48.12.11民三.8859……Ⅰ263
昭48.12.17民三.9170……Ⅱ20
昭48.12.24民三.9230……Ⅱ178
昭49.1.8民三.242……Ⅰ246，247
昭49.2.12民三.1018……Ⅱ371
昭49.4.3民三.1753……Ⅱ57
昭49.12.27民三.6686……Ⅰ322
昭50.1.10民三.16……Ⅰ317，319
昭50.8.6民三.4016……Ⅰ159

昭51. 8. 3 民三.4443…… I 137
昭51. 9. 8 民三.4982…… II 7
昭51.10.15民三.5414…… I 382
昭51.10.15民三.5415…… I 351
昭52. 4.15民三.2379…… I 349, II 372
昭52. 6.16民三.2932…… II 415
昭52. 8.22民三.4239…… I 134
昭52.11.14民三.5691…… I 121
昭53. 2.22民三.1102…… I 225
昭53. 3.15民三.1524…… I 324
昭53.10.27民三.5940…… I 213
昭54. 3.31民三.2112…… I 327
昭54. 4. 4 民三電信回答…… II 198
昭54. 4.21民三.2592…… II 304, 305, 308
昭54. 5. 9 民三.2863…… II 187
昭55. 3. 4 民三.1196…… II 326, 328
昭55. 6. 6 民三.3249…… I 154, 155
昭55. 9.19民三.5618…… II 291
昭55.11.20民三.6726…… I 272
昭55.11.25民三.6757…… I 175, 176, II 370
昭55.12.20民三.7145…… I 246, 247, 339
昭55.12.24民三.7176…… II 58
昭56. 9. 8 民三.5484…… I 259, II 334
昭57. 1.16民三.251…… II 259
昭57. 2.12民三.1295…… II 260
昭57. 3.11民三.1952…… I 232
昭57. 4.28民三.3238…… I 392, II 14
昭57. 5. 7 民三.3291…… II 413
昭58. 3. 2 民三.1308…… II 256, 258
昭58. 3. 2 民三.1310…… I 264
昭58. 3.24民三.2205…… I 497
昭58. 3.28民三.2232…… I 252
昭58. 4. 4 民三.2251…… I 79, 191, 396, 483
昭58. 5.11民三.2983…… I 132, 134
昭58. 5.11民三.2984…… I 449
昭58. 6.22民三.3672…… II 354
昭58. 7. 6 民三.3810…… I 384
昭58. 8.17民三.4814…… II 172
昭58.11.10民三.6400…… I 97, 185, II 385, 386, 391
昭59. 1.10民三.150…… I 257, 258
昭59. 2.25民三.1085…… I 344
昭59. 3. 2 民三.1131…… II 233
昭59. 8. 6 民三.3991…… I 99
昭59. 9. 1 民三.4674…… II 394
昭59. 9. 1 民三.4675…… II 383
昭59.10.15民三.5157…… II 187
昭59.10.15民三.5195…… I 246～248, 280
昭60. 8.26民三.5262…… I 384
昭60.12. 2 民三.5441…… I 218
昭62. 3.10民三.1024…… II 369
昭62. 3.10民三.1083…… II 97, 104
昭62. 6.30民三.3412…… II 350
昭63. 1.19民三.325…… II 370
昭63. 7. 1 民三.3456…… II 396, 402, 403
昭63. 7. 1 民三.3499…… II 396～398
平元. 8. 8 民三.2913…… I 506
平元. 9. 5 民三.3486…… II 20, 92
平元.10.16民三.4200…… I 507
平元.11.15民三.4777…… I 506
平 2. 1.20民三.156…… I 338
平 2. 3.28民三.1147…… I 227
平 2. 4.24民三.1528…… II 375

平2.11.8民三.5000
……Ⅱ347，351～353，357，358，360～362
平2.12.7民三.5648……Ⅱ8
平3.4.12民三.2398……Ⅰ305
平3.10.29民三.5569……Ⅰ295
平3.12.19民三.6149……Ⅰ236
平4.2.29民三.897……Ⅰ252
平4.3.18民三.1404……Ⅰ282
平4.5.20民三.2430……Ⅰ90
平4.11.4民三.6284……Ⅰ272
平5.7.30民三.5320……Ⅰ43
平6.1.14民三.365……Ⅰ43
平6.1.14民三.366……Ⅱ423
平6.1.17民三.373……Ⅱ331
平7.12.4民三.4344……Ⅰ246
平8.7.29民三.1367……Ⅱ373
平9.1.29民三.150……Ⅱ354
平9.1.29民三.153……Ⅰ149
平9.7.31民三.1301……Ⅱ131
平9.12.4民三.2155……Ⅰ414
平10.3.20民三.552……Ⅰ177
平10.10.23民三.2069……Ⅱ139
平11.7.14民三.1414……Ⅰ195
平12.3.31民三.828……Ⅰ152，275
平13.3.30民二.867……Ⅱ114，118
平13.3.30民二.874……Ⅰ232
平14.5.30民二.1310……Ⅱ135
平15.4.1民二.1022……Ⅰ152，258
平15.12.25民二.3817……Ⅱ139，207
平16.12.16民二.3554……Ⅰ97，229～231
平17.2.25民二.457……Ⅰ144
平17.7.28民二.1690……Ⅱ212
平18.2.28民二.523……Ⅱ420
平18.3.29民二.755……Ⅰ315，425
平19.1.12民二.52……Ⅰ202
平19.9.28民二.2048……Ⅱ239，243
平19.10.15民二.2205……Ⅰ81
平20.1.11民二.57
……Ⅰ51，53，76，Ⅱ447
平21.6.16民二・民商1440……Ⅰ156
平22.8.24民二.2078……Ⅰ276
平22.11.1民二.2759……Ⅰ159
平24.7.25民二.1906……Ⅰ132，135
平24.12.14民二.3486……Ⅰ132，133
平25.12.12民二.809……Ⅱ323
平27.3.31民二.196……Ⅱ323
平27.9.2民二.363……Ⅰ248
平27.10.23民二.512
……Ⅰ112，141，311，316
平28.3.2民二.154……Ⅰ278，279
平28.3.11民二.219……Ⅰ245
平29.3.23民二.175……Ⅰ140，245
平29.4.17民二.292……Ⅱ441，443
平30.3.29民二.166……Ⅱ443
平30.10.16民二.490……Ⅱ387
令元.6.27民二.68……Ⅰ259，283
令2.3.30民二.318……Ⅰ96
令2.3.30民二.324
……Ⅰ255，Ⅱ216～221，261
令2.3.31民二.328
……Ⅰ349，358，467～470，478

登記研究索引

登研18P27 …… Ⅰ132
登研24P25 …… Ⅰ237
登研26P28 …… Ⅰ236
登研41P30 …… Ⅰ398
登研49P119 …… Ⅰ132
登研56P29 …… Ⅰ398
登研61P30 …… Ⅰ220
登研65P30 …… Ⅱ297
登研65P31 …… Ⅰ398
登研80P38 …… Ⅰ238
登研83P44 …… Ⅰ128
登研85P40 …… Ⅱ419
登研96P41 …… Ⅰ272
登研97P43 …… Ⅰ253
登研108P42 …… Ⅰ487
登研112P41 …… Ⅰ100
登研113P36 …… Ⅰ239
登研118P45 …… Ⅰ488
登研130P42 …… Ⅱ278
登研130P43 …… Ⅰ513
登研141P45 …… Ⅰ386
登研144P51 …… Ⅰ293，Ⅱ311
登研145P44 …… Ⅱ323
登研146P42 …… Ⅰ273
登研149P162 …… Ⅰ244
登研151P48 …… Ⅰ385
登研154P63 …… Ⅰ496
登研155P48 …… Ⅱ297
登研160P47 …… Ⅰ99
登研163P55 …… Ⅰ408
登研177P73 …… Ⅰ398
登研180P70 …… Ⅰ138
登研184P67 …… Ⅰ358
登研187P77 …… Ⅰ360
登研191P72 …… Ⅱ174
登研194P73 …… Ⅱ419
登研202P62 …… Ⅰ272
登研206P32 …… Ⅰ512
登研210P48 …… Ⅰ468
登研211P55 …… Ⅰ168
登研212P55 …… Ⅱ203
登研213P71 …… Ⅱ310
登研215P68 …… Ⅱ190，322，375
登研223P67 …… Ⅰ172
登研224P72 …… Ⅱ176
登研227P74 …… Ⅰ366
登研228P65 …… Ⅰ368
登研236P72 …… Ⅰ324
登研244P69 …… Ⅰ496
登研249P64 …… Ⅰ372
登研252P67 …… Ⅰ497
登研258P74 …… Ⅱ419
登研270P71 …… Ⅰ398
登研282P73 …… Ⅱ184
登研300P69 …… Ⅰ449
登研304P73 …… Ⅰ130，483
登研305P75 …… Ⅱ372
登研306P31 …… Ⅰ446，449
登研306P32 …… Ⅰ447
登研306P36 …… Ⅰ448
登研308P77 …… Ⅱ418
登研309P77 …… Ⅱ190

登研312P45……Ⅱ90
登研312P47……Ⅱ90，91，99
登研313P21……Ⅱ45
登研313P63……Ⅱ261
登研315P54……Ⅱ83
登研315P75……Ⅱ19
登研318P41……Ⅱ30
登研318P44……Ⅱ19
登研318P46……Ⅱ84
登研321P71……Ⅱ462
登研322P73……Ⅰ269，355
登研325P72……Ⅱ30
登研326P71……Ⅰ499
登研327P31……Ⅱ98
登研333P70……Ⅰ350
登研342P77……Ⅰ239
登研345P80……Ⅱ311
登研346P91……Ⅱ310
登研350P75……Ⅱ322
登研352P103……Ⅱ310
登研352P104……Ⅱ256，258，261
登研360P92……Ⅱ297
登研364P80……Ⅰ447
登研364P82……Ⅰ501，502
登研366P86……Ⅰ276
登研366P87……Ⅰ447
登研369P81……Ⅱ90，99
登研371P75……Ⅰ132
登研371P78……Ⅰ168
登研373P87……Ⅱ135
登研376P89……Ⅰ480
登研379P91……Ⅱ315
登研380P81……Ⅱ323
登研381P87……Ⅰ359
登研381P91……Ⅰ158
登研382P80……Ⅱ337
登研382P82……Ⅰ125，126
登研383P92……Ⅰ168
登研384P79……Ⅱ279
登研385P83……Ⅰ157
登研390P89……Ⅱ190
登研391P110……Ⅰ101，292，334
登研391P111……Ⅱ86
登研394P254……Ⅱ250
登研394P255……Ⅰ501
登研397P83……Ⅰ206
登研399P82……Ⅰ169
登研401P162……Ⅱ433
登研402P93……Ⅰ474，Ⅱ86
登研404P134……Ⅱ78
登研405P91……Ⅱ72
登研407P84……Ⅰ132，Ⅱ19
登研407P85……Ⅰ174
登研408P93……Ⅰ447
登研409P85……Ⅱ430
登研410P83……Ⅱ146
登研411P84……Ⅰ486
登研414P78……Ⅰ406
登研417P104……Ⅰ139
登研419P87……Ⅰ126
登研420P99……Ⅱ331
登研420P121……Ⅰ128
登研421P107……Ⅱ433
登研423P124……Ⅰ336
登研425P125……Ⅰ409
登研425P129……Ⅰ342
登研427P99……Ⅰ350
登研427P104……Ⅰ132

登研428P135……Ⅰ270
登研432P128……Ⅱ286
登研432P129……Ⅱ311
登研433P134……Ⅱ81
登研434P146……Ⅱ433
登研438P95……Ⅱ86
登研439P127……Ⅰ333
登研439P128……Ⅱ179，182
登研440P79……Ⅰ386
登研442P84……Ⅱ385
登研443P93……Ⅰ173，174
登研443P94……Ⅰ486，487，Ⅱ126
登研444P106……Ⅱ384
登研444P107……Ⅰ139
登研447P83……Ⅰ269
登研448P132……Ⅰ138
登研450P127……Ⅰ226
登研451P125……Ⅰ270
登研451P126……Ⅰ482，Ⅱ74
登研453P124……Ⅱ187
登研455P89……Ⅰ206
登研455P91……Ⅱ430
登研456P127……Ⅰ337
登研456P128……Ⅱ311
登研456P130……Ⅰ132
登研457P118……Ⅰ235
登研457P119……Ⅰ456
登研458P96……Ⅱ286
登研459P98……Ⅰ227，Ⅱ200
登研460P105……Ⅱ321
登研461P117……Ⅱ298
登研463P83……Ⅱ324
登研463P85……Ⅱ429
登研466P115……Ⅱ194
登研467P104……Ⅱ50，51
登研470P97……Ⅰ217
登研470P98……Ⅰ390
登研473P150……Ⅰ439
登研473P151……Ⅱ320
登研474P142……Ⅰ447
登研476P139……Ⅰ227
登研476P140……Ⅱ319
登研480P131……Ⅰ263
登研481P134……Ⅱ67
登研483P157……Ⅱ232
登研486P134……Ⅰ168，182
登研490P146……Ⅰ223
登研491P107……Ⅰ280
登研492P119……Ⅰ295
登研493P133……Ⅱ400
登研502P157……Ⅰ491，Ⅱ85
登研504P199……Ⅱ372
登研506P148……Ⅰ280，282
登研507P198……Ⅰ276
登研508P172……Ⅱ262
登研509P152……Ⅱ462
登研512P157……Ⅱ320
登研515P251～252……Ⅰ121
登研515P252……Ⅰ126
登研515P253……Ⅰ126
登研515P254……Ⅱ104，105
登研517P195……Ⅰ129
登研518P116……Ⅰ227
登研520P198……Ⅰ132
登研522P158……Ⅱ428
登研523P138……Ⅰ132
登研523P139……Ⅰ261
登研523P140……Ⅰ259

登研524P167……Ⅱ68
登研524P168……Ⅱ315
登研525P210……Ⅱ383
登研526P192……Ⅰ223
登研528P183……Ⅱ85
登研528P184……Ⅰ132，133
登研528P185……Ⅰ149
登研529P161……Ⅱ260
登研529P162……Ⅰ205
登研530P147……Ⅰ123
登研533P41……Ⅱ172
登研533P157……Ⅱ38
登研535P18……Ⅱ210
登研536P123……Ⅱ262
登研537P49……Ⅱ210
登研537P200……Ⅰ495
登研539P154……Ⅰ127
登研540P169……Ⅱ470
登研540P170……Ⅰ324，325
登研543P150……Ⅰ200
登研547P145……Ⅰ206
登研548P165……Ⅰ296
登研548P166……Ⅱ337
登研548P167……Ⅰ132
登研559P152……Ⅱ135
登研562P133……Ⅱ340
登研564P143……Ⅰ501
登研566P131……Ⅰ269
登研573P123……Ⅱ320
登研574P109……Ⅱ259
登研577P154……Ⅰ217
登研579P169……Ⅰ337
登研586P189……Ⅱ331
登研591P213……Ⅰ293
登研592P185……Ⅱ145，148
登研596P125……Ⅰ121
登研603P135……Ⅰ208
登研606P199……Ⅰ296，Ⅱ212
登研611P171……Ⅱ319
登研623P161……Ⅱ135
登研638P49……Ⅰ320
登研647P137……Ⅱ261
登研648P197……Ⅰ132
登研650P192～193……Ⅰ132
登研659P175……Ⅰ172
登研661P225……Ⅰ501
登研664P181……Ⅰ124
登研665P165……Ⅰ299
登研670P199～203……Ⅱ321
登研673P185……Ⅰ407
登研686P403……Ⅱ204
登研690P221……Ⅰ69，497
登研698P257～261……Ⅱ126，127
登研728P243……Ⅰ280
登研731P173……Ⅰ111
登研733P157……Ⅰ256
登研742P165……Ⅰ205
登研757P165……Ⅱ83
登研796P125……Ⅰ87
登研808P147……Ⅰ246
登研814P127……Ⅰ497
登研822P189……Ⅰ261
登研828P213……Ⅰ99
登研839P137……Ⅱ176
登研866P25……Ⅰ255
登研866P249……Ⅰ392
登研872P34……Ⅱ261

― 著者 ―　松本 雅典（まつもと まさのり）

司法書士試験講師。All About 司法書士試験ガイド。法律学習未経験ながら，５か月で平成22年度司法書士試験に合格。５か月の学習期間での合格は，現在確認されている中で最短。それまでの司法書士受験界の常識であった方法論と異なる独自の方法論を採ったことにより合格した。

現在は，その独自の方法論を指導するため，辰已法律研究所にて，講師として後進の指導にあたる（１年合格コース「リアリスティック一発合格松本基礎講座」を担当）。合格まで平均４年かかる現状を超短期（４～７か月）で合格することを当たり前に変えるため，指導にあたっている。

なお，司法書士試験に合格したのと同年に，宅建試験・行政書士試験も受験し，ともに一発合格。その翌年に，簡裁訴訟代理等能力認定。

【著書】

『【第３版】司法書士５ヶ月合格法』（自由国民社）
『予備校講師が独学者のために書いた司法書士５ヶ月合格法』（すばる舎）
『試験勉強の「壁」を超える50の言葉』（自由国民社）
『【第３版】司法書士試験リアリスティック１　民法Ⅰ［総則］』（辰已法律研究所）
『【第４版】司法書士試験リアリスティック２　民法Ⅱ［物権］』（辰已法律研究所）
『【第４版】司法書士試験リアリスティック３　民法Ⅲ［債権・親族・相続］』（辰已法律研究所）
『【第４版】司法書士試験リアリスティック４　不動産登記法Ⅰ』（辰已法律研究所）
『【第４版】司法書士試験リアリスティック５　不動産登記法Ⅱ』（辰已法律研究所）
『【第２版】司法書士試験リアリスティック６　会社法・商法・商業登記法Ⅰ』（辰已法律研究所）
『【第２版】司法書士試験リアリスティック７　会社法・商法・商業登記法Ⅱ』（辰已法律研究所）
『司法書士試験リアリスティック８　民事訴訟法・民事執行法・民事保全法』（辰已法律研究所）
『司法書士試験リアリスティック９　供託法・司法書士法』（辰已法律研究所）
『司法書士試験リアリスティック 10　刑法』（辰已法律研究所）
『司法書士試験リアリスティック 11　憲法』（辰已法律研究所）
『【第２版】司法書士リアリスティック不動産登記法記述式』（日本実業出版社）
『【第２版】司法書士リアリスティック商業登記法記述式』（日本実業出版社）

【監修書】

『司法書士<時間節約>問題集　電車で書式〈不動産登記 90 問〉』（日本実業出版社）

『司法書士<時間節約>問題集　電車で書式〈商業登記 90 問〉』（日本実業出版社）

【運営サイト】

司法書士試験リアリスティック

https://sihousyosisikenn.jp/

【Twitter】

松本 雅典（司法書士試験講師）@matumoto_masa

https://twitter.com/matumoto_masa

【ネットメディア】

All About で連載中

https://allabout.co.jp/gm/gt/2754/

【YouTube チャンネル】

松本雅典・司法書士試験講師

https://www.youtube.com/channel/UC5VzGCorztw_bIl3xnySI2A

辰已法律研究所（たつみほうりつけんきゅうじょ）

https://www.tatsumi.co.jp

司法書士試験対策をはじめとする各種法律資格を目指す方のための本格的な総合予備校。実務家というだけではなく講師経験豊かな司法書士，弁護士を講師として招聘する一方，入門講座ではWebを利用した復習システムを取り入れる等，常に「FOR THE 受験生」を念頭に講座を展開している。

司法書士試験　リアリスティック⑤　不動産登記法Ⅱ

令和4年7月1日　第4版　第1刷発行

著　者　松本　雅典

発行者　後藤　守男

発行所　辰已法律研究所

〒169-0075

東京都新宿区高田馬場4-3-6

TEL. 03-3360-3371（代表）

印刷・製本　壮光舎印刷（株）

ISBN978-4-86466-557-5

従来の勉強法　松本式 5ヶ月合格勉強法　ここが違う。

従来型	比	松本式
格まで４年は覚悟する。	比	絶対に合格できるという自信をもつ。合理的な勉強法で真剣に学習すれば１年で必ず合格できる試験である。
分にあった勉強法を探。	比	最短で合格できる勉強法に、ただひたすら自分をあわせる。
れないためには、覚えれるまで何度でも繰りし復習するしかない。	比	一度頭に入ったことは頭からなくなることはない。思い出すプロセスを決めて、そのプロセスを本試験で再現できるよう訓練するのが勉強である。
キスト・過去問にない問題に対処するためにっと知識を増やすよう努力する。	比	テキスト・過去問に載っていない知識の肢を、テキスト・過去問に載っている知識から推理で判断する訓練をする。知識を増やすことに労力をかけない。
インプット＝テキスト、アウトプット＝問題演習	比	インプットもアウトプットもテキストで行う。
本試験「直前」に使えるように情報を一元化する。	比	本試験「当日」に問題を解くときに、頭の中で思い出す検索先を一つに特定する＝情報の一元化ではなく検索先の一元化
過去問は何回も何回も繰り返し解く。	比	過去問の元になっている条文・判例自体を思い出せるようにすれば過去問は何回も解く必要がない。
過去問を「知識が身についているかの確認」に使う。	比	過去問を「問題の答えを出すために必要な知識」を判別するために使う。知識の確認ツールとしては、過去問は不十分である。
テキストに、関連する他の科目の内容や定義などをどんどん書き込んでいく。	比	基本テキストに関連する他の科目の内容や定義などは、「言葉」としては書かない。本試験で思い出すための記号しか書かない（リレイティング・リコレクト法）。
記述は書いて書いて書きまくる。	比	記述式を書いて勉強するのは時間がかかり過ぎる。申請書はシャドウイング＋ 音読で。

【講座案内】

リアリスティック一発合格 松本基礎講座

■2022 年 4 月 Start（7 月スタート設定あり）

リアリスティック一発合格 松本基礎講座(全129回)

リアリスティック導入講義	オリエンテーション講義	民法	不動産登記法	会社法・商業登
4 回	1 回	（※根抵当権については不動産登記法で取り扱います。）28 回	21 回	31

無料体験可

※民法開講後にお申込みになった方も左記「導入講義」「オリエンテーション講義」（全5回）をご受講ください（通学部はビデオブースまたはWEB受講。通信部DVDは一括発送）。

司法書士試験とはどのような試験なのかについて、一般的な説明だけではなく、松本講師独自の見方を披露。さらに、最重要科目についてその構造を松本講師が分析。民法からの本開講を安心して迎えるための準備をします。

■超短期合格法の要諦『検索先の一元化』を実現する講義

ある知識を問われたときに、頭の中でどこを検索すればいいのか、そしてどのように思い
元化」の考え方ですが、これを実際に行うにあたっては様々な工夫が必要となります。本
沿って、丁寧に解説していきます。

■インプットと同時にアウトプットの仕方（松本式アウトプット法）を指導

本講座は形式的にはインプット講座ですが、講義での指導内容はアウトプット（松本式ア
松本式アウトプットのメイン教材はテキストです。ではテキストを使って具体的にはどの
説をします。

■記憶を活かすための工夫満載

講義では、次のような様々な“Recollect 法”（思い出す方法）を駆使しながら、記憶の
口合わせ・替え歌 Recollect 法』『こじつけ Recollect 法』『漢字 Recollect 法』『その他

通学部

LIVE

※通学部は定員制です。定員に達した場合には、以後のお申込みをお断りする場合があります。あらかじめご了承願います。

社会人の方も無理なく受講できる！

- ＬＩＶＥは週２日の木曜・日曜！
- 日曜は 14:00 開始　木曜は遅めの 18:45 開始
- LIVE を欠席しても受講者特典マイページ（辰已法律研究所ホームページのトップページからアクセス）でもフォローできます。
- 音声ダウンロードで講義音声を持ち歩き。

通信部

DVD で講義を視聴

- DVD で繰り返し講義を視聴できる。
- 教材は一定期間分をまとめて配送。
- 音声ダウンロードで講義音声を持ち歩き。

WEB で講義を視聴

- パソコンやスマホで繰り返し講義を視聴できる（視聴期間あり）。
- 教材は一定期間分をまとめて配送。ページ数の少ないレジュメは PDF で閲覧。
- 音声ダウンロードで講義音声を持ち歩き。

※お申込時に DVD、WEB、WEB ＋ DVD のいずれかをお選びください。

― 講座の体系 ―

2023年7月 司法書士試験 筆記試験

民事訴訟法 民事執行法 民事保全法 12回	供託法 司法書士法 5回	刑法 7回	憲法 6回

不動産登記法 (記述式) 7回	商業登記法 (記述式) 7回

オプション講座

- 司法書士オープン総合編 8回
- 全国総合模試 2回

かという視点が最も重要であるというのが「検索先の一
り『検索先の一元化』のやり方を、具体的な科目内容に

に関するものを含んでいます。
プットを行うのか。それについては講義の中で詳しく解

す。『算数的 Recollect 法』『Relating Recollect 法』『ゴ
法』。乞うご期待。

各自で検索先の一元化を進めながら、松本式アウトプットを繰り返す。

工夫されたカリキュラムと便利な受講形態

便利な「通学&通信 相互乗り入れ制度」

アリスティック一発合格 松本基礎講座を全科目一括でお申込みの方には、
表の通り、「通学&通信 相互乗り入れ制度」が適用されます。

申込内容／受講方法	通学部を申込	通信部を申込	
		DVD を申込	WEB を申込
LIVE 講義への出席	可	可 ※1	可 ※1
WEB 講義視聴	可 ※2	DVD のみの申込みなら不可。WEB + DVD をお申込みなら可	可
教材のお渡し方法	手渡し	発送 ※3	発送 ※3

※1 通学(LIVE)受講を希望する方は事前にご登録いただきます。登録・予約等の詳細はお申込み後にご案内いたします。なお、教室には定員制限があるため、通学部の方を優先する関係でご受講いただけない場合がございます。あらかじめご了承願います。

※2 通学部の方が WEB 視聴をご希望の場合には、受講者特典マイページからご視聴ください。

※3 通信部の方が通学受講をする(要登録)に際してテキスト等の教材をお受け取りになった場合には、その教材については発送はいたしません。

※4 オプション講座の司法書士オープン総合編・全国総合模試につきましては、お申込みの受講形態に従ってご受講いただきます。オプション講座については、相互乗り入れ制度は適用されません。

スケジュール・受講料等の詳細は
右記より資料をご請求ください。https://r-tatsumi.com/pamphlet/

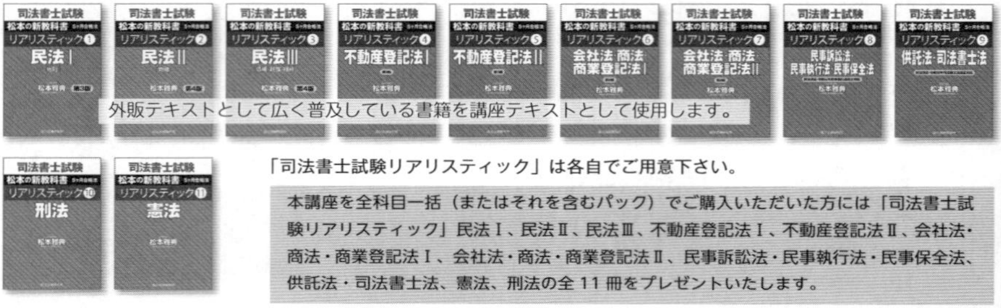

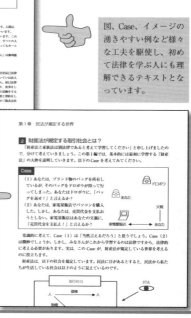

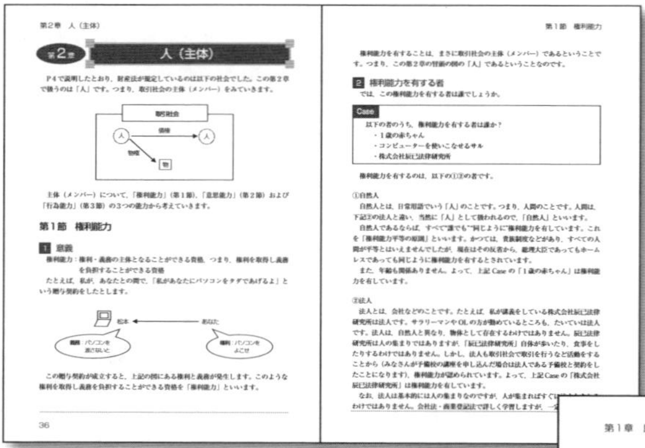

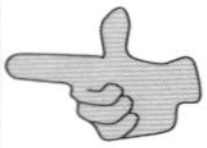

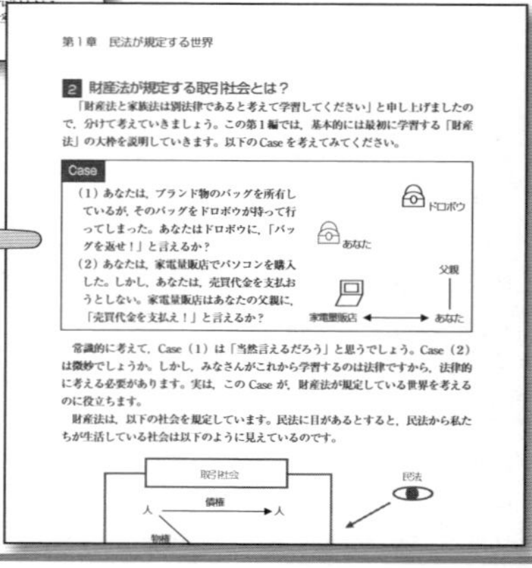

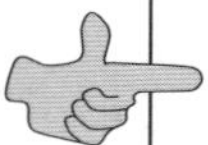

【 2023年受験対策 司法書士 リアリスティック一発合格松本基礎講座 】

— TEXT —

特に重要な条文は、ボックスにして原文を掲載しています。

このような理由から、「意思能力」「行為能力」という問題が生じます。つまり、第2節と第3節で扱う意思能力と行為能力は、「権利能力はある（取引社会の主体〔メンバー〕ではある）が、物事の分別がつかない者や、保護する必要がある者をどう扱うか？」という問題なのです。
意思能力はこの第2節で、行為能力は次の第3節で説明します。

民法3条の2
　法律行為の当事者が意思表示をした時に意思能力を有しなかったときは、その法律行為は、無効とする。

1 意義
　意思能力：自分の法律行為の結果を弁識するに足るだけの精神能力
　かつては、意思能力については明文規定がありませんでした。しかし、今後は高齢化社会になり、意思能力が問題となる事件は増えると考えられ、意思無能力者を保護する必要性が高まります。そこで、平成29年の改正で明文化されました。

　　　定とは、条文があるということです。学部問題の眼（選択版）の中で、「明文規定
　　　文規定がない」という文面はよく出てきますので、意味がわかるようにしておいて

59

第10章　時効

4．援用権者

Case
　Aは、Bから100万円を借りており、あなたはAの保証人となっている。AのBに対する債務が、弁済されないまま弁済期から5年が経過した場合、あなたはAのBに対する債務の消滅時効を援用できるか？

　取得時効の占有者や消滅時効の債務者が時効を援用できることは、問題ありません。上記Caseでいえば、Aは問題なく消滅時効を援用できます。では、保証人であるあなたは援用できるでしょうか。こういったことが問題となります。

援用権者として認められるかの判断基準

　援用権者として認められるのは、援用をしなければ自身の財産を失ってしまう者です。
＊以下の表には、この後に学習する用語が多数出てきます。よって、いったん飛ばし、財産法の学習がひととおり終わった後（後のテキスト第8編をお読みになった後）にお読みください。

援用権者として認められる者	援用権者として認められない者
①保証人（民法145条かっこ書） ②連帯保証人（民法145条かっこ書） 　援用をしなければその債務の責任を負いますので（民法446条1項）、自身の財産を失ってしまう者だからです。 　よって、上記Caseの保証人であるあなたは、AのBに対する債務の消滅時効を援用できます。 　①②は、平成29年の改正で判明（大判大4.7.13、大判大4.12.11、大判昭7.6.21）が明文化されました。	①連帯債務者 　連帯債務者は、かつては援用権者と解されていました。しかし、平成29年の改正で、連帯債務における時効の効果は相対効力になりました。他の連帯債務者の債務が時効によって消滅しても、連帯債務者の債務に変化が生じなくなったので（民法441条本文）、連帯債務者は援用しなければ自身の財産を失ってしまう者とはいえなくなりました。 ②一般債権者（大判大8.7.4） 　一般債権者は債務者の特定の財産を目的としていませんが、援用をしなければ自身の財産を失ってしまう者とはいえません。また、P115の「一般債権者が詐害するかどうかの記憶のテクニック」もご確認ください。

この講座のテキストは、「できる」「当たる」「認められる」などその事項に該当するものは左に、「できない」「当たらない」「認められない」など該当しないものは右に配置するという一貫した方針で作成されています。これは、本番の試験でテキストを思い出す時に、「この知識はテキストの表の左に書いてあったな。だから、『できる』だ」といったことができるようにするためです。
この講座のテキストには、他にも"本試験での頭の中での検索のしやすさ"という観点での工夫が多数あります。「分かりやすさ」を追求したテキストはありますが、同程度に重要な「思い出しやすさ」を追求したテキストは、この講座のテキスト以外にはありません。

　担保物権である、⑦の留置権、⑧の先取特権、⑨の質権、⑩の抵当権は、物の利用価値と交換価値のうち、「交換価値」を把握する物権です。つまり、原則として物を使うことはできませんが、他人の物を売っ払ったりすることはできます。たとえば、銀行が建物を目的として抵当権の設定を受けた場合は、銀行からみると、その建物は右の図のように見えているのです。銀行にとってはこの建物にシステムキッチンが付いていて使いやすいなどはどうでもよく、銀行は「金に替えるといくらになるのか」しか考えていないのです。

「所有権」「用益物権」「担保物権」のイメージ

　物の所有者が物に対して持つオールマイティーな権利が「所有権」です。所有権は「用益価値」と「交換価値」を把握しています。その「用益価値」と「交換価値」を他人に切り売りすることができます。用益価値を切り売りしてできた他人の物権が「用益物権」であり、交換価値を切り売りしてできた他人の物権が「担保物権」です。

重要ポイントについては、図を記載。

会社法309条3項の特殊決議による必要がある決議（会社法309条3項1～3号）
①発行する全部の株式の内容として譲渡制限規定を設ける定款変更
　公開会社から非公開会社になる定款変更です。
②吸収合併消滅株式会社または株式交換完全子会社が公開会社であり、かつ、それらの株式会社の株主に対して交付する対価が譲渡制限株式等である場合の吸収合併または株式交換の承認
③新設合併消滅株式会社または株式移転完全子会社が公開会社であり、かつ、それらの株式会社の株主に対して交付する対価が譲渡制限株式等である場合の新設合併または株式移転の承認

株主から見ると
　この3項の特殊決議による必要があるのは、自身の株式が公開株から非公開株になってしまう決議（上記①～③は、すべてこれです）。これは、株主にかなり不利なことだからです。非公開株になると株式の譲渡が大変になります。上場廃止をイメージしてください。

【講座案内】

― TEXT ―

本講座出身の合格者が「この形式の講義以外は受けられなくなるほど」と絶賛する講義スタイル！

本講座は従来から一貫した講義スタイルで多くの合格者を生み出してきました。
毎回講義の冒頭は松本講師が受講生に向かって話すところから始まりますが、講義は基本的に、テキストを書画カメラで写し、講師と一緒にテキストに書き込みをするスタイルで行われます。
４色（赤：結論、青：趣旨・理由、緑：複数の知識を記憶できる共通する視点など、黒：試験には出ない具体例や実務の話）のボールペンを使い分け、どこをどう記憶すればよいのかを視覚化しながら説明していきます。
どの箇所を線でつなぐか、図はどこに書き込むかといったことも一目瞭然になります。

教室での講義の様子

板書は効率が悪い。
口頭の説明だけでは
後で思い出せない。
だから、この講義スタイル！

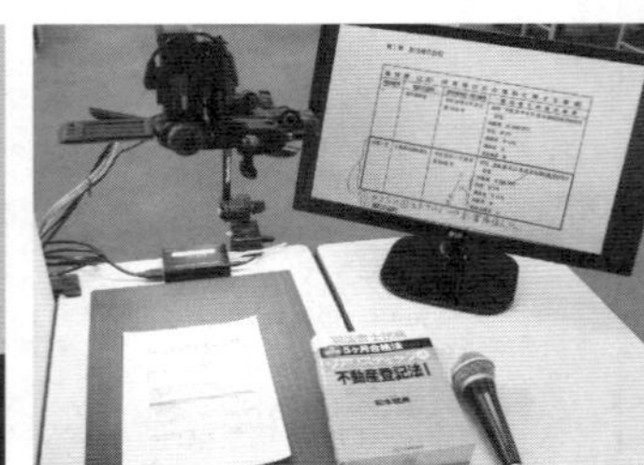

実際の講義を例えばWEBスクールの画面で見るとこうなります（LIVE受講生は教室内のモニターで見られます）

リアリスティック・フルパック
不動産登記法8

教材・資料
※ダウンロード教材がある場合にリンクが表示されます

(1) 登記の目的
登記の目的は、どのように転抵当権を設定したかにより、以下のとおり変わります。

転抵当権の設定の態様	登記の目的
①単有の抵当権を目的として転抵当権を設定した場合（上記申請例47）	○番抵当権転抵当
②共有の抵当権の持分を目的として転抵当権を設定した場合	○番抵当権B持分転抵当など

01:04:47 / 03:25:40　SPEED 1.0

◀ 前回の講義を見る　38 / 79　次の講義を見る ▶

「どこに線を引けばいいの？」
「どこを説明しているの？」
などということは起こりません。

書き込みが完成するとテキストのページはこうなります。

書き込んだ時の記憶が残っているので、復習がし易い！
試験の時に思い出し易い！

このスタイルだから講義終了時点でのテキストは全受講生共通！
（講義の受け方によって差が出ない）

スケジュール・受講料等の詳細は
右記より資料をご請求ください。https://r-tatsumi.com/pamphlet/

お得な辰巳の受験生支援制度

1 他資格からのトライアル割引

松本式なら一挙に司法書士も狙える！

行政書士、宅建士、社労士、など法律系国家資格をお持ちの方や、これらの資格を目指されている方を応援！

15%割引

対象者：行政書士、宅建士、社労士、など法律系国家資格をお持ちの方、または１年以内にこれらの資格の講座を受講されている方
対象講座：リアリスティック一発合格松本基礎講座全科目一括またはリアリスティックフルパック
申込方法：辰巳本校で申し込んでください（代理店ではこの割引はご利用いただけません）。他の割引との併用はできません。
必要書類：合格証、資格の保有を証明できる書類又は、受講証

2 在学生キャッシュバック

松本式勉強法なら在学中合格を狙える！

やる気のある学生の皆さんを応援いたします。お申込の際にキャッシュバック申込書を添付してください。定価でのお申込後にキャッシュバックをいたします。

15%
キャッシュバック

対象者：学生（大学生・短大生・大学院生・専門学校生）
対象講座：リアリスティック一発合格松本基礎講座全科目一括またはリアリスティックフルパック
申込方法：辰巳本校で申し込んでください（代理店ではこの割引はご利用いただけません）。他の割引との併用はできません。
必要書類：学生証、キャッシュバック申請書

3 Re-Try割引

独学者支援・**受験経験者**支援・**基礎再受講者**支援

対象①これまで予備校を利用せずに独学で勉強してきたが、松本式の学習法に共鳴し、この機会に直接松本講師の指導を受けたいと思っている方 **（独学者支援）**

対象②司法書士本試験受験経験のある方で、中々合格ラインに届かないので、これを機会に松本式の勉強法でもう一度基礎固めをして一気にいきたい方 **（受験経験者支援）**

対象③過去に司法書士の入門講座（辰巳 or 他校）を受講したが、挫折した or 理解不十分なので、この機会に松本式の勉強法で、もう一度基礎からやり直してみたい方 **（基礎再受講者支援）**

15%割引

対象講座：リアリスティック一発合格松本基礎講座全科目一括またはリアリスティックフルパック
申込方法：辰巳本校で申し込んでください（代理店ではこの割引はご利用いただけません）。他の割引との併用はできません。
必要書類：①②③とも、辰巳法律研究所所定の申請書をご提出いただきます。

4 スタディメイト支援

友人と一緒に申し込めば二人ともお得

友人と一緒に申し込めば、お二人ともに、割引が適用されます。

15%割引

対象者：２名以上で一緒にお申込された方
対象講座：リアリスティック一発合格松本基礎講座全科目一括またはリアリスティックフルパック
申込方法：辰巳本校で申し込んでください（代理店ではこの割引はご利用いただけません）。他の割引との併用はできません。
必要書類：スタディメイト申請書

5 合格者・研修費用贈呈

合格(うか)って嬉しいご祝儀！

2023年度の司法書士試験に見事最終合格された暁には、お祝いといたしまして「リアリスティック一発合格松本基礎講座」へのお支払金額（オープン・模試の部分は含まず）の半額を司法書士会の研修費用などに活用していただくために贈呈いたします。短期合格を目指して頑張ってください。

お申込額の：
50%

対象者：2023年度の司法書士試験に最終合格された方
対象講座：リアリスティック一発合格松本基礎講座全科目一括またはリアリスティックフルパック
手続：本制度の適用には申請が必要となります。申請期限は2023年度司法書士試験最終合格発表から１ヶ月です。
申請条件：合格体験記（3,000文字以上。氏名・写真掲載）の提出が申請の条件となります。

スケジュール・受講料等の詳細は
右記より資料をご請求ください。https://r-tatsumi.com/pamphlet/

リアリスティックフルパックのご案内

パックで申し込めば、合格に必要なカリキュラム（講義＆演習）が全て揃います。受講料もお得です。

リアリスティックフルパック

リアリスティック一発合格 松本基礎講座（全129回）

- リアリスティック導入講義 4回
- オリエンテーション講義 1回
- 民法 28回
- 不動産登記法 21回
- 会社法（商法）商業登記法 31回
- 民事訴訟法 民事執行法 民事保全法 12回
- 供託法 司法書士法 5回
- 刑法 7回
- 憲法 6回
- 不動産登記法（記述式）7回
- 商業登記法（記述式）7回

※民法開講後にお申込みになった方も左記「導入講義」「オリエンテーション講義」（全5回）をご受講ください（通学部はビデオブースまたはWEB受講。通信部DVDは一括発送）。

オプション講座

- 司法書士オープン総合編 8回
- 全国総合模試 2回

リアリスティック一発合格松本基礎講座 ＋ 司法書士オープン総合編 ＋ 全国総合模試

本試験合格までに必要な全てが揃う。
本格的な答練と全国模試までパック

3講座合計価格	コース価格	
通学部 ~~¥532,900~~	通学部 ¥502,100	¥30,800のお得
通信部(DVD) ~~¥571,500~~	通信部(DVD) ¥531,500	¥40,000のお得
通信部(WEB) ~~¥532,900~~	通信部(WEB) ¥502,100	¥30,800のお得
通信部(WEB+DVD) ~~¥596,200~~	通信部(WEB+DVD) ¥554,500	¥41,700のお得

※通信部についてはオプション講座も通信部で計算

受講料（税込）

				通学部		通信部ＷＥＢ		通信部ＤＶＤ		通信部WEB+DVD	
				辰已価格	代理店価格	辰已価格	代理店価格	辰已価格	代理店価格	辰已価格	代理店価格
リアリスティック・フルパック（①+②）				¥502,100	×××	¥502,100	×××	¥531,500	¥504,925	¥554,500	×××
①	リアリスティック一発合格	全科目一括		¥444,000	×××	¥444,000	×××	¥474,200	¥450,490	¥494,300	×××
	松本基礎講座	科目別	民法			¥107,100	×××	¥114,600	¥108,870	¥119,600	×××
			不動産登記法			¥75,700	×××	¥80,900	¥76,855	¥84,500	×××
			会社法（商法）・商業登記法			¥111,700	×××	¥119,500	¥113,525	¥124,700	×××
			民事訴訟法・民事執行法・民事保全法			¥43,200	×××	¥46,300	¥43,985	¥48,300	×××
			供託法・司法書士法			¥18,000	×××	¥19,300	¥18,335	¥20,100	×××
			刑法			¥25,200	×××	¥27,000	¥25,650	¥28,200	×××
			憲法			¥21,600	×××	¥23,100	¥21,945	¥24,100	×××
			不動産登記法（記述式）			¥25,200	×××	¥27,000	¥25,650	¥28,200	×××
			商業登記法（記述式）			¥25,200	×××	¥27,000	¥25,650	¥28,200	×××
②	オプション講座	一括	（解説講義あり）	¥84,500	×××	¥84,500	×××	¥92,400	¥87,780	¥96,800	×××

受講料についての詳細は専用パンフレットに記載されています。
お申込み前に必ずご確認ください。

★本講座の申込方法…詳細は専用パンフレットをご確認くださ
辰已窓口 大学生協 提携書店 〒 郵便振替 BANK 銀行振込 デリバリー 代金引換 教育ローン E ローン WEB スクール
※各種割引については大学生協・提携書店ではお取り扱いしておりませ
▲教育ローンは購入合計金額3万円以上でご利用いただけます。

スケジュール・受講料等の詳細は
右記より資料をご請求ください。https://r-tatsumi.com/pamphlet/